大战略研究丛书

顾问委员会
主　任　胡鞍钢
委　员　（以姓氏拼音为序）
　　　　胡鞍钢　G. John Ikenberry
　　　　裘援平　王缉思

编辑委员会
主　编　门洪华
编　委　（以姓氏拼音为序）
　　　　常志霄　陈玉刚　樊吉社　耿协峰
　　　　郭树勇　韩召颖　李熙玉　门洪华
　　　　苏长和　唐世平　肖　晞　于铁军

构建中国大战略的框架

国家实力、战略观念与国际制度

（第二版）

门洪华 著

CHINA'S GRAND STRATEGY
A FRAMEWORK ANALYSIS

图书在版编目(CIP)数据

构建中国大战略的框架：国家实力、战略观念与国际制度/门洪华著.—2版.—北京：北京大学出版社，2017.8
（大战略研究丛书）
ISBN 978-7-301-28539-8

Ⅰ.①构… Ⅱ.①门… Ⅲ.①发展战略—研究—中国 Ⅳ.①D60

中国版本图书馆 CIP 数据核字(2017)第 172742 号

书　　　名	构建中国大战略的框架：国家实力、战略观念与国际制度（第二版） GOUJIAN ZHONGGUO DAZHANLÜE DE KUANGJIA: GUOJIA SHILI、ZHANLÜE GUANNIAN YU GUOJI ZHIDU
著作责任者	门洪华 著
责任编辑	张盈盈
标准书号	ISBN 978-7-301-28539-8
出版发行	北京大学出版社
地　　　址	北京市海淀区成府路 205 号　100871
网　　　址	http://www.pup.cn　新浪微博：@北京大学出版社
电子信箱	ss@pup.pku.edu.cn
电　　　话	邮购部 62752015　发行部 62750672　编辑部 62753121
印　刷　者	三河市博文印刷有限公司
经　销　者	新华书店
	650 毫米×980 毫米　16 开本　26 印张　374 千字 2005 年 2 月第 1 版 2017 年 8 月第 2 版　2017 年 8 月第 1 次印刷
定　　　价	68.00 元

未经许可，不得以任何方式复制或抄袭本书之部分或全部内容。
版权所有，侵权必究
举报电话：010-62752024　电子信箱：fd@pup.pku.edu.cn
图书如有印装质量问题，请与出版部联系，电话：010-62756370

总 序

跨入21世纪,我们迎来一个战略构想的时代。

回首以往,人类历经磨难与碰撞,大战略研究在纷繁复杂的现实中产生、起步、发展;展望未来,人类进步面临着巨大的不确定性和机遇,理想与现实交织构成一幅饱含想象与塑造空间的宏大画卷,未雨绸缪事关各国尤其是主要大国的未来,大战略研究即将迎来黄金时代。

一

大战略是对历史的总结、当前的把握、未来的选择。对大国或潜在大国的未来而言,战略谋划至为关键,而大战略研究可为国家战略谋划奠定理论基础、历史纵深、世界眼光、全球视野,对其战略目标的确定、战略路径的选择、战略步骤的安排至关重要。作为国家实力与世界地位之间的桥梁,大战略研究与大国的前景休戚相关。极言之,它事关一个大国的贫富、兴衰、存亡。

对战略重要性的推崇,历代战略家从来不惜笔墨,真知灼见更是俯拾皆是,如"运筹帷幄之中,决胜千里之外""夫权谋方略,兵家之大经,邦国系以存亡,政令因之而强弱"。安德烈·博富尔(Andre Beaufre)的总结恰当其实:"当历史之风吹起时,虽能压倒人类的意志,但预知风暴的来临,设法加以驾驭,并使其终能服务于人类,则还在人力范围内。战略研究的意义即在于此。"大战略研究发端于20世纪早期,随着世界形势的变化,尤其是全球化的日趋加深和各国战略手段的多样化,其重要性逐渐凸显出来。但正如利德尔·哈特(B

Liddell Hart)所言:"大战略研究的极大部分领域尚属于有待探勘和了解的未知地带。"冷战结束以来,世界进入大战略谋划的新时代,促进大战略研究的现实条件已经具备。

大战略研究不仅需要现实的磨砺,更需要学者的推动。大战略研究强调战略学者的重要性,将他们的深谋远虑视为国家保持长治久安的基础条件,如欧阳修指出的,"盛衰之理,虽曰天命,岂非人事哉"(《伶官传序》)。孟子曰:"汤以七十里,文王以百里"(《孟子·公孙丑上》)。即使没有雄厚的物质基础,伟大的战略家依旧可以建功立业。鉴于大战略研究的全局性、宏观性、前瞻性等特征,战略学者必须具有专业性的战略素养。简言之,大战略学者应是饱学的史学家、远见的哲学家、深刻的思想家、敏锐的战略家,具有丰富的学识、弹性的心灵、高度的智慧、进取的精神。

大战略研究强调把握时代的脉搏,体现时代的特征,满足时代的需求。恩格斯指出:"每一个时代的理论思维,从而我们时代的理论思维,都是一种历史的产物,它在不同的时代具有完全不同的形式,同时具有完全不同的内容。"[1]只有把握时代的脉搏,预知、掌握并引导时代的潮流,大战略研究才能更好地以国家战略利益为依归。

二

21世纪初年,世界迎来了中国崛起的曙光。这场历史性巨变肇始于1949年中华人民共和国成立,加速于1978年启动的改革开放,其高潮却刚刚来临。我们尚不把握这场巨变的最终结果,但是全世界却从中感知到了中国崛起带来的震撼。

对中国而言,20世纪是一个真正的大时代,一个处于"千年未有之大变局"的转折年代。20世纪前半叶,中国尚处于不稳定的国际体系的底层,所求者首先是恢复19世纪失去的独立与主权;20世纪下半叶,中国迎来历史性的崛起,中华民族的伟大复兴成为现实的期望。尤其是20世纪的最后20年,中国主动开启了融入国际体系的进

---

[1] 《马克思恩格斯选集》第四卷,北京:人民出版社1995年版,第284页。

程,并逐步成为国际体系一个负责任的、建设性的、可预期的塑造者。概言之,20世纪,中国由弱国向强国发展,从封闭走向开放;世纪之交,世界政治经济体系面临空前广泛而深刻的变革,中国改革开放步入关键阶段;进入21世纪,综合国力竞争日趋激烈,世界的力量组合和利益分配正在发生深刻变化,中国的未来走向更是举世瞩目,中国崛起成为全世界关注和研究的全球性议程。中国崛起与世界转型似乎相约而行,这种历史性重合既给人类发展带来了空前的机遇,也给世界带来了巨大的挑战。

中国崛起为我们的大战略研究提供了时代机遇和理论诉求。中国崛起在全球化和复合相互依赖加深的背景之下,而它们极大地扩展了中国的战略议程。对于面临重大契机的中国而言,如何确立适宜的大战略至为关键。只有确立了大战略,中国才能据此开发、动员和运用国家政治、经济、军事、外交和精神资源实现国家的根本战略目标,而不至拘泥于一时一事的得失。在思考这一问题之时,我们遗憾地发现,大战略思维储备不足、目标不甚清晰、框架不够宏观、途径不具操作性、手段不够多元化、心态不甚客观等构成了当前中国战略研究的种种缺憾。值得注意的是,当前的相关大战略研究往往以西方历史经验比附中国的战略思想与战略选择,忽视中国五千年的战略思想积淀,这无疑构成制约中国大战略研究取得突破的重要障碍。

从全球层次着眼,这是一个诸大国进行战略谋划的时代;对中国而言,这是一个呼唤大战略的时代,更是一个构建大战略的时代。战略学者生逢其时、躬逢其盛,中国崛起为之指点江山、激扬文字提供了历史机遇。

三

有鉴于此,自2005年起,我们开始出版"大战略研究丛书"。

"大战略研究丛书"以中国崛起为经,以大战略理论探索为纬,以史为镜、评估当今、展望未来,致力于推动中国大战略研究的民族化、国际化和专业化,力图在一个不太长的时期,从研究范围、研究内容、研究方法、技术路线等方面逐步确立中国大战略研究的基础,搭建大战略研究的中国平台,并推进中国大战略研究基地的创建。

"大战略研究丛书"由两部分组成:西方学者的经典之作和最新力作、中国学者的最新研究成果。大战略基础理论和方法论、大战略国际比较、中国大战略等构成本套丛书的重点。简言之,我们不仅要推窗鉴月,还寄希望于推陈出新。具体地说,引进是促进中国大战略研究不可或缺的环节和纽带。相比而言,西方学者的大战略研究起步较早、基础雄厚、精品璀璨。一些经典著述所蕴藏的思想财富、战略意义和学术价值,为学界同仁所允可,乃获推崇。翻译引进这些著作将是促进中国大战略研究的积极因素。在中国丰富的传统战略思想基础之上推陈出新更将体现我们的学术追求。中华文明有着几千年生存发展的战略智慧,其现代化将使人类文明进入一个崭新的时代。中国学者应该从中国传统文化中找寻战略研究之道,融合东西方文化之长,从而撰写出既体现中国传统战略思想底蕴又包含西方文化精髓、既立足于当前现实又着眼于未来谋划的战略著作。基于这种考虑,我们将延请国内一流的战略学者撰写学术精品,以飨海内外学者与读者。

10年来,中国与世界的关系发生着天翻地覆的变化,大战略研究的学术价值和现实意义日益凸显。10年来,我们先后出版了大战略理论、大国战略研究、中国战略研究等著述10种,始终处于大战略研究的前沿。10年来,我们愈加深刻地认识到原创性理论研究的重要性,致力于推陈出新,呼唤学术精品。10年来,我们初衷未改,我们依旧抱持学术理想,我们同样强调学以致用,新的学术出版计划在酝酿之中。

期盼中国各界支持我们的学术追求,让我们一同畅想大战略研究的未来。

是为序。

门洪华

2015年1月5日

序 言

一、研究中国大战略的重要意义

　　大战略是大国的必需品,也是只有大国才消费得起的奢侈品。过去500年,现代化发育、兴起、发展、扩散进而成为全世界的普遍现象与趋势;大国扮演重要角色和主导力量。现代化本质上还是大国竞争,大国的兴衰始终伴随着大国相互竞争的现代化过程,对世界上人口规模大、国土辽阔、资源丰富的大国而言,凡是那些开放的、对现代化挑战做出积极响应的、实施进取型大国战略的国家都迅速崛起成为强国。反之,那些封闭的、对现代化做出被动响应的、实施保守型大国战略的国家则迅速衰落,成为弱国。有鉴于此,中国在迅速崛起的现代化过程中必须构建自己的大战略,界定中国的国家利益,分析中国所处的发展阶段,判断中国在全球中的地位与作用,识别中国发展的各类机遇与挑战,更加清晰地认识中国的战略目标与利益之所在。

　　"富民强国"是上百年来中国仁人志士不断追求的伟大目标,1949年中华人民共和国的建立,标志着中国工业化、城市化和现代化时代的开始,也标志着中华民族在世界重新崛起的开始。在历经多年的探索和波折之后,1978年党的十一届三中全会做出了党的工作重心由阶级斗争为纲转移到社会主义现代化经济建设上来的战略决策,开辟了中国改革、发展、开放的新时期。在思想上,冲破了长期存在的教条主义和个人崇拜的严重束缚,重新确立了实事求是的马克思主义思想路线,坚持和发展了毛泽东思想。这是中国思想解放、观念转变的最好时期。在政治上,结束了长达10年的"文化大革命"动乱,首次出现了历史上社会稳定、人心安定的"天下大治",逐步健全了社会主义民主和法制,改善了党和国家的民主生活,也改进了公共政策决策机制,形成了生动活泼的政治局面。这是建国以来最好的政治开明时期。在经济上,中国出现了历史上前所未有的持续高增长时期,也成为世界上经济增长率最快的国家之一。这是中国发展速度最快、人民生活水平提高最显著的经济繁荣时期。在国际上,中国首次大规模实行经济开放和社会开放政策,不断参与经济全球化,并从中获得更大的收益,这是中国历史上最开放的历史时期。① 概言之,26年在人类历史和中国历史长河中只是一瞬,但在中国却发生了"千年未有之大变局",中国经济总量和贸易总量上了一个大台阶,综合国力上了一个大台阶,人民生活水平上了一个大台阶,这是中国现代历史上最好的时期之一。

21世纪初期,中国的现代化目标是什么?党的十六大报告中提出了全面建设小康社会的奋斗目标,明确要求在优化结构和提高效益的基础上,国内生产总值到2020年力争比2000年翻两番,综合国力和国际竞争力明显增强。中国用20年的时间全面建立小康社会,这不仅实现中国十几亿人民的社会福利最大化目标,也会有助于实现国际社会提出的2015年实现全球千年发展目标,为人类发展做出积极的重大贡献。②

今后20年,中国正处在历史上最关键、最重要的战略机遇期。一个国家发展生命周期大体经历五个阶段,即国家成长期、迅速崛起期、强盛期、相对缓慢发展期和相对衰落期。1950—2050年是中国从一个典型的农业国逐步实现工业化、城市化、现代化的历史过程,它是世界人口规模最大的国家的"千年未有之大变局",即一个不断积累、不断量变、部分质变进而质变的现代化过程。1950—1980年可视为中国的成长期,第一代领导人发动了工业化和现代化,建立了中国工业化的基础;1980—2020年,中国进入迅速崛起期,第二、第三代领导人发动和推进了改革开放,实现了经济持续高速增长,开创了我国

---

① 胡鞍钢:《中国政治经济史论(1949—1976)》,北京:清华大学出版社2007年版。
② 世界银行:《2000年世界发展指标》,北京:中国财经出版社2000年版。

空前繁荣的新时代,使中国步入经济起飞期;第四代领导人的历史使命就是使这一良好的发展趋势继续保持下去;2020年中国进入强盛期。中国正处在迅速崛起过程的中点,也正处在现代化追赶进程的中点。

我认为,中国大战略就是富民强国的战略,其根本目标就是在未来20年,使中国成为世界最大的经济实体,明显缩小与美国综合国力的相对差距,使人民生活水平再上一个台阶,全面建立惠及近14亿人口的更高水平的小康社会。中国大战略是一个目标体系,可以概括为"增长、强国、富民、提高国际竞争力"四大目标:第一,经济总量在未来20年(2001—2020年)实现翻两番的目标,到那时,按不变价格计算,我国GDP相当于1978年的16倍,成为世界最大的经济实体,超过美国,居世界首位;第二,中国综合国力在未来20年与美国的相对差距由3倍缩小为2倍以内,成为在强大综合国力基础上具有主导能力的世界强国;第三,人民生活水平显著改善,由目前世界中下等收入国家进入到中等或中等偏上收入国家,人口平均受教育年限和预期寿命普遍提高,人类发展指数从目前的世界中上发展水平(0.72)达到较高发展水平(0.8以上),消除绝对贫困人口,建成"人人享有教育""人人享有卫生服务"、共同富裕的小康社会;第四,大幅度提高产品竞争力、企业竞争力、产业竞争力,同时也要提高在金融、基础设施、科技、教育等方面的国际竞争力,由目前的在世界排位30—40位之间,进入世界前列(前10名)。① 从外交与安全的角度看,中国的战略目标就是在综合国力不断增强的基础上,从一个具有全球性影响力且影响力不断增强的区域大国成为世界大国,在国际社会中扮演更为积极、建设性的主导角色。为了制定和有效地实施中国大战略,需要尽快建立有效的决策机制,实现国内战略与国际战略的相互协调。

---

① 胡鞍钢:《中国发展前景》,杭州:浙江人民出版社1999年版;《中国大战略》,杭州:浙江人民出版社2003年版;《中国:新发展观》,杭州:浙江人民出版社2004年版;等等。

二、本书的创新之处与基本评价

正是在中国面临全面建设小康社会的国内任务和全球化、复合相互依赖加深的国际潮流之下,我们深感中国大战略研究的必要,本书的选题本身更有了重大的现实意义和理论价值。尤其是,进入 21 世纪初期,中国崛起越来越成为不可阻遏的历史潮流,中国如何成功崛起,又如何走向世界大国,成为中国决策者和学者以及世界各国尤其是大国的决策者和学者关注、研究的全球性重大议题。因此,中国大战略研究也有了重要的学术价值和政策意义,即勾勒中国成为世界大国的战略蓝图并就其战略谋划提出具体的政策建议。

近年来,从大战略角度研究中国的成果不断涌现,尤其是美国哈佛大学教授江忆恩撰写的《文化现实主义:战略文化与中国历史上的大战略》、兰德公司研究人员史文和阿什利·泰利斯撰写的《解读中国的大战略:过去、现在与未来》产生了重要的社会影响;北京大学教授叶自成撰写的《中国大战略:中国成为世界大国的主要问题及战略选择》是有影响的中国大战略专著①;在门洪华博士的协助之下,我主编了《中国大战略》一书,不仅引起社会的广泛关注,也产生了重要的社会影响。

门洪华博士选择了这一极具挑战和难度极大的中国大战略研究,也设定了一个十分明确的研究目标,即如他所说的,"记录中国走向强盛的进程,勾勒中华民族迈向复兴的轨迹,规划中国实现崛起的蓝图"。经过两年的博士后研究,他撰写了《构建中国大战略的框架:国家实力、战略观念与国际制度》一书,堪称是这一研究领域的精品之作,必将推动中国大战略的深入研究。那么,与此前国内外关于中国大战略的著述相比,本书有什么创新之处呢?

---

① Alastair Iain Johnston, *Cultural Realism: Strategic Culture and Grand Strategy in Chinese History*, Princeton: Princeton University Press, 1995; Michael D. Swaine and Ashley J. Tellis, *Interpreting China's Grand Strategy: Past, Present, and Future*, Ithaca: RAND, 2000; 叶自成:《中国大战略:中国成为世界大国的主要问题及战略选择》,北京:中国社会科学出版社 2003 年版;等等。相关分析参见本书"导论"部分。

首先是作者研究课题的宏观性,强调了从宏观层面着眼、从微观层面着手的途径,即构建中国大战略框架的理想模式(ideal type),并就每一研究侧面提出政策建议,从而构成剖析中国大战略的基本框架,以确立继续从事大战略研究的理论基础。在全书的谋篇布局上,充分体现了作者的精心策划。

本书的创新体现在,首次提出了较为系统的中国大战略框架,具有开创性。与此同时,作者提出的理想模式建立在对现实进行客观评估的基础之上,从而确保了理论框架的合理性。本书以中国崛起为契机,以国家战略资源的评估为开端,着重进行战略能力的评估、战略导向的选择、战略目标的确立、战略内容的谋划、战略手段的实施,并以此为主线构建一个比较完整的中国大战略框架。

本书的创新也体现在,以主导变量为核心构建大战略的框架,具有原创性。检视昔日关于中国大战略的研究,我们看到的往往是大而化之的宏观判断或只见树木不见森林的细节分析,缺乏理论框架层面的建构似乎是通病。门洪华博士则将关于中国大战略的研究框架建立在国家实力、战略观念与国际制度三个基本变量的基础之上,从而体现出原创性的努力。其一,从国家实力的角度看,作者强调对国家实力进行相对客观而准确的评估,以之作为构建中国大战略的硬实力基础,作者提出了国家战略资源的概念,建立了评估国家实力的量化方程;运用该方程对中美印日俄五大国的国家战略资源进行比较,并对中国如何提高国家实力提出了具体的政策建议;作者还具体剖析了中国经济实力、军事实力、能源安全等,并研究其政策含义。其二,从战略观念的角度看,作者将战略观念的优化、国际制度的参与作为评估中国软实力的核心,在战略观念方面,作者剖析了战略文化、国家安全观、外交哲学等观念因素,总结了近年来中国国际战略观念的变革,强调指出中国的新世纪国际战略以经济主义和区域主义为基点,以积极参与国际事务、加强国际合作为途径,以拓展国家战略利益、发挥负责任大国作用为目标。其三,从国际制度层面着眼,作者从有效性、局限性、合法性三个变量出发,确立评估国际制度作用的理论框架,从压力、认知与国际形象等三个方面剖析中国积极参与国际制度的战略选择,从参与、创设与主导三种模式剖析中国对待国际制度的基本策略,并就中国如何促进东亚一体化提出政策建议。尤其是,作者特别强调战略观念和战略意识的作用,呼吁中国应秉持不诱于誉、不毁于非的客观、理性的战略态度。

本书的创新还体现在,以打通国内战略与国际战略的人为隔阂为目标,强调了国内、国际二维的有机结合。应该说,多年来,源于中国战略框架设计的内视性,中国的国内战略往往与国际战略脱节。正是在这样的意义上,作者强调国内战略与国际战略相辅相成,国际战略以国内战略的目标实现为依归,同时呼吁避免将国内政治与国际战略割裂开来的传统做法,强调国际化对国内政治的重要影响,以国际社会的积极动力特别是国际资源、国际市场、国际资本、国际技术等促进中国的全面、协调、可持续发展。作者强调既要有坚实的国内基础,也要有宽广的全球视野。

本书的创新还体现在,采用多元方法论,强调理论与实践的密切结合。在方法论层面上,作者首次将定量方法引进中国大战略的理论研究之中,并注重定量分析、国际比较、历史分析、综合分析、实证研究等的结合;在理论层面上,作者注意吸取国际关系理论、制度经济学理论、中国传统战略等的学术营养,强调以现当代理论为基底,深入挖掘传统战略思想,以国际关系理论为体系核心、兼顾经济学等其他学科理论成果,力图找到中外战略理论融合之道;在实践层面上,作者强调在理论背景之下提出研究的政策含义,力图将政治、经济、军事、文化等诸维度整合起来,通过实践分析验证理论的得失,并就战略实施提出具体而颇具可操作性的政策建议。

综上所述,作者以构建中国大战略的框架为主题,在本书的每一部分都体现了创新的努力,其分析凝集了作者对中国长远战略的深入思考,也充分吸收了国内外对中国大战略研究的成果,包括古代哲人、历代领导人对中国发展的雄心壮志和战略构想,充分体现出理论创新的勇气。我的基本评价是,本书是关于中国大战略的一项开拓性理论研究,也是一个重要的知识贡献。本书的基本观点已经通过各种途径提交决策参考或以学术论文形式发表,并得到了积极的回应和共鸣。我认为,本书的基本观点和重要成果将为国家制定长远战略提供重要的决策参考,本书的基本理论和分析方法也会在国内外战略学界产生重要的影响。

三、如何从事博士后研究?

中国建立博士后制度时间不长,这是培养高端人才的重要制度安排。如何加强博士后的培养、鼓励博士后多出高水平的具有开拓性的研究成果,也在探索之中。我认为,从门洪华博士在清华大学从事博士后研究的经历之中,我们或许可以得到一些启示。

博士后是"优中选优"。门洪华博士在从事博士后研究之前,就已经是享有盛誉的青年国际关系理论学者,曾获北京大学"学术十杰"称号,他在《中国社会科学》《中国社会科学季刊》等重要学术期刊发表学术论文数十篇,为从事博士后研究打下了良好的理论基础。在清华大学从事博士后研究期间,他将国际关系理论、制度经济学理论与一般经济学理论相结合,初步构建了中国大战略的框架,超越了现有的战略理论分析水平。他利用在美国卡内基基金会做访问学者的机会,与诸多美国学者进行交流和探讨,加深了对这些理论框架的认识。他将这些创造性成果应用于实践分析,撰写了大量的研究报告和学术论文,通过《国情报告》提交给中央领导参考,并在《世界经济与政治》《教学与研究》《战略与管理》《美国研究》等核心学术期刊发表。他参加诸多高层次的国际国内会议,其创新性成果引起了国内外的积极关注。在站期间,门洪华博士主持或参与多项重要学术课题(包括他本人通过竞争获得的国家社科基金青年项目),具备了设计和主持重要研究课题的能力;出版专著1部,合著1部,主编学术著作2部,译著6部;在国内核心学术期刊发表学术论文20多篇;通过《国情报告》向中央及有关部门提交研究报告32篇。此外,他还协助我申请、主持多项研究课题、合作课题;协助我编辑《中国大战略》《第二次转型:国家制度建设》《中国:新发展观》等著作8本;担任《国情报告》的常务编辑,编辑处理文字近300万字。无论是研究成果的数量还是质量,他在博士后中都是"佼佼者",更是一个十分勤奋而优秀的青年学者。

应该说,从事博士后研究的青年学者多是有学术追求的年轻人,他们大多期望通过博士后研究实现学术研究的专业化。但是,如何实现这一目标呢？我认为,博士后研究是进一步走向科研专业化的重要途径。要想成为一个优秀的博士后研究者,就必须迫使自己的学术研究再上一个新台阶,再写一篇更高质量的博士论文。

首先,要强调理论研究与现实研究的结合。博士研究阶段往往与理论研究密切相关,也可以说属于理论建构的阶段。进入博士后研究时期,就需要进一步加强对现实问题的研究。对社会科学尤其是应用性的社会科学领域而言,加强对中国基本国情的认识和研究对理论研究乃至整体学术研究均有莫大的意义。门洪华在博士学习阶段打下了良好的理论基础,在博士后研究期间对中国的国情有了比较全面的了解,我们共同确定的研究课题也体现了将理论研究和现实研究相结合的需求,这些均为他博士后研究期间取得较为丰硕的研究成果提供了基石。

其次,要强调自我科研与集体合作的结合。我一直主张,合作导师与博士后的关系不是指导与被指导的关系,而是研究者之间的学术合作关系。合作导师的主要任务是积极鼓励博士后独立进行开创性的学术研究、独立发表学术论著。当然,博士后与合作导师之间应该有比较密切的学术配合,确定一个乃至数个研究的兴奋点,一同进行深入研究,合作导师的帮带作用也是非常重要的。此外,学术研究不仅是个人研究,还是集体合作(team work),博士后研究阶段处于学术研究的中间点,应强调与导师的合作、与同事的合作,乃至参与博士生、硕士生的指导和培养,从而为独立研究和指导学生奠定良好的基础。门洪华博士与我一直有着良好的合作,既与我共同从事专项课题研究,也与我合作发表过学术论文,还与国情研究中心的硕士生、博士生共同就某些课题进行研究,从而加强了课题研究、集体合作的能力,也在参与硕士生、博士生的培养中积累了一定的经验。这些也丰富了门洪华博士的研究视野,他的一些研究成果也是在学生的协助下取得的。这在一定程度上反映了教学相长的魅力、集体合作的魅力。

　　再次,要强调国内、国际学术交流相结合。学术研究需要交流,交流出思想、出真知、出成果。学术交流不仅局限于与合作导师的交流,与国内其他学者的交流,还应该加强国际交流,要争取走出国门,到国际上交流,去争取自己的一席学术之地。对相比处于落后境地的中国社会科学和管理科学而言,加强国际交流更有着积极的意义。在博士学习期间,门洪华博士就与美国的许多著名理论学者有了直接的交往。从事博士后研究以来,国情研究中心为他进行国际学术交流提供了许多便利条件。门洪华博士与日本国际交流中心、美国和平研究所、美国卡内基国际和平基金会、美国大西洋理事会等进行了专项课题合作。2003 年上半年,门洪华博士在美国卡内基国际和平基金会做访问学者,就大战略课题与美国相关学者进行了深入的交流,为其研究报告的完成打下了较为坚实的基础。

　　最后需要强调的是,博士后应该有更高的学术追求,应该将自己的研究课题长期化。学术研究需要有长远设计,长期专心研究,需要持之以恒,才能出优秀成果。在这方面,门洪华博士的努力和实践值得学习和借鉴。在门洪华博士的努力下,"大战略研究丛书"正式推出,本书就是这套丛书的第一本著作。我相信,这一合作项目将极大地推进中国大战略的研究。

　　使学生成功既是老师的愿望,也是老师的天职。看到门洪华博士的成功,我引为自豪,也深感欣慰和高兴。值门洪华博士的新著出版之际,作为合作导师,我谨撰序祝贺,祝愿他超越自我,不断出新成果。

胡鞍钢

2004 年 12 月 29 日

于清华大学

谨将此书献给我的父亲

感谢他用宽厚的臂膀撑起我前进之路

目 录

导　论　中国崛起的战略意义 …………………………………………… 1
　　中国崛起的历史轨迹 ……………………………………………… 4
　　中国崛起的世界反响 ……………………………………………… 15
　　应对中国崛起的战略 ……………………………………………… 26
　　时代呼唤中国大战略 ……………………………………………… 35

第一章　中国大战略研究的基础 ………………………………………… 40
　　第一节　大战略研究概述 ………………………………………… 41
　　第二节　聚焦中国大战略 ………………………………………… 54
　　第三节　本书的研究框架 ………………………………………… 66

第二章　国家实力的评估 ………………………………………………… 70
　　第一节　国家实力评估概述 ……………………………………… 71
　　第二节　中美日印俄国家战略资源比较(1982—2012年) …… 86
　　第三节　推进军事变革，加强国防建设 ………………………… 122

第三章　战略观念的优化 ………………………………………………… 149
　　第一节　中国战略文化的重构 …………………………………… 153
　　第二节　中国国家安全观念的创新 ……………………………… 167
　　第三节　中国外交哲学的演进 …………………………………… 177
　　第四节　中国国际战略理念的变革 ……………………………… 193

第四章　国际制度的参与 … 203

第一节　合法性、有效性与局限性
　　　　——评估国际制度作用的理论框架 … 205

第二节　压力、认知与国际形象
　　　　——中国国际制度战略的历史逻辑 … 236

第三节　参与、创设与主导
　　　　——建构东亚合作机制的中国思路 … 259

第五章　构建大战略框架，拓展国家战略利益 … 279

第一节　国家定位与中国大战略的框架 … 281

第二节　中国国家利益的维护和拓展 … 305

第三节　以稳健步伐塑造国际秩序 … 320

结　语　中国应有的大战略意识 … 350

参考文献 … 357

后　记 … 385

重印补记 … 389

远景基金会繁体字版后记 … 391

第二版后记 … 393

图表目录

图

图 2-1	国家实力的构成要素	74
图 2-2	军事战略资源及其指标	125
图 2-3	军事转化能力及其指标	126
图 4-1	关于国际制度的战略选择模式	239
图 4-2	中国对国际环境保护机制的参与(1970—1998 年)	246
图 4-3	中国加入国际军控条约的比重(1970—1998 年)	249
图 4-4	中国加入国际组织数量的国际比较(1966—2000 年)	249
图 6-1	评估中国大战略的框架	351

表

表 0-1	1800 年至今大国兴衰概览	6
表 0-2	中国经济崛起的历史轨迹	8
表 0-3	中国的 GDP 和人均 GDP(公元元年—1998 年)	9
表 0-4	中国人均 GDP、GNI 增长率(2005—2014 年)	11
表 0-5	中国对外贸易占 GDP 的比重	12
表 0-6	国内变革和国际变革之比较	30
表 2-1	软实力与硬实力	75
表 2-2	中国国际竞争力排名情况(1995—2015 年)	81
表 2-3	国家战略资源及其主要指标	88

表 2-4	五大国经济资源占世界比重(1982—2012 年)	94
表 2-5	五大国增长潜力指数(1982—2012 年)	95
表 2-6	中国经济国情的演变(1982—2012 年)	96
表 2-7	中国经济增长(2011—2015 年)	98
表 2-8	五大国人力资源占世界的比重(1980—2010 年)	99
表 2-9	五大国自然资源占世界的比重(1982—2012 年)	101
表 2-10	五大国资本资源占世界的比重(1982—2012 年)	103
表 2-11	五大国知识技术资源占世界的比重(1982—2012 年)	104
表 2-12	五大国政府资源占世界的比重(1982—2012 年)	106
表 2-13	五大国军事资源占世界的比重(1982—2012 年)	107
表 2-14	五大国国际资源占世界的比重(1982—2012 年)	108
表 2-15	中美在世界经济中的地位(1700—2015 年)	110
表 2-16	五大国国家战略资源的比较(1982—2012 年)	114
表 2-17	中国常规武器进出口(1982—2014 年)	127
表 2-18	2014 年 1 月的世界核力量	129
表 2-19	2013 年军费开支前 15 名的国家(SIPRI 口径)	135
表 2-20	中国国防开支及其占 GDP 与财政总支出的比重(1982—2015 年)	136
表 3-1	与中国建立伙伴关系的国家和国家集团	187
表 3-2	中共中央政治报告体现的外交战略思想(1982—2012 年)	189
表 4-1	国际合法化的模式	225
表 4-2	安理会公开会议上的否决权一览表(1946—2014 年)	245
表 4-3	大国对人权公约的批准	252
表 5-1	中国 GDP 总量、人均 GDP 及其世界排名	286
表 5-2	中国四大地区主要指标占全国比重(2014 年)	287

表 5-3　GDP 占世界的比重(1985—2015 年) ………………… 336
表 5-4　GDP 增长率的比较(1985—2015 年) ………………… 337
表 5-5　对外贸易占世界的比重(1985—2015 年) …………… 338
表 5-6　对外投资占世界的比重(1985—2014 年) …………… 340
表 5-7　军费开支占世界的比重(1992—2014 年) …………… 341

导 论
中国崛起的战略意义

> 每一个世纪都会出现拥有实力、意志、智慧和道德原动力,希图按照自己的价值观重塑整个国际体系的国家,这几乎是一个自然定律。
>
> ——亨利·基辛格①
>
> 一旦中国醒来,她将使整个世界为之震撼。
>
> ——拿破仑②

中国崛起,是 20 世纪的晚霞,更是 21 世纪的曙光。

人类历史画卷波澜壮阔,大国兴衰是其内在的逻辑。中国曾经作为这幅画卷的主角达数世纪之久。在前资本主义社会的十几个世纪里,中国一直处于世界文明发展的高峰,走在世界的前列。历史以其细腻而灵动的笔触,记载了中国曾经的辉煌。国家生命历程若江海之波,有潮起,有潮涨,有潮落。19 世纪中叶,内忧积重难返、外患频仍导致中国一度衰落。在 20 世纪,中国一步步迎来变革之潮涨。

---

① Henry Kissinger, *Diplomacy*, New York: Simon & Schuster, 1994, p.17.
② R. P. Khanua, "Impact of China's Ambition to Be a Regional Power", *Asian Defense Journal*, Vol.6, No.9, August 1999, p.9.

对中国而言,20世纪是一个真正的大时代,一个处于"千年未有之大变局"的转折年代(great transformation)。① 20 世纪前半叶,中国尚处于不稳定的国际体系的底层,所求者首先是恢复 19 世纪失去的独立与主权;20 世纪下半叶,中国迎来历史性的崛起,国富民强、中华民族的伟大复兴成为现实的期望;尤其是 20 世纪的最后 20 年,中国主动开启了融入国际体系的进程,并逐步成为国际体系的一个负责任的、建设性的、可预期的塑造者。② 改革开放成为现代中国崛起的历史性序幕,经济持续稳健增长和现代化追赶模式成为当代中国演绎的绚丽传奇。1978 年至今,中国综合国力上升居诸大国之最;1978—2014 年,中国经济年均增长率高达 9.4%。2015 年,中国经济增长率为 6.9%;国内生产总值达到 676708 亿元人民币(以 2015 年 12 月 31 日人民币兑换美元的中间价计算,为 10.42 万亿美元),位居世界第二位,相当于美国的 58.3%;对外贸易总额为 39586.44 亿美元,对外非金融类直接投资达 1180.2 亿美元(中国对外直接投资存量首次超过万亿美元大关),2015 年底外汇储备达 33304 亿美元,中国被视为世界经济发动机之一,是继美、日、欧之后的第四大世界经济支柱。③ 中国政治昌明、社会进步有目共睹,国家安全稳固,文化事业精彩纷呈,外交硕果累累,国际影响力与日俱增。数代仁人志士梦寐以求的中国崛起不再被视为神话,而是活生生的现实,中国已经重归世界强国之列。"天若有情天亦老,人间正道是沧桑。"④以五千年文明为积淀,以百余年磨难为基点,以 60 余年发展为基石,多少荣辱悲欢,多少兴衰成败,成就了中国这只浴火重生的凤凰!

---

① 许纪霖:《三种危机与三种思潮——20 世纪中国的思想史》,《战略与管理》2000 年第 1 期,第 66—71 页;胡鞍钢、王绍光、周建明主编:《第二次转型:国家制度建设》,北京:清华大学出版社 2003 年版,第 363—369 页。

② 章百家:《改变自己 影响世界——20 世纪中国外交基本线索刍议》,《中国社会科学》2002 年第 1 期,第 4—19 页;门洪华:《中国崛起与国际秩序》,《太平洋学报》2004 年第 2 期,第 4—12 页。

③ Emma V. Broomfield, "Perceptions of Danger: the China Threat Theory", *Journal of Contemporary China*, Vol.12, No.35, 2003, pp.265-284.

④ 毛泽东:《七律·人民解放军占领南京》,载金冲及主编:《毛泽东传(1893—1949)》,北京:中央文献出版社 2004 年版,第 962 页。

回首中国五千年文明史,回首中国百年沧桑,回首中华人民共和国60多年的历程,我们坚信,中国崛起是历史的必然,中国崛起之势不可逆转,像奔流到海不复回的黄河水,像一破夔门永向前的川江浪。

大哉乾元,万物资始。世界迎来了中国崛起的曙光。这场历史性巨变肇始于1949年中华人民共和国成立,加速于1978年启动的改革开放,其高潮却刚刚来临。这场巨变的最终结果是真正的凤凰涅槃,是中华民族伟大复兴的实现,全世界自然从中感知到中国崛起的震撼。

20世纪,中国由弱国向强国发展,从封闭走向开放;世纪之交,世界政治经济体系面临空前广泛而深刻的变革,中国改革开放步入关键阶段;21世纪之初,中国战略研究界提出"和平崛起"的战略思想,中国从变革自己、影响世界向变革自己、塑造世界的方向发展,以融入—变革—塑造为核心的中国和平发展战略框架逐步形成。与此同时,中国崛起与世界转型似乎相约而行,这种历史性重合既给人类发展带来了空前的机遇,也给世界带来了巨大的挑战。

崛起是一种兴盛,但又不是一般的兴盛,而是一个大国从落后转向兴盛的景象;崛起是一种发展,但又不是一般的发展,而是一个大国改变世界政治生态和国际格局的发展。因此,一个大国的崛起必然引起整个世界的关注。对中国崛起的关注,始于中国崛起之前。拿破仑的名言"一旦中国醒来,她将使整个世界为之震撼"不仅激励着中国仁人志士前赴后继、为中华民族伟大复兴而奋斗,也提醒着世界诸强国为中国未来的崛起而"未雨绸缪"。

从历史经验看,任何大国的崛起都将导致世界权力格局、利益格局乃至观念格局的重大调整,重新洗牌似乎势在难免。作为一个非西方大国,中国崛起是改变一个多世纪以来世界形态的最重大事件。与其他发展中大国并行崛起的态势,更引起世界格局的重大变革,作为其中最为引人注目的国家,中国的领头地位分外耀眼。鉴于中国曾经辉煌和遭受百年屈辱的历史,这样的崛起还可能引致某些西方国家害怕被报复的恐惧,中国崛起带来的世界震撼可想而知。西方学者普遍认为,中国变得越强大和富有,就越需要拥有更大的影响力,也更愿意并有能力为推进其利益而战。因此,中国作为一个重要大国的崛起,在第二个千年的后半期令任何一个可比的现象相形见绌。① 就21世纪而言,没有任何一项战略挑战会比回应中国崛起更为重要。②

在全球化和复合相互依赖日益深化的时代,对国际事务的参与、国家利益的拓展、国际利益的谋求、国际责任的承担将越来越成为中国崛起的鲜明特征。实际上,对中国如何使用其新增加力量和影响不确定性的国际争论始自20世纪80年代初。③ 在20世纪的大多数时间里,国际社会看待中国犹如雾里看花。在一定程度上,国际社会仍然把中国视为尼斯湖怪兽:巨大、神秘、力量无比而又行为莫测,令人害怕又让人着迷。国际社会对中国的认识程度、中国崛起的客观事实都需要中国制定建设性的、透明度高的、可预期的崛起战略,更加关注自己的国际形象。这是时代赋予中国的历史使命。

中国崛起的历史轨迹

"以古为镜,可以知兴替。"④俯瞰数世纪的波谲云诡,解读大国兴衰的历史,勾勒中国崛起的轨迹,我们可以从中体味中国崛起的战略意义。

纵观古代历史,没有一个国家拥有统驭世界的力量、影响力或遍及世界的利益,也没有一种国际体系曾经达到全球规模,几个区域性国际体系是并存的。真正全球性体系的出现有赖于地理大发现。自15、16世纪始,欧洲列强开创了稳定的全球航海体系以及随之而来的全球规模的贸易体系,到19世纪中叶,当中国也被殖民体系所触及之际,一个全球性国际体系产生了。概言之,18世纪中后期工业革命、运输革命(铁路革命、海洋革命)、通信革命(电报、无线电通信)等相继而来,最终导致了世界政治经济体系的创立。

---

① 塞缪尔·亨廷顿:《文明的冲突与世界秩序的重建》,北京:新华出版社1999年版,第257页。
② *Los Angles Times*, August 7, 1995, B5.
③ Stuart Harris and Gary Klimtworth, eds., *China as a Great Power: Myths, Realities and Challenges in the Asia-Pacific Region*, New York: St. Martin's Press, 1995, p.15.
④ 《贞观政要·论任贤第三》。

在这个体系的创立过程中,中国曾经拥有成为世界大国的机遇。17世纪的重大历史事件当数三大帝国的兴起:英国在1640年爆发"光荣革命",逐步建立了称霸世界的大不列颠帝国;1644年满洲军队占领北京,入主中原,建立了陆地疆域达1200多万平方公里的大清帝国;1689年俄国彼得大帝开始执政并锐意革新、扩张,随后建立了横跨欧亚的大帝国。然而,疆土面积最小的英国成为工业革命的先行者,并逐步发展成为世界大国,霸主雄风延至20世纪30年代;国土辽阔的大清帝国和沙俄却都与这次工业革命失之交臂,未能发展成为世界性的现代大国,均在19世纪屡遭败绩。[①] 18世纪,欧洲诸大国的兴起与非欧洲大国的衰落似乎形成了鲜明的对比。19世纪,欧洲各国群雄逐鹿,并逐步将触角延伸至全球;中华帝国、奥斯曼帝国、印度帝国却不可避免地走向了衰落乃至崩溃。19世纪末,美国和日本的崛起成为改变国际政治经济生态的重大事件。[②] 20世纪上半叶,经过两次世界大战的洗礼,未经工业化的传统帝国(俄罗斯帝国、奥匈帝国、奥斯曼帝国等)一概退出了历史舞台,法西斯崛起大国(德、日)亦被打败,美国登上西方国家领袖的宝座。20世纪下半叶,世界迎来了新一轮全球化高潮,大国兴衰却更富有戏剧性。美国曾一度衰落,在20世纪末21世纪初依旧雄风不减,保持着唯一超级大国的地位;苏联土崩瓦解之后,俄罗斯的世界经济地位趋弱,短期内难以恢复元气;中国尽管与二战结束后的经济发展黄金时期再次错失,却通过1978年的改革开放抓住了新一轮的全球化浪潮,革故鼎新,走上崛起之路,发展势头强劲;印度帝国在二战结束后一分为三,而印度的崛起近来颇为引人注目;英法保住了相对重要的国际政治经济地位,但更有可能向中等强国的方向发展;德日在二战后重新崛起,却以其经济见长,走了一条部分崛起(partial rise)的发展道路,日本20世纪"失去的十年"(the Lost Decade)有所延续,国际地位持续下降,已走向相对衰落之路。[③] 德国国际影响力有所上

[①] 这是中国丧失的最重要战略机遇期之一。参见中国教育与人力资源问题报告课题组:《从人口大国迈向人力资源强国》,北京:高等教育出版社2003年版,第10页。

[②] 保罗·肯尼迪:《大国的兴衰》,北京:中国经济出版社1989年版,第254—310页。

[③] 门洪华:《日本变局与中日关系的走向》,《世界经济与政治》2016年第1期,第72—90页。

升,但似乎还缺少在可预见的将来成为世界大国的条件。如此,中国崛起成为大国兴衰逻辑的必然延伸。

表 0-1　1800 年至今大国兴衰概览①

国家	成为大国的时间	退出大国行列的时间
英国	1816	—
法国	1816	1940
	1945	—
普鲁士/德国	1816	1918
	1925	1945
	1991	—
俄罗斯/苏联	1816	1917
	1922	
奥匈帝国	1816	1918
意大利	1860	1943
美国	1898	—
日本	1895	1945
	1991	—
中国	1950*	—

注：中国因 1950 年参加朝鲜战争而开始被视为大国。

王赓武认为,从政治和文化的角度讲,中国历经四次历史性的崛起。第一次崛起以秦始皇统一中国为标志,中国在国际上通用的英文名字"China"可能就来自于第一个统一中国的秦朝。接下来,汉朝统治了很长时间,以至于从此之后有了"汉人"一说。在随后 3 个世纪里,汉朝的影响力波及朝鲜半岛和东南亚的部分地区。在这个早期阶段,中国给人印象最深刻的是经济文化,而以贵族宫廷文化和地方宗教、礼仪、惯例所代表的中华价值观并没有广泛传播开来。7 世纪唐朝的建立不仅宣告了中国的第二次崛起,而且巩固了中国在南方的力量,并通过陆路向四周扩展影响力。这种影响力还传播到了隔海相望的日本。

---

① Randolph M. Siverson and Michael D. Ward, "The Long Peace: A Reconsideration", *International Organization*, Vol.56, No.3, Summer 2002, pp.679-691.

这一时期,中国不仅高度开放,而且迎来了一个贸易和工业不断增长的时代。来自遥远国度的商人和旅行者带来的新东西不仅丰富了中国人的生活,而且对中国文化做出了贡献,由此造就了中国历史上一个真正的全盛时期。1368年明朝建立,中国实现了第三次崛起。这次崛起与前两次相比有些逊色,中国的政治文化自此变得十分保守,闭关锁国的政策导致江河日下。20世纪末,中国开始第四次崛起。目前中国的改革动力堪与两千多年前中国第一次统一的爆发力相提并论,今天的中国还让人想起7世纪的大唐风度。彼时,中国战胜了外来入侵,吸收了外来思想,向外国贸易和新技术打开门户,为今天的中国创造了宝贵的文化遗产。① 尤其是大唐贞观之治,国势兴隆,民物蓄息,府库充盈,八方来朝,文化昌盛。② 大唐风度迄今为世人所向往,有的学者将1978年以来的中国崛起称为现代"贞观之治"。③

从经济学的角度看,一国经济发展的历史轨迹存在一个生命周期:经济发展准备期或准备成长期;经济迅速发展期或迅速成长期;经济发展强盛期或鼎盛期;相对发展缓慢期;国力衰落期。④ 从中国与世界经济发展的历史看,公元元年至1800年,中国既是世界人口大国,又往往是世界经济最强大的国家;1800—1949年,中国经济迅速衰落为世界上最贫穷的国家之一;1950年至今,中国进入现代经济增长时期,比较成功地发动了工业化、现代化,追赶发达国家,在世界经济与贸易中的比重再次上升,中国有可能再次成为世界上最强大的国家。我们认为,1950—1980年是中国经济成长期;1980—2020年是中国经济迅速发展期,即经济起飞时期;2020—2050年,中国将进入经济发展强盛期,基本实现现代化。

---

① 王赓武:《中国迎来第四次崛起,有助改变世界格局》,《环球时报》2004年2月27日,第12版。
② 王军:《江山代有强国出——世界强国兴盛之路探析及其对中国发展的启示》,《经济研究参考》2003年第49期,第2—16页。
③ 胡鞍钢、王绍光、周建明主编:《第二次转型:国家制度建设》,第2页。
④ 胡鞍钢:《国家生命周期与中国崛起》,《教学与研究》2007年第6期,第7—17页。

表 0-2　中国经济崛起的历史轨迹

经济发展阶段	中国占世界GDP总量比重	中国人均GDP增长特点	中国人口增长特点	中国占世界贸易总量比重
经济趋异时代				
传统农业停滞时期（1700—1820年）	居世界首位	人均GDP增长率为0，经济趋异	人口增长率较高(0.85%)，高于欧洲	
传统农业解体时期（1820—1950年）	迅速衰落期，由32.9%下降至为4.5%	人均GDP增长率为0，经济大趋异	高出生率、高死亡率、低增长率(0.30%)	比重低且下降
经济趋同时代				
现代经济增长初期（1950—1978年）	占世界比重处在历史最低点，变化不大	人均GDP增长率为2.34%，经济趋异	高生育率，高增长率达2.06%	比重降至历史低点，不足1%
经济起飞期（1978—2000年）	迅速上升期，由5.0%上升为11%以上	人均GDP增长率为6.04%，经济大趋同	较低生育率，较低增长率(1.45%)	迅速上升，达到4%
经济起飞期（2000—2020年）	迅速上升期，达到20%	人均GDP增长率为4.50%，经济大趋同	低生育率，低增长率，低于1%	迅速上升，达到10%
经济强盛期（2020—2050年）	居世界首位，且持续上升期	稳定增长，继续趋同	人口零增长	居世界第二位

资料来源：Angus Maddison, *The World Economy: A Millennial Perspective*, OECD: Paris, 2001.

中国曾经是世界上经济最先进、综合国力最为强盛的国家，而且其经济、政治、文化、艺术都处于世界领先地位。从公元元年到18世纪，中国一直是经济最为强盛的国家之一，占世界经济总量的比重未曾低于20%，1820年更达到历史最高峰（32.9%）。然而，中国由盛转衰的因子在15、16世纪已经埋下。16世纪初，西方国家进入工业化起步阶段；与此相对照，由于经济和社会发展的内在制度性障碍，中国故步自封，闭关自守。1820年，西方国家进入工业化发展的黄金时期，中国反而堕入了经济和社会的迅速衰落时期。1820年，中国GDP居世界总量的32.9%,1870年降至17.2%,1913年降至8.9%,1950年降至4.5%。中国在1950年开始正式发动工业化和现代化,抑制了占世界总量比重继续下降的趋势。1978—2014年,中国经济平均增长率超过9%,增长速度长期居世界诸大国之首,GDP占世界总量的比重由5%上升到12%。2015年中国经济增长率为6.9%,首次低于印度,以此为开端,中国经济增长进入中高速的"新常态"阶段。"新常态"与中国经济转型升级的新阶段密切联系。① 2014年11月10日,习近平在北京召开的APEC工商领导人峰会上指出,新常态将给中国带来四个新的发展机遇:中国经济增速虽然放缓,实际增量仍然可观;中国经济增长更趋平稳,增长动力更为多元;中国经济结构优化升级,发展前景更加稳定;中国政府大力简政放权,市场活力进一步释放。胡鞍钢认为,"新常态"是我国经济更高级的发展阶段,反映了中国经济发展所经历的量变到部分质变、积累到跃迁的过程。这是中国重新平衡经济的关键过程,以经济增长动力更加丰富、增长速度更可持续、更加公平地分配利益为目标。中国经济处于新常态初期,如果中国政府能够有效应对,中国人民就有望享受到生活质量的持续提高和重大改善,中国也将进一步融入国际经济体系。可以说,"中国世纪并非已进入终章,而是刚结束开篇"②。

表0-3 中国的GDP和人均GDP(公元元年—1998年)

年份	GDP总量			人均GDP		
	GDP总量(1990年不变价百万国际美元)	占世界比重(%)	在世界上20个主要国家中的排名	人均GDP(1990年不变价国际美元)	与世界平均水平的比值(%)	在世界上20个主要国家中的排名
公元元年	26820	26.2	2	450	1.01	1
1000	26550	22.7	2	450	1.03	1

---

① 李扬、张晓晶:《论新常态》,北京:人民出版社2015年版,第2页。
② 胡鞍钢:《中国经济:新常态下仍将平稳运行》,《光明日报》2015年5月13日,第16版。

续表

年份	GDP 总量			人均 GDP		
	GDP 总量（1990年不变价百万国际美元）	占世界比重(%)	在世界上20个主要国家中的排名	人均 GDP（1990年不变价国际美元）	与世界平均水平的比值(%)	在世界上20个主要国家中的排名
1500	61800	25.0	1	600	1.06	14
1600	96000	29.2	1	600	1.01	14
1700	82800	22.3	2	600	0.98	15
1820	228600	32.9	1	600	0.90	18
1870	189740	17.2	1	530	0.61	19
1913	241344	8.9	2	552	0.37	19
1950	239903	4.5	5	439	0.21	20
1973	740048	4.6	5	839	0.20	19
1998	3873352	11.5	2	3117	0.55	18

资料来源：Angus Maddison, *The World Economy: A Millennial Perspective*, OECD: Paris, 2001, pp.261-265.

从公元元年到15世纪，中国人均GDP处于世界领先地位。1500—1800年，西欧在实际人均收入方面追赶并超过了中国。1700年以后，世界人均收入开始超过中国的人均水平。从人均收入水平差距看，中国经历了倒U字形曲线，先是出现经济趋异、相对差距拉大，后是出现经济趋同、相对差距缩小。1700—1950年，中国与世界人均收入差距以每年0.78%的速度在扩大。1950年以来，中国开始以超过世界平均水平的速度发展。1950—2005年，中国与世界人均收入差距以每年2.09%的速度在缩小；2005年至今，与世界人均收入差距以每年3.1%的速度在缩小。2020年，中国可能进入世界中等收入国家发展阶段。

表 0-4 中国人均 GDP、GNI 增长率（2005—2014 年）

(%)

年份	GDP 增长率		人均 GDP 增长率		人均 GNI 增长率	
	中国	世界	中国	世界	中国	世界
2005	11.4	3.6	10.7	2.3	10.2	2.3
2006	12.7	4.1	12.1	2.8	12.7	2.8
2007	14.2	3.9	13.6	2.7	14.1	2.7
2008	9.6	1.5	9.1	0.2	9.5	0.0
2009	9.2	-2.1	8.7	3.2	7.9	-3.3
2010	10.6	4.1	10.1	2.8	9.8	3.1
2011	9.5	2.8	9.0	1.6	8.4	1.5
2012	7.8	2.3	7.2	1.1	8.0	1.0
2013	7.7	2.4	7.2	1.1	6.5	1.1
2014	7.3	2.5	6.7	1.3	7.3	0.8

资料来源：GDP 增长率数据：http://data.worldbank.org.cn/indicator/NY.GDP.MKTP.KD.ZG；人均 GDP 增长率数据：http://data.worldbank.org.cn/indicator/NY.GDP.PCAP.KD.ZG；人均 GNI 增长率数据：http://data.worldbank.org.cn/indicator/NY.GNP.PCAP.KD.ZG。2016 年 3 月 7 日上网。世界银行数据以中国官方口径为准。

传统中国社会是一个高度自给自足的比较封闭的农业社会，与世界经济的联系相当弱，其外贸进出口额占世界总量比重相对小。按 1990 年美元价格计算，1870 年中国商品出口额为 14 亿美元，占世界出口额的 2.49%；1929 年中国商品出口额为 62.6 亿美元，占世界出口额的 1.87%；1950 年中国商品出口额为 63.4 亿美元，占世界出口额的 1.69%；而后中国这一比重不断下降，到 1973 年达到历史最低点，为 0.65%；从 20 世纪 70 年代末期中国开始对外开放，外贸进出口额逐年迅速增加，中国从一个基本脱离世界政治经济的十分封闭的社会发展模式向加强与世界政治经济联系的全面开放的社会发展模式转变。

表 0-5　中国对外贸易占 GDP 的比重

年度	对外贸易总额（亿元）	国内生产总值（亿元）	对外贸易占 GDP 比重
1982	771.3	5323.4	14.49%
1983	860.1	5962.7	14.42%
1984	1201.0	7208.1	16.66%
1985	2066.7	9016.0	22.92%
1986	2580.4	10275.2	25.11%
1987	3084.2	12058.6	25.58%
1988	3821.8	15042.8	25.41%
1989	4155.9	16992.3	24.46%
1990	5560.1	18667.8	29.78%
1991	7225.8	21781.5	33.17%
1992	9119.6	26923.5	33.87%
1993	11271.0	35333.9	31.90%
1994	20381.9	48197.9	42.29%
1995	23498.7	60793.7	38.65%
1996	24133.8	71176.6	33.91%
1997	26967.2	78973.0	34.15%
1998	26849.7	84402.3	31.81%
1999	29896.2	89677.1	33.34%
2000	39273.2	99214.6	39.58%
2001	42183.6	109655.2	38.47%
2002	51378.2	120332.7	42.70%
2003	70483.5	135822.8	51.89%
2004	95539.1	159878.3	59.76%
2005	116921.8	184937.4	63.22%
2006	140974.0	216314.4	65.17%
2007	166863.7	265810.3	62.78%
2008	179921.5	314045.4	57.29%
2009	150648.1	340902.8	44.19%

续表

年度	对外贸易总额（亿元）	国内生产总值（亿元）	对外贸易占GDP比重
2010	201722.1	401512.8	50.24%
2011	236402.0	473104.0	49.97%
2012	244160.2	519470.1	47.00%
2013	258168.9	568845.2	45.38%
2014	264334.0	636463.0	41.53%
2015	245741.0	676708.0	36.31%

资料来源：中国国家统计局编：《中国统计年鉴》，北京：中国统计出版社，历年；2015年数据来自国家统计局网站：《2015年国民经济和社会发展统计公报》，http://www.stats.gov.cn/tjsj/zxfb/201602/t20160229_1323991.html。

从世界经济史的角度看，中国经济目前处于近代世界第三次经济浪潮的主角地位。近代世界经济史的重大事件是，19世纪后期20世纪初德国、日本等融入工业社会；二战后从"亚洲四小龙"开始，又有一些新兴工业国融入世界工业体系；中国成为新兴工业国是第三件大事。中国通过改革开放成为工业国，进入世界工业体系，将导致全世界的工业生产成本大幅度降低，世界的经济往来更加密切。① 改革开放至今，中国经济发展的成就举世无双。中国历史的宏观角度看，中国的经济崛起不仅是建国60多年的努力、改革开放30多年的发展，还可视为鸦片战争以来长期衰落到谷底之后的反弹，或明末"闭关锁国"致经济长期滑坡到达谷底之后的回升。

中国崛起伴随着逐步融入国际社会的历程，全面对外开放、全面融入国际社会成为中国这次崛起最为鲜明的特征。中国的改革开放过程就是一个冲破自我封闭走向世界的过程，亦即积极参与全球化的过程。把国内改革与对外开放有机地结合在一起，反映出邓小平对我们所处时代的一种深刻把握：在经济全球化的背景下，国内事务与国际事务已经不可分割地联系在一起，对内改革和对外开放其实已经是一枚硬币

---

① 吴敬琏：《中国成为世界第三次经济浪潮主角》，《中国经济时报》2002年12月24日，第1版。

的两面。① 19世纪之前,中国一直在东亚相对孤立的地缘政治环境中发展,与世界其他部分相对隔绝。中国以悠久文明为基础,在东亚地区形成了自成一体的帝国体系。19世纪中期,欧洲列强用坚船利炮将中国强行纳入其主导的国际秩序,从此开始了中国与国际社会曲折的互动历程。中国参与国际社会明显表现为两个特征:从"中国之世界"向"世界之中国"转变,从"局外者"向"局内者"转变。二者相互交叉、相辅相成,导致中国在国际社会中的角色几经变换。② 从鸦片战争到第一次世界大战,中国对国际环境的影响几乎为零,但国内环境发生了千年未有的变化;从五四运动到1949年中华人民共和国成立,中国国内环境与国际环境之间出现了相当同步的变化,中国的政治走向成为亚洲国际环境以及世界大国力量对比的重要指针。1949—1978年,由于冷战的大背景和中国国内政治经济的相对封闭,中国国内环境与国际环境变化只是间接地互动,但中国的政治大国、军事大国地位在朝鲜半岛等军事斗争中确立起来。1978年至今,中国加速融入世界经济体系,中国的经济大国地位开始确立。随着中国融入国际社会的逐步深入,中国与国际社会的互动也日趋深入和良性化。中国积极参与现有的国际规则,融入现存国际体系,而不是想办法"另起炉灶"。③

冷战结束以来,中国外交由内向性转向外向性,强调有所作为,积极融入国际社会,拓展战略利益。自20世纪80年代末90年代初以来,"韬光养晦"和"有所作为"这对矛盾一直是构成中国外交理论与实践的主导性原则,孰重孰轻,莫衷一是,甚至一度束缚了中国国际战略目标的实现。在对参与国际事务的理论总结过程之中,我们逐渐领悟到,"韬光养晦"是一种哲学原则,体现的是思想高度;而"有所作为"是一种实践原则,体现的是进取精神。当然,"有所作为"也有其传统哲学含义,即根据自己的战略判断,"有所为,有所不为"④。随着改革开

---

① 俞可平:《全球化与全球治理》,北京:社会科学文献出版社2003年版,第26页。
② 门洪华:《国际机制与中国的战略选择》,《中国社会科学》2001年第2期,第178—187页。
③ 喻希来:《21世纪中国现代化议程》,《战略与管理》2001年第4期,第1—12页。
④ 门洪华:《中国和平崛起的国际战略框架》,《世界经济与政治》2004年第6期,第14—19页。

放的进一步深入,中国开始采取积极战略,全面参与全球性国际制度,参与原有制度的完善和新国际制度的制定,主动促成地区性国际制度的建设,并在亚洲区域国际制度的建设中承担主导者的角色。20世纪90年代中后期以来,中国改变了过去对区域合作的消极、被动姿态,在经济、安全、军事等方面与邻近国家展开了积极合作。中国促动的东亚合作制度代表了中国外交的新思路,即在自己利益攸关的地区培育和建立共同利益基础之上的平等、合作、互利、互助的地区秩序,在建设性的互动过程中消除长期积累起来的隔阂和积怨,探索并逐步确立国家间关系和国际关系的新准则。中国在区域合作中的积极进取,既促进了区域内国家对中国发展经验和成果的分享,也提高了中国的议程设置(agenda-setting)能力。通过地缘政治与地缘经济的塑造,中国在东亚的战略能力和战略地位逐步提高。与此同时,中国将"负责任大国"作为其国际形象的标志,积极提供全球性和区域性公共物品,逐步树立起负责任、建设性、可预期的国际形象。

综上所述,中国崛起是全方位、积极而富有建设性的,中国已经从一个封闭的中等国家发展为东亚乃至全世界最具有活力的国家①,其发展势头不可阻遏。但是,我们也同样注意到,中国的崛起并非是平衡的(imbalanced)。现代中国崛起的起点当然是新中国的成立,但是作为具有实质性意义的崛起则始于实行改革开放政策的1978年,中国是在"一穷二白"的基础上快速进入崛起历程的,中国的经济崛起已经成为一个事实,但其全面崛起尚未实现。我们坚信中国将崛起为全面的强国,但这将是一个漫长的过程,不能奢望它会一蹴而就。

中国崛起的世界反响

中国崛起为世界大国的前景将是影响和塑造未来世界的重要力量。大国崛起首先冲击的是国际社会固有的利益格局,进而最终影响其权力格局,导致国际体系的变迁。从过去30年甚至60余年来看,中

---

① David Kang,"Getting Asia Wrong: The Need for New Analytical Frameworks", *International Security*, Vol.27, No.4, Spring 2003, pp.57-85.

国在经历一个不断向东亚乃至全球加大其影响力的过程,而且这个进程正在加速。由于中国崛起与新一轮全球化浪潮、国际秩序的转型几乎同步,中国的发展前景在一定程度上成为影响全球未来的决定性因素之一。中国是在参与经济全球化的过程中获得崛起的机遇,在这个历史背景之下的中国崛起之路不可能是军事扩张或政治革命,只能是全面融入世界,由此获得崛起的环境和条件。中国对东亚权力格局、利益格局的影响尤其引起国际社会的高度关注,针对中国崛起的"中国威胁论""中国崩溃论"等负面回应多源于与此密切相关的东亚国家也证实了上述判断。

在各种国际论坛和研究报告中,出现了关于中国崛起的多种声音:有人放言中国已经成为世界大国,并对世界构成了冲击、挑战与威胁,四处宣扬"中国威胁论";有人宣称表面繁荣的中国实际危机四伏,面临崩溃,宣扬"中国崩溃论";有人为中国崛起的前景喝彩,认为中国为区域和全球发展做出了重要贡献,提供着发展的机遇,推崇"中国贡献论"和"中国机遇论";还有人宣称强大起来的中国应该承担更多的国际责任,宣扬"中国责任论"。① 正如戴维·兰普顿(David Lampton)指出的:"中国是一个巨大的屏幕,外国人在这个屏幕上放映着他们的希望和恐惧。对经济利益的期待与对金融危机的担忧并存,有关中国影响力的尖锐警告与有关中国崩溃的预测并存,对中国民主变革的看法与对当前现实的讽刺并存。"② 概言之,"中国威胁论""中国崩溃论""中国贡献论""中国机遇论""中国责任论"从不同侧面印证了中国崛起对世界的影响越来越重要。

有的西方人士认为,中国崛起面临的很多困难几乎无法克服。在他们看来,中国面临的重要困难是:人口负担太重,提高人均收入的难度极大;自然资源严重缺乏,生态环境恶化,无法满足经济高增长的需

---

① 华裔学者黄靖认为,西方国家要求中国承担的国际责任主要体现在三个层面:一是经济和物质上的责任,要求中国在国际事务上更多地出钱出力;二是开放金融市场方面的责任,要求中国政府必须放弃对金融市场的控制,让外国企业进入中国金融市场;三是道义上的责任,要求中国逐步按照西方的价值理念和博弈规则来出牌。参见黄靖:《西方热炒中国模式疑为捧杀中国》,《广州日报》2010年1月24日,第10版。

② David Lampton,"Think Again:China",*Foreign Policy*,Spring 1998,pp.13-27.

要;教育水准太低,劳动力素质不符合现代经济发展的需求;缺少政治制度的保障;地区差距扩大,各种社会问题层出不穷,严重影响经济改革的顺利进行。中国的未来充满变数,即使避免中国陷入混乱,中国的成功也不会持久。① 极端者则强调这些困难不仅不能克服,而且会无限扩大,最终导致中国崩溃。② 他们认为,中国以高投入、低产出为特征的经济模式和建立在廉价劳动力、巨大能耗基础上的发展模式正在走向死胡同,同时国企改革、环境污染、金融体制僵化等阻碍经济增长的结构性因素导致中国高增长难以为继。即使中国经济持续发展,伴随着经济飞速增长而出现的贫富差距、沿海和内陆地区经济差距的无限扩大等问题,以及由此带来的社会不稳定等情势,也将导致中国走向崩溃。此外,还有关于中国因国内政治斗争而崩溃的数度流言。"中国崩溃论"以耸人听闻的《中国即将崩溃》一书而达到顶峰。章家敦(Gordon Chang)预言中国即将崩溃的理论基础是:第一,中国的经济增长主要来自中央政府的投资,而中央投资的资金来源是庞大的财政预算赤字,长此以往,任何一个经济体都撑不下去;第二,中国加入世贸组织,长期看利大于弊,但是却必须承受短期的经济阵痛,在应付"入世"挑战方面不容乐观;第三,中国共产党目前正值第三代到第四代的权力转移期;第四,"9·11"事件后,国际经济气候进一步恶化,导致中国出口量减少。这几个因素同时出现,如果中国政府无法及时拿出对策,就会在十年内崩溃。③ 最新一波的"中国崩溃论"来自美国知名中国问题专家沈大伟(David Shambaugh)。他在 2015 年 3 月 6 日的《华尔街日报》上发表文章,断言"中国共产党统治的最后阶段已经开始,它退出历史舞台的速度将超过许多人的想象"④。

关于"中国崩溃论",笔者不欲多加评论。在我看来,尽管其中某

---

① Zalamay Khalizad, et al., *The United States and a Rising China: Strategic and Military Implications*, RAND, 1999, p.14.

② Jack A.Goldstone, "The Coming Chinese Collapse", *Foreign Policy*, No.99, Summer 1995, pp.35-52.

③ Gordon G. Chang, *The Coming Collapse of China*, London: Random House, 2001.

④ David Shamaugh, "The Coming Chinese Crackup", *The Wall Street Journal*, March 6, 2015.

些看法走向极端,但确实也指出了中国崛起面临的种种问题,值得我们以客观、冷静的眼光看待。面对一个大国的迅速崛起,外界的各种议论并不奇怪。不管这些议论出于善意还是恶意,我们都可以作为前进道路上的警语。至于某些捕风捉影之谈,事实已经证明了它们的错误,中国的崛起进程亦将继续证明它们的错误。集中精力做好国内事务,让事实证明一切是最好的应对之策。

相比而言,"中国威胁论"却是值得我们格外重视和谨慎应对的。"中国威胁论"可追溯到19世纪后期的美国排华浪潮,其理论阐释可以追溯到20世纪初,始作俑者是《海权论》作者马汉(Alfred Thayer Mahan)。1944年,英国驻华大使向中国战区美国武装部队司令魏德迈提出,一个强大、统一的中国将对世界构成威胁,肯定将迅速危及白种人在远东乃至最终在全世界的地位。应当指出的是,英国大使提出"中国威胁论"时,中国还处在国民党蒋介石政府的统治下。这个事实告诉我们,"中国威胁论"从其产生之日起就是为固有霸权利益和强权政治服务的。新一代"中国威胁论"是伴随着中国第四次崛起而来的。1990年日本防卫大学教授村井友秀在《诸君月刊》发表《论中国这个潜在的威胁》,从国力角度论证中国将是一个潜在的敌人,开冷战后"中国威胁论"之先河。1992年,世界银行前首席经济学家劳伦斯·萨莫斯(Lawrence Summers)提出,按照购买力平价(PPP)计算,中国的经济规模相当于美国的45%。① 1993年,国际货币基金组织使用购买力平价对各国进行排序,中国GDP被提高了四倍。1993年5月31日,《时代周刊》载文指出,2010年中国经济总量将超过日本,2020年将超过美国,中国经济发展必然威胁国际贸易的正常进行,影响原有贸易格局和利益划分。② 自此,西方舆论一改冷战时大谈中国的贫穷落后,1994年美国正式提出中国不是发展中国家的官方立场。③ 这些观点为冷战后"中国威胁论"的发端提供了导线。

---

① "China Survey", *The Economist*, Nov. 28, 1992, p.5.
② 刘小彪:《"唱衰"中国的背后:从威胁论到崩溃论》,北京:中国社会科学出版社2002年版,第7页。
③ 阎学通:《西方人看中国的崛起》,《现代国际关系》1996年第9期,第36—45页。

第一次大规模的"中国威胁论"泛滥于 1992—1993 年间。1992 年,美国费城外交政策研究所亚洲项目主任罗斯·芒罗(Ross Munro)发表《正在觉醒的巨龙:亚洲真正的威胁来自中国》一文,把中国的经济强大、政治影响力上升进而军事力量扩张的前景层层推演,把中国描述为威胁亚洲的力量。1993 年,哈佛大学教授塞缪尔·亨廷顿(Samuel Huntington)发表题为《文明的冲突?》的宏文,断言儒教文明与伊斯兰教文明的结合将是西方文明的天敌,从意识形态、社会制度乃至文明角度论证了中国威胁。第二波"中国威胁论"发端于 1995—1996 年间,诱因则是台海危机及由此而起的美国国内对华政策大辩论,"中国对台湾海峡的和平与稳定构成威胁""香港的回归意味着自由民主世界将受到专制制度的威胁"等言论在当时不绝于耳。理查德·伯恩斯坦(Richard Bernstein)和芒罗所著的《即将到来的美中冲突》一书更是集上述论点之大成。① "中国威胁论"第三次甚嚣尘上则是在 1998—1999 年间,美国先后出现了《考克斯报告》、李文和案、中国政治献金案等,美国国会和媒体把中国称为对美国国家安全构成重大威胁的势力。爱德华·廷珀莱克(Edward Timperlake)和威廉·特里普利特(William Triplett)合写的《鼠年》和《红龙跃起》两书更是大肆渲染,矛头指向"中国对美国国家安全构成重大威胁"这一敏感问题。② 第四波"中国威胁论"泛滥于 2002 年,美国美中安全评估委员会发表题为《美中经济关系对国家安全的影响》的年度报告,美国国防部公布《关于中华人民共和国军事力量问题的年度报告》,首次公开指出中国军事力量不仅对台湾地区,还对中国周边国家甚至美国构成威胁,对中美经贸关系大加挞伐,公开否定对华"接触政策"的有效性。当然,"中国威胁论"不仅来源于美国,日本也是"中国威胁论"的重要策源地,其他某些国家也

---

① Richard Bernstein and Ross Munro, *The Coming Conflict with China*, New York: Alfred Knopf, Inc., 1997.
② Edward Timperlake, et al., *Year of the Rat: How Bill Clinton Compromised U.S. Security for Chinese Cash*, New York: Regnery Publishing, 2000; Edward Timperlake and William Triplett, *Red Dragon Rising*, Washington: Regnery Publishing, 1999.

由于种种原因提出过"中国威胁论"。① 第五波"中国威胁论"滥觞于2010年前后,以中国实行咄咄逼人的政策(Assertive Policy)为借口,认为中国已经放弃了韬光养晦,转而寻求依赖其新增长的国家实力而为所欲为。②

概括起来,"中国威胁论"主要有经济威胁、军事威胁、政治文化威胁、意识形态威胁、战略威胁等论调。某些人士认为,中国的经济威胁不仅来源于中国引致世界贸易赤字增加,还来源于中国对世界的环境威胁。经济实力将使中国成为超越其他亚太国家的力量,并对周围区域施加更大的控制,中国的行为将变得更加蛮横。③ 中国的经济战略目标是获得高科技或军民两用技术,最终对美国构成战略威胁。比尔·格茨(Bill Gertz)甚至说:"中国政府在1997年确立了一个大规模偷窃美国技术的计划。"④1999年的《考克斯报告》指责中国窃取美国的军事和商业技术。中国人民解放军的经济活动被视为对美国的经济威胁,因为这有可能反过来促进中国的军事现代化。中国的军事威胁主要指的是中国的军事现代化、中国大规模杀伤性武器的扩散、中国在亚太地区的军事部署、中国的军费增加等。某些人士认为,中国不可避免地追求亚洲霸主的目标⑤,中国迅速发展的进攻性导弹能力正在改变东亚地区的战略形势,破坏地区和全球稳定,从而对美国和世界其他国家构成严重的军事威胁。⑥ 中国的政治文化威胁指的是,中国拥有强烈的文化优越感,对其他国家给自己带来的历史屈辱心怀冤屈,难以与人为善。⑦ 亨廷顿指出,冷战结束后,中国确立了两个目标:成为中华文化的倡导者,吸引其他所有华人社会的文明的核心国家;恢复它在

---

① 例如,印度国防部长费尔南德斯于2001年3月10日宣称,印度发展核力量的原因是印度面临来自中国的威胁。

② Alastair Iain Johnston, "How New and Assertive Is China's New Assertiveness?", *International Security*, Vol.37, No.4, Spring 2013, pp.7-48;刘杉:《"中国威胁论"的新翻版——对西方所谓中国"新盛气凌人论"的评述》,《国外社会科学》2014年第3期,第56—66页。

③ Denny Roy, "The China Threat Issue", *Asian Survey*, Vol.36, No.8, 1996, pp.761-762.

④ Bill Gertz, *The China Threat*, Washington: Regnery Publishing, 2000, p.59.

⑤ Richard Bernstein and Ross Munro, *The Coming Conflict with China*, p.53.

⑥ Edward Timperlake and William Triplett, *Red Dragon Rising*, p.12.

⑦ "Containing China", *Economist*, July 29, 1995.

19世纪丧失的作为东亚霸权国家的历史地位。① 从意识形态角度看,中国是世界上硕果仅存的社会主义强国,其国内民族主义的上升和反美宣传可视为意识形态上的威胁,中国的民族主义是支持区域内领土扩张的。② 当然,中国更是一个战略威胁,因为中国将取代美国成为东亚地区的主导力量。实际上,整个20世纪90年代,美国战略家就中国是否会成为未来几十年美国的安全威胁及其区域利益威胁争论不休。③ 约翰·米尔斯海默(John J. Mearsheimer)断言,中国是否成为民主国家无关紧要,仅仅是正在迅速发展这个事实就使得中国走上了一条与美国冲突的道路。这是因为,国际体系是崇尚弱肉强食的,在这个体系内,所有国家都将把经济力量变成军事力量并不断增强,从而取得支配地位。21世纪早期,中国的崛起将像美国支配西半球一样支配亚洲,而美国将竭力阻止中国获得地区霸权,因为美国不能容忍世界舞台

---

① 塞缪尔·亨廷顿:《文明的冲突与世界秩序的重建》,第182页。
② Emma V. Broomfield, "Perceptions of Danger: The China Threat Theory", pp.265-284.
③ 参见 Thomas Christensen, "Posing Problems Without Catching Up: China's Rise and Challenges for U.S. Security Policy", *International Security*, Vol.25, No.4, Spring 2001, pp.5-40. For examples of concerns about China's rise to great power status, 参见 Nicholas Kristof, "The Rise of China", *Foreign Affairs*, Vol.72, No.6 (November/December 1993), pp.59-74; Denny Roy, "Hegemon on the Horizon? China's Threat to East Asian Security", *International Security*, Vol.19, No.1 (Summer 1994), pp.149-168.理查德·波恩斯坦和罗斯·门罗甚至预测未来20年中国将成为美国的全球对手。参见 Richard Bernstein and Ross Munro, "Coming Conflict with America", *Foreign Affairs*, Vol.76, No.2 (March/April 1997), pp.18-31; and Richard Bernstein and Ross Munro, *The Coming Conflict with China*, New York: Alfred A.Knopf, 1997.有的学者则预测中国成为美国势均力敌的对手(peer competitor), 参见 Peter T. R. Brookes, "Strategic Realism: The Future of U.S.-Sino Security Relations", *Strategic Review*, Summer 1999, pp.53-56; Fareed Zakaria, "China: Appease or Contain? Speak Softly, Carry a Veiled Threat", *New York Times Magazine*, February 18, 1996, p.36.关于中国军事脆弱性的分析,参见: Michael C. Gallagher, "China's Illusory Threat to the South China Sea", *International Security*, Vol.19, No.1 (Summer 1994), pp.169-194; Paul Godwin, "The PLA Faces the Twenty-first Century: Reactions on Technology, Doctrine, Strategy, and Operations", in James R.Lilley and David Shambaugh, eds., *China's Military Faces the Future*, Armonk.: M. E. Sharpe, 1999, pp.39-63; Robert S. Ross and Andrew J. Nathan, *The Great Wall and the Empty Fortress: China's Search for Security*, New York: W. W. Norton, 1997; Robert S. Ross, "Beijing as a Conservative Power", *Foreign Affairs*, Vol.76, No.2 (March/April 1997), pp.33-44; Russell D. Howard, "The Chinese People's Liberation Army: 'Short Arms and Slow Legs'", *Institute for National Security Studies Occasional Paper 28*, *Regional Security Series*, U.S. Air Force Academy, Colorado Springs, Colorado, September 1999。

上出现一个与之匹敌的竞争对手,其结果便是中美之间激烈而危险的安全竞争。他强调指出,任何国家都期望成为区域内的霸主,控制并防止其他国家侵入其后院。① 中国作为战略威胁的具体体现是,它巩固了传统的军事联盟关系,同中亚地区的原苏联加盟共和国建立起类似于联盟的战略关系和经济关系。中国极力拉拢东南亚的柬埔寨、老挝、马来西亚和泰国,以便重新划定地缘政治界线,占据在亚太地区周边发挥影响的立脚点。从阿富汗到缅甸、老挝和柬埔寨,中国帮助修建电信网、发电站、公路、港口和机场,并取得了矿山开采权。中国在哈萨克斯坦经营着价值几十亿美元的油井,同时大力投资蒙古、尼泊尔和南太平洋岛国,"一带一路"战略倡议的提出与付诸实施集中体现了中国以经济手段巩固地区影响力的强烈意愿。与此同时,中国加强与俄罗斯的合作,并与美国、西欧诸大国以及周边国家建立伙伴关系,减少美国或其他大国阻止中国崛起或妨碍它在本地区和全球大展宏图的可能性。因此,米尔斯海默断言,中国不能和平崛起。②

"中国威胁论"的泛滥,源于西方中心主义的狭隘心理作祟,充分暴露了某些大国不愿意看到中国顺利崛起的意图,某些论调也可能会是采取战略行动的舆论准备,我们应对此加以警惕。当然,中国崛起引致国际权力格局、利益格局的演变,既得利益大国对此有所怨言,阐明其立场并采取措施保护自己的利益,这些也是可以理解的。我们应对"中国威胁论"加以冷静剖析和严格区分,该批判的要针锋相对,该协商的要坦诚相待,该改正的要勇于自新,既坚持原则,又要体现出包容心、宽容度和建设性。

实际上,中国和平发展道路的提出,有力地回击了"中国威胁论"。进入 21 世纪,中国和平发展的战略框架逐步搭建和丰富起来。经过数十年的探索和总结,中国在 2005 年 12 月发表《中国的和平发展道路》白皮书,明确提出了和平发展道路的主张,强调"走和平发展道路,就

---

① 约翰·米尔斯海默:《大国政治的悲剧》,上海人民出版社 2003 年版,第 38—41、539—543 页。

② 约翰·米尔斯海默:《我一直认为中国不能和平崛起》,《环球时报》2012 年 5 月 26 日,第 7 版。

是要把中国国内发展与对外开放统一起来,把中国的发展与世界的发展联系起来,把中国人民的根本利益与世界人民的共同利益结合起来"①。和平发展道路的精髓是争取和平的国际环境来发展自己,又以自己的发展促进世界的和平。可以说,"经济威胁论"和"生态威胁论"已经因中国的积极经济政策姿态得以缓解,被雄辩的经济数字和中国积极推进的经济合作所部分瓦解。中国经济的持续稳健增长带动了世界繁荣的脚步,对世界经济和东亚经济发展的贡献率稳居首位。由于东亚地区在经济上具有较强的互补性,中国带动了整个地区的经济发展步伐。中国加大对外经济援助、减免贫穷国家的债务等行动也表明了中国这样的愿望,即中国的经济发展将被世界视为贡献与机遇,而非威胁。经济发展导致军事扩张的论调是根本站不住脚的。21世纪,武力扩张不再是一个国家获取财富、争取利益的可行途径。因为随着国际贸易和国际经济的发展,一个国家可以通过和平手段实现自己的利益诉求,得到技术、资金、管理人才和国家财富。鉴于两次世界大战的沉痛教训,任何一个国家想要追求国家利益,都不可能走军事扩张之路。中国不需要,也决不会重蹈过去那些大国对外扩张的覆辙。而且,中国秉持"己所不欲,勿施于人"的哲学思想,素来"不以兵强天下"②。从另一个角度看,经济繁荣并不总是能够或立即转化为军事战斗力,因为这还取决于其他许多因素,如地理条件、民族精神、指挥才干、战术能力等。③ 从政治文化和意识形态的角度看,中国崛起是中国特色社会主义的胜利。中国特色社会主义道路已经表现出强大的生命力和世界性的影响。中国崛起是中国现代国家制度建设的历史过程,是中国历史文化传统在新的历史条件下的改造与弘扬,是现代制度建设与传统文化的结合。④ 中国秉持开放的文化心态,不以意识形态论亲疏,尊重世界文明多样性,促进国际关系民主化,这些战略观念及其推行有效地

---

① 中华人民共和国国务院新闻办公室:《中国的和平发展道路》(2005年12月),http://www.gov.cn/zwgk/2005-12/22/content_134060.htm,2015年12月31日。
② 《道德经·第三十章》。
③ 保罗·肯尼迪:《大国的兴衰》,北京:中国经济出版社1989年版,第538页。
④ 黄仁伟:《中国崛起与社会主义初级阶段的长期性》,《毛泽东邓小平理论研究》2002年第3期,第25—29页。

消解了对中国政治文化和意识形态的部分误解。我们并不否认中国确实有威胁世界的资源,但反华人士的错误在于,将拥有此类资源等同于有使用这些资源的意图。① 对中国而言,最为重要的问题是,如何如期实现全面建成小康社会和社会主义和谐社会的战略目标,这就需要集中关注如何面对社会显现的诸多问题,如何保持现行社会制度的稳定。与此同时,中国必然高度关注如何确保领土完整和实现国家统一的核心议题。这意味着,中国需要的是和平与善意。进一步说,这不仅是当前的需要,而且是长期的需要。

应对"中国崩溃论"和"中国威胁论",我们要积极加强"中国贡献论"和"中国机遇论"的声音,提高舆论宣传能力和国际形象塑造能力。中国的贡献首先体现在对世界经济发展的促进上。当前,没有中国的积极推动作用,世界经济繁荣已成奢谈。其一,中国对世界经济的贡献在于保证13亿多人口的生活水平稳步上升,中国以占世界7%的耕地养活了世界20%以上的人口,这本身就是对世界的巨大贡献。其二,中国经济增长是亚洲经济的重要动力,对世界经济也是积极因素。其三,中国参与世界分工体系,促进全球市场要素的优化配置。其四,中国在国际经济机制中发挥建设性作用,是发达经济和发展中经济的连接纽带。其五,中国对世界减贫事业做出了最大的贡献。中国在短短30余年让6.6亿人快速摆脱贫困,这被誉为"中国奇迹"。中国绝对贫困人口(国际贫困线以下的贫困人口)数量和占世界总量比重大幅度"双下降":1981年中国绝对贫困人口数量为8.35亿人,1990年降至6.83亿人,2013年降至6800万人;1981年中国绝对贫困人口占世界总量的比重为43.1%,2010年下降至13%;2002年中国贫困人口发生率下降至28.4%,首次低于30.7%的世界贫困人口发生率。2010年降至10.2%,2013年进一步下降到5.0%,已经远远低于世界水平,基本消除了绝对贫困。② 这对世界来说具有巨大影响。其六,中国对世界经济的贡献率位居世界前列。据世界银行的统计,从1980年至2000年的20年间,中国经济增长对世界GDP增长的贡献率年均14%,仅次于美

---

① Emma V. Broomfield,"Perceptions of Danger: The China Threat Theory",pp.265-284.
② 胡鞍钢:《超级中国》,杭州:浙江人民出版社2015年版,第235—236页。

国的 20.7%。① 2001 年至今，中国对世界经济增长的贡献率未曾低于 1/4。此外，中国崛起不仅对世界经济做出了巨大贡献，也促进了国际和平与安全，尤其是，中国对东亚地区安全与发展的促进更为显著。亚洲国家和地区普遍对中国享有贸易顺差，中国崛起及其对东亚经济一体化的促动，在这个地区唤醒了一种共命运的意识，这也正是中国决策者提出打造"命运共同体"的基础条件。此外，为应对国际社会对中国崛起的种种疑虑，中国战略研究界在 2003 年前后提出了中国和平崛起的战略思想，为中国确立和平发展道路奠定了重要的理念基础。

早在 1994 年，三边委员会(The Trilateral Commission)就发表报告指出，中国崛起更多的是一个机遇而不是威胁，建议各国采取广泛的经济、战略和政治行动，使中国参与到国际社会中来。② 1999 年 4 月，朱镕基总理在华盛顿发表演讲，正式提出"中国机遇论"。随着中国这一最大潜在市场更加开放和成熟，"中国机遇论"正在全球范围内成为越来越多人的共识。罗伯特·帕斯特(Robert A. Pastor)指出，20 世纪初，大国要的是帝国；20 世纪末，它们要的是市场。③ 中国作为潜力最大的世界市场，为其他大国提供的市场机遇已经成为促进大国关系积极互动的重要支柱。中国发展给东亚带来了巨大的机遇，一个以中国为枢纽的东亚新经济秩序渐现雏形。中国与周边国家的合作正呈现出一个南北呼应的合作大框架，北边是经贸合作气氛日浓的上海合作组织，南边则是以经济合作为核心的"10+1"机制、"10+3"机制和东亚峰会。2003 年 11 月，中国和东盟领导人在金边签署了《中国—东盟全面经济合作框架协议》，成为促进中国与东盟共赢的关键步骤。中国—东盟自由贸易区覆盖 1300 万平方公里，惠及 19 亿人口，经济总量 6 万亿美元，年贸易总额超过 4.5 万亿美元，是世界人口最多、由发展中国家组建的最大自由贸易区。自 2010 年建成以来，双方对超过 90%的产

---

① *Newsweek*, June 23, 2003.
② Yoichi Funabashi, Michael Oksenberg and Heinrich Weiss, *An Emerging China in a World of Interdependence*, New York: The Trilateral Commission, 1994, p.2.
③ 罗伯特·帕斯特编：《世纪之旅：七大国百年外交风云》，上海人民出版社 2001 年版，第 347 页。

品实行零关税,经贸合作增长迅速,中国成为东盟第一大贸易伙伴、最重要的投资和援助来源①,东盟则是中国第三大贸易伙伴、第四大出口市场和第二大进口来源地。双边关系的发展,有力地回击了"中国威胁论",证明了合作共赢的重要价值。

中国深刻认识到"中国责任论"出现的历史必然性,并以积极姿态加以应对。当代中国的前途命运日益紧密地同世界前途命运联系在一起,中国的发展离不开世界,世界的发展也需要中国,中国对国际社会自有担当。主动承担适度的国际责任,对于中国这样一个成长中大国而言具有积极意义。这不仅是因为中国有条件、有责任对人类做更多更大的贡献,也不仅是因为全球治理时代要求所有大国共克时艰、应对各种全球性危机,更是因为负责任的态度有助于提升国际形象。中国坚持追求"负责任大国"的国家定位,其理念建构具体体现在新安全观、互利共赢、国际关系民主化、和谐世界、和平发展道路的提出上;在实践上,中国加强国际社会的建设性参与,在国际事务的处理上强调分享、共荣、双赢,避免零和,积极提供全球和地区性公共物品,向发展中国家提供力所能及的援助,增加对国际组织的物质投入,从受援国转变为积极的对外援助国,积极参与国际安全维护。与大国责任意识相联系的,是中国积极参与意识的进一步展现。可以说,在中国,国家理性已经生根,而开放主义和参与意识不可阻遏。面向未来,中国冷静判断自己的国际地位,积极承担国际责任,理性扩大国际责任,推进与各国共同利益,在国际事务中把握好能力与责任的平衡,并积极要求增加相对应的国际权利。

应对中国崛起的战略

大国崛起必然冲击既有的国际权力格局和利益格局,给国际体系带来巨大的震撼,所有国家尤其是既有大国必将相应调整战略,或制定

---

① 李晨阳:《对冷战后中国与东盟关系的反思》,《外交评论》2012年第4期,第10—20页;曹云华主编:《东南亚国家联盟:结构、运作与对外关系》,北京:中国经济出版社2011年版,第165页。

应对之策。翻看人类历史,几乎每一次新兴力量的崛起,都发生了与原有主导力量的战争。中国崛起是否必然引起与其他国家尤其是超级大国美国的冲突呢?不容否认的是,国家间利益冲突似乎在所难免,而问题的关键在于冲突的类型、方式和性质。冲突并不一定导致战争,2003 年前后"中国和平崛起"战略思想的提出表明了中国通过合作、协商、和平的方式崛起的战略意愿,引起了国际社会的广泛讨论。2005 年 12 月,中国发表《中国的和平发展道路》白皮书,明确提出了和平发展道路的主张。然而,无论如何,中国崛起"绝不可能支持全部的国际现状",应对中国崛起将是未来数年内世界面临的最严峻挑战之一。鉴于此,中国崛起并非单纯的学术问题,也是严肃的国际关系课题。①

权力转移理论、国际周期理论、霸权转移理论等对大国崛起引致战争的原因及其可能性提出了经典解释。② 奥根斯基(A. Organski)承袭汉斯·摩根索(Hans Morgenthau)的古典现实主义理论,于 1980 年提出了权力转移理论。他认为,在无政府的国际社会里,追求以权力界定的国家利益是一个国家的基本目标,国家间关系也是权力的一部分,一国只有不断地运用自身实力并影响他国的行为,才能赋予自身权力。换言之,在奥根斯基看来,权力具有主观性(subjectivity),当一国实力不断增强时,会产生对外显示实力和施加影响力的强烈欲望,从而成为推行对外冒险政策的强大推动力。国家间权力分配决定着国际体系的稳定与否,而保持体系稳定的关键在于能否实现权力与满意程度之间的平衡。一国对权力的追求程度及其满意程度是鉴别该国是否会威胁和平的重要指标。③ 国际体系内国家可分为强大而满意、强大而不满意、虚弱而满意、虚弱而不满意四种类型,体系的稳定取决于前二者的权力对比关系。对强大而不满意的国家而言,现存体系结构创建之际,它们尚不够强大,没有参与创建过程,或没有从中得到与其现有实力相应的

---

① Thomas Wilborn, *Security Cooperation with China: Analysis and A Proposal*, Washington: US Army War College, 1994, p.13.

② Jonathan Dicicco and Jack Levy, "Power Shifts and Problem Shifts: The Evolution of the Power Transition Research Program", *Journal of Conflict Resolution*, Vol.43, No.6, December 1999, pp.675-704.

③ A. F. K. Organski, *World Politics*, New York: Alfred A. Knopf, 1958, pp.100-103, 295.

地位,权力的增强导致其不满情绪及挑战意愿、行为。强大而满意的国家可能会不断出让部分特权,但决不会让出霸权地位,为此甚至不惜一战。基于此,国际体系的不稳定往往源于如下五种情形:挑战者自认为可以赶上主导国,挑战国权力增长极快,主导国政策不够灵活,双方没有传统友谊,挑战者决心推翻现存的国际秩序。① 战争源自国际体系内各成员国之间国力差异及其成长速度不同,而国力发展可分为酝酿期、过渡期和成熟期三个阶段。处于过渡期的崛起大国最为危险,因为此时国家特性为快速工业化及民族主义高涨且常有对外宣示之意图。② 实力不够的国家即使对国际现状再不满,也不可能从根本上挑战主导大国;国力强大而对国际体系满意的国家也没有动机挑战霸权;只有强大而不满的国家才会构成威胁。奥根斯基进一步指出,一国的行为不仅受到体系层次的影响,而且受到本国的国家性质、历史文化传统、领导人战略意图等影响。如果挑战者愿意遵守规则,继续在现有国际秩序中发展,则和平调整是可能的。③ "中国威胁论"的主要论调就是,伴随着中国综合实力的提高和自信心的增强,必然会使得国家间关系发生权力转移,中国将挑战现有的国际体系结构,导致国际体系的不稳定乃至战争。

乔治·莫德尔斯基(George Modelski)是国际周期理论或长波理论(Theory of Long Circles of Global Leadership and Decline)的集大成者。他指出,国际政治生活中存在着有规律可循的周期,并且任何一个特定的周期都存在一个霸权国或国家集团,在政治经济军事等领域发挥主导作用,且为体系提供公共物品。他认为,全球政治体系是围绕着世界强国行使世界领导权而建立起来的,其兴衰将经历 100—120 年的周期,大约分为全球战争、世界强国、非正统化、分散化四个阶段。全球战争是世界政治体系的转折点,其结果是世界强国的出现。成为世界强国的条件是:必须是具有"安全盈余"(surplus security)的岛国或半岛

---

① 李小华:《"权力转移"与国际体系的稳定》,《世界经济与政治》1999 年第 5 期,第 41—44 页。
② A. F. K. Organski, *World Politics*, p.340; A. F. K. Organski and Jacek Kugler, *The World Leader*, Chicago: The University of Chicago Press, 1980, p.19.
③ A. F. K. Organski, *World Politics*, pp.325-337.

国家,地理位置优越;必须具有全球性的海军力量以及其他可资利用的战略组织,必须具有主导世界经济发展的经济实力(leading economy),而且要有开放和稳定的国内政治环境。随着强国的衰落,其领导全球的合法性消失,全球体系进入非正统化阶段,并出现新的挑战国。莫德尔斯基通过分析发现,在国际关系史上,还没有一个挑战国赢得全球战争的胜利,新世界强国通常是前一个主导国的同盟或合作者。[1]

霸权转移理论则是罗伯特·吉尔平(Robert Gilpin)在《世界政治中的战争与变革》一书中提出的。吉尔平指出,随着一个国家力量的增长,它开始寻求扩大领土的控制权,扩充政治影响,以及扩展对国际经济的控制。相应地,由于该国获得越来越多的资源并从规模经济中获利,这些发展将增强该国的力量。占统治地位的国家和帝国的兴衰大多同产生以及最终耗尽这种经济盈余有关。国家都试图通过领土的、政治的抑或经济的扩张来改变国际体系,直至进一步扩张的边际成本相当于或大于边际收益为止。根据报酬递减规律,当国家进入成熟期之后,随着国家规模及其对国际体系控制范围的扩大,其控制收益递减,成本递增,必然导致霸权的衰落。体系中衰落和新兴国家的不同增长率导致一场决定性的权力再分配以及该体系的不平衡。随着相对权力的增加,一个新兴的国家会企图改变调整国际体系的规则,改变势力范围的划分,最重要的是,改变领土的国际分配。霸权国家可采取两种行动路线恢复体系平衡:寻求增加用于保持国际体系地位和承担义务所需要的资源;或减少现在承担的义务(及相应的成本),以不致最终危害其国际地位。进一步说,为防止霸权转移,主导大国可以采取如下具体的战略:首先也是最有吸引力的反应是消除产生这个问题的根源,即发动预防性战争消灭或削弱新兴的挑战者;其次可以通过进一步扩张来寻求减少保持其地位的成本;最后是减少承担的外交义务,包括直接放弃承担的某些义务、与威胁性较小的国家结盟或寻求和睦关系、对

---

[1] George Modelski,"The Long Cycle of Global Politics and the Nation-State", *Comparative Studies in Society and History*, No. 20, 1978, pp.214-238.

新兴大国退让从而寻求对其野心进行绥靖等。①

表 0-6　国内变革和国际变革之比较②

	国内	国际
渐进性变革的主要方式	各种集团、阶级等之间的谈判	各国间的谈判
革命性变革的主要方式	革命与内战	霸权战争
渐进性变革的主要目标	对国内体系的微量调整	对国际体系的微量调整
渐进性变革的主要目标	制度	体系的统治方式

综上所述，占据既得优势的强国对正在或行将崛起的新兴强国有三种不同的反应方式：第一是协调，指通过外交、政治和战略等方面的妥协来缓和、化解或避免重大的利益纷争和价值冲突，赋予新兴强国与其国力大致相称的国际地位，并调整有关的国际制度以容纳后来者；第二是对抗，指以各种军事或非军事手段排斥、遏制、削弱甚或剪除新兴强国，对付或消除真实的或臆想的威胁，维持或增进既得优势；第三是介乎协调和对抗之间，即战略模糊，一般是最终确定协调或对抗之前的过渡状态。具体而言，搭便车(bandwagoning)、约束(binding)、远离或推卸责任(buck-passing or distancing)属于协调模式，平衡(balancing)、预防性战争(preventing war)属于对抗模式，而接触(engagement)属于模糊战略。此外，既有霸权国更常采用各种方式并用的混合战略(mixed strategies)。③

兰德尔·施韦勒(Randell Schweller)指出，国家按照其利益可分为维持现状的国家(status quo power)和修正主义国家(revisionist power)，具体分为目标无限的修正主义国家(即革命性国家)、目标有限的修正主义国家、对维持现状漠不关心的国家、维持现状但愿意接受以和平方

---

① 罗伯特·吉尔平：《世界政治中的战争与变革》，北京：中国人民大学出版社 1994 年版，第 109、146、158—191 页。

② 同上书，第 47 页。

③ Randall L. Schweller, "Managing the Rise of Great Power: History and Theory", in Alastair Iain Johnston and Robert S. Ross, *Engaging China: the Management of an Emerging Power*, London: Routledge, 1999, pp.1-31.

式进有限变革的国家、不接受任何改变的维持现状国家。① 罗伯特·杰维斯(Robert Jervis)提出了应对大国崛起的威慑模式(deterrence model)和螺旋模式(spiral model),前者强调推行积极的平衡和在可行的情况下进行预防性战争,后者建议推行合作政策,主张实行一种渐进而相互消除紧张局势的战略,以单方面的、代价巨大的让步来获得另一方的信任。② 施韦勒指出,以上两种模式排除了在两个国家之间真正的利益冲突可以和解的情况,即两国之间的对立关系并不纯粹是零和冲突。他因此提出接触模式(engagement model),作为威慑模式和螺旋模式之外的第三种选择。这里,既有大国面对着一个具有有限目的的修正主义大国,其主要目的是结束与不满现状的新兴大国之间的对立。为实现这一目的,适当的战略既不是纯粹合作性的,也不是纯粹竞争性的,而是胡萝卜大棒并用。换言之,既有大国试图满足崛起大国有限的修正主义目标,并通过经济、政治回报及武力威胁来修正其行为。③

以上关于大国崛起影响的分析都从属于现实主义范畴。现实主义理论有其自身缺陷,但它反映出一种焦虑,即对形势做最坏估计,假设最坏情况的出现,这是现实主义所隐含的悲观主义世界观所引致的。源于这一逻辑的延伸,中国是什么样的崛起大国——是维持现状的国家还是一个修正主义国家——成为国际社会探讨的热点,并成为美国等既有大国制定对华战略的基本前提。然而,美国等国国内、各国之间远未就这一问题形成共识。塞缪尔·金(Samuel S. Kim)认为:"在世界从两极向多极转型的过程中,如何评述中国及其全球地位?这似乎是一个基本性的问题,但其答案却远未确定。"④ 江忆恩(Alastair Iain Johnston)通过对中国外交、内政的全面剖析,得出中国既不完全是修正

---

① Randell Schweller, "Bandwagoning for Profit: Bring the Revisionist State Back in", in Michael Brown, ed., *The Perils of Anarchy*: *Contemporary Realism and International Security*, Cambridge: The MIT Press, 1995, pp.251-270.

② Robert Jervis, *Perception and Misperception in International Politics*, Princeton: Princeton University Press, 1976, pp.58-113.

③ Randall L. Schweller, "Managing the Rise of Great Power: History and Theory", pp.23-25.

④ Samuel S. Kim, "China in the Post-Cold War World", in Stuart Harris and Gary Klimtworth, eds., *China as a Great Power: Myths, Realities and Challenges in the Asia-Pacific Region*, New York: St. Martin's Press, 1995, p.46.

主义国家也不完全是维持现状国家而是二者兼之的结论。① 保罗·肯尼迪恰如其分地指出:"西方世界都表示希望看到一个稳定、统一、富饶的中国,但是西方(尤其是美国)真正为出现这样一个中国做好准备了吗?我们没有认真研究过我们希望看到一个什么样的中国,这就使得我们的决策者意见不一,在战略政策上不能始终如一。"②

鉴于此,在对华战略方面,美国等国的战略选择存在摇摆。遏制中国似乎一度成为1989年"北京政治风波"之后美国等西方国家的既定战略。1995年7月29日《经济学人》杂志发表《遏制中国》专题文章,1995年7月31日《时代周刊》发表《为什么我们必须遏制中国?》的文章,1997年伯恩斯坦和芒罗出版的《即将到来的美中冲突》都是遏制论的代表作。然而,这一战略天然存在的狭隘性使之难以被确定为主流战略。接触中国的战略时起时伏,但一直是西方国家对华战略的一条主线。而以美国为代表的"接触+遏制"(con-gagement)战略似乎越来越成为一个主流选择。当然,也有人不愿意放弃干涉中国内政的企图,提出"织网"战略(enmeshment or weaving the net),即利用正式谈判、非正式交流或带有较低层次的强制性手段,把中国拉进国际体系,以外在的力量制约并最终改变中国。③ 2010年至今美国的战略东亚加强对中国围堵的力度,但并未放弃与中国加强战略协调的需要,两面下注、"遏制+接触"的基调依在。美国战略东移的核心是,改变长期以来奉行的先欧后亚战略,力争从中东、阿富汗等挑战中脱身,转向重点应对长期而影响深远的亚洲问题,全面加大对亚太地区外交、经济和军事的投入,加紧价值观渗透,并将亚太战略的针对者锁定为中国。与此同时,美国明确意识到自身实力的相对下降,难以仅仅依靠经济手段、军事威慑维系主导权,更需要外交等软实力手段弥补其硬实力的不足,综合运用经济、安全、外交乃至意识形态手段,谋求强化整体实力。在维

---

① Alastair Iain Johnston,"Is China a Status Quo Power?" *International Security*,Vol.27,No.4,Spring 2003,pp.5-56.

② 保罗·肯尼迪:《一个更为强大的中国是否是西方的福音》,《新闻周刊》2002年秋/冬季号增刊。转引自《参考资料》2002年10月23日,第12—15页。

③ James Shinn, ed., *Weaving the Net: Conditional Engagement with China*, New York: Council of Foreign Relations Press, 1996.

护亚太主导地位上,美国利用亚洲国家对中国意图与战略走向的忧虑,通过加强军事同盟、深化安全合作、扩大经贸合作的制度化等途径进一步介入亚太事务,与这些国家密切捆绑在一起,打造对华柔性包围圈。

1978年至今的中国崛起过程充满了变革性,这不仅体现在中国自身,而且也体现在中国的国际环境上,体现在各国对中国崛起的认知上。随着中国全面融入国际社会,中国对世界的观念在改变、战略在调整,中国变得越来越合作,越来越利用既有的国际制度、国际规则维护和拓展自己的利益,全面融入国际体系,并逐步成为一支建设性力量。中国摆脱了曾有的意识形态冲动,放弃了国际体系挑战者的角色,从局外旁观、消极参与转向积极参与。中国提出推动国际秩序朝着公正合理方向发展的目标,主张以渐进、和平、民主的方式促进国际秩序的建设,而不是另起炉灶;中国愿意以积极姿态融入国际体系,以负责任大国的身份参与国际新秩序的建设与变革,以东亚秩序优化为基点促进世界秩序的建设与变革;中国主张着重关注国际制度的修改、完善与创立,从基本规则入手,充分发挥联合国的积极作用,并积极促动联合国改革,使之成为未来国际秩序的调节与控制机构。这一战略表明,中国力争避免被视为国际社会边界之外的修正主义国家,就在全球主要问题上认同国际社会的程度而言,中国已经进一步融入了各国际组织,而且比以往任何时候都更加合作。中国似乎认定,目前国际体系中有许多方面大大有利于中国,并且将继续有利于一个更加强大的中国。①此外,随着中国参与国际社会程度的加深,中国对自身崛起引起国际反应有了更多的体验,对国际摩擦时代的来临有了更多的心理准备和战略储备。在这样的战略格局下,中国将会继续采取积极的参与战略,以自身的改变和发展带动世界体系的优化。

从中国国际环境的角度着眼,中国的崛起模式显然已经收到了较为积极的成效,而且国际社会对中国的看法依旧乐观。国际社会经历了一个观察、感受和接受中国崛起的过程,这个过程与国际关系调整不断深化、国际交流与合作走向深入相辅相成,共同促成了中国国际环境

---

① Denny Roy, "China's Reaction to American Predominance", *Survival*, Vol.45, No.3, Autumn 2003, pp.57-78.

的优化。新兴大国对世界领导国的挑战是必然的,但这并不意味着该国必然选择通过战争谋取世界地位,崛起的战略可以是和平的,也可以通过战争。崛起战略在一定程度上取决于既有世界霸主采取什么手段维护其主导地位。① 20世纪末21世纪初,美国倾向于采取经济手段维护其地位,这在一定程度上确保了中国选择经济崛起战略的效力。2008年全球金融危机爆发以来,中美关系位移至国际治理体系的中心,并逐渐呈现双雄并立的局面,两国关系走向何方引起国际社会的高度关注。有识之士指出,如果中国变成了美国的敌手,而不是国际制度中一位负责任的成员,美国会发现解决各种全球性、地区性和双边问题越来越困难,还可能发现自己处于新冷战之中。一个极为理性的办法是,找到一种方式使中国在不发生战争或出现不稳定局面的情况下承担起新角色,成为国际社会负责任的成员,这是美国战略成功的关键。② 历史上不乏霸权国家与崛起大国合作的事例,二战后美国与德日的合作造就了国际合作的经典范式,显然中美可以从中得到必要的启示,中美合作的战略性将因之进一步凸现。③

从中国崛起的国际接受程度来看,20世纪90年代中期前后,中国与美国、日本、俄国、德国等的利益一致程度相对不高,国际社会接受中国崛起的程度较低;进入21世纪第一个十年,有鉴于"9·11"事件和2008年全球金融危机促成各国的大力合作,各国战略进一步调整,中国与各大国的利益一致性有所提高,中国崛起为各国所逐渐适应和接受。中国与许多周边国家有着严重的领土争端,但它没有采取修正主义战略或确立帝国主义目标。④ 2012年以来,中国大力拓展国家战略利益,致力于开启以"共同利益""互利共赢""中国责任"为核心的新外交时代。中国提出并积极落实与美国的"新型大国关系",通过双边和多边场合促进中美关系的健康发展。中国深刻认识到中国崛起的全球震动,申明走和平发展道路的强烈意愿,提出欢迎其他国家搭乘中国

---

① 阎学通:《中国崛起的可能选择》,《战略与管理》1995年第6期,第11—14页。
② Ezra Vogel, *Living with China*: *U.S.-China Relations in the 21st Century*, London: Norton & Company Ltd., 1997, pp.1-2.
③ 门洪华:《中国对美国的主流战略认知》,《国际观察》2014年第1期,第69—82页。
④ David Kang, "Getting Asia Wrong: The Need for New Analytical Frameworks", pp.57-85.

发展列车的倡议,致力于发展与世界各国发展友好合作关系,分享发展红利。以此为基础,中国大力提升与欧洲国家的关系水平,加强与欧洲发达国家的合作,中欧关系跃上新台阶。中国与俄罗斯深化全面战略协作伙伴关系,推动金砖国家峰会及合作架构的发展完善,以深化与发展中大国的合作。中国深刻认识到发展同周边国家的关系的重要意义,提出中国周边外交的新方针是,坚持与邻为善、以邻为伴,坚持睦邻、安邻、富邻,突出体现亲、诚、惠、容的理念。① 中国致力于其东亚战略的升级,积极促进东亚合作的制度化,通过引导地区安排的方向、促进东亚国家对中国崛起的适应,发展开放性全地区合作,缓解东亚疑虑,凝聚共同利益,深化地区认同。②

美国前驻华大使温斯顿·洛德(Winston Lord)曾指出,问题不在于中国是否成为全球和地区安全事务上的主要大国,而是何时和如何成为这样的大国。③ 中国崛起已经成为国际社会公认的事实,然而,有必要强调指出,国际社会尤其是美国等传统大国对中国崛起的疑虑并未消除(当然我们也不能奢望这种疑虑会完全消除),国际社会也就不可能完全以接触中国为战略设计,崛起之后的中国战略设计成为国际社会关注中国的新议题。在这样的局势下,中国自身的应对战略变得愈加重要。

时代呼唤中国大战略

20世纪90年代至今,中国崛起成为举世关注的重大议题,在全球引发了激烈的探讨和争论,正面者如"中国机遇论""中国贡献论",负面者如"中国威胁论""中国崩溃论""中国风险论",正负影响都存在的"中国责任论"等,不一而足。中国的未来走向似乎显得扑朔迷离、波谲云诡。在相当长的时段里,中国回应乏力,凸现了中国国际战略的

---

① 习近平:《习近平谈治国理政》,北京:外文出版社2014年版,第297页。
② 门洪华:《论东亚秩序建构的前景》,《教学与研究》2015年第2期,第56—62页。
③ Winston Lord, "For China, Not Containment but Integration", *International Herald Tribune*, October 13, 1995.

缺憾。这种不足随着1998年亚洲金融危机和"9·11"事件之后中国国际战略的调整而大有改观,中国在国际事务上承担责任、积极进取的作为赢得了国际社会尤其是周边国家的认可,负责任大国的国际形象逐步确立。与此同时,中国战略研究界对中国崛起进行了深入、全面的思考,于2003年前后提出了和平崛起的战略思想,以"中国机遇论""中国贡献论"对"中国威胁论""中国崩溃论"乃至"中国责任论"做出积极回应。中国和平崛起战略思想的提出具有重大的理论意义和实践价值,中国继而以此为基础开创出一条颇具中国特色的"中国和平发展道路",代表着中国国际战略思想的重大创新,成为中国国际战略由内向性转为外向性的标志。中国的外交实践和战略理论创新相辅相成,共同构成中国外交新局面的基石。在这样的战略思想指引下,中国外交进一步体现出新气象。①

实际上,中国选择以积极参与为底色,以融入国际社会、变革自身和影响进而塑造世界为支柱的大战略是经过长期思考才确定下来的,其间也并非没有波折,尚处于细化和完善的过程之中。根据历史经验,大国崛起往往采取军事战略、"搭便车"战略、积极参与战略等几种模式。其中,15—19世纪的列强争霸基本上采取了军事对抗的铁血战略,20世纪的两次世界大战是德国、日本力图通过军事战略获得霸权地位的实例,该战略的代价和破坏性有目共睹;二战结束后日本、德国采取搭便车战略得以在经济上重新崛起,但其负面影响(特别是日本)迄今仍在;19世纪末20世纪初美国采取了以经济利益优先的积极参与战略得以崛起,并获得世界霸权。② 以上大国崛起的历史经验与教训对中国崛起的战略选择甚有启示。

回顾大国崛起的历史,其中尤其值得我们关注的是,大国崛起面临的困境是天然存在的。按照安全困境(security dilemma)理论,一个国家试图提高自己安全的种种方式威胁了其他国家的安全,从而导致在

---

① Evan S. Medeiros and M. Taylor Fravel, "China's New Diplomacy," *Foreign Affairs*, Vol. 82, No.6, November/December 2003, pp.22-35;肖晞:《中国和平发展道路:文化基础、战略取向与实践意义》,《国际观察》2015年第4期,第1—21页;门洪华:《中国崛起与国际秩序变革》,《国际政治科学》2016年第1期,第63—93页。

② 门洪华:《国际机制与中国的战略选择》,第178—187页。

安全上的互不信任。新兴大国的崛起,尤其是当它们已经或试图获取绝对安全或过分利益时,将可能产生安全困境或加剧已有的安全困境,从而导致国际体系的不稳定乃至利益争夺引发的大国战争。笔者称之为"大国崛起困境"。鉴于此,大国崛起的方式往往比崛起本身对世界的影响更大。大国崛起的速度、方向、意识形态以及(更为重要的)对世界平衡的影响,会给其他国家带来疑心、戒心、嫉妒和恐惧感,引起反抗和反作用。在历史上,几乎所有大国的崛起都与战争、强权、奴役等血腥气息相联系,而中国和平发展战略的提出表明,中国似乎在追求"例外"。

当前,中国国内战略学者和政策专家几乎都迷恋于中国崛起为世界大国的前景。然而,基于以上关于大国崛起困境和中国总体战略尚待深化的分析,决策者和战略家更应该居安思危,更需要为中国顺利崛起而谋划。

在思考这个问题的时候,我们陡然发现,大战略思维储备不足、缺乏清晰的大战略框架是当前中国战略研究的最大缺憾。第一,我们的总体战略仍缺乏长远战略眼光。长期秉持的以国内经济建设为中心的战略选择有力地推动了中国的经济现代化建设。然而,这一大战略过于强调内向性,长期实行低姿态的政策导致中国外交越来越成为"救火队",灵活有余而眼界不足。而且更为严重的是,随着时间的推移,对具体问题的灵活反应替代了对长远外交战略的追求,大战略框架的粗放导致对具体外交问题的处理也往往不得要领。第二,我们的战略缺乏宏观目标和具体的可操作性策略。我们的大战略目标往往定位在为中国建设创造良好的国际环境,这一目标过于空泛而不易衡量;在具体的操作策略上,固守于几十年外交形成的惯性,外交手段不够全面,具体外交目标不够清晰。第三,战略知识储备不足。由于欧洲长期在世界舞台上占据重要地位,西方学者常常用从欧洲经验总结出来的概念、理论和体会来研究和解释亚洲,这种方法无论如何都是有问题的。① 值得警惕的是,中国学者在这方面似乎在步西方学者之后尘,以

---

① David Kang, "Getting Asia Wrong: The Need for New Analytical Frameworks", pp.57-85.

西方的历史经验比附中国的战略思想与战略选择,忘记了自己还有五千年的传统文化积淀。实际上,中国崛起更是一个古老文明的复兴。① 中华文明有着几千年生存发展的智慧,不同于西方文明,中国文化的现代化将使人类文明进入一个崭新的时代。② 我们应该从中国传统文化中找寻解决问题的答案,融合东西方文化之长,从而构建既源于中国文化底蕴又包含西方文化精髓的大战略框架,实现战略文化的优化。第四,战略心态不够豁达、客观。构建中国大战略,应超越五千年文明的优越感、百余年屈辱的受害者心态和迅猛崛起的急迫要求,树立自信、从容、坦然、健康、正常的大国心态,以负责任、建设性、可预期为战略心态的健康指标。③ 成熟大国心态的基本标志是:清晰界定国家利益边界,维护核心利益坚定不移;冷静对待批评,对所涉问题能够展开坦率的讨论;关注其他国家对核心利益的关切,从长远角度看待国家利益。④ 第五,对中国崛起缺乏全面而深入的战略思考,对崛起战略设计缺乏清晰的概念,甚至对崛起的国内制约因素认识不足,对制约中国崛起的国际因素考虑不周,对二者之间的相辅相成关系认识不深。

中国正处于崛起进程之中,伟大再次降临到中国头上。中国崛起不仅是世界面临的重大挑战,更是中国面临的重大挑战。汤因比(Arnold J. Toynbee)对世界各文明兴衰的研究给了我们如下启示:挑战既可以来自外部,也可以来自内部。应战也是有各种各样:可能是主动应战,也可能是被动应战;可能是及时应战,也可能是滞后应战;可能是创造性的应战,也可能是机械性的应战。由于应战方式的不同,有的社会成长,有的社会停滞,有的社会倒退。同一个社会,也因为应战方式不同,有时成长,有时停滞,有时倒退。

---

① 正是在这个意义上,约瑟夫·奈强调,"中国崛起在某种程度上是一个错误概念,它更是复兴"。参见 Joseph S. Nye, "China's Re-Emergence and the Future of the Asia Pacific", *Survival*, Vol.39, No.4, Winter 1997/1998), pp.65-79.
② 蔡贤伟编著:《中国大战略》,海口:海南出版社 1996 年版,第 116 页。
③ 叶自成、李颖:《构建大国外交之魂:正常心、自信心、乐观心》,《国际经济评论》2001 年第 5—6 期,第 22—23 页。
④ 门洪华:《日本变局与中日关系的走向》,《世界经济与政治》2016 年第 1 期,第 72—90 页。

对中国而言,这是一个呼唤大战略的时代,更是一个构建大战略的时代。为中国崛起的未来而进行战略谋划,是战略研究者的天然职责。中国古代思想家韩非子曾指出:"上古竞于道德,中世逐于智谋,当今争于气力。"①他描述的似乎是今日世界的图景。以此为警示和参照,我们的战略谋划,不仅要强调实力因素(气力),更要反映我们的战略思维能力(智谋),以及对普适性文化价值(道德)的追求。概言之,我们生而逢时,中国崛起为我们指点江山、激扬文字提供了历史性机遇。

---

① 《韩非子·五蠹》。

第一章
中国大战略研究的基础

> 古之善用天下者,必量天下之权,而揣诸侯之情。量权不审,不知强弱轻重之称;揣情不审,不知隐匿变化之动静。
>
> ——鬼谷子①
>
> 大战略研究的极大部分领域尚属于有待探勘和了解的未知地带(Terra Incognita)。
>
> ——利德尔·哈特②

在日常生活里,战略是一个被泛化的词语,颇有滥用之嫌③;在学术研究中,大战略一词亦如是。然而,关于中国大战略研究乃至专业性战略研究的成果却并不丰富,似乎也难以令人满意。可以说,对中国而言,大战略研究尚属等待开拓的资源聚集之地。

中国崛起昭示着一个崭新时代的来临。从大战略角度研究中国崛

---

① 《鬼谷子·量权》。
② B. H. Liddell Hart, *Strategy: The Indirect Approach*, London: Faber and Faber Ltd., 1967, p.336.
③ 纽先钟:《战略研究》,南宁:广西师范大学出版社2003年版,第1页;许嘉:《美国战略思维研究》,北京:军事科学出版社2003年版,第4页。

起、勾勒中国崛起的大战略框架是这个时代赋予战略研究者的历史使命。中国的崛起首先表现为国家实力的显著提升,然而,政治、经济、军事实力的增强并不完全与其国际影响力成正比,也不会自然而然造就其世界大国的地位。笔者认为,大战略恰恰可以架起一国国家实力与其世界地位之间的桥梁。大战略是对历史的总结、当前的把握、未来的选择。极言之,它事关一个国家的贫富、兴衰、存亡。对一个崛起的大国而言,大战略研究至关重要。

本章从战略和大战略的概念入手,对大战略的概念、主要研究内容、基本研究方法做出简要说明,总结中国大战略研究的现状及其不足,简要概述笔者的基本思路,为中国大战略研究奠定分析基础。

第一节 大战略研究概述

大战略概念辨析

剖析大战略的概念,应从战略的概念开始。战略概念古已有之,中国古代称之为庙算、谋、猷、谋略、韬略、方略、兵略等。最初,"战"与"略"是分别使用的,前者指的是战斗、交战、战争,后者指的是筹略、策略、谋划等。早在《左传》中,中国人已经直接使用"战略"一词。西晋历史学家司马彪在公元3世纪末著《战略》,这是中国历史上第一部以"战略"为名的著作,惜乎该书已经散佚。现今保存最完整的、以"战略"为名的著作是明代茅元仪所著的《廿一史战略考》。成书于南北朝时期的《宋书》有"授以兵经战略"之语,这是"战略"第一次作为概念使用。而据《词源》考察,"战略"一词出现在唐代,并以高适"当时无战略,此地即边戎"的诗句为证。① "战略"这一概念出现得晚,并不意味着战略思想出现得晚。中国古代军事家孙子已经提出以战略为轴心的完整的战略理论("上兵伐谋"),他所谓的"庙算"就是战略层次的筹划和决策。从"庙算"的提出到战略概念的完善发展,从"经之以五"的提出到今天的综合国力评估,从"安国保民"的战略目标到今天的和平

---

① 《词源》,北京:商务印书馆1980年版,第1193页。

发展战略,从"不战而屈人之兵"到今日的威慑战略,中国战略思想的发展无不包含着《孙子》的血统。① 孙子被称为"古代第一个形成战略思想的伟人"②,其所著《孙子兵法》被视为世界上第一部战略学著作。③

西方文化中的"战略"(strategy)一词出自希腊语"stratus",意为军队;由此引申出"strategos",意为将军或领袖;引申出"strategia",意为战役或将道(generalship)。④ 大约公元580年,东罗马皇帝毛里斯(Paul de Maurice)著 Strategikon 一书,意为"将军之学"。1770年,法国学者梅齐乐(Maizeroy)翻译该书,首创"strategie"一词,并在自己所著《战争理论》(Theorie de la guerre)中首次使用。这就是西方"战略"一词的现代起源。⑤ 据考证,19世纪末,可能是日本人将"strategy"翻译为"战略",并由中国留学生传入中国。⑥

18世纪之前,西方学者并没有将战略和战术区分开来,战略概念的基本含义仍然为"作战的谋略""将道",主要指的是当时空间范围较小的军事斗争。总结古代和近代战略家的观点,我们似乎可以得出这样的结论:战略是智慧的运用,中国古人称之为"谋",故战略为斗智之学、伐谋之学;战略所思考的范围仅限于战争,故翻译"strategy"时在"略"之前加上了"战"字;战争所采用的工具主要是武力,中国古代因此称之为兵学。⑦

从18世纪到第一次世界大战爆发,战略的概念从战斗范畴扩展到战争全局。尤其是,安东尼·若米尼(Beron Antoine Henri Jomini)、卡尔·冯·克劳塞维茨(Carl von Clausewitz)先后对战略概念进行了明确的界定。若米尼指出,战略是"把一支军队的最大部分兵力集中到战

---

① 冯之浚等:《战略研究与中国发展》,北京:中共中央党校出版社2002年版,第3页。
② John Collins, *Grand Strategy*, Annapolis: Naval Institute Press, 1973, p.xx.
③ 纽先钟:《孙子三论》,南宁:广西师范大学出版社2003年版,第24页。
④ Martin von Creveld, *The Transformation of War*, New York: Free Press, 1991, pp.95-96.
⑤ 参见李少军:《论战略观念的起源》,《世界经济与政治》2002年第7期,第4—10页;纽先钟:《战略研究》;周丕启:《国家大战略:概念与原则》,《现代国际关系》2003年第7期,第56—61页;等。
⑥ 纽先钟:《中国战略思想新论》,台北:麦田出版公司2003年版,第5页。
⑦ 纽先钟:《西方战略思想史》,南宁:广西师范大学出版社2003年版,第4页。

争区域或作战区域的最重要点上去的一种艺术"①;克劳塞维茨则认为,"战略是为了达到战争目的而对战斗的运用"②。"战略本身只同战斗有关,但是战争理论必须同时研究战斗的实施者(军队本身)以及同军队有关的主要问题。"③两位学者提出的战略概念奠定了西方军事战略概念的基础。第一次世界大战以来,随着战争实践的日益复杂,战争、经济、科技、文化、精神等因素对战争的影响日益重要,战略概念的外延和内涵也随之扩展。利德尔·哈特(B. H. Liddell Hart)的定义可以佐证:"战略是一种分配和运用军事工具以达到政治目的的艺术。"④概言之,战略概念不再局限于军事领域。

其实,中国战略思想从未自限于军事领域。《孙子兵法》就强调:"上兵伐谋,其次伐交,其次伐兵,其下攻城。"⑤当前,战略概念在许多领域得到了广泛借用,已经远离了战略原有的军事斗争艺术的本义,几乎成为宏观思维、整体把握、深谋远虑的代名词。例如,《辞海》关于战略的定义是:"战略泛指对全局性、高层次的重大问题的筹划与指导,如大战略、国家战略、国防战略、经济发展战略等。"⑥但是,对相关军事部门而言,战略仍然被视为军事战略的同义语。例如,中国国防大学学者提出的定义是:"战略,亦称军事战略,是对军事斗争全局的谋划和指导。"⑦中国军事科学院学者提出的定义是:"战略是战争全局的方略。它是战争指导者运用战争的实力和手段达到战争目的的一种艺术。"⑧

纽先钟曾不无遗憾地指出,在中国的战略思想史上,先秦时代为开创期("春秋""战国"堪称中国学术思想的黄金时代),秦汉时期为成熟期,而自魏晋六朝开始进入衰颓期,此后尽管一再复兴,却未能摆脱

---

① 若米尼:《战争艺术概论》,北京:解放军出版社1986年版,第87、346页。
② 克劳塞维茨:《战争论》,北京:商务印书馆1978年版,第175页。
③ 同上书,第103页。
④ B. H. Liddell Hart, *Strategy: The Indirect Approach*, p.335.
⑤ 《孙子兵法·谋攻》。
⑥ 《辞海》,上海辞书出版社1999年版,第3833页。
⑦ 王文荣主编:《战略学》,北京:国防大学出版社1999年版,第18页。
⑧ 军事科学院:《战略学》,北京:军事科学院出版社1987年版,第1页。

衰退的阴影;与此相对照,西方自16世纪开始,战略研究一路高歌,战略思想百花齐放、蔚为大观。概言之,中国的战略思想、战略研究先盛后衰,而在西方却是先衰后盛。① 鉴于此,研究战略思想及其起源,我们应该从中国传统文化找寻源头;而进行大战略研究,则必须从西方研究中找寻概念的起源。

第一次世界大战以来,狭隘的战略观念不能适应大规模战争的需要,人们对战略问题进行了更为深入的思考。富勒(J. Fuller)、利德尔·哈特等一批现代战略学家脱颖而出,他们开始从政治、经济、社会、心理学等角度研究战略。进入20世纪20年代,随着科技和现代工业的发展,军队日益机械化,战争的前方和后方联系日益紧密,战略家对战争的思考在空间和范畴上更加扩大,战略研究开始进入经济、政治等领域,大战略(grand strategy)的概念应运而生。

"大战略"一词来源已不可考证。利德尔·哈特是最早系统阐述大战略的学者,他在1929年发表的《历史上的决定性战争》一书中已经使用了大战略的概念。② 他将大战略定义为"协调和集中国家的全部资源用于实现由国家政策规定的在战争中的政治目标"③。这个概念仍然坚持了战略是对战争的谋略这一核心因素,但强调了战争的政治目标。利德尔·哈特关于大战略的概念来自对克劳塞维茨战略概念的批判。他指出,克劳塞维茨关于战略的定义至少有两个缺陷:它侵入了必须由政府而非军事领导负责的政治领域;它导致了将作战当作实现战争目的的唯一手段的错误观念和绝对战争论。实际上,随着近代以来政治与军事的联系越来越紧密,加上战争技术与形态加速演进,将对战争的思考局限于军事领域已显得越来越褊狭。哈特据此认为,军事实力只不过是大战略的各种工具中的一种而已,"大战略既要算计又要发展国家的经济实力和人力,以便维持作战部队。对精神力量也应如此,因为培养、加强(国民)取胜和忍耐的意志,同掌握有形的实力一样重要。这还不够,因为作战力量只不过是大战略的手段之一。大

---

① 纽先钟:《西方战略思想史》,第8—9页。
② 吴春秋:《论大战略和世界战争史》,北京:解放军出版社2002年版,第29页。
③ B. H. Liddell Hart, *Strategy: The Indirect Approach*, p.322.

战略还要估计和运用财政压力、商业压力以及并非不重要的道义压力来削弱敌人的意志。……更有甚者，(军事)战略只看见战争本身，而大战略则越过战争看到未来的和平。大战略不仅把各种手段结合起来，而且协调运用，以免有损于未来稳定而繁荣的和平状态"。鉴于此，哈特将大战略定义为一种最高层次的战略，其功用在于调节和指导一个国家或连同其盟国的所有的军事、政治、经济和精神资源，以达到由其基本政策所规定的战争之政治目标。① 大战略的概念提出之后，迅速进入了军事决策的视野。例如，1935年英国《野战条令》规定，大战略是"为了实现全国性目的而最有效地发挥国家全部实力的艺术。它包括采取外交措施，施加经济压力，与盟国签订有利的条约，动员全国的工业和部署现有的人力，以及使用陆海空三军进行协调作战"②。

随后，大战略概念多有演变，并形成主要依外延范围而划分的三派观点。第一派观点仍然着重强调大战略在军事领域的重要作用，认为大战略即国家运用政治、经济、心理、外交和军事手段取得战争胜利的艺术。例如，《大英百科全书》(1967年版)将大战略定义为"为了达到战争(与和平)的目的而动员一国或将几个国家联合起来的所有资源的艺术"③。美国学者罗伯特·阿特(Robert J. Art)认为："大战略告诉国家领导人，他们的目标应该是什么，他们如何能够最佳运用国家军事力量实现这些目标。大战略与外交政策类似，均探讨国家在外交事务中的重要选择，但二者之间的本质区别在于，外交政策勾勒一个国家在世界上所要寻求的所有目标，而后确定如何将各种治国手段——政治力量、军事力量、经济力量、思想力量——整合运用以实现这些目标；大战略也探讨一个国家所要寻求的所有目标，但集中研究如何通过军事手段实现这些目标。概言之，大战略探究一个国家如何运用军事手段实现其外交政策目标。"④有必要指出的是，随着全球化的发展和复合

---

① B. H. Liddell Hart, *Strategy: The Indirect Approach*, pp.335—370；张春、时殷弘：《大战略——理论与实例分析》，《世界经济与政治》1999年第7期，第71—75页。
② 《苏联军事百科全书》，北京：战士出版社1982年版，第40页。
③ 伊藤宪一：《国家与战略》，北京：军事科学出版社1988年版，第12页。
④ Robert J. Art, *A Grand Strategy for America*, Ithaca: Cornell University Press, 2003, pp.1-2.

相互依赖的深化,随着各权力因素重要性的变化(主要是军事因素重要性的降低)以及各主要大国对战略问题的进一步重视,这一定义的被接受程度越来越低了。

第二派观点认为,大战略是国家运用政治、经济、心理、外交和军事手段实现国家安全目标的艺术。许多战略学者将大战略定义为综合运用国家军事、政治和经济手段来寻求对国家安全的维护。① 例如,约翰·柯林斯(John Collins)认为,"大战略即在各种情况下,运用国家实力的一门艺术和学问,以便通过威胁、武力、间接压力、外交、计谋及其他可以想到的手段,对敌方实施所需要的各种程度、各种各样的控制,以实现国家安全的利益和目标"②;理查德·罗斯克兰斯(Richard Rosecrance)和阿瑟·斯坦恩(Arthur Stein)指出,"大战略即利用各种国内和国际资源实现国家安全,换言之,大战略将国家可以支配的各种资源均纳入其考虑范围,通过有效配置这些资源来实现战时或和平时期的国家安全"③;江忆恩(Alastair Iain Johnston)强调,"美国学术界一般将大战略定义为动员国家所有实力实现国家目标的行为,这里的国家目标主要指的是反对外来干涉威胁的战略目标"④。这派学者在定义大战略之时,着重强调了军事战略从属于大战略的观点。约翰·柯林斯指出:"大战略所寻求的远不是战争的胜利,而是持久的和平。军事战略主要是将军们的事,而大战略主要是政治家们的事。大战略支配着军事战略,而军事战略只是大战略的一个组成部分。"⑤江忆恩指出,军事战略指的是动员所有军事实力和暴力手段去实现大战略之下

---

① Avery Goldstein, "The Diplomatic Face of China's Grand Strategy: A Rising Power's Emerging Choice", *The China Quarterly*, 2001, pp.835-864.

② John Collins, *Grand Strategy*, p.xx.

③ Richard Rosecrance and Arthur A. Stein, "Beyond Realism: The Study of Grand Strategy", in Richard Rosecrance and Arthur A. Stein, eds., *The Domestic Bases of Grand Strategy*, Ithaca: Cornell University Press, 1993, p.3.

④ Alastair Iain Johnston, *Cultural Realism: Strategic Culture and Grand Strategy in Chinese History*, Princeton: Princeton University Press, 1995, p.37.

⑤ 美国陆军学院:《军事战略》,北京:军事科学出版社1986年版,第60页。

的军事目标的行为。① 这一定义自提出以来一直受到学术界的青睐,属于目前被接受程度最高的大战略定义。

第三派观点最为宽泛,强调大战略不仅包括实现国家安全,还有国家发展等目标,大战略在实质意义上等同于国家战略(national strategy)。例如,《美利坚百科全书》(1964年版)指出:"大战略在一般意义上指的是在平时与战时,为获得对国家政策的最大限度支持,发展并运用国家的政治、经济、精神和军事力量的艺术与科学。"吴春秋指出:"大战略是政治集团、国家或国家联盟发展和运用综合国力以实现其政治目标的总体战略。"对比观之,吴春秋的定义似乎更为宽广些,甚至将国家联盟的总体战略亦称为大战略。② 周建明认为,大战略应包含国家发展战略和国家安全战略两个组成部分。国家发展战略由公共利益也就是社会整体利益所决定,涵盖国内发展的各个方面,包括经济发展战略、科技发展战略、社会发展战略、文化发展战略以及特定形式下的改革战略;国家安全战略则以国家利益为核心,包含外交战略和国防战略。③ 叶自成认为,"大战略或国家的总体战略实际上包含了三大部分,即国家的对外战略、国家的内部发展战略,还有一部分既是对外战略也是对内发展战略,是内外战略的结合"④。近年来,这派观点在国外被逐渐弃之不用,主要原因是其外延过于宽泛而内涵不易把握。

鉴于第一派定义过于狭窄、第三派观点过于宽泛,笔者基本接受第二派观点,并在此基础上提出一个新定义:大战略是综合运用国家战略资源实现国家安全及国际目标的科学与艺术,即一个国家运用自身的各种战略资源和战略手段——包括政治、经济、军事、文化和意识形态等——保护并拓展本国整体安全、价值观念和国家战略利益等。

---

① Alastair Iain Johnston, *Cultural Realism: Strategic Culture and Grand Strategy in Chinese History*, p.37.
② 吴春秋:《论大战略和世界战争史》,第12页。
③ 周建明认为,由于中国尚未实现统一,国家统一战略应介于国家发展战略和国家安全战略之间并与之贯通,也属于大战略的重要组成部分。参见周建明、王海良:《国家大战略:国家安全战略与国家利益》,《世界经济与政治》2000年第4期,第21—26页。
④ 叶自成:《中国大战略:中国成为世界大国的主要问题及战略选择》,北京:中国社会科学出版社2003年版,第2页。

这一定义强调国家安全的核心地位,同时强调全球化时代国际因素的重要性,力图打破国内战略和国际战略之人为隔阂,达致国内战略和国际战略的总体协调,以维护并拓展国家战略利益。它统领国家安全战略和国际战略,以服务于国家总体战略为宗旨。这一定义首先强调全局性,即服务于国家战略的最终目标,国家战略目标并不局限于国家安全,还包括价值观念、国家战略利益等;其次,它强调国家战略资源的重要性,强调战略资源和运用战略资源的方式对实现大战略目标的意义,要求把握战略目标与战略资源、战略手段之间的平衡;再次,它强调国家战略利益的国际性,强调中国崛起背景下国家利益(特别是其国际利益)拓展的重要意义;最后,它强调主动性,要求把握国家实力基础之上的战略主动权,为国家战略利益的拓展服务。

大战略研究的内容与方法

历代战略家都关注战略研究之道,并视之为战略研究的主要内容。孙子强调"经之以五而校之以计","一曰道,二曰天,三曰地,四曰将,五曰法"①,即从政治、天、地理、将才、法令制度等方面进行战略剖析。鬼谷子提出了量权、揣情的战略评估之道:"古之善用天下者,必量天下之权,而揣诸侯之情。量权不审,不知强弱轻重之称;揣情不审,不知隐匿变化之动静。何谓量权?曰:度于大小,谋于众寡,称货财有无之数,料人民多少、饶乏,有余不足几何?辨地形之险易,孰利孰害?谋虑孰长孰短?揆君臣之亲疏,孰贤孰不肖?与宾客之智慧,孰多孰少?观天时之祸福,孰吉孰凶?诸侯之交,孰用孰不用?百姓之心,孰安孰危?孰好孰憎?反侧孰辨?能知此者,是为量权。"②这些真知灼见为我们进行战略研究提供了宝贵的借鉴。

从大战略本身的角度看,大战略研究包含战略评估、战略预测、战略决策等主要内容。战略评估指的是对国家实力及其国际环境进行客观评估,以准确把握国情及其国际地位。在战略评估过程中,要把握客

---

① 《孙子兵法·计篇》。
② 《鬼谷子·揣篇第七》。

观性、可比性和系统性原则。具体地说,战略评估必须客观、可靠、全面;评估应体现概貌,避免局限和片面;评估需要引入比较,包括纵向的历史比较和横向的国际比较,以确立立体型的评估框架。预测即对未来事物的发展做出科学估计,将未来事物的可能性空间缩小到一定程度,以利于人类的活动。战略预测是战略研究的一个支持系统,其基本功能是准确把握对战略决策具有重要作用的未来不确定因素,提供有关信息和数据,拟定规划,制定政策,以形成可行的方案,为战略决策和战略规划服务。战略决策即在战略评估和战略预测的基础上,选择最优战略方案。战略预测侧重于对客观事物的科学分析,提供的是多种可能性方案;而战略决策侧重于对有利时机的选择,是按照某种价值原则进行主观性判断的最佳方案选择活动。

从大战略谋划的角度看,大战略研究一般包括战略形势判断、战略目标选择和战略手段确定等几个主要方面的内容,袁明教授形象地称之为"审其局、度其势、析其点、谋其略"①。

所谓"形势判断",指的是对国家战略资源、国际环境进行战略评估。国家战略资源是大战略的物质基础。国家在拟订大战略的目标之时,必须首先仔细估算可用以追求这些目标的战略资源,若不能客观评估战略资源,往往就会定出一个不切实际的战略目标,有很多国家在拟定目标时未详细评估其战略资源,最后导致大战略的失败和国家由强转弱。经济资源是立国之本,也是大战略所依靠的根本实力来源。同时,一国经济结构模式对国家的战略地位影响甚巨。军事实力对大战略的重要性不仅体现在战时以赢得战争来获取更好的和平,还体现在平时加强军事力量建设,以准备在战时赢得战争甚至达到"不战而屈人之兵",同时不给国家造成过重的负担。保罗·肯尼迪(Paul Kennedy)强调指出:"没有一个繁荣与充足的经济基础和足够资金来源的军

---

① 袁明:《培育国际问题研究的精英舆论》,《国际经济评论》2002年第1—2期,第14—16页。

事实力,从长远来看是不可靠的。"① 外交在大战略中占有不可忽视的地位,其作用主要体现在战时或平时通过缔结同盟、赢得中立国支持和削弱实在或潜在的敌对国家来增强自己的战略地位。将大战略评估仅仅局限于现实主义所关注的物质实力、分配变化和外在威胁是非常不完整的,而且与国家的作为不相契合。实际上,国内集团、社会观念、宪政性质、经济限制、历史社会倾向、国内政治压力等都在大战略选择过程中发挥着重要的甚至是关键性的作用。在当前的国际环境下,这些国内力量的范围和重要性都在增强。② 大战略是一种公共政策决策,反映了国家进行社会选择的机制,因而国内限制、制度限制、政治限制和经济限制发挥重要作用并不令人惊奇。成功的大战略有赖于一个国家将本国条件、对手国家国内条件纳入考虑之中并对这些实力进行评估的能力。③ 大战略还涉及能否以及如何充分动员和运用一国的社会资源,其传统价值、民族性格、国民士气、政治文化等都对大战略的贯彻有着极其重要的意义。国际环境是大战略的外部条件。国际体系结构、国际权力分配、国际制度安排等都会对大战略构成外在限制条件,或成为大战略赖以实施的国际有利环境。此外,国家决策者或战略家对国际环境的认知构成国际环境的主观因素,也对大战略的制定起到极其关键的作用。

所谓"战略目标选择",就是在以上战略评估的基础之上,选择清晰、明确、可行的战略目标。战略目标是大战略的核心。从全球角度来看,大战略最低层次的目标是实现战争胜利,这是最不得已但最现实且必需的战略目标,也是最具基础意义的战略目标;次高层次的目标是较为持久的和平,这是一个相对理想的但又比较现实的战略目标;最高层次的目标是一个零战争、永久和平的世界,这是一个最为理想但似是遥不可及的目标。从一个国家的角度看,大战略的首要目标是国家安全,

---

① Paul Kennedy,"The First World War and the International Power System", *International Security*, Vol.9, No.1, 1984, pp.7-40.

② Richard Rosecrance and Arthur A. Stein,"Beyond Realism: The Study of Grand Strategy", p.4.

③ Ibid., pp.13-21.

这是国家根本需要所决定的;其次是国家战略利益的拓展,这是国家确保国家安全之后的重要国际目标;然后,与国际社会其他国家一道,建构既有利于本国利益又有利于人类利益的国际秩序,加强塑造国际社会的能力,确保国际环境有利于本国国家安全和长远战略利益。鉴于变动不居是国际社会的铁律,一国大战略的目标也并非固定于一点。从这个意义上说,大战略从来就不是一门精确不移、刻板划一的"科学",而是需要不断重新审视和调整。

所谓"战略手段确定",即选择大战略目标赖以实现的各种战略手段,包括军事手段、经济手段、政治手段、外交手段、文化手段等。"智者之虑,杂于利害","合于利则动,不合于利则止"。① 作为一种思维方式,大战略始终围绕利害关系展开思考和进行运筹,将自然的、社会的、文化的内在发展动力纳入决策者谋取最大利益的轨道②,通过对经济、政治、军事、外交、精神文化等多类手段的综合运用来实现国家安全及其国际战略目标。概言之,国家战略资源提供了达成国家战略目标的战略手段。这些战略手段可单独使用,但更多的时候是综合运用;这些战略手段可直接使用,亦可间接用之。需要指出的是,尽管军事手段的直接可用性有所降低,但它作为威慑手段的作用依旧突出。

大战略的成功有赖于战略目标与战略手段之间的平衡。利德尔·哈特指出,"战略能否获得成功,主要取决于对目标和手段(工具)能否进行精确计算,能否把它们正确地结合起来加以使用。目标必须与现有一切手段相适应"③。目标与手段一致是大战略的核心原则,具体地说,大战略的目标不能超越国家实力的可能,古今中外许多大战略的失败就在于目标超过国家实力的允许而造成灾难;大战略的目标必须有相应的政策和策略与之配套,以确保目标的实现;各种手段必须协调一致,形成合力。④ 目标与手段平衡与否,被保罗·肯尼迪视为一国

---

① 《孙子兵法·火攻》。
② 徐兆仁:《大战略是清王朝历史命运的制动力》,《中国人民大学学报》2002 年第 3 期,第 117—123 页。
③ B. H. Liddell Hart, *Strategy*: The Indirect Approach, pp.335-336.
④ 吴春秋:《论大战略和世界战争史》,第 23—24 页。

盛衰的头等原因。肯尼迪指出,和平环境中要取得目标与手段之间的平衡,至少要求一国在追求完备的武装体系时,应当顾及国防开支可能形成的影响;目标与手段的协调有一个最起码的要求,那就是战略决策者对本国及对手国家的目标、手段或能力做出基本充足、大致合理的估算;任何过高或过低的估计(更不用说以不可靠假设作为主要依据的估计)都可能使得本国的目标与手段脱节,从而给国家带来风险。① 达成二者之间的平衡,首先需要的是基于所拥有手段或能力之上的、可行的战略目标。缺乏足够明确的战略目标或战略目标与其手段不相称,将使大战略的不确定性增加,从而给自身及国际社会的稳定与繁荣都将带来极为不利的影响。其次,充分协调目的与手段的关系,达到静态与动态平衡的统一、短期与长期平衡的统一。最后,大战略不仅要做到目的与手段的平衡,还要做到不同手段相互间的平衡。不同时期——战时或平时——或同一时期的不同阶段,大战略所要达到的目的或中间目的都可能不一样,所运用的手段也不一样,这就产生了主要手段与次要手段的平衡问题。要优先关注主要手段的运用,同时也不能忽视次要手段,要善于利用次要手段来增强主要手段的运用效果。

鉴于大战略研究的全局性、前瞻性、复杂性等特征,其研究方法也必然是多样化的。以下,笔者只是概述大战略研究的几种基本方法。国际比较是大战略研究最常用的方法之一。在现代条件下,一国的经济发展、社会进步、制定国家战略以及参与国际事务、开展对外交往等,无不需要通过国际比较来提供准确、可靠的信息,为科学而可行的决策提供参考。国际比较是比较分析中历史最为悠久的领域,而战略的对抗性特征决定了大战略研究必须着重进行横向思维和横向比较②,换言之,在战略研究中,横行比较比纵向比较更为重要。大战略研究最重要的国际比较是国家实力比较,它探究各种相关因素的最大差异程度,以得出总体性推论。国家实力对比是国际上各种矛盾变化的动力,实

---

① Paul Kennedy, *Grand Strategy in War and Peace*, New Haven: Yale University Press, 1992, p.4.
② 李景治等:《国际战略学》,北京:中国人民大学出版社2003年版,第10页。

力对比永远不会固定在一个点上,而大战略追求的目标之一就是本国处于优势基点,这是我们进行大战略研究的立足点之一。

历史分析是大战略研究最为悠久的方法。历史贯通过去、现在与未来,并赋予此有机连续体(organic continuum)以意义①,而战略家的最高理想就是控制历史潮流、改变历史趋势。就战略思想的传统而言,战略与历史几乎不可分割,所有古典和近代的战略家无一不是历史学家。正如富勒将军指出的,"除非历史能够教导我们如何看待过去,否则战史只不过是一种流血的浪漫故事"②。几乎可以确定,战略研究必须从历史研究入门,换言之,一切战略思想的形成都必须以前人的经验为基础。③ 历史研究给我们提供了一个与昔日战略家、决策者进行跨越时空对话的图景。④ 历史不会为我们的战略预言提供答案,但是能够磨砺我们的战略观念,深化我们的判断并促进对当代问题的思考。历史研究不仅丰富了事实,而且使我们得以创造或验证通则。它还扩展视野,改进观点,而且发展一种"历史感"(historical sense),即对历史事件的态度。我们逐渐理解看似明显独立的历史事件之间的联系。我们认为目前情景乃根植于过去,而且历史是过往的政治,政治则是当下的历史。⑤

定量分析是大战略研究的最常用方法之一。所谓定量分析即从事物量的关系出发,对有关该事物的大量信息进行数量分析,从中找出这些数量之间相互作用的规律与结果,然后对事物的未来发展趋势和状况做出预测和判断,在此基础上做出战略决策。⑥ 孙子的"校之以计而索其情"的战略剖析方法堪称量化分析战略之开端。纽先钟认为,

---

① Peter Calvocoressi, "Arnold Toynbee: A Memorial Lecture", *International Affairs*, January 1976, p.2.

② Hew Strachan, *European Armies and the Conduct of War*, London: George Allen & Win, 1983, p.1.

③ 纽先钟:《孙子三论》,"导言"第17页。

④ John Baylis, et al., *Contemporary Strategy: Theories and Concepts*, Vol.1, London: Groom Helm, 1987, p.55.

⑤ E. M. Sait, *Political Institutions: A Preface*, New York: D. Appleton Century, 1938, p.49.

⑥ 于汝波:《大思维:解读中国古典战略》,北京:军事科学出版社2001年版,第273页。

"'计'就是量度(measurement),即数量化分析,'索其情'就是判断,即用非数学方式来处理不能量化的因素"①。鉴于国家战略资源是大战略的物质基础,国家实力比较是大战略主要的研究内容,量化分析被视为常用的战略研究方法也就理所当然。

综合研究的方法是大战略研究常用的方法之一。大战略的总体特性决定了大战略研究必须是跨学科、跨专业的综合研究,吸收借鉴政治学、社会学、管理学、决策学等多种学科方法。大战略研究,需要突破孤立研究国家安全战略的常规做法,从国际社会全局的高度,从大国比较、历史分析等多角度进行综合剖析,从而确立整体性研究框架。

美国国际研究学会主席布卢斯·麦斯基塔指出:"我们很幸运生活在这个时代,我们的课题充满了竞争性观点,而我们拥有解决问题的各种工具。"②实际上,大战略研究并未拘泥于具体的方法论,而是强调研究方法的百家争鸣。当然,随着研究手段的多元化和研究层次的深化,大战略研究越来越强调实证分析的价值,以上几种研究方法将得到更为广泛的使用。

第二节 聚焦中国大战略

中国大战略的研究现状

有些学者认为,中国从来没有自觉地或深思熟虑地推行什么大战略③,他们将大战略概念的提出作为有无大战略的标志,否认了历史的连续性和继承性。源于中国几千年高度发达的文明史和长期作为亚洲大国的地位,中国的大战略思想丰富多彩、博大精深,值得研究者和决策者深入挖掘。近年来,随着中国国家实力的增强和国际影响力的扩

---

① 纽先钟:《战略研究》,第55页。
② 布卢斯·麦斯基塔:《国内政治与国际关系》,《世界经济与政治》2001年第8期,第64—67页。
③ Michael D. Swaine and Ashley J. Tellis, *Interpreting China's Grand Strategy: Past, Present, and Future*, Ithaca: RAND, 2000, pp.7-8.

大,中国大战略逐渐成为一个研究热点,出现了一批有分量的研究成果。① 与此同时,国内也出现了一些关于大战略理论、美日德等国大战

---

① 研究中国大战略的主要著作有:Zhang Shu Guang, *Deterrence and Strategic Culture: Chinese-America Confrontations, 1949-1958*, Ithaca: Cornell University Press, 1992; Alastair Iain Johnston, *Cultural Realism: Strategic Culture and Grand Strategy in Chinese History*, Princeton: Princeton University Press; Michael D. Swaine and Ashley J. Tellis, *Interpreting China's Grand Strategy: Past, Present, and Future*, Ithaca: RAND, 2000;胡鞍钢主编:《中国大战略》,杭州:浙江人民出版社 2003 年版;叶自成:《中国大战略:中国成为世界大国的主要问题及战略选择》,北京:中国社会科学出版社 2003 年版;金骏远:《中国大战略与国际安全》,北京:社会科学文献出版社 2008 年版;文正仁:《中国崛起大战略——与中国知识精英的深层对话》,北京:世界知识出版社 2011 年版;薛理泰:《盛世危言:远观中国大战略》,北京:东方出版社 2014 年版;雷嘉·莫汉:《中印海洋大战略》,北京:中国民主法制出版社 2014 年版;胡鞍钢、鄢一龙、周绍杰等:《中国"十三五"大战略》,杭州:浙江人民出版社 2015 年版;等等。关于中国大战略的主要学术论文有:时殷弘:《国际政治的世纪性规律及其对中国的启示》,《战略与管理》1995 年第 2 期,第 1—3 页;时殷弘:《风物长宜放眼量——论中国应有的外交哲学和世纪性大战略》,《哈尔滨工业大学学报(社会科学版)》,2001 年第 2 期,第 13—20 页;周建明、王海良:《国家大战略:国家安全战略与国家利益》,《世界经济与政治》2000 年第 4 期,第 21—26 页;唐世平:《理想安全环境与新世纪中国大战略》,《战略与管理》2000 年第 6 期,第 42—49 页;唐世平:《再论中国大战略》,《战略与管理》2001 年第 4 期,第 29—37 页;门洪华:《中国国家战略利益的拓展》,《战略与管理》2003 年第 2 期,第 83—89 页;Avery Goldstein, "The Diplomatic Face of China's Grand Strategy: A Rising Power's Emerging Choice", *The China Quarterly*, 2001, pp.835-864; Avery Goldstein, "An Emerging China's Emerging Grand Strategy: A Neo-Bismarckian Turn?", in G. John Ikenberry and Michael Mastanduno, eds., *International Relations Theory and the Asia Pacific*, New York: Columbia University Press, 2003, pp.57-106;门洪华:《如何进行大战略研究——兼论中国大战略研究的意义》,《国际政治研究》2004 年第 4 期,第 33—45 页;张露、王迎晖:《论当代中国大战略选择的和平性——一种基于战略文化的考量》,《太平洋学报》2005 年第 6 期,第 22—30 页;蔡拓:《中国大战略刍议》,《国际观察》2006 年第 2 期,第 1—7 页;秦亚青:《中国大战略:问题与思路》,《学术界》2006 年第 2 期,第 7—25 页;雅可夫·伯杰:《中美学者眼中的中国大战略》,《国外理论动态》2007 年第 2 期,第 21—25 页;宋德星:《后冷战时代大战略缔造特有的困难——兼论中国大战略缔造问题》,《外交评论》2008 年第 6 期,第 19—26 页;袁鹏:《中国外交须谨防大战略失误》,《现代国际关系》2010 年第 11 期,第 12—14 页;袁鹏:《关于大时代与大战略的思考——兼论新时期中国外交需要处理的十对关系》,《当代世界与社会主义》2012 年第 4 期,第 11—15 页;俞正樑:《关于中国大战略的思考》,《毛泽东邓小平理论研究》2012 年第 5 期,第 95—101 页;宋德星:《战略现实主义——中国大战略的一种选择》,《世界经济与政治》2012 年第 9 期,第 4—17 页;胡鞍钢、鄢一龙:《中国大战略:统筹两个大局与天时地利人和》,《国家行政学院学报》2013 年第 2 期,第 11—15 页;钟飞腾:《发展型安全:中国的一项大战略》,《外交评论》2013 年第 6 期,第 16—34 页;胡鞍钢:《党中央大战略大布局:"三个全面"与"三个中国"》,《中国高校社会科学》2014 年第 6 期,第 6—8 页;门洪华:《开启中国全面深化改革开放的新时代——兼论未来十年中国的大战略走向》,《学习与探索》2015 年第 8 期,第 40—44 页。

略的研究成果,国外相关研究成果也开始引入中国。① 当然,还有诸多学者多年来孜孜于中国古典战略的研究,并发表了颇有价值的研究成果。② 这些都为我们进行中国大战略研究提供了较为丰厚的基础。

---

① 中国学者关于大战略的概念和理论剖析,参见如下文献:张春、时殷弘:《大战略——理论与实例分析》,《世界经济与政治》1999年第7期,第71—75页;时殷弘、魏长春:《保罗·肯尼迪的战略思想》,《美国研究》2001年第2期,第36—53页;李少军:《论战略观念的起源》,《世界经济与政治》2002年第7期;第4—10页;魏长春、李运成:《保罗·肯尼迪的战略思想:可供中国借鉴之教益和启示》,《世界经济与政治》2002年第7期,第56—59页;周丕启:《国家大战略:概念与原则》,《现代国际关系》2003年第7期,第56—61页等。关于美国大战略的分析,请参见门洪华:《冷战后美国大战略的争鸣及其启示意义》,《太平洋学报》2003年第2期,第18—26页;胡鞍钢、门洪华主编:《解读美国大战略》,杭州:浙江人民出版社2003年版;许嘉:《美国战略思维研究》,北京:军事科学出版社2003年版;罗伯特·阿特:《美国大战略》,北京大学出版社2005年版;周丕启:《合法性与大战略:北约体系内美国的霸权护持》,北京大学出版社2005年版;克里斯托弗·莱恩:《和平的幻想:1940年以来的美国大战略》,上海人民出版社2009年版;牛军:《战略的魔咒:冷战时期的美国大战略研究》,上海人民出版社2009年版;吴征宇:《霸权的逻辑:地理政治与战后美国大战略》,北京:中国人民大学出版社2010年版;等等。关于日本大战略的文献,可参见:宋德星、殷实:《地缘属性、文化特质与日本的大战略缔造——一项侧重于地理与文化维度的分析》载《世界经济与政治》2007年第8期,第56—64页;李卓:《日本大战略的演化模式——读塞缪尔斯的〈日本大战略与东亚的未来〉》,《国际政治研究》2010年第2期,第168—180页;理查德·J.塞缪尔斯:《日本大战略与东亚的未来》,上海人民出版社2010年版;吴怀中:《日本对华大战略简析——以"接触"与"防范"为核心概念》,《日本学刊》2012年第5期,第65—80页。关于德国大战略的文献,请参见徐弃郁:《脆弱的崛起:大战略与德意志帝国的命运》,北京:新华出版社2014年版。值得注意的是,近年来出现了几批有分量的大战略研究丛书,时殷弘教授在世界知识出版社组织翻译了一批经典战略著作,包括:John Lewis Gaddis, *Strategies of Containment: A Critical Appraisal of Postwar American National Security*, New York: Oxford University Press, 1982; Peter Paret and Gordon A. Craig, eds., *Makers of Modern Strategy from Machiavelli to the Nuclear Age*, Princeton: Princeton University Press, 1986; Paul Kennedy, ed., *Grand Strategy in War and Peace*, New Haven: Yale University Press, 1992; Williamson Murray, Alvin Bernstein and MacGregor Knox, eds., *The Making of Strategy: Rulers, States, and War*, New York: Cambridge University Press, 1994。门洪华主持的北京大学出版社"大战略研究丛书"堪称迄今最为系统的大战略研究系列,在学术界产生了重大的影响。

② 参见陈锦淞:《杰出的古代"大战略"思想》,《上海第二工业大学学报》1994年第2期,第68—74页;叶自成、庞珣:《中国春秋战国时期的外交思想流派及其与西方的比较》,《世界经济与政治》2001年第12期,第24—29页;徐兆仁:《大战略是清王朝历史命运的制动力》,《中国人民大学学报》2002年第3期,第117—123页;梅然:《战国时代的均势政治》,《国际政治研究》2002年第3期,第118—124页;李际均:《论战略》,解放军出版社2002年版;洪兵:《中国战略原理解析》,北京:军事科学出版社2002年版;宫玉振:《中国战略文化解析》,北京:军事科学出版社2002年版;吴春秋:《论大战略和世界战争史》,北京:解放军出版社2002年版;纽先钟:《中国战略思想新论》,台北:麦田出版公司2003年版;纽先钟:《孙子三

关于中国古代大战略的研究,目前仍处于待兴之际。台湾地区的纽先钟先生是我国最为知名的战略研究者之一,对中国古代战略情有独钟。①他对《孙子兵法》进行了深入研究,系统总结了孙子的大战略思想。他指出,中国大战略的点滴思想和实际作为古已有之,但是未能被普遍认知,并且欠缺系统的完整性,唯有孙子非常突显地提出一系列比较完整的大战略概念。军事科学院的吴春秋研究员是中国古代大战略研究的先行者,他对中国古代大战略思想进行了系统研究并做出了概括性总结,还对中国、美国、俄国历史上的大战略进行了比较研究。他指出中国古典大战略思想的基本轮廓是:顺天应人、利民为本,富国强兵、兵农结合,文武并重、不战而胜,刚柔相济、以弱胜强,破旧立新、贵在求实,志在天下、多谋善断等。②叶自成等学者对中国古代的外交战略思想进行了长期而深入的研究。③美国哈佛大学江忆恩教授是西方

论》,南宁:广西师范大学出版社2003年版;叶自成:《春秋战国时期的中国外交思想》,香港社会科学出版公司2003年版;阎学通、徐进:《中国先秦国家间政治思想选读》,上海:复旦大学出版社2008年版;叶自成:《中国崛起——华夏体系500年的大历史》,北京:人民出版社2013年版;叶自成、龙泉霖:《华夏主义——华夏体系500年的大智慧》,北京:人民出版社2013年版;时殷弘:《病变中兴衰毁:解读〈汉书〉密码》,北京:中国人民大学出版社2015年版;唐世平、王凯:《历史中的战略行为:一个战略思维教程》,北京大学出版社2015年版;等等。

① 纽先钟将约米尼、克劳塞维茨、利德尔·哈特、富勒、博富尔等西方战略思想家的著作翻译为中文出版,并撰写了《西方战略思想史》《中国战略思想史》《孙子三论》《历史与战略》《战略研究入门》《二十一世纪的战略前瞻》《战略家:思想与著作》《中国战略思想新论》《战略研究》《第二次世界大战的回顾与省思》等著作。近年来,其诸多著作被引入大陆,引起大陆战略研究界的极大关注。

② 吴春秋:《论大战略和世界战争史》,第96—140页。

③ 可参见叶自成:《春秋战国时期的中国外交思想》,香港社会科学出版公司2003年版;叶自成:《中国外交的起源——试论春秋时期周王室和诸侯国的性质》,《国际政治研究》2005年第1期,第9—22页;叶自成、王日华:《春秋战国时期外交思想流派》,《国际政治科学》2006年第2期,第113—132页;叶自成:《中国传统文化中的义利观与中国外交》,《国际政治研究》2007年第3期,第24—29页;黎虎:《周代交聘中的"礼尚往来"原则》,《文史哲》2009年第3期,第124—132页;黎虎:《汉代外交与"软实力"》,《文史哲》2012年第4期,第60—71页;黎虎:《汉代外交文书类别和特点》,《史学集刊》2013年第4期,第28—36页;叶自成:《中国崛起——华夏体系500年的大历史》,北京:人民出版社2013年版;叶自成、龙泉霖:《华夏主义——华夏体系500年的大智慧》,北京:人民出版社2013年版。时殷弘近年来也非常关注传统战略,参见时殷弘:《病变中兴衰毁:解读〈汉书〉密码》,北京:中国人民大学出版社2013年版。

研究中国古代大战略的领军人物。他独辟蹊径,从战略文化角度研究中国明代大战略,并对中国的孔孟战略文化进行了系统总结,提出文化现实主义主导着中国战略思想的观点。① 美国卡内基和平基金会资深研究员史文(Michael Swaine)和阿什利·泰利斯(Ashley Tellis)从历史背景的角度,对中国古代大战略特征进行了总结,指出保卫核心地带与控制战略周边、有节制地使用武力且算计周到、推行非强制性安全战略、对外政策经常受到国内政治的影响等是中国大战略的一贯行为特征。② 这些研究关注大战略的历史层面和思想渊源,为我们继续中国大战略研究奠定了较为丰厚的基础。

总体而言,中国当代大战略研究处于方兴未艾阶段,多集中于最为宏观的层面,缺乏理论框架,研究手段相对单一,相关研究成果不算丰富。具体地说,目前关于当代大战略的研究多集中于大战略方案的选择,而较少对这一战略选择的可行性及其实施策略进行细节剖析,中国学者的分析尤其如此;目前的大战略研究多采取传统研究手段,尤其是历史分析和定性分析,采用定量分析和国际比较研究方法也有了较大的进步;目前公开发表的大战略研究成果仍不算太多,甚至在基本概念方面仍处于争论阶段,尚未形成百家争鸣的局面。中国大战略的研究状况与中国这样一个有着悠久历史文明传统的国家的潜力不相称,也与中国日益加强的国际地位和国际责任不相适应。

我们先概述中国学者的大战略研究成果。中国社科院前副院长、中央党校前常务副校长郑必坚是官方较早研究中国大战略的人士。他在1991年就提出围绕国家安全开展大战略研究,从全局出发对国际国内两方面因素作综合考虑的大战略研讨。他指出:"围绕国家安全问题,在加强军事、政治、经济、文化诸方面战略研究的同时,还需要从总体上综合把握军事、政治、经济、文化诸方面,进一步开展'大战略'即国家战略问题的研究。"③郑必坚一贯强调战略思维的重要性,在世纪

---

① Alastair Iain Johnston, *Cultural Realism: Strategic Culture and Grand Strategy in Chinese History*, pp.248-266.

② Michael D. Swaine and Ashley J. Tellis, *Interpreting China's Grand Strategy: Past, Present, and Future*, pp.21-95.

③ 郑必坚:《郑必坚论集》上卷,上海人民出版社2005年版,第167—168页。

交替之际更强调对中国道路的研究,于 2002 年 10 月率团访美期间提出了中国"走一条新的发展道路,也就是中国将要走出一条同世界近代以来历史上后兴大国崛起进程所走的道路完全不同的、全新的和平崛起的发展道路"这一命题。① 郑必坚对此进行了长期观察和研究,认为中国的战略机遇期"来自世界产业结构大调整和世界市场要素的重新配置,来自亚洲经济的再发展,来自世界格局变动中多方面矛盾的发展,而根本之点则是在于我们自身的持续大发展和我们战略之正确"②,中国已经开创出一条适合中国国情又适合时代特征的战略道路,这就是在同经济全球化相联系而不是相脱离的过程中独立自主地建设中国特色社会主义这样一条和平崛起新道路,其基本特点是:毫不动摇地坚持以经济建设为中心,把发展作为中国共产党执政兴国的第一要务;勇敢地实行对外开放,坚持同经济全球化相联系而不是相脱离;在积极参与经济全球化的同时,坚持独立自主;坚持锐意改革而又统筹兼顾各方面的战略关系和利益关系,做到改革、发展、稳定相结合;奋力崛起而又坚持独立自主的和平外交政策,永远不争霸、不称霸。这是一条争取和平的国际环境发展自己,又以自身的发展来维护世界和平的后兴大国和平崛起之路。③ 他进一步指出,实现和平崛起,中国要在努力搞好自身建设包括国防建设的基础上,全方位地同周边国家和地区,同一切相关国家和地区,逐步构建"利益汇合点"和"利益共同体"。中国扩大和深化同相关各方的"利益汇合点",构建"利益共同体"是一个全方位的战略构想,也就是说,包括中国与美国、中国与欧盟、中国与亚洲其他国家尤其是周边国家、中国与非洲、中国与拉美等,而绝不是排他性的。总而言之,就是要把中国人民的利益同世界各国人民的共同利益结合起来,全方位地扩大同各方利益的汇合点,同各国、各地区建立并发展不同领域、不同层次、不同内涵的利益共同体,从

---

① 郑必坚:《中共十六大和中国和平崛起新道路——在美国战略和国际问题研究中心的讲演(2002 年 11 月 9 日)》,载郑必坚:《思考的历程——关于中国和平发展道路的由来、根据、内涵和前景》,北京:中共中央党校出版社 2006 年版,第 129 页。
② 同上书,第 146 页。
③ 同上书,第 152、156—159 页。

而推动实现全人类共同利益,共享人类文明进步成果。①

中国人民大学时殷弘教授堪为中国国际关系学界推动大战略研究的第一人。时殷弘对大战略的界定是广义的:"国家大战略是国家政府的一种操作方式或操作规划,即自觉地本着全局观念,开发、动员、协调、使用和指导国家的所有军事、政治、经济、技术、外交、思想文化和精神等类资源,争取实现国家的根本目标。"②但在中国大战略的具体分析中,时殷弘又集中关注外交战略层面。他指出,作为一个应有长期性国际政治抱负的大国,中国需要从长远来看合理的和有利的外交哲学。它一方面足以在政治文化意义上构成经久扎根于全民族意识内的对外传统;另一方面能够在基本政策意义上成为整个历史时期内的最佳大战略,据此开发、动员和运用国家政治、经济、军事、外交和精神资源来实现其根本的对外目的。它还必须符合国际体系本身相对经久的结构特征和演化脉络,并且据此恰当地断定本国在国际结构和演化之中应有的根本位置。当前和未来很长时间内,西方发达国家共同体占显著上风的国际体系,连同多极化趋势之外很大程度上由其驱动或有力地影响的全球化、民主化和国际规范正义化潮流,构成中国不得不在其中生存和奋斗的基本环境。中国必须在这个基本环境中追求实现和保持基本安全、基本富裕,并且争取逐渐成为世界强国。中国可选择的大战略基本上有自助(self-help)、韬光养晦(hiding)、搭便车(bandwagoning)、超越(transcendence)战略等。时殷弘认为,基于中国应有的外交哲学,中国应当主要选择"搭车"和"超越"作为世纪性对外战略。"搭车"就是搭世界基本潮流之车,以顺应基本潮流的心态、认识和政策来坚持和发展改革开放,尽可能广泛地参与国际体制和遵从国际规范,尽可能迅速学会先进的技术方式、管理方式、政治运作、思想文化和国际行为方式。"搭车"不等于消极地依附,但是鉴于目前和今后很长时间

---

① 郑必坚:《关于中国战略和"利益汇合点"、"利益共同体"问题的几点思考——21世纪第二个10年中国发展及对外关系的前景展望》,《毛泽东邓小平理论研究》2012年第1期,第1—4页。

② 时殷弘:《对当前中国经济战略的思考》,《国际经济评论》2003年第6期,第50—51页。

内的世界发展趋势,中国在有所防范、有所斗争的同时,必须与之形成总的协调关系,发展出足够多的国际共同利益、共同规则和共同运作机制,并且必须通过必要的和经受得起的妥协,来获取我们所处的基本环境中蕴含的种种机遇。鉴于"安全困境"(security dilemma),21世纪前期中国的长治久安之计必须包括"超越"战略,即参加或努力争取参加所有可望使中国获益显著大于代价的国际安全体制,特别是以东亚大国强国的身份参与创设东亚区域多边安全体制,并在其中发挥全面主导作用。①

北京大学叶自成教授则从极为宽泛的角度定义大战略,以中国成长为世界大国为目标,对中国的国际战略进行了深入剖析,并研究了中国成为世界大国与其内部发展的关系。叶自成强调,中国能否成为世界大国,如何进行战略选择是最重要的。他主要分析了中华人民共和国建立以来的大战略选择,对毛泽东、邓小平的大战略谋划进行了剖析,指出中国目前的大战略目标是清楚的,也有一些具体的战略,但中国还没有形成完整的战略体系,尚需要进一步完善。他认为,"走经济富强之路,走制度创新之路,走大国合作之路,走和平之路,走与周边国家共同安全、共同繁荣之路,这应该是中国成长为世界大国最主要的道路,也是最根本的战略"②。

清华大学胡鞍钢教授是经济学家学界积极推动中国大战略研究的学者,他的基本观点是:社会主义初级阶段是中国在现代化过程中不可逾越的发展阶段,并且直到目前为止我们也没有跨越这个阶段。中国在经济、社会、政治、文化发展等诸方面都体现了初级阶段的显著特点。

---

① 参见时殷弘:《国际政治的世纪性规律及其对中国的启示》,第1—3页;时殷弘:《风物长宜放眼量——论中国应有的外交哲学和世纪性大战略》,第13—20页。时殷弘关于大战略的如下理论分析也值得关注,参见时殷弘:《国家大战略理论与中国的大战略实践》,《现代国际关系》2004年第3期,第36—42页;时殷弘:《战略史考察与大战略理论》,《史学月刊》2005年第6期,第5—10页;时殷弘:《国家大战略理论论纲》,《国际观察》2007年第5期,第15—21页;时殷弘:《战略观念与大战略基本问题》,《国际政治研究》2007年第4期,第18—21页;时殷弘、于海峰:《论大战略的目的及其基本原则》,《中国人民大学学报》2008年第5期,第110—116页。

② 叶自成:《中国大战略:中国成为世界大国的主要问题及战略选择》,"前言"第3页,第166—239、434—435页。

但是,同时我们也必须看到中国正在迅速地实现现代化,从发展阶段角度来看,已经不是一般意义的发展中国家,但也不是发达国家或中等发达国家,无论在全国范围内,还是站在各地方范围内,欠发达和发达特征同时并存,但是欠发达范围在缩小,发达范围在扩大。① 基于此,胡鞍钢 2002 年提出中国大战略就是"富国强民战略",其根本目标是在未来 20 年使中国成为最大的经济体,明显缩小与美国综合国力的相对差距,使人民生活水平再上一个台阶,全面建成惠及近 14 亿人口的更高水平的小康社会。② 2015 年,胡鞍钢进一步提出,中国的崛起不仅改变着国内的政治、经济和社会全貌,而且还重塑了整个世界,从世界现代经济发展的历史视角看,中国正值 GDP 快速增长的经济起飞期,2020 年中国将从世界经济大国成长为世界经济强国、新的超级大国。③

无独有偶,许多美国学者也是从外交战略的角度来剖析中国大战略的。美国宾夕法尼亚大学政治学教授金骏远(Avery Goldstein)指出,广阔的领土、丰富的资源、巨大的人口被视为进入大国俱乐部的三个基础性因素,而在过去一个世纪里,国际影响力成为是否为大国的关键因素。通过过去几十年的努力,中国已经具备了成为世界大国的所有条件,冷战的结束给中国提供了更为适宜的国际环境。④ 中国当代的大战略是,使中国崛起为塑造国际体系而不是简单回应国际体系的真正大国。实现这一目标,中国必须在未来数十年持续进行经济和军事现代化,其关键就在于中国必须确保现有的经济增长速度。这一目标带来了重大的外交挑战。自 1996 年以来,中国的外交战略就有两个宽泛的目标:维持现有的国际条件,使得中国集中精力进行必要的国内建

---

① 胡鞍钢主编:《中国道路十讲》,北京:党建读物出版社 2015 年版,第 9 页。
② 胡鞍钢、门洪华:《中美印日俄有形战略资源比较——兼论旨在富国强民的中国大战略》,《战略与管理》2002 年第 2 期,第 26—41 页。
③ 胡鞍钢:《超级中国》,杭州:浙江人民出版社 2015 年版,第 17—18 页。
④ Avery Goldstein, "Great Expectations: Interpreting China's Arrival", International Security, Winter 1997/1998, Vol.22, No.3, pp.36-73; "The Diplomatic Face of China's Grand Strategy: A Rising Power's Emerging Choice", The China Quarterly, 2001, pp.835-864; "First Things First: The Pressing Danger of Crisis Instability in U.S.-China Relations", International Security, Vol.37, No.4, Spring 2013, pp.49-89.

设;降低美国等国家利用现有的物质优势阻碍中国崛起或挫伤其在国际社会中发挥更大作用的热望。① 作为大战略的选择,可有霸权战略、均势战略、搭便车战略、孤立战略等,而中国的大战略与以上四者均不同,中国大战略选择将是现实主义政治与经济、外交参与战略的结合,中国一方面强调发展国家能力、确立稳定的国际伙伴关系,避免霸权战略或均势战略的负面效应;另一方面争取相互依赖收益最大化,避免搭便车战略带来的脆弱性或孤立主义的机会成本。中国面临的国际战略形势和国家实力的上升与俾斯麦时代的德国类似,因而金骏远强调中国追求一种不以霸权为目标的"新俾斯麦式的战略转向"(Neo-Bismarckian Turn)。这一大战略以倚重多边主义、承担大国责任、强调大国外交协调为重点,以实现国家实力继续增强、消除对中国越来越严峻的威胁挑战为主要目标。② 金骏远认为,当前中国领导人采用"中国特色的大国战略",即承认其他国家对于中国崛起的潜在影响势必持警惕和忧虑态度,想要改变这一现实是无济于事的,因此中国政府当前必须直面上述安全环境的挑战;其他国家为了应对将来的不确定性,理所当然将两面下注;中国在国际舞台上扮演更加重要的角色,但同时也只能尽力控制好随之不可避免会产生的一些国内外风险;为降低所面临安全挑战的影响范围,中国政府可以继续努力通过说服来消除其他国家的顾虑,但如果这些国家仍抱怀疑态度,合作无望,那么,日益强大的中国有能力采取必要的措施来保障自身利益。③

史文和阿什利·泰利斯则从国家安全的角度定义和剖析中国大战略。他们认为,中国实行的是基本上由历史经验、政治利益和地缘战略环境所决定的大战略,中国对自己在文化和意识形态领域拥有至尊地

---

① Avery Goldstein,"The Diplomatic Face of China's Grand Strategy: A Rising Power's Emerging Choice", pp.835-864.
② Avery Goldstein,"An Emerging China's Emerging Grand Strategy: A Neo-Bismarckian Turn?", in G. John Ikenberry and Michael Mastanduno, eds., *International Relations Theory and the Asia Pacific*, pp.57-106.
③ 金骏远:《中国安全挑战及大战略的演变》,《国际安全研究》2015 年第 1 期,第 14—31 页。

位十分关注,这常常影响中国的安全行为。① 他们指出,经济和技术改革带来的挑战、周边国家特别是大国的实力及走向、工业化国家实力的显著上升、国内社会与政治挑战、军事现代化、中央权威和国家管理体系更加制度化与务实、外来威胁因素降低等是影响中国大战略的主要因素。基于对以上因素的考虑,中国大战略有三个目标:第一和最重要的是,应对各种形式的社会冲突,确保国内秩序和生活;第二,抵御对国家主权与领土完整的持久外来威胁;第三,获得并确保中国作为亚太地区乃至之外主要或最重要的国家发挥地缘政治影响。就中国历史而言,确保这些目标的实现造就了旨在首先维护国内稳定与繁荣,并确保中国对周边地区的优势乃至控制的安全战略。② 中国大战略的要点是:在全局问题上,执行一个高度务实、意识形态淡化的战略,以市场经济推动国家实力增强,与所有国家特别是大国维持相对良好的关系;尽量避免战争,同时步步为营地推进军事现代化,不穷兵黩武;日益广泛地参与国际社会,寻求获得现实利益。因此,中国大战略是深谋远虑的(calculative),着眼于迅速改善国内的社会条件、增加政府的合法性、提高国家的经济和技术能力,最终加强军事实力、改善国际地位、影响国际政治经济秩序。他们从动态角度剖析中国大战略,并具体分析了影响中国未来大战略演变的主要因素,包括中国经济实力、中国军事实力及其与周边国家的关系、中国国内的政治变化等。③

研究中国大战略的意义

大战略研究对国家的重要性不言而喻。对战略重要性的推崇,历代决策者和战略家从来不惜笔墨,真知灼见更是俯拾皆是,如"运筹帷

---

① Michael D. Swaine and Ashley J. Tellis, *Interpreting China's Grand Strategy: Past, Present, and Future*, Ithaca: RAND, 2000, pp.7-8.
② Michael D. Swaine, "Does China Have a Grand Strategy?" (unpublished paper).
③ Michael D. Swaine and Ashley J. Tellis, *Interpreting China's Grand Strategy: Past, Present, and Future*; Thomas M. Kane, *Chinese Grand Strategy and Maritime Power*, London: Frank Cass Publishers, 2002, pp.9-11.

幄之中,决胜千里之外"①;"夫权谋方略,兵家之大经,邦国系以存亡,政令因之而强弱"②。博富尔(Andre Beaufre)指出:"当历史之风吹起时,虽能压倒人类的意志,但预知风暴的来临,设法加以驾驭,并使其终能服务于人类,则还在人力范围内。战略研究的意义即在于此。"③

大战略研究强调战略学者的重要性,将他们的深谋远虑视为国家保持长治久安的基础条件。正如欧阳修指出的,"盛衰之理虽曰天命,岂非人事哉"④,孟子指出,"汤以七十里,文王以百里",即使没有雄厚的物质基础,伟大的战略学者依旧可以建功立业。鉴于大战略研究的全局性、宏观性、前瞻性等特征,战略学者必须具有专业性的战略素养,包括全局观念、前瞻眼光、历史根基、宏观理念、宽广视野、理性意识、逻辑思考、整合能力等。具体地说,大战略研究首先强调其全局性和总体性,需要综合性思考,以国家利益为最高目标;大战略主要研究和谋划未来,需要研究者具有前瞻性的眼光,制定应对未来之策,最起码要做到"明者远见于未萌,而智者避危于无形"⑤;与此同时,从事远程思考的战略学者必须具有充分的历史知识,只有做到识事理之常、通古今之变,才能把握历史的未来脉搏;大战略研究着重于宏观,兼顾国家的政治、经济、军事、文化等各个层面,宁可失之于大而不可失之于细,宁可失之于远而不可失之于近⑥,只有心胸开阔,眼界宏大,始能识大体、顾大局、成大事⑦;大战略研究要有综合性观念,强调从多角度、多侧面看待问题,视野开阔;大战略事关选择,战略家必须首先是理性主义者(rationalist),以理性假定为基础,"智者之虑,杂于利害",同时在选择之时又要关注理性因素和非理性因素的交相为用;大战略研究要尊重逻辑规律,强调逻辑推理而避免主观臆测;世界日趋复杂化,政治、经

---

① 《史记·高祖本纪》。
② 《旧唐书》卷八十四列传第三四。
③ Andre Beaufre, 1940: *The Fall of France*, Casselll, 1967, p.XIV. 转引自纽先钟:《战略研究》,第 107—108 页。
④ 《五代史·伶官传序》。
⑤ 《汉书·司马相如传》。
⑥ 纽先钟:《战略研究》,第 96 页。
⑦ 《六韬·顺启》曰:"大盖天下,然后能容天下。"

济、军事、文化不再是独立的,而是相互渗透、相互影响,研究大战略需要考察这些因素之间的复杂关系,并在追求大战略目标之时将这些因素整合起来形成战略优势。概言之,大战略学者(Grand Strategist)应是饱学的史学家、远见的哲学家、深刻的思想家、敏锐的战略家,具有丰富的学识、弹性的心灵、高度的智慧、进取的精神。

中国崛起给中国大战略研究提供了时代机遇和理论诉求。中国崛起在全球化和复合相互依赖加深的背景之下,它们极大地扩展了中国的战略议程,为中国追求国家战略利益的维护与拓展提供了历史机遇。20世纪90年代中期以来,有关中国崛起的国外著述频频问世。然而,对这样一个历史现象、这样一个大战略命题,中国学者的研究和论述却比国际学术界少得多,颇有回避中国21世纪面临的最重大课题之嫌。[①] 中国崛起的道路富有特色,中国也似乎在追求崛起战略的例外,中国和平发展思想的提出和中国和平发展战略框架的构建表明了这一点。恩格斯指出:"每一个时代的理论思维,从而我们时代的理论思维,都是一种历史的产物,它在不同的时代具有完全不同的形式,同时具有完全不同的内容。"[②]鉴于此,中国崛起战略的设计必然体现出理论创新的价值,使得既有大战略理论研究更为厚实。概言之,对中国而言,如何确定适宜的大战略至为关键。只有确立了大战略,中国才能据此开发、动员和运用国家政治、经济、军事、外交和精神资源实现国家的根本目标,而不致拘泥于一时一事的得失。

第三节 本书的研究框架

本书关于中国大战略的研究框架建立在国家实力、国际制度与战

[①] 中国大战略研究落后于中国崛起的发展形势,对此中国学者责无旁贷。陈寅恪曾从文化层面剖析中国战略思维的不足之处并指出,中国古人擅长政治及实践伦理学,唯重实用,不究虚理,其长处即修齐治平之旨,短处即对实事之利害得失观察过明而乏精深远大之思。参见吴学昭:《吴宓与陈寅恪》,北京:清华大学出版社1992年版,第9页。

[②] 《马克思恩格斯选集》第四卷,北京:人民出版社1995年版,第284页。

略观念等三个核心变量的基础之上。① 具体地说,国家实力是大战略的物质基础,而如何运用国家实力至关重要。② 本书提出国家战略资源的概念,通过对国家战略资源的量化分析和国际比较来评估中国的国家实力,确定中国在国际社会中的基本定位。国家战略资源不仅包括经济资源、军事资源等硬实力,还包括作为软实力的战略观念、国家战略思考和决策能力等,它们决定了国家能否准确地全面认识自己所面临的环境,确定自己的国家利益,提出和实现自己的战略目标,形成有效的战略决策。③ 鉴于中国崛起伴随着逐步而全面对外开放的历程,如何融入国际社会也是当前中国大战略研究课题的应有之义。笔者拟从参与、利用、完善乃至主导创立国际制度的角度审视中国参与国际社会的历程,研究国际制度在中国大战略框架中的战略地位。

---

① 国家实力、国际制度、战略观念三个基础变量的选择,来源于笔者对国际关系理论主流范式新现实主义、自由制度主义和建构主义的研究和把握。权力、国际制度、观念分别是以上三个理论范式的核心变量,源于笔者对国际关系理论范式相互借鉴与融合之道的认识,笔者看重权力、制度与观念在理论解释和实践应用中的价值。这些变量的选取还源于对保罗·肯尼迪著作的研读。肯尼迪指出:"鉴于大战略概念内涵与外延的延伸,我们必须将一系列原本传统军事历史未曾涉及的因素纳入考虑之中,具体地说,(1)国家资源,即使用与管理国家资源以实现目的与手段之间的平衡;(2)外交,即外交通过结盟、赢得中立国支持和减少敌对国数目的方式提高国家地位;(3)国民士气和政治文化,其重要性不可低估。"这一观点与笔者的判断有异曲同工之妙。这些基础变量的选择,还来源于对约瑟夫·奈"软实力"(Soft Power)理论的研读。在全书框架设计上,本书"国家实力的评估"部分着重分析中国的硬实力,而"战略观念的优化""国际制度的参与"部分则侧重于软实力的剖析。这三个章节分别考察了中国的物质实力、精神实力和对外开放历程,反映了在全球化背景之下进行大战略选择的基本要素。参见:Paul Kennedy, ed., *Grand Strategy in War and Peace*, pp.4-5; Joseph Nye, *Bound to Lead: The Changing Nature of American Power*, New York: Basic Books, 1990; Joseph Nye, *The Paradox of American Power: Why the World's Only Superpower Can't Go It Alone*, New York: Oxford University Press, 2002;门洪华:《国际关系理论范式的相互启示与融合之道》,《世界经济与政治》2003年第5期,第42—43页;门洪华:《建构新自由制度主义的研究纲领——关于〈权力与相互依赖〉的一种解读》,《美国研究》2002年第4期,第111—122页;门洪华:《罗伯特·O.基欧汉:诠释与发展世界政治理论的经典大师》,载基欧汉、门洪华编:《局部全球化世界中的自由主义、权力与治理》,北京大学出版社2004年版,"代序言"等。

② 国家实力的运用指的是国家将单项实力或综合国力施于对方,对其产生制约或强制作用,促使其改变或放弃有损于自己利益的计划或行为,运用国家实力的目标是在国际竞争中维护与获取国家战略利益。

③ 富勒指出,"大战略家的第一职责是评估国家的经济和财政地位,并发现其优劣之所在;第二,他必须了解其国民的精神特性,其历史、社会以及其政府制度"。参见:J. F. C. Fuller, *The Reformation of War*, London: Hutchinson & Co., 1932, pp.218-220.

综上所述,国家实力、战略观念、国际制度三个核心变量分别代表着国家的物质实力、精神实力和对外开放进程(process),是全球化背景之下进行大战略选择的基础要素。同时,这三个核心变量也分别代表了笔者对硬实力与软实力的评估及二者相辅相成关系的剖析。

本书的基本研究思路是,以中国崛起为契机,以国家战略资源的评估为开端,着重进行战略能力的评估、战略观念的优化、战略目标的确立、战略内容的谋划、战略手段的实施,并以此为主线构建中国大战略框架。本书的核心观点是:中国应以顺利崛起为世界大国为战略目标,建构以积极参与为底色、以融入—变革—塑造为核心支柱的大战略,以提高国家实力为核心,以经济外交、地区开放、全面融入国际社会、影响进而塑造世界为主要途径。在崛起背景下制定的中国大战略,应不诱于誉、不毁于非,且知雄守雌、持盈保泰。

根据以上分析,本书将由如下主要内容构成:国家实力的评估、战略观念的优化、国际制度的参与、中国大战略框架的构建与国家战略利益的拓展。

在"国家实力的评估"部分,笔者将概述国家实力的评估研究,提出国家战略资源的概念,以此为基础提出评估国家实力的基本框架和量化方程;运用该方程对中美印日俄五大国的国家战略资源进行比较,并对中国如何增加国家战略资源提出具体的政策建议。

在"战略观念的优化"部分,笔者将从理论上剖析观念的战略价值,剖析中国战略文化、外交哲学、国家安全观的战略意义,解读中国国际战略理念的变革,强调中国崛起的国内背景和全球化的国际背景之下战略观念优化的必然性及其重要价值。

在"国际制度的参与"部分,笔者从有效性、局限性、合法性三个变量出发,确立评估国际制度的理论框架;从压力、认知与国际形象等三个方面对中国参与国际制度做出理论解释,确定中国积极参与国际制度的战略选择;从参与、创设与主导等三种具体方式论述中国如何推动东亚地区秩序建构,剖析国际制度在中国大战略中的重要作用。

在"构建中国大战略,拓展国家战略利益"部分,笔者在国家实力、国际制度、战略观念的剖析基础之上,从中国的世界定位、中国的战略机遇期评估、中国大战略的主导理念、中国大战略的基本内容与实施细则等方面构建中国大战略的基本框架；并从中国国家战略利益的拓展、中国崛起与国际秩序等方面对中国大战略进行剖析，勾勒和谋划中国崛起的未来蓝图。

本书以"中国应有的大战略意识"为结语和引申，强调中国大战略应不诱于誉、不毁于非，当前应知雄守雌，未来要持盈保泰。

第二章
国家实力的评估

> 兵者,国之大事,死生之地,存亡之道,不可不察也。……经之以五,校之以计,而索其情:一曰道,二曰天,三曰地,四曰将,五曰法。
>
> ——孙子[①]
>
> 在所有公共事务中,没有比准确评估一个国家的实力更容易犯错误的事情了。
>
> ——弗朗西斯·培根[②]

国家实力堪称一国大战略的"家底",它既是国家大战略目标体系的组成部分,也是实现大战略目标的手段。[③] 国家实力评估是战略研究最为关注的要点之一,一国大战略的最终选择取决于国家实力及其目标谋划。概言之,大战略研究必须以国家实力的客观评估为基础。

国家实力是一个处于变动中的概念,进入20世纪下半叶,随着全球化浪潮的加速和信息革命时代的到来,国家实力的构成发生了巨大

[①] 《孙子兵法·计篇》。
[②] 转引自 William C. Wohlforth, *The Elusive Balance: Power and Perceptions during the Cold War*, Ithaca: Cornell University Press, 1993, p.9。
[③] 吴春秋:《论大战略和世界战争史》,北京:解放军出版社2002年版,第48页。

变化,出现了各种形式的权力转移(power shift)现象,并成为导致大国实力对比变化的重要条件。中国是这一波浪潮中的追赶者,且逐步呈现出后来居上的可喜趋势。大国兴衰是国际关系的客观规律,而国家兴衰终以国家实力的消长为基础。历史见证了中国国力昌盛的辉煌历史、江河日下的几度国力衰落,也目睹当前如日中天的国力骤升。中国崛起及其溢出效应被视为21世纪至为关键的问题,而中国崛起最本质性的表现就是国家实力的提高。① 一个国家实力的上升、大国间实力对比的变化必然导致该国大战略的调整乃至其他国家相应的战略调整。正是由于中国国家实力的迅速上升才使得中国崛起成为事实,而中国大战略的谋划才有了更为切实的重要价值。

时代呼唤可行的中国大战略。所谓"可行的"(workable),首先要求该战略谋划必须建立在对国家实力的客观评估基础之上。然而,正如弗朗西斯·培根(Francis Bacon)所强调指出的,在所有公共事务中,没有比准确评估一个国家的实力更容易犯错误的事情了。这个警示值得我们铭诸五内。在评估国家实力时,学者一般容易出现如下三个典型错误:第一,将国家实力看成是绝对的,而忽视实力的相对性;第二,将实力看成是永恒的,而忽视实力变动不居的本性;第三,过分强调实力的某一渊源,而忽视当前实力转移的巨大影响。② 鉴于此,国家实力的评估,应强调全球化时代、信息革命时代之时代背景的巨大影响,强调一国国家实力的相对性和动态性,强调国际比较对客观认识一国国家实力的重要意义,强调运用国家实力的自我节制、自我约束意识等。

第一节 国家实力评估概述

竞争是人的本性,国家间竞争是国家的性格所致。国家实力对随时随地处于竞争中的国家的重要性不言而喻。没有强大的国家实力,

---

① Avery Goldstein,"Great expectations: Interpreting China's Arrival", *International Security*, Vol.22, No.3, Winter 1997/1998, pp.36-73.

② 参见汉斯·摩根索:《国际纵横策论——争强权,求和平》,上海译文出版社1995年版,第208—220页。

不仅处处受制于人,而且很难在国际上立足。在激烈的竞争中,各国均力图富国强兵、称雄列国,增强国家实力的思想随之产生。国家实力研究因之源远流长。中国素有国家实力分析的传统。早在两千多年前,战略思想家孙子就强调"庙算",提出以经之以五事(一曰道,二曰天,三曰地,四曰将,五曰法)、校之以七计(主孰有道?将孰有能?天地孰得?法令孰行?兵众孰强?士卒孰练?赏罚孰明?)而索其情的战略评估方法①,认为只有经过这样的综合测算才能达到"知己知彼,百战不殆""不战而屈人之兵"的全胜要求及"善之善者也"的最高境界。②孙子尤其强调"称胜"的战略概念:"一曰度,二曰量,三曰数,四曰称,五曰胜。地生度,度生量,量生数,数生称,称生胜。"③"庙算""全胜""称胜"等概念包含着朴素而深邃的国家实力评估思想。西方早在中世纪就有了极简单的国际比较意图,力图通过国际比较评估国家实力,找到提高国家实力的途径。④

本章的主要内容是,概述国家实力评估的研究历史,尤其是对国家实力的多变量定量分析和评估,以厘定基本概念,剖析既有国家实力定量评估方法的优劣,为中国国家实力的评估奠定理论基础。

基本概念的厘定

关于国家实力评估的几个基本概念是:实力(power)、国家实力(national power)、综合国力(overall national strength or comprehensive national capacity)、国际竞争力(international competitiveness)。

实力是进行国家实力评估的基础概念。但有意思的是,尽管实力概念构成大多数政治分析的基础,它仍然是社会科学中争议最大的概

---

① 《孙子兵法·计篇》指出:"夫未战而庙算胜者,得算多也;未战而庙算不胜者,得算少也。多算胜,少算不胜,而况无算乎!吾以此观之,胜负见矣。"庙算即纯净评估(net assessment)。参见纽先钟:《中国战略思想新论》,台北:麦田出版公司2003年版,第43页。

② 《孙子兵法·谋攻篇》。

③ 《孙子兵法·形篇》。

④ 苏斯洛夫、图拉娃:《统计比较的方法学》,莫斯科:苏联统计出版社1980年版,第191页。转引自王诵芬主编:《世界主要国家综合国力比较研究》,长沙:湖南出版社1996年版,第1页。

念之一。① 约瑟夫·奈(Joseph S. Nye, Jr.)不无诙谐地指出,实力如天气,人们都在谈论它,却很少有人理解它;实力如爱情,"行易知难",即易于体验却难以解释或衡量。② 汉斯·摩根索(Hans Morgenthau)指出,"实力是控制他人心灵和行动的能力"③;罗伯特·达尔(Robert Dahl)认为,实力是"A 使 B 做自己不愿意做的事情的能力"④;肯尼思·沃尔兹(Kenneth Waltz)指出,实力可定义为各种能力的分布。⑤ 尽管实力的定义与应用如此广泛,我们仍有可能得出这样的认识,即至少在社会科学领域,实力的诸多概念最终归结为三个相互联系但各不相同的方面:资源、能力与战略特征。雷蒙·布东(Raymond Boudon)和弗朗索瓦·布里科(Francois Bourricaud)指出,如果实力要成为一个有用的分析概念,则以下三个概念解释必须予以明确:首先,实力指的是某种"资源分配,且不管这些资源的性质如何";其次,实力指的是"运用这些资源的能力",意即"使用计划"(a plan of use)以及某些"关于该运用的条件和结果之最低限度的信息"等;最后,实力概念指的是其"战略特征",在实践中,该战略特征"不仅与事务的惯性形成对照,也与相反意愿的抵制相对应"。阿什利·泰利斯总结指出,实力即"资源"(resources)、"战略"(strategies)和"结果"(outcomes):将实力理解为资源,实际上描述的是任何实体影响他者的总体能力;将实力理解为战略,并不关注能力的有形与否,而是试图抓住实体有意影响他者的进程、关系与情势,认为关系结构和实体间互动的具体形式将产生后果,确定了事先设想的或事后分析的真正实力均衡或实力内容;将实力理解为结果

---

① 阿什利·泰利斯等:《国家实力评估:资源、绩效、军事能力》,北京:新华出版社 2002 年版,第 15 页。

② Joseph S. Nye, Jr., *Bound to Lead: The Changing Nature of American Power*, New York: Basic Books, 1990, p.25.

③ 汉斯·摩根索:《国际纵横策论——争强权,求和平》,第 140 页。

④ Robert Dahl, "The Concept of Power", *Behavioral Science*, Vol.2, July 1957, p.202; Robert Dahl, "Power", *International Encyclopedia of the Social Sciences*, Vol.XII, New York: Free Press, 1968, pp.405-415; Robert A. Dahl, *Who Governs? Democracy and Power in an American City*, New Haven: Yale University Press, 1961, quoted in Joseph S. Nye, Jr., *Bound to Lead: The Changing Nature of American Power*, p.266.

⑤ Kenneth N. Waltz, *Theory of International Politics*, Reading: Addison-Wesley, 1979, p.192.

从该实体是否有能力获得所期望目标的评估着眼,以检验目标实体是否按照引发者的预期做出反应。①

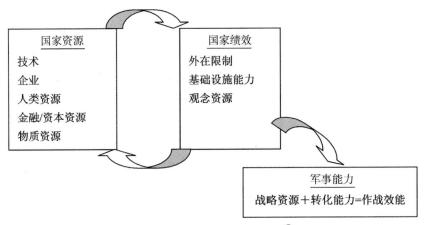

图 2-1　国家实力的构成要素②

最有创意的实力概念来自约瑟夫·奈。他指出,实力是一个人达到目的或实现目标的能力,鉴于控制别人的能力常常和占有一定的资源有关,政治领导人一般把力量解释为对资源(人口、领土、自然资源、经济规模、军事力量和政治稳定性等)的占有,从资源角度考虑力量遇到的基本问题就是力量转化问题,即将以资源为标准的潜在实力转化为以改变他人行为为标准的现实力量的能力。这样,国家力量的运用就体现出直接运用和间接运用两种方式,后者即间接的或罗织能力(indirect or co-optive power),有赖于一个国家之观念的吸引力或确定政治议程以塑造他者倾向的能力,这就是"让他人做你想让他们做的事情"的软实力(soft power)。奈认为,硬实力和软实力相互作用、相互增强,制定议程和吸引其他国家与通过威胁使用军事和经济手段迫使

---

① Raymond Boudon and Francois Bourricaud, *A Critical Dictionary of Sociology*, Chicago: University of Chicago Press, 1989, p.267;阿什利·泰利斯等:《国家实力评估:资源、绩效、军事能力》,第 16—18 页;Karl J. Holsti, *International Politics: A Framework for Analysis*, Eaglewood Cliffs: Prentice-Hall, 1983, pp.164-168。

② 阿什利·泰利斯等:《国家实力评估:资源、绩效、军事能力》,"内容提要"第 5 页。

它们改变立场同等重要。①

表 2-1 软实力与硬实力

	行为	主要中介手段	政府政策
军事实力	威逼、威慑、保护	威胁、武力	威逼、外交、战争、联盟
经济实力	诱导、威逼	物质报酬、制裁	援助、贿赂、制裁
软实力	吸引力、设定议程	价值观、文化、国际制度	公共外交、多边外交

资料来源：Joseph S. Nye, Jr., *Soft Power: The Means to Success in World Politics*, New York: Public Affairs, 2004, p.31.

国家实力无疑是国家实力评估的核心概念，也是西方学者常用的评估概念。古代和近代的国家实力概念往往只强调某种资源因素（特别是军事力量）的突出重要性，但自20世纪30年代英国战略家利德尔·哈特（Little Hart）提出了大战略的概念以来，学者们强调综合运用国家的各种力量来实现其国家政策所规定的战略目标，从而使得国家实力的概念从单一的军事因素扩展为多指标的综合因素。②汉斯·摩根索认为，国家实力由如下因素构成：地理、自然资源等物的因素；工业实力、军备等人物结合的因素；人口、国民性、民心、外交质量、政府质量等人的因素。③他主张将国家实力作为一个国家推进其对外政策的基础，因而被普遍视为西方国家实力综合性研究的奠基人之一。克莱因（Ray Cline）指出："国家实力即一国之政府影响他国政府去做本来不愿意为之的某一事情的能力，或者使他国不敢去做本来跃跃欲试的某一事情之能力。"④肯尼思·沃尔兹指出，国家必须运用它们的综合实

---

① Joseph S. Nye, Jr., *Bound to Lead: The Changing Nature of American Power*, pp.29-35; Joseph S. Nye, Jr., *The Paradox of American Power: Why the World's Only Superpower Can't Go It Alone*, New York: Oxford University Press, 2002, pp.5-12; Joseph S. Nye, Jr., *Soft Power: The Means to Success in World Politics*, New York: Public Affairs, 2004, pp.1-33; *Soft Power Superpowers: Cultural and National Assets of Japan and the United States*, New York: Sharpe, 2008; *The Future of Power*, New York: Public Affairs, 2011; *Presidential Leadership and the Creation of the American Era*. Princeton, New Jersey: Princeton University Press, 2013.
② 李方主编：《中国综合国力论》，安徽科学技术出版社2002年版，第4页。
③ 汉斯·摩根索：《国际纵横策论——争强权，求和平》，第151—203页。
④ 克莱因：《80年代世界权力趋势及美国对外政策》，台北：黎明文化事业股份有限公司1982年版，第6页。

力来维护自身的利益,国家的经济实力、军事能力不能被分割开来加以衡量。国家并不因它们在某一方面实力出众而成为一流强国,它们的地位取决于它们在如下所有方面的得分:人口、领土、资源禀赋、经济实力、军事实力、政治稳定及能力。① 西方学者一般在具体意义上使用国家实力的概念,即一个主权国家利用总体资源(overall resources)影响他者的战略能力。阿什利·泰利斯认为,"国家实力可以简单地定义为一个国家通过有目的的行动追求战略目标的能力"②,它是两个分量相互作用的产物,即一个国家在给定时间上具有掌握经济创新周期的能力,以及利用这种控制能力形成有效的军事能力,反过来创造一个稳定的政治环境,加强现存的经济优势,也为保持国家的战略优势以及从国际体系中获益提供基本条件。国家实力是衡量一个国家基本国情和基本资源最重要的指标,也是衡量一个国家的经济、政治、军事、技术实力的综合性指标。

综合国力是中国特有的一个概念。根据以往的观点,国家实力构成一般强调领土、人口、资源以及经济和军事等要素的作用,直到20世纪70年代,各国学者及国家领导人才将民族素质、文化传统、地缘政治、国家战略和政府政策等精神因素看得与上述物质条件同等重要。进入80年代,高科技及其产业化在全球一步步掀起高潮,国力研究随之不断发生变革。③ 中国的综合国力概念就是在这种背景下提出的。改革开放以来,中国领导人对综合国力倍加重视。综合国力论是邓小平理论的重要核心,强调一心一意搞现代化建设,紧紧抓住解放生产力、发展生产力这个根本环节是邓小平综合国力思想的主题。为此,他提出了"三个有利于"的判断标准,即"是否有利于发展社会主义社会的生产力,是否有利于增强社会主义国家的综合国力,是否有利于提高人民的生活水平"④。江泽民强调指出:"国际间的竞争,说到底是综合

---

① 肯尼思·华尔兹:《国际政治理论》,上海人民出版社2003年版,第174—175页。
② 阿什利·泰利斯等:《国家实力评估:资源、绩效、军事能力》,第50页。
③ 冯江源:《综合国力的协调发展及其决策、预警和调控》,《科学学研究》1997年第3期,第30—37页。
④ 《邓小平文选》第三卷,北京:人民出版社1993年版,第372页。

国力的竞争,关键是科学技术的竞争。"① 胡锦涛认为:"科学技术特别是战略高技术正日益成为经济社会发展的决定性力量,成为综合国力竞争的焦点。"② 2015 年 5 月 26 日习近平在浙江杭州高新区考察时进一步指出:"综合国力说到底是创新的竞争。"军事科学院黄朔风认为:"综合国力是一个主权国家生存与发展所拥有的全部实力(物质力和精神力)及国际影响力的合力",综合国力的构成要素包括政治力、经济力、科技力、国防力、文教力、外交力、资源力等。③ 中国社会科学院王颂芬指出:"综合国力是一个主权国家在一定时期内所拥有的各种力量的有机总和,是所有国家赖以生存和发展的基础,又是世界强国据以确立其国际地位、发挥其国际影响和作用的基础。具体地说,综合国力就是在一定的时空条件下从整体上来计量的社会生存发展诸要素的凝聚总和。"综合国力的主要评估指标是资源、经济活动能力、对外经济活动能力、科技能力、社会发展程度、军事能力、政府调控能力、外交能力等。④ 中国科技大学冯江源指出:"综合国力一般指的是一个国家所拥有的包括自然、社会和人类活动在内的各种能力或实力的要素组合体系,这些要素既有量的积累,又有质的关联,是质与量的统一。传统国力往往把国家力量主要理解为地理幅员或军事强势,而综合国力则把国家力量的认识扩大到经济、政治、科技、文化、教育及生态、社会等诸多领域,将社会和自然界中与人类生存、生活有关的各种基本力量统一为一个整体来对待。"⑤ 他指出,国家实力可分为硬实力、软实力、协变力三个系统。其中硬实力指的是资源、经济、军事、生态,软实力指

---

① 江泽民:《在科学技术协会第四次全国代表大会上的讲话》,《人民日报》1991 年 5 月 24 日,第 1 版。
② 胡锦涛:《坚持人才资源是第一资源的战略思想》,2006 年 6 月 5 日在中国科学院第 13 次院士大会和中国工程院第 8 次院士大会上的讲话。
③ 黄朔风:《综合国力新论——兼论新中国的综合国力》,北京:中国社会科学出版社 1999 年版,第 5 页。
④ 王颂芬主编:《世界主要国家综合国力比较》,第 25 页。
⑤ 冯江源:《全球变化与综合国力研究中若干理论和方法的重构》,《国外社会科学》1998 年第 2 期,第 61—65 页。

的是政治、外交,协变力指的是科技、教育、文化。① 综上所述,综合国力这一概念的提出及认识的深化表明,人们对"国家实力是由众多因素综合构成"这一点的认识确实已经上升到了一种理论高度,它提醒人们,在衡量、观察、理解、思考国家实力的时候应该采取全方位、全视角的方法和态度,而避免采取单向的、片面的思维方式。②

  一个国家综合国力的强弱,既取决于物质因素,也取决于制度、环境、社会、民族精神等非物质因素。一个国家如果没有与经济实力、资源相适应的经济体制、管理体制、社会环境、民族凝聚力等,或者缺乏对国际环境的应变能力,也不能形成强大的综合国力系统。综合国力不仅关系到一国的生存与发展,而且涉及人类社会的文明与进步;一个国家只有努力提高其综合国力,强化其理论研究和实践探索的能力,才能在世界强林中立于不败之地。综合国力强调国家实力的整体性和系统性,也就是讲究经济、科技、军事、政治、文化、外交和国民素质等各方力量的合力所产生的系统效应;同时也并不放弃在其中几项根本性的或具有本国特色和优势的重点力量上的集中突破。可以说,这是综合国力提高与发展的根本立足点。中国要成为21世纪的世界强国,也必须注重综合实力的全面提高和重点突破的有机整合。综合国力竞争战略强调不同时空范畴内竞争与协作的有机统一。在全球经济一体化、区域经济集团化迅猛发展的今天,除了竞争,还需要合作;竞争中的合作、合作中的竞争早就融为一体,并已成为当代综合国力理论研究和实践发展的新趋势。正确把握好这种发展趋势,将有助于我们不失时机地进入世界经济的循环之中,并分享由积极参与国际经济分工与协作带来的重大收益。③

  综上所述,就综合国力与国家实力进行概念比较,我们可以得出这样的结论,综合国力的范围更广泛些,它侧重于综合和全面,显然将物

---

① 冯江源:《综合国力的协调发展及其决策、预警和调控》,《科学学研究》1997年第3期,第30—37页。

② 赵雪波:《综合国力构成要素辨析》,《世界经济与政治》2001年第5期,第75—80页。

③ 施祖辉:《国外综合国力论研究》,《外国经济与管理》2000年第1期,第13—19页。

质实力和精神实力、国际影响力都纳入研究范围;而国家实力更强调物质实力或硬实力(hard power),但并没有忽视精神实力或软实力的重要性。例如,克莱因方程中的"贯彻国家战略的意志"(will to pursue national strategy)就将精神因素放在极其重要的地位上。对比二者,我们可以简略地说,综合国力和国家实力都着眼于大战略层次,两个概念之间没有本质性区别,在一定意义上可以互换。关于国家实力的综合比较,有人文社会指数法、购买力平价法、纵比法、世界银行汇率法等,这些方法大多侧重于经济领域的一些单项或多项评估,并不能反映国家的长期、整体实力。相比而言,综合国力预测涉及的则是国家实力的宏观、大战略层次的比较,是系统科学的实际应用。

进入20世纪80年代,随着国际竞争的日趋激烈,国际竞争力这一概念被用得多了起来。1980年,瑞士国际管理与发展学院(International Institute for Management Development, IMD)创建了世界竞争力评估体系。1996年前,该学院与世界经济论坛(World Economic Forum, WEF)合作,每年根据上一年度世界主要国家和地区经济发展及相关方面统计和调查数据测度结果,共同发布《世界竞争力年鉴》(World Competitiveness Yearbook),逐渐成为国际知名的国家(地区)综合竞争力评估体系。1996年后,世界经济论坛单独以自己的名义发表年度《全球竞争力报告》(The Global Competitiveness Report)。两者曾共同将国际竞争力定义为"一国或一公司在世界市场上均衡地生产出比其竞争对手更多财富的能力"[1]。它们认为,国际竞争力是一定经济体制之下国民经济在国际竞争中表现出来的综合国力的强弱程度,包括企业内部效率形成的竞争力和由环境左右而形成的竞争力两个方面,国际竞争力比较研究的重点是后者,即外部环境或经济体制对一国企业形成国际竞争力的作用程度。从本质上说,一国竞争力的高低取决于经济体制设计、改革和经济政策的选择。[2] 在具体的指标设计上,瑞士国际管

---

[1] 国家体改委经济体制改革研究院、中国人民大学、综合开发研究院(中国深圳)联合课题组:《中国国际竞争力发展报告(1996)》,中国人民大学出版社1997年版,第8页。
[2] 李京文、郭金龙、王宏伟:《国际竞争力综合影响因素分析》,《中国软科学》2001年第11期,第5—9页。

理与发展学院将一个国家持续稳定创造增加值及增加国民财富的能力,归结为国家形成的持续创造增加值环境的能力;把各国形成的环境归结为四对要素的运行结果,即国内经济与全球经济、引进吸收能力和输出扩张能力、国家资产和国家经济过程、个人风险和社会凝聚力,并在此基础上构建了评价国际竞争力的四个分项:经济表现、政府效能、企业效率、国家基础设施和社会系统,且进一步分解为衡量国际竞争力的八大要素,即经济实力、国际化程度、政府作用、金融环境、基础设施、企业管理、科研开发和国民素质等。① 世界经济论坛则强调提高经济增长率,并自2000年起增设"当前竞争力指数排名"。世界经济论坛认为,实际经济增长率由竞争力指数、人均国民生产总值水平及其他偶然事件等三个因素决定,其中竞争力指数由开放程度、政府、金融、基础设施、技术、管理、劳动和法律制度等八大要素组成。综上所述,瑞士国际管理与发展学院强调竞争力是一国先天资源与后天生产活动配合下所能创造国家财富的能力,较侧重静态的评比;而世界经济论坛强调竞争力是一国提高经济增长率并持续提高人民生活水准的能力,注重一国未来5—10年的经济增长潜力,较侧重动态的评比。前者更多地反映一国现有的经济发展实力,后者则更多地体现一国的经济发展潜力。

国际竞争力是竞争力资产与竞争力过程的统一,国际竞争力即将资产(固有的自然资源或创造的基础设施等)转化为经济结果,然后通过国际化所生产出来的竞争力。据此,国际竞争力可分为硬指标(如劳动生产率、经济增长率等)和软指标(如教育水平和工作态度等),从趋势看,一国经济发展越来越依赖软指标的表现;在一定生产条件下成功地转换过程以增加财富、创造新资产是国际竞争力的核心;国家贫富与国际竞争力并无直接关系,换言之,一国可能是富有的,但不具备竞争力,资源匮乏的"穷国"也可能通过高效的转换过程而变得极富竞争力(如日本),穷国可能比富国更有竞争力;国际竞争力与国家大小无

---

① 国家体改委经济体制改革研究院、中国人民大学、综合开发研究院(中国深圳)联合课题组:《中国国际竞争力发展报告(1996)》,第8—9页。

关,新加坡虽是弹丸小国,但其国际竞争力一直名列前茅。① 鉴于国际竞争力没有计入国家规模大小的因素,它只能作为反映一国实力变化的参考指标。② 当然,国际竞争力可以衡量国家实力的活力和动态变化,比较适合作为衡量以经济竞争为主战场的时代背景下的国家实力变化的尺度。

表 2-2　中国国际竞争力排名情况(1995—2015 年)

年份	世界经济论坛		瑞士国际管理与发展学院	
	全球竞争力	参与排名的国家、地区数量	长期竞争力	参与排名的国家、地区数量
1995	34	48	34	48
1996	36	49	26	45
1997	29	53	27	46
1998	28	53	24	46
1999	32	58	29	47
2000	41	59	31	47
2001	39	75	33	49
2002	33	80	31	49
2003	44	102	29	59
2004	46	104	24	60
2005	49	117	31	60
2006	54	125	19	61
2007	34	131	15	55
2008	30	134	17	55

---

① 国家体改委经济体制改革研究院、中国人民大学、综合开发研究院(中国深圳)联合课题组:《中国国际竞争力发展报告(1996)》,第 8 页;李京文、郭金龙、王宏伟:《国际竞争力综合影响因素分析》,第 5—9 页。

② 中国在 1993 年参加世界转型国家的国际竞争力评价,1995 年正式参加世界竞争力评价体系,其国际竞争力基本上处于上升趋势。参见:高世楫、陈立、许钢:《2000 年中国国际竞争力评价——经济创造力与国际竞争力》,《战略与管理》2001 年第 2 期,第 78—87 页; World Economic Forum, *The Global Competitiveness Report*; International Management Development, *The World Competitiveness Yearbook*, 1996 2015。

续表

年份	世界经济论坛		瑞士国际管理与发展学院	
	全球竞争力	参与排名的国家、地区数量	长期竞争力	参与排名的国家、地区数量
2009	29	133	20	57
2010	27	139	18	58
2011	26	142	19	59
2012	29	144	23	59
2013	29	148	21	60
2014	28	144	23	60
2015	28	140	22	61

资料来源：World Economic Forum, *The Global Competitiveness Report*, 1995-2015; International Management Development, *The World Competitiveness Yearbook*, 1995-2015。

国际竞争力与国家实力既有联系又有区别,国家实力是国际竞争力的发展基础,侧重于目前的状况;国际竞争力是增强国家实力的主要手段,强调预测未来趋势的发展。比较而言,国家实力评价主要是对实力和影响力的评价,以硬指标即统计数据为主,而国际竞争力的评价更多地依赖软性因素和指标。[1] 发展和增强国家实力,既是一个国家走向繁荣与进步的需要,更是一个国家参与国际竞争、提高其国际竞争力的客观需要。[2] 当今的国际竞争本质上是国家实力的竞争,国际竞争力成为主导国家实力变化的决定性因素,而国家实力是国际竞争力得以发挥的必要条件。[3] 在战略指导思想上,应强调提高国际竞争力与发展和增强国家实力有机结合为一体的思想,使得提高国际竞争力服务于国家实力的增强,进而统筹本国发展方略与国际竞争的全局构想。国际竞争力研究给我们的启示是,全面开放和国际化进程改变了发展

---

[1] 李京文、郭金龙、王宏伟：《国际竞争力综合影响因素分析》，《中国软科学》2001年第11期，第5—9页。

[2] 郗润昌：《略论发展和增强综合国力与提高国际竞争力的关系》，《太平洋学报》1997年第2期，第20—27页。

[3] 王与君：《中国经济国际竞争力》，南昌：江西人民出版社2000年版，第161页。

的基本含义,竞争战略将成为发展战略的主要内容;目前国家实力评估、国际竞争力评估仍处于相互封闭的体系之中,我们建议对国家实力的测度应包含国际竞争力的指标。

国家实力定量评估的历史沿革

鉴于国家实力评估是客观认识一个国家国际地位的核心,许多关涉国际问题研究的学者都提出了衡量国家实力的方式。① 衡量和评估国家实力需要一种能够广泛应用且具有可度量性、可比较性的方法。定量分析国家实力是国内外相关研究的传统方法,只是由于指标选取的不同,各种分析方法之间存在差别,且有逐步科学化的趋势。以下,笔者将列举出定量分析国家实力的几种代表性方法。

(1)克劳福德·哲曼(Clifford German)于1960年提出了国家实力指数方程:

$$G = N(L+P+I+M)$$

其中:N 为核能力;L 为土地;P 为人口;I 为工业基地;M 为军事力量规模。该方程是以核能力为中心的国力方程,假定一个国家的实力与拥有核武器能力成正比。它反映了在冷战和核时代条件下一个国家拥有核武器的特殊重要性。

(2)德国物理学家威廉·福克斯(William Fox)于1965年提出了著名的"强国公式":

$$M_t = 1/2[(M_s)t+(M_e)t]$$

其中:M_t 代表 t 时间的国力指数,M_s 为人口与钢产量的乘积,M_e 为人口与能源产量的乘积。该方程是以工业化时代的传统资源为基础,其主要国家战略目标是在全球获取更多的能源,大幅度提高本国的工

---

① Richard L. Merritt and David A. Zinnes, "Validity of Power Indices", *International Interactions*, Vol.14, No.2, 1988, pp.141-151; Richard L. Merritt and David A. Zinnes, "Alternative Indexes of National Power", in Richard J. Stoll and Michael D. Ward, eds., *Power in World Politics*, Boulder: Lynne Rienner, 1989, pp.11-28; Charles S. Taber, "Power Capability Indexes in the Third World", in Richard J. Stoll and Michael D. Ward, eds., *Power in World Politics*, pp.29-48; Jacek Kugler and Martina Arberman, "Choosing Among Measures of Power: A Review of the Empirical Record", in Richard J. Stoll and Michael D. Ward, eds., *Power in World Politics*, pp.49-78.

业生产能力。这是首次对综合国力进行系统地定量测定方程。福克斯运用该方程对主要国家的国家实力进行了计算,曾提出 21 世纪是中国世纪的预言。但是,强国公式涉及的指标太少,只是简单地将生物学的逻辑增长模式用以模拟十分复杂的国力动态运行轨迹,明显存在局限性,以至于某些预测结果与实际相去甚远。

（3）美国中央情报局前副局长雷·克莱因(Ray Cline)在系统分析国家实力诸要素的基础上,设计了一个国力方程:

$$P_p = (C+E+M) \times (S+W)$$

其中:P_p 指的是被确认的国家实力;C 代表基本实体,包括国土和人口;E 代表经济能力,包括国民生产总值(GNP)、能源、非燃料矿物、工业生产能力、食品生产能力、对外贸易;M 代表军事能力,包括核力量和常规军事力量,以上三者构成综合国力的物质要素;S 代表战略意图,W 代表贯彻国家战略的意志,二者构成综合国力的精神要素。赋予物质要素 500 分,其中基本实体 100 分、经济实力 200 分、军事能力 200 分;赋予精神要素标准系数 1,其中战略意图 0.5、贯彻国家战略的意志 0.5。克莱因利用上述国力方程先后对 1975 年、1977 年和 1978 年中、美、苏、英、法、德、日、加、澳和巴西等 10 个国家的综合国力进行了测算。克莱因的国力评估方式具有明显的强权政治倾向,其国力方程的模式是静态的,对各指标的评分标准也未做出有说服力的解释,但为后来的综合国力定量研究提供了一个系统评估的分析框架。这一公式结束了国家实力评估的纯定性分析阶段,对后来的国家实力研究产生了重大影响。这是一个综合性、多指标合成的国力方程,曾被美国军方用来评估国际系统的长期趋势。

（4）日本学者福岛康仁对克莱因的国力方程进行了修改,设定了如下评估公式:

$$P_p = (C+E+M) \times (G+D)$$

其中:C 代表基本实体,包括人口、领土和自然资源;E 代表经济能力,包括国民生产总值(GNP)、人均国民生产总值和实际增长率;M 代表军事能力,以上三者构成综合国力的物质要素。G 代表国内政治能力,D 代表国家外交能力,二者构成综合国力的精神要素。福岛康仁利用这一国力公式对一些主要国家的实力进行了测算。①

（5）以王颂芬为首的中国社会科学院课题组提出了评估综合国力的 8 个方面、64 个指标，并确立了指标体系和赋权方案。其基本方法是：对各项硬指标进行标准化处理，采用克莱因综合评估方法，使不同度量的多种指标过渡到可以进行汇总的标准化数据，而后经过简单相加、分层次汇总的方法，得到基本方案数据表，据此对各国综合国力排序。此后，在定性分析与定量分析相结合的基础上，分层次地给定权数，对基本数据进行修正和调整，得到赋权方案数据表，据此对各国综合国力进行比较。②

（6）国内对综合国力的研究主要以黄硕风教授的"综合国力动态方程"为代表。他运用系统论、协同论和动力学原理，提出综合国力应是生存力、发展力、协调力三种力量的有机结合体，并设计出如下方程：

$$P_t = K_t \times H_t \times S_t$$

其中：P_t 代表 t 年的综合国力；K_t 为协调系统，包括有关国家领导协调统一的诸要素；H_t 为硬件系统，包括物质形态的诸构成要素；S_t 为软件系统，包括精神和智力形态的诸构成要素。这代表着中国研究综合国力问题进行定量分析的开端。③

（7）中国现代国际关系研究所课题组以层次分析法（analytic hierarchy process）为主，并结合专家调查、回归分析、神经网络、聚类分析等方法，首先确立了综合国力的指标体系；接着根据指标收集数据，对数据进行标准化和无量纲化处理；依次确定各指标的权重；在此基础上计算综合国力值。层次分析法是 20 世纪 70 年代美国运筹学家萨迪（T. Saaty）提出的系统分析方法，它是一种将定性分析和定量分析相结合，

---

① 黄朔风：《综合国力新论——兼论新中国的综合国力》，第 65—66 页。
② 王颂芬主编：《世界主要国家综合国力比较》，第 63—72 页。近年来，中国社会科学院陆续公布了一系列评估中国综合国力的成果，但并未提供评估方程和计算标准。可参见王玲：《综合国力的测度》，《世界经济与政治》2006 年第 6 期，第 45—51 页；王玲：《世界主要大国综合国力比较》，载李慎明、王逸舟主编：《2006 年：全球政治与安全报告》，北京：社会科学文献出版社 2006 年版，第 240—268 页；李少军：《综合国力评估（2009 年）》，载张宇燕、李少军主编：《国际形势黄皮书：全球政治与安全报告（2009 年）》，北京：社会科学文献出版社 2009 年版，第 257—276 页。
③ 黄朔风：《综合国力新论——兼论新中国的综合国力》，第 70—88 页。

将人的主观判断用数量形式表达、处理的系统分析方法。该方法从决策分析发展而来,是分析多目标、多准则的复杂系统的有力工具。①

综上所述,采取定量分析方法研究国家实力是国内外共有的学术传统。社会科学研究素有定性分析与定量分析相结合的方法论目标,乃至成为学者们孜孜以求的学术传统。我们知道,定性分析和定量分析各有优缺点。定性分析具有综合性等优势,也有模糊性等劣势;定量分析具有直观性、可比性等优势,同时也存在流于简单化和以偏概全等缺陷,且指标选择存在不周延性。进一步说,指标的选取不可能是穷尽的,尽管我们尽量选取最为重要的、具有可比性和比较价值的指标,但总会有缺憾存在。我们这样说,并非否认定量分析的科学性,而只是指明定量分析的不足之处。

总结以上国家实力/综合国力的评估方法,我们可以得出这样的结论:西方传统的方法是将各国的主要指标按照排序法(rank-ordering)排列,并没有给出指标的实际差距和相对变化,这种方法还是半定量方法。中国的学者强调定性分析与定量分析相结合的方法,并逐步向以定量处理为主过渡,但其分析模式仍然以传统思路为主。鉴于此,笔者提出一种全新的定量方法,以比较全面、动态、客观地观测世界主要大国国家实力相对变化的轨迹。

第二节 中美日印俄国家战略资源比较(1982—2012年)

进入21世纪,经济全球化不仅加速了全球经济一体化进程,也加剧了各国之间特别是大国之间的国际竞争。国际竞争集中表现为各国国家实力的动态变化和公开竞赛,既相互依存、相互联系,又相互冲突、相互争斗。在这个极其失衡的发展过程中,有的国家相对实力上升,有的国家相对实力下降,各国国家实力的相对变化导致了世界格局的演

---

① 中国现代国际关系研究所:《全球战略大格局——新世纪中国的国际环境》,第9—18页。

变。一国的国际地位与其国家实力的升降、国家战略资源的增减本质相关。鉴于既有国家实力评估的缺陷,我们提出国家战略资源的概念,建立评估国家战略资源的方程,通过对中美印日俄五大国的国际比较,突出中国战略资源的优势和劣势,就中国如何充分利用优势的战略资源、不断改善处于劣势的战略资源提出具体的政策建议,并借此勾勒出中国大战略的基本轮廓。笔者的主要研究方法是,以定量分析与定性分析相结合为经,以国际比较为纬,将定量分析视为核心研究方法。

国家战略资源及其评估方程

中国综合国力研究的长处在于全面衡量一个国家的实力,但这种全面性的追求却使得国家实力难以量化,且凸现难以避免主观因素的缺点。为更好地评估国家实力,笔者提出一个新概念,即国家战略资源(national strategic resources)。国家战略资源是一个国家实现本国战略目标所可以利用的现实的和潜在的关键性资源,它们反映了一个国家在全球范围内利用各种资源的能力,也反映了该国的国家实力。国家实力可简单地定义为一个国家通过有目的之行动追求其战略目标的综合能力,国家战略资源(national strategic resources)、国家战略能力(strategic capabilities)、国家战略目标(strategic outcomes)是其核心组成因素,而国家战略资源系其物质基础。从另一方面讲,国家实力就是国家战略资源的分布组合,被动员和利用来实现一个国家的战略目标。需要说明的是,我们所称的国家实力,一般指的是各类国家战略资源之总和;而国家战略资源一般指的是某一类战略资源。以下,我们将从国家战略资源的角度研究国家实力,通过大国比较客观评估中国的国家实力。需要指出的是,笔者重点研究国家战略资源问题,并且侧重于有形战略资源或硬实力的研究。

迈克尔·波特提出了五大要素资源:物质资源(physical resources)、人力资源(human resources)、基础设施(infrastructure)、知识资源(knowledge resources)和资本资源(capital resources)。[1] 以此为基础,

---

[1] Michael Porter, *The Competitive Advantage of Nations*, The Free Press, 1990.

笔者将国家战略资源划分为经济资源、人力资源、自然资源、资本资源、知识技术资源、政府资源、军事资源、国际资源等 8 大类资源和 20 项具体的指标,这些指标的总和构成了国家实力。

表 2-3　国家战略资源及其主要指标

资源类型	权重	指标	各指标权重
经济资源	0.2	GDP(PPP,国际美元)	1.0
人力资源	0.1	A:劳动年龄人口(15—64 岁) B:人力资本(平均受教育年数) 总人力资本 = A×B	1.0
自然资源	0.1	电力生产量	0.25
		能源使用量	0.25
		农业种植面积	0.25
		水资源	0.25
资本资源	0.1	国内投资	0.4
		资本市场	0.3
		外国直接投资	0.3
知识技术资源	0.2	本国居民申请专利数	0.15
		本国居民申请商标数	0.05
		科学论文发表数	0.4
		研发支出	0.4
政府资源	0.1	中央财政支出	1.0
军事资源	0.1	军事人员	0.4
		军事支出	0.6
国际资源	0.1	出口货物与服务	0.35
		进口货物与服务	0.35
		版权和专利支出	0.3

笔者提出的评估国家实力的基本方程是:

$$NP = \sum (a_i \times NSR_i)$$

其中:NP 为国家实力;NSR_i 为某种战略资源占世界总数比重;a_i

为某种资源的权重。当考虑时间变量时,国家实力评估的动态方程是:

$$NP_t = \sum (ai \times NSRi_t)$$

需要说明的是,笔者采用无量纲的比重法,计算各国主要资源占世界总数比重。其一,笔者所研究的国家实力是指相对国力,即更关心的是一个国家相对于另一个国家的国家实力或国家战略资源是相对上升,还是相对下降了。其二,在使用二十多个指标计算国家实力时,各指标单位因不同而无法相加,因此笔者使用比重法(即将不同指标单位转化为统一单位——百分比),将它们相加构成国家实力,此后再进行国际比较和历史比较。其三,笔者定义了 8 种战略资源,使用了 20 项主要指标,构成一个可计算的国家实力方程,比较全面地反映了不同国家的战略资源和国家实力。其四,笔者对不同指标赋予不同的权重,以反映不同战略资源的重要程度。例如,知识时代或信息时代的战略资产与工业化时代的战略资产大不相同:前者主要是知识、技术、信息等新兴战略资源,其作用在迅速上升;后者主要是土地、粮食、能源、钢铁等传统资源,其作用在不断下降。鉴于此,对知识技术资源赋予相当高的权重(见表 2-3)。其五,该方程是一个随时间变化的动态国力方程,不仅可以反映一国的国家实力或国家战略资源与他国的相对实力,而且还可以反映它们之间的动态变化。

笔者选取 1982—2012 年为分析时间段,主要原因是 1982 年中共第十二次代表大会具有里程碑意义。以此为开端,中国密切结合国内国际两个大局,渐进而坚定地融入国际社会,济 30 余年改革开放之功,逐步形成了中国特色社会主义的新理念、新思想、新论断,提出了和平与发展的世界主题、社会主义初级阶段理论、社会主义市场经济理论、和平发展道路、全面小康社会、和谐社会、和谐世界、中国梦等思想理论,确立了比较稳定的道路形态,同步发展市场经济和社会主义民主政治,逐步造就了经济建设、政治建设、社会建设、文化建设、生态建设五位一体的全面发展格局,成功开辟了和平发展的社会主义新道路。[①]目前我们所掌握的数据基本以 2012 年为上限。有必要说明的是,2012

---

① 胡鞍钢:《中国:创新绿色发展》,北京:中国人民大学出版社 2012 年版,第 8 章。

年至今,国际形势发生了重大变化,几个大国的国家实力有了不同程度的演变,而中国国家实力有了更大幅度的提升,但我们认为,这并不能改变笔者的基本结论,结论基本是稳妥的。

我们采用大国国家战略资源比较的方法来研究中国的国家实力,选取中美日印俄五大国进行国家战略资源的国际比较,并以中国的国家战略资源的优劣作为主要分析对象,是有着深层的战略考虑的。首先,美国是世界上唯一的超级大国,无论从经济、军事、文化等方面的战略资源还是国际影响力,美国的国家实力都位居全球诸大国之首,其大战略对世界诸国尤其是中国有着深远的影响,长远观之,中国能否取得并保持世界大国地位,在一定程度上取决于中美关系。其次,日本是世界上第三大经济强国,尽管20世纪90年代迄今被称为日本"失去的年代"(lost decades),但日本仍身处世界强国之列。中日之间有着一衣带水的地缘政治关系,又都在亚洲尤其是东亚地区的未来发展中扮演着极其重要的角色。由于历史原因,中日之间的关系一直未能实现本质的正常化,日本对中国的崛起充满了疑虑和抵制。新加坡资政李光耀曾经指出,亚洲的未来取决于中日双方能否捐弃前嫌,携手合作。从另一个角度看,中国要顺利成长为世界大国,中日关系至为关键。第三,俄罗斯目前仍然处于衰落和低迷时期,尽管俄罗斯具有重新崛起为世界大国的巨大潜力。近年来,中俄全面战略协作关系取得了重大突破,中俄关系进入历史上最好的时期,但俄罗斯对中国的崛起不无疑惧,中国应该积极与俄方发展共同利益,以建立战略利益共同体为目标,深化双边关系。第四,印度一直是对中国有着重要影响的发展中大国。正如印度开国总理尼赫鲁指出的,"中印两国的问题都是天字第一号问题,印度和中国最终如何发展对整个世界来说都具有非常重要的意义"[①]。近年来,印度实行经济改革,国家实力有了重大提高,而将中印两国的发展潜力进行比较已经成为国际学术界、政策研究界的核心课题。人们开始进行龙象之比,甚至有人认为二者不相伯仲。以上我们的分析,主要着眼于几个大国的当前实力和未来发展潜力。我们

---

① 转引自王德华、吴扬主编:《龙与象——21世纪中印崛起的比较》,上海社会科学院出版社2003年版,"前言"第1页。

选取这些国家进行国际比较的另外一个重要考虑是,中国正处于从地区性大国走向世界大国的重要关口。此际,周边环境是一个至关重要的因素,而中国周边大国林立,更不乏核国家的包围,日本、印度、俄罗斯三大国都处于中国的周边,且形成半包围之势,对中国未来发展为亚太主导国乃至世界大国必然有着重要的影响。作为世界上唯一超级大国的美国早在冷战结束以来就一直找寻竞争对手或潜在的敌手、势均力敌的竞争者(peer competitor),而中国始终被视为最关键的对象。此外,我们选取这些国家进行比较,是因为放眼世界,除美国之外,其他三个国家与中国相邻,从地缘政治经济的角度对中国战略影响巨大。因此,对这五大国进行国家战略资源比较具有重要的意义,这一国际比较的主要目标是,勾勒中国崛起的轨迹,寻找中国国家实力构成中的优劣之处,提出具有针对性的政策建议。

评估国家实力必以对国情的客观、准确认识为基础。国情是一个国家政治、经济、文化和社会等方面基本情况和主要特点的总称,包括国家的性质、资源环境、政治权力、经济情况、文化思想、民族宗教、人口素质、军事国防、对外关系等内容。国情是一国相对稳定的总体的客观实际情况,它是指那些对经济发展起决定性作用的最基本的、最主要的发动因素和限制因素,它常常决定着一国长远发展的基本特点和大致轮廓。国情与国家实力既有联系又存在区别。属于国情的因素并不一定反映国家实力,如历史、民族、宗教、社会性质等,但有些因素既是国情又是国家实力,如人口众多、地大物博是我国的国情,同时又表明我国在人口、资源方面的实力。国情与国家实力在概念上有区别,但国情对国家实力形成有着至关重要的影响。因此,如果离开国情谈国家实力,国家实力的定量分析就只剩下了一堆难以理解的数学公式,而缺乏实际应用价值。①

如何认识中国的基本国情,始终是中国领导人和中国学者研究的重大课题。毛泽东把当时的中国基本国情的特点概括为"一穷二白"。所谓"穷",就是没有多少工业,农业也不发达。所谓"白",就是一张白

---

① 李方卞编:《中国综合国力论》,第14页。

纸,文化水平、科学水平都不高。① 邓小平把中国的基本国情概括为"底子薄,人口多,耕地少"②,他在此认识基础上提出分三步走实现现代化的新目标,即第一步从 1980 年到 1990 年,国民生产总值翻一番,解决温饱问题;第二步从 1990 年到 2000 年,国民生产总值再翻一番,进入小康社会;第三步到 21 世纪中叶再翻两番,达到中等发达国家水平。③ 自 1978 年党的十一届三中全会以来,中国共产党正确分析中国国情,提出我国还处于社会主义初级阶段的科学论断,并根据国家实力的变化作出新概括。江泽民在党的十五大报告中提出了新的"三步走"战略:21 世纪第一个 10 年实现国民生产总值比 2000 年翻一番,使人民的小康生活更加宽裕,形成比较完善的社会主义市场经济体制;再经过 10 年的努力,到建党 100 年时,使国民经济更加发展,各项制度更加完善;到 21 世纪中叶建国 100 年时,基本实现现代化,建成富强、民主、文明的社会主义国家。党的十八大报告对中国国情进行了最新的概括,这就是中国仍处于并将长期处于社会主义初级阶段的基本国情没有变,人民日益增长的物质文化需要同落后的社会生产之间的矛盾这一社会主要矛盾没有变,中国是世界最大的发展中国家的国际地位没有变,在任何情况下都要牢牢把握社会主义初级阶段这个最大国情,推进任何方面的改革发展都要牢牢立足社会主义初级阶段这个最大实际。习近平进一步指出:"经过鸦片战争以来 170 多年的持续奋斗,中华民族伟大复兴展现出光明的前景。现在,我们比历史上任何时候都更接近中华民族伟大复兴的目标,比历史上任何时期都更有信心、有能力实现这个目标。"④基于此,他提出了"两个一百年"的战略目标,即到中国共产党成立 100 年时全面建成小康社会,到新中国成立 100 年时建成富强民主文明和谐的社会主义现代化国家,实现中华民族伟大复兴的梦想。

清华大学胡鞍钢教授对中国的基本国情曾做出如下概括:第一,

---

① 《毛泽东选集》第五卷,人民出版社 1977 年版,第 28 页。
② 《邓小平文选》第二卷,人民出版社 1983 年版,第 163—164 页。
③ 《邓小平文选》第三卷,第 226 页。
④ 《习近平谈治国理政》,北京:外文出版社 2014 年版,第 35—36 页。

"一个中国、两种制度",即中国长期形成城乡居民两种身份制度、教育制度、就业制度、公共服务制度和财政转移制度及两种差异甚大的生活方式,它导致了城乡之间的巨大鸿沟。第二,"一个中国、四个世界",即根据人均 GDP 划分收入组,中国存在四个世界:第一世界是指已经进入世界高收入组的上海、北京、深圳三个城市,大约占全国总人口数量的 2.2%;第二世界是指进入世界上中等收入组的天津、广东、浙江、江苏等沿海地区,大约占全国总人口数量的 22%;第三世界是指相当于世界下中等收入水平的地区,大约占全国总人口数量的 26%;第四世界是指相当于世界低收入水平的地区,主要是中西部的贫困地区,约占全国总人口数量的一半,中国因此成为世界上地区发展差距最大的国家。第三,"一个中国、四种社会",即农业社会、工业社会、服务业社会和知识社会。上述三大特点充分反映了中国的基本国情:多样性、差异性和不平衡性并存,巨大的城乡差距、地区差距和社会差距同在。① 2015 年,胡鞍钢进一步指出,中国在经济、社会、政治、文化发展等诸方面都体现了初级阶段的显著特点。但是,同时我们也必须看到中国正在迅速地实现现代化,从发展阶段角度来看,已经不是一般意义的发展中国家,但也不是发达国家或中等发达国家,无论在全国范围内,还是各地方范围内,欠发达和发达特征同时并存,但是欠发达范围在缩小,发达范围在扩大。② 目前,中国经济发展已经进入"新常态",仍处于经济起飞阶段,总体基本方向没有变,但必须清醒认识长期制约中国发展的深层次因素,以及现实所遇到的突出矛盾和问题,处于经济下行压力增大期、社会矛盾凸显期、人与自然矛盾凸显期,必须积极应对、妥善处理。③ 鉴于国家战略资源和国家实力的评估强调总体性和宏观性,我们必须将以上基本国情牢记在心,否则国家实力评估必然有失客观,更难说准确了。

---

① 参见胡鞍钢主编:《中国战略构想》,杭州:浙江人民出版社 2002 年版,"前言"第 2—4 页。
② 胡鞍钢主编:《中国道路十讲》,北京:党建读物出版社 2015 年版,第 9 页。
③ 胡鞍钢等:《"十三五"大战略》,杭州:浙江人民出版社 2015 年版,第 33—44 页。

五大国国家战略资源的国际比较

1. 经济资源

经济资源(economic resources)指的是国民生产总值(GNP)或国内生产总值(GDP)。经济规模通常按本国货币计算的 GNP 来衡量,所谓 GNP 是指居民创造的全部增加值,加上(或减去)不包括在产出价值中的税收,加上来自非居民的主要收入(雇工补偿和财产收入)的净收入之和。目前,国际货币基金组织与世界银行通常用 GDP 来代指一个国家的经济资源,并采用如下两种方法:其一,按官方或名义汇率计算 GDP,这种方法经常低估发展中国家的经济实力,而高估发达国家的经济实力;其二,按购买力平价(PPP)计算的方法。所谓按购买力平价计算是指 1 美元对于国内的 GDP 具有与美国美元对美国的 GDP 相同的购买力,按照这一方法换算的美元有时被称为国际美元。世界银行和联合国推行的国际比较项目(ICP),以 1993 年为基础,对 118 个国家进行计算,使用 PPP 换算因子来估计世界各国人均 GNP 和人均 GDP 国际美元值。[①] 经国务院批准,中国 2011 年首次全面参与新一轮国际比较项目的活动,使其 GDP 可以通过购买力平价换算,与其他国家进行比较。

表 2-4 五大国经济资源占世界比重(1982—2012 年)

	1982	1987	1992	1997	2002	2007	2012
按 PPP 计算的 GDP(10 亿美元,现价国际美元)							
中国	398	813	1438	2734	4428	8791	14790

[①] 关于购买力平价方法和汇率法的优劣,学术界向来见仁见智。需要指出的是,汇率法是目前国际比较中最常用的方法,但汇率并不单纯反映一个国家货物与服务的相对价格水平,而是受到可贸易物品的相对价格及其他因素的影响;而且,汇率每天都有差异,有时变化非常突然,因而导致一国经济规模有所不同,难以如实反映一国经济和社会发展水平的实际差距。购买力平价是排除国家间价格水平的差异、不同货币在购买力相同时的货币转化比率,即不同国家的相同货物和服务按照本国货币表示的价格比率。作为国际比较的货币转换因子,购买力平价从概念上比汇率更有可比性。两种方法各有优缺点,但由于购买力平价是各国货币在各自国内市场购买力的比较,汇率是各国货币在国际市场购买力的比价,对于经济总量的比较,购买力平价更为适合。参见王玲:《基于购买力平价(PPP)的中外经济比较》,《世界经济》2000 年第 7 期,第 12—18 页。

续表

	1982	1987	1992	1997	2002	2007	2012
印度	492	730	1124	1671	2379	4156	6253
日本	1246	1775	2598	3083	3383	4243	4543
俄罗斯	—	—	1594	1316	1750	2874	3396
美国	3345	4870	6539	8609	10978	14478	16163
世界	15478	21487	32217	41998	53650	78486	98191
GDP占世界比重(%)							
中国	2.57	3.79	4.46	6.51	8.25	11.20	15.06
印度	3.18	3.40	3.49	3.98	4.43	5.30	6.37
日本	8.05	8.26	8.06	7.34	6.31	5.41	4.63
俄罗斯	—	—	4.95	3.13	3.26	3.66	3.46
美国	21.61	22.67	20.30	20.50	20.46	18.45	16.46
五国合计	—	—	41.26	41.46	42.71	44.02	45.98

资料来源：http://www.imf.org/external/pubs/ft/weo/2015/01/weodata/WEO-Apr2015all.xls。

表2-5　五大国增长潜力指数(1982—2012年)

国家	GDP增长率[a] (1982—2012年,%)	人均GDP增长率 (1982—2012年,%)	增长潜力指数[b]	
			GDP	人均GDP
中国	10.1	9.1	3.48	6.50
印度	6.2	4.4	2.14	3.14
日本	2.0	1.8	0.69	1.29
俄罗斯[c]	0.8	0.9	0.28	0.64
美国	2.8	1.8	0.97	1.29
世界	2.9	1.4	1.00	1.00

资料来源：世界银行，http://data.worldbank.org.cn/indicator/NY.GDP.MKTP.KD.ZG。

注：

a. GDP总额计算基于按PPP计算的现价国际元；

b. 增长潜力指数是指各国增长率与世界平均增长率之比；

c. 俄罗斯的增长率从1990年开始计算。

改革开放以来,中国领导人均把经济发展视为"压倒一切的政治问题"。邓小平指出:"现代化建设的任务是多方面的,……但是说到最后,还是要把经济建设当作中心。离开了经济建设这个中心,就有丧失物质基础的危险。"①自20世纪70年代后期进行经济改革以来,中国GDP屡创佳绩,2010年超过日本位居世界第二位,2015年达到676708亿元人民币,中国经济在没有引起动荡的情况下从中央计划经济变为生机勃勃的自由市场经济。

表2-6 中国经济国情的演变(1982—2012年)

(单位:%)

	1982	1987	1992	1997	2002	2007	2012
资本形成率	31.9	36.3	36.6	36.7	37.8	41.7	48.7
城乡储蓄余额占GDP比重	12.7	25.5	42.9	58.6	72.2	64.9	76.9
外商直接投资占GDP的比重	—	0.7	2.3	4.8	3.6	2.1	1.4
财政收入占GDP比重	22.9	18.4	12.9	11.6	18.0	19.3	22.6
税收占GDP比重	13.1	17.7	12.2	10.4	14.7	17.2	19.4
国内需求结构(占支出法GDP比重)							
居民消费	52.2	48.3	48.2	47.5	45.1	35.4	36.0
政府消费	14.0	12.6	13.5	11.4	12.9	13.3	13.5
固定资本形成	27.2	31.8	32.2	33.8	39.2	40.0	45.7
生产结构(占GDP比重)							
第一产业	33.3	26.8	21.8	18.7	15.4	11.3	10.1
第二产业	45.0	44.1	43.9	49.2	51.1	48.6	45.3
第三产业	21.7	29.1	34.3	32.1	33.5	40.1	44.6
工业总产值构成							
轻工业	50.2	48.2	47.2	49.0	39.1	29.5	28.4
重工业	49.8	51.8	52.8	51.0	60.9	70.5	71.6
贸易结构(占GDP比重)							
出口	7.77	12.2	17.4	19.2	22.4	35.1	24.9

---

① 《邓小平文选》第2卷,北京:人民出版社1983年版,第250页。

续表

	1982	1987	1992	1997	2002	2007	2012
进口	6.72	13.4	16.5	14.9	20.3	27.6	22.1
出口构成							
初级产品比重	45.0	33.5	20.0	13.1	8.8	5.1	4.9
制成品比重	55.0	66.5	80.0	86.9	91.2	94.9	95.1
就业结构							
第一产业	72.7	59.9	58.5	49.9	50.0	40.8	33.6
第二产业	13.5	22.3	21.7	23.7	21.4	26.8	30.3
第三产业	13.8	17.8	19.8	26.4	28.6	32.4	36.1
所有制结构							
非国有经济占工业产值比重	22.2	26.7	51.9	75.5	59.2	70.5	73.6
非国有经济占固定资产投资总额比重	68.7	64.6	68.1	47.5	43.4	71.8	74.3
非国有单位占城镇就业人口比重	23.5	30.0	30.3	45.3	71.1	78.1	81.6
食品支出占消费支出比重							
城市	58.7	53.5	52.8	46.4	37.7	36.3	36.2
农村	60.5	55.2	56.8	55.1	46.2	43.1	39.3

资料来源:国家统计局编:《中国统计年鉴》,北京:中国统计出版社,各年。

2011—2015年,中国面对后危机时代全球经济的深度调整,仍然保持了持续较快增速,分别为9.3%、7.7%、7.7%、7.4%和6.9%,超过了7%的规划目标。虽然中国经济增速逐年回落,但无论与西方国家相比,还是与新兴市场国家相比,中国经济都堪称一枝独秀。金融危机爆发后5年,美国、日本、德国经济年均增速分别为0.6%、0.4%和0.7%,俄罗斯、南非、印度、巴西年均增长率分别为1.8%、2.2%、6.8%和2.8%,我们以高于经济7%的经济增速继续领跑主要经济体,为世界经济增长和复苏做出了重要贡献。[1] 与此同时,中国经济增长方式加快,

---

[1] 许宪平:《中国经济的转型升级:从"十二五"看"十三五"》,北京大学出版社2015年版,第25—26页。

农业基础不断巩固,产业结构调整取得积极进展,产业升级与创新水平明显提高,基本踏上了科学发展轨道。①

表 2-7 中国经济增长(2011—2015 年)

(单位:%)

年份	GDP 增长率	人均 GDP 增长率	对外贸易增长率	对外投资增长率
2011	9.5	9.0	22.5	8.5
2012	7.7	7.2	6.2	17.6
2013	7.7	7.2	7.6	22.8
2014	7.3	6.7	3.4	14.2
2015	6.9	6.3	-7.0	14.7

资料来源:国家统计局编:《中国统计年鉴》,北京:中国统计出版社,各年;2015 年 GDP 数据引自国家统计局网站:《2015 年国民经济和社会发展统计公报》,http://www.stats.gov.cn/tjsj/zxfb/201602/t20160229_1323991.html;2015 年对外贸易数据引自中国经济网:《商务部:2015 是中国外贸史上极不寻常一年》,http://intl.ce.cn/specials/zxxx/201601/20/t20160120_8396887.shtml;2015 年对外投资数据引自新华网:《2015 年中国对外投资同比增长 14.7%》,http://news.xinhuanet.com/fortune/2016-01/21/c_128652668.htm,上网时间为 2016 年 3 月 7 日。

2. 人力资源

人力资源(human resources)或人力资本(human capital),特别是获得教育的机会和能力,被视为经济增长过程中的决定性因素。通常,人力资本用人口受教育年数来表示,受教育年数愈多,劳动力工作技能愈熟练,劳动生产率就愈容易提高,促进经济的增长,发展中国家丰富的人力资本更易于吸收、使用从发达国家引进和扩散的新技术。反映一国人力资本总量包括两类重要衡量指标:一类是人口数和劳动年龄人口数,主要指的是 15—64 岁人口;另一类是人力资本,通常用 15 岁以上人口平均受教育年数来表示,该指标引自美国哈佛大学的全球教育数据库,中国数据引自历次全国人口普查数据。这两类指标可以构成一国总人力资本,定义为劳动年龄人口与平均受教育年数的乘积,也可

---

① 胡鞍钢等:《"十三五"大战略》,杭州:浙江人民出版社 2015 年版,第 101 页。

以定义为劳动力与人口平均受教育年数的乘积。劳动力是由符合国际劳工组织(ILO)所确定的经济上有活力的人口定义的人群组成的,他们包括在特定阶段为生产商和服务提供劳动力的人们,既包括从业人口,也包括失业人口。女性估计数不具备国际可比性,因为在许多发展中国家,大多数劳动力中的女性帮助干农活或是在其他家庭企业从事无报酬的劳动。从总体上说,劳动力包括军人、失业者和初次找工作者,但不包括家务劳动者和其他无报酬服务者以及在非正规部门工作的人员。

表2-8 五大国人力资源占世界的比重(1980—2010年)

	1980	1985	1990	1995	2000	2005	2010
15—64岁人口占世界比重(%)							
中国	22.48	22.80	22.91	22.53	22.33	22.25	21.79
印度	15.21	15.61	15.92	16.50	16.54	16.83	17.25
日本	2.99	2.83	2.69	2.53	2.24	2.00	1.80
俄罗斯	3.61	3.37	3.09	2.86	2.63	2.41	2.26
美国	5.73	5.41	5.12	5.06	4.84	4.69	4.56
五国合计	50.02	50.02	49.72	49.47	48.59	48.19	47.66
15岁以上人口平均受教育年数(年)							
中国	4.86	5.31	5.59	6.32	6.93	7.29	7.51
印度	2.34	2.89	3.45	4.12	5.03	5.63	6.24
日本	9.10	9.63	9.82	10.51	10.94	11.30	11.60
俄罗斯	7.59	8.57	9.46	9.94	10.90	11.20	11.53
美国	12.03	12.08	12.20	12.59	12.64	12.86	13.18
世界	5.34	5.74	6.14	6.62	7.10	7.50	7.89
总人力资本(10亿人年)*							
中国	2.86	3.52	4.12	4.95	5.95	6.84	7.43
印度	0.93	1.31	1.77	2.36	3.20	4.00	4.89
日本	0.71	0.79	0.85	0.92	0.94	0.95	0.95

续表

	1980	1985	1990	1995	2000	2005	2010
俄罗斯	0.72	0.84	0.94	0.99	1.10	1.14	1.18
美国	1.80	1.90	2.01	2.21	2.35	2.55	2.73
世界	13.98	16.67	19.77	23.01	27.29	31.64	35.85
总人力资本*占世界比重(%)							
中国	20.46	21.09	20.86	21.51	21.80	21.63	20.74
印度	6.67	7.86	8.95	10.27	11.72	12.64	13.64
日本	5.09	4.74	4.30	4.01	3.46	3.01	2.65
俄罗斯	5.13	5.03	4.75	4.29	4.04	3.60	3.30
美国	12.90	11.38	10.17	9.62	8.62	8.05	7.62
五国合计	50.25	50.11	49.02	49.69	49.64	48.92	47.95

资料来源：世界银行，http://data.worldbank.org.cn/indicator/SP.POP.1564.TO.ZS；http://www.barrolee.com/data/BL_v2.0/BL2013_MF1599_v2.0.xls；世界15岁以上人口平均受教育年数来自 R. Barro and J. Lee, "A new data set of educational attainment in the world, 1950-2010", *Journal of Development Economics*, 2013, Vol. 104, pp.184-198，其中1985年、1995年和2005年的数据为作者取平均值估算。

注：总人力资本=(15-64岁人口数)×(15岁以上人口平均受教育年数)

3. 自然资源

自然资源(natural resources)通常是指主要自然资源的丰裕程度、质量、可及性和成本。自然资源是经济发展的必要条件，但自然资源是有限的，成为经济增长的限制条件或上限(upper limits)；同时，自然资源具有边际收益递减性质，开采、利用的生态成本和外部成本相对高。另外，不同资源在不同发展阶段的作用大为不同，一般都会先后呈下降趋势（相反，知识资源的作用呈上升趋势）。自然资源包括四大指标：一是农业种植面积，即联合国粮农组织所定义的临时性和永久性占用耕地、永久性农田和牧场的总和；二是淡水资源，包括国内河流流量，从降水中得到的地下水及从其他国家流入的河流流量；三是能源使用量，即本国产量加进口量和库存变动量，减去出口量和从事国际运输船舶及飞机的使用燃料（该数据不包括燃料木材、干燥的动物和其他传统燃料使用);四是电力生产,指电站所有发电机组终端所显示的发电量,它既包括水电、煤电、油电、天然气发电、核电,也包括由地热、太阳能、风能、潮汐和浪潮等能源类型的发电量,还包括可燃性、可再生物质和废弃物的发电量。

表2-9 五大国自然资源占世界的比重(1982—2012年)

	1982	1987	1992	1997	2002	2007	2012
农业种植面积占世界比重(%)							
中国	10.86	11.65	10.60	10.64	10.65	10.53	10.47
印度	4.44	4.34	3.74	3.68	3.66	3.67	3.65
日本	0.15	0.14	0.12	0.11	0.10	0.09	0.09
俄罗斯	—	—	4.57	4.43	4.41	4.40	4.36
美国	10.59	10.20	8.76	8.44	8.41	8.43	8.31
五国合计	—	—	27.78	27.30	27.23	27.12	26.88
水资源占世界比重(%)							
中国	7.52	7.52	7.52	7.52	7.52	7.52	7.52
印度	3.86	3.86	3.86	3.86	3.86	3.86	3.86
日本	1.15	1.15	1.15	1.15	1.15	1.15	1.15
俄罗斯	11.53	11.53	11.53	11.53	11.53	11.53	11.53
美国	7.53	7.53	7.53	7.53	7.53	7.53	7.53
五国合计	31.59	31.59	31.59	31.59	31.59	31.59	31.59
能源使用占世界比重(%)							
中国	8.75	9.42	10.16	11.53	12.46	17.40	21.45
印度	3.21	3.43	3.97	4.43	4.74	5.15	5.89
日本	4.81	4.65	5.27	5.51	5.07	4.39	3.63
俄罗斯	—	—	9.22	6.47	6.19	5.73	5.75
美国	24.02	23.09	22.83	22.94	22.42	19.89	17.23
五国合计	—	—	51.45	50.88	50.88	52.56	53.96
电力生产占世界比重(%)							
中国	3.89	4.77	6.17	8.13	10.24	16.58	21.28

续表

	1982	1987	1992	1997	2002	2007	2012
印度	1.67	2.10	2.72	3.33	3.70	4.10	4.75
日本	6.88	6.84	7.12	7.19	6.49	5.68	4.71
俄罗斯	—	—	8.25	5.96	5.51	5.11	4.75
美国	28.24	26.06	26.76	26.28	24.93	21.81	19.53
五国合计	—	—	51.01	50.88	50.87	53.27	55.01
总体自然资源*占世界比重(%)							
中国	7.76	8.34	8.61	9.46	10.22	13.01	15.18
印度	3.30	3.43	3.57	3.83	3.99	4.20	4.54
日本	3.25	3.20	3.42	3.49	3.20	2.83	2.40
俄罗斯	—	—	8.39	7.10	6.91	6.69	6.60
美国	17.60	16.72	16.47	16.30	15.82	14.42	13.15
五国合计	—	—	40.46	40.17	40.14	41.14	41.86

资料来源：世界银行，http：//data.worldbank.org.cn/indicator/AG.LND.ARBL.ZS；http：//data.worldbank.org.cn/indicator/ER.H2O.INTR.K3；http：//data.worldbank.org.cn/indicator/EG.ELC.PROD.KH；http：//data.worldbank.org.cn/indicator/EG.USE.COMM.KT.OE。

注：总体自然资源=各类自然资源×权重（均为25%）。

4. 资本资源

资本资源（capital resources）包括如下三类指标：一是国内投资总额，即一个国家经济中对固定资产追加的支出加上存货水平的净变化；二是外国直接投资（FDI），即为获得在一国经济中经营企业的长期权益而投资的净流入量，是国际收支中股本、收益再投资、其他长期资本和短期资本的总和；三是资本市场（股票市场市值），即所有在国内证券交易所上市的公司的资本市值总和，它反映了一国金融市场的发展规模。我们将国内投资总额换算为国际美元，其他两项指标仍按现价美元计算。

表 2-10　五大国资本资源占世界的比重(1982—2012 年)

	1982	1987	1992	1997	2002	2007	2012
国内投资占世界比重(%)							
中国	3.44	2.97	3.09	4.91	7.21	10.25	22.11
印度	1.70	1.54	1.14	1.47	1.70	3.32	3.73
日本	12.35	17.57	19.91	16.49	11.71	7.01	6.84
俄罗斯	—	—	0.54	1.21	0.91	2.32	2.63
美国	27.41	28.45	22.12	26.14	31.02	22.75	17.11
五国总计	—	—	46.81	50.22	52.54	45.64	52.43
外国资本流入占世界比重(%)							
中国	0.74	1.69	6.57	9.26	8.39	4.17	9.10
印度	0.12	0.15	0.15	0.74	0.90	1.27	1.82
日本	0.75	0.86	1.65	0.66	1.47	1.13	0.13
俄罗斯	—	—	0.69	1.00	0.55	2.79	3.80
美国	23.70	43.40	11.48	21.16	11.84	10.79	12.07
五国总计	—	—	20.55	32.81	23.15	20.14	26.92
资本市场占世界比重(%)							
中国	—	—	0.17	0.89	1.97	9.66	6.95
印度	—	—	0.60	0.56	0.56	2.82	2.38
日本	—	—	21.94	9.59	9.04	6.91	6.92
俄罗斯	—	—	0.00	0.55	0.53	2.33	1.65
美国	—	—	41.05	48.92	47.21	30.94	35.11
五国总计	—	—	63.75	60.51	59.31	52.66	53.01
总体资本资源占世界比重(%)							
中国	2.09	2.33	3.26	5.01	5.99	8.25	13.66
印度	0.91	0.85	0.68	0.98	1.12	2.56	2.75
日本	6.55	9.22	15.04	9.67	7.84	5.22	4.85
俄罗斯	—	—	0.42	0.95	0.69	2.46	2.69
美国	25.56	35.93	24.61	31.48	30.12	21.62	21.00
五国总计	—	—	44.01	48.08	45.75	40.10	44.95

资料来源：IMF, http://www.imf.org/external/pubs/ft/weo/2015/01/weodata/ WEOApr2015all.xls; UNCTAD, http://unctadstat.unctad.org/wds/TableViewer/

tableView.aspx;世界银行,http://data.worldbank.org.cn/indicator/CM.MKT.LCAP.CD。

注:1982、1987 年数据权重均按 0.5 计算;其余年份按资本资源 = 0.4×国内投资+0.3×资本市场+0.3×外国直接投资净值;资本市场是指股票市场市值(美元值)。

5. 知识技术资源

知识技术资源(knowledge and technology resources)是极其重要的国家战略资源,特别是,随着人类进入知识社会与信息社会,其重要性与日俱增。知识技术资源包括四个方面的指标:一是本国居民申请专利数量,它反映了一个国家的技术创新能力;二是本国居民申请商标数量,它反映了一个国家的市场创新能力;三是科学论文数量,包括在大约 4800 种国际学术刊物所发表的论文,这反映了一个国家的知识创新能力;四是政府用于研发的支出额,它反映了一个国家潜在的知识技术创新能力。上述四项指标基本反映了一个国家在信息时代条件下促进知识创新与传播、技术创新与普及的基本情况。

表 2-11　五大国知识技术资源占世界的比重(1982—2012 年)

	1982	1987	1992	1997	2002	2007	2012
本国居民申请专利占世界比重(%)							
中国	—	0.79	1.65	1.83	4.83	14.50	37.14
印度	—	0.20	0.21	0.28	0.33	0.60	0.66
日本	—	62.08	55.55	50.49	44.20	31.60	19.91
俄罗斯	—	—	6.50	2.18	2.87	2.61	1.99
美国	—	13.64	15.21	17.24	22.30	22.87	18.65
五国合计	—	76.71	79.12	72.02	74.52	72.17	78.35
本国居民申请商标占世界比重(%)							
中国	3.67	5.23	8.88	10.85	20.71	27.47	45.29
印度	2.71	1.97	2.33	3.84	5.69	5.31	5.31
日本	27.19	20.69	20.95	14.54	6.49	5.37	2.88
俄罗斯	—	—	1.04	1.20	1.89	1.43	1.05
美国	12.42	7.61	12.24	16.35	11.72	11.65	7.89

续表

	1982	1987	1992	1997	2002	2007	2012
五国合计	—	—	45.43	46.79	46.50	51.23	62.42
科学论文数占世界比重(%)[a]							
中国	0.33	0.76	1.35	2.07	3.65	7.49	13.36
印度	3.54	2.20	1.96	1.64	1.83	2.40	3.24
日本	7.57	7.50	8.56	8.75	8.83	6.97	6.05
俄罗斯	—	—	0.16	3.08	2.48	1.84	1.70
美国	39.94	41.86	38.58	32.28	29.86	27.67	26.78
五国合计	—	—	50.61	47.82	46.66	46.37	51.13
R&D 支出占世界比重(%)[b]							
中国	0.96	1.25	1.64	2.16	4.33	7.98	14.03
印度	0.97	1.09	1.23	1.38	1.55	2.14	2.41
日本	8.59	10.67	12.17	10.72	9.89	9.59	7.36
俄罗斯	—	—	1.23	1.07	1.33	1.72	1.84
美国	23.67	27.64	27.07	25.98	25.57	24.72	21.59
五国总计	—	—	43.35	41.31	42.68	46.15	47.24
总体技术资源占世界比重(%)[c]							
中国	1.25	1.63	2.61	3.41	6.54	11.03	19.61
印度	2.35	1.62	1.64	1.80	2.22	2.64	3.09
日本	11.90	13.48	14.21	12.49	10.67	9.01	6.79
俄罗斯	—	—	1.04	1.95	1.95	1.77	1.67
美国	27.93	29.62	28.86	26.62	25.05	23.85	21.46
五国总计	—	—	48.35	46.27	46.44	48.30	52.63

资料来源:世界银行,http://data.worldbank.org.cn/indicator/IP.PAT.RESD;世界银行,http://data.worldbank.org.cn/indicator/IP.TMK.RESD;世界银行,http://data.worldbank.org/indicator/IP.JRN.ARTC.SC。

注:

a. 1982 年一栏为 1981 年数字。

b. 根据世界银行和 OECD 的数据库推算得出。

c. 总体技术资源 = 申请专利数×0.15+申请商标数×0.05+科学论文数×0.4+R&D 支出×0.4;1982 年的总体技术资源 = 申请商标数×0.2+科学论文数×0.4+R&D 支出×0.4。

6. 政府资源

由于受可计算指标的限制,我们仅采用中央政府的财政支出这一项指标来评估政府资源(governmental resources)。它既包括中央政府的经常性和资本性支出,也包括商业服务和社会服务支出,但不包括非金融公共事业和公共机构的支出。政府资源反映了一个国家(主要是中央政府)动员与运用资源的能力。

表2-12 五大国政府资源占世界的比重(1982—2012年)

	1982	1987	1992	1997	2002	2007	2012
中央财政支出占GDP比重(%)							
中国	24.11	20.29	14.52	11.31	18.60	18.42	28.35
印度	32.80	30.50	24.20	23.76	27.48	26.37	27.20
日本	32.62	31.26	30.67	33.57	36.62	33.31	39.87
俄罗斯	—	—	71.10	30.70	36.27	34.22	37.29
美国	32.80	32.00	33.40	30.10	33.88	34.86	37.78
中央财政支出占世界比重(%)							
中国	1.61	1.34	1.55	2.68	3.92	4.96	8.70
印度	1.13	1.27	0.79	0.97	1.08	1.34	1.55
日本	8.25	12.33	12.46	13.20	12.58	8.28	9.36
俄罗斯	—	—	1.49	1.69	1.07	2.36	2.96
美国	28.70	27.64	24.58	24.26	28.53	23.23	19.61
五国总计	—	—	40.86	42.81	47.17	40.18	42.19

资料来源:http://www.imf.org/external/pubs/ft/weo/2015/01/weodata/WEO-Apr2015all.xls;http://data.worldbank.org.cn/indicator/GC.XPN.TOTL.GD.ZS。

7. 军事资源

军事资源是国家实力的重要组成部分,反映了一国对内保持社会稳定、制止国家分裂的能力,也反映了该国对外寻求国家利益最大化的外部实力。同时,军事实力也是国家实力的一种"产出"[1],是极其重要

---

[1] 阿什利·泰利斯等:《国家实力评估:资源、绩效、军事能力》,第158页。

的国家战略资产,因为军事实力不仅是综合国力的一个显函数,也是国家意志的一种表达函数。军事资源包括两类指标:一是军费开支,它包括国防部的军用开支及其他部队的开支,但不包括国防部的民用开支;二是武装部队人员,指现役军人(包括准军事人员)。需要说明的是,这两个指标无法反映军事资源的质量。

表 2-13 五大国军事资源占世界的比重(1982—2012 年)

	1989	1992	1997	2002	2007	2012
军事人员占世界比重(%)						
中国	16.05	12.88	12.19	13.32	10.59	10.63
印度	5.19	5.18	7.48	8.44	9.45	9.69
日本	1.02	0.99	0.83	0.89	0.89	0.92
俄罗斯	—	7.74	6.10	4.94	5.42	4.84
美国	9.22	7.83	5.13	5.18	5.71	5.30
五国总计	31.47	34.61	31.73	32.76	32.05	31.39
军事开支占世界比重(%)						
中国(世行口径)	1.17	1.49	2.24	3.94	5.37	9.47
中国(中国官方口径)	0.67	0.81	1.37	2.57	3.51	5.99
印度	1.37	1.11	1.63	1.85	2.17	2.62
日本	3.28	4.61	5.45	4.87	3.10	3.36
俄罗斯	15.50	2.99	2.46	1.73	3.26	4.58
美国	39.78	41.92	38.59	44.35	41.70	38.65
五国总计	61.10	52.12	50.37	56.74	55.60	58.68
总体军事资源占世界比重(%)*						
中国(世行口径)	7.12	6.05	6.22	7.69	7.46	9.93
中国(中国官方口径)	6.82	5.64	5.70	6.87	6.34	7.85
印度	2.90	2.74	3.97	4.49	5.08	5.45
日本	2.38	3.16	3.60	3.28	2.22	2.38
俄罗斯	—	4.89	3.92	3.01	4.12	4.68
美国	27.56	28.28	25.21	28.68	27.30	25.31
五国总计	—	45.12	42.91	47.15	46.18	47.76

资料来源:世界银行,http://data.worldbank.org.cn/indicator/MS.MIL.TOTL.P1;

世界银行，http://data.worldbank.org.cn/indicator/MS.MIL.XPND.GD.ZS。

注：军事资源占世界的比重＝0.4×军事人员占世界比重＋0.6×军事开支占世界比重。

8. 国际资源

国际资源（international resources）包括三类指标：一是出口货物和服务贸易额；二是进口货物和服务贸易额；三是对外直接投资额。这些指标反映了一国利用和开拓国际市场的能力。

表2-14 五大国国际资源占世界的比重（1982—2012年）

	1982	1987	1992	1997	2002	2007	2012
出口货物、服务占世界比重(%)							
中国	0.79	1.08	1.35	2.96	4.51	7.74	9.87
印度	0.55	0.52	0.50	0.63	0.91	1.46	1.97
日本	7.32	8.33	7.43	6.62	5.53	4.46	3.84
俄罗斯	—	—	5.66	1.43	1.50	2.26	2.62
美国	13.07	12.03	12.49	13.61	12.38	9.60	9.63
五国合计	—	—	27.42	25.25	24.83	25.51	27.92
进口货物、服务占世界比重(%)							
中国	0.61	1.06	1.28	2.40	4.08	6.09	9.10
印度	0.73	0.63	0.56	0.72	0.98	1.78	2.58
日本	6.80	5.84	5.92	6.09	4.91	4.12	4.48
俄罗斯	—	—	4.46	1.33	1.05	1.65	2.03
美国	13.61	16.58	13.42	15.40	17.78	14.04	12.47
五国合计	—	—	25.64	25.95	28.81	27.70	30.66
对外直接投资占世界比重(%)							
中国	0.16	0.45	1.96	0.54	0.48	1.17	6.52
印度	0.00	0.00	0.01	0.02	0.32	0.76	0.63
日本	16.62	14.15	8.48	5.46	6.11	3.24	9.10
俄罗斯	—	—	0.77	0.67	0.67	1.98	3.63
美国	3.95	21.23	20.90	20.12	25.55	17.36	27.25

续表

	1982	1987	1992	1997	2002	2007	2012
五国合计	—	—	32.12	26.82	33.13	24.51	47.12
总体国际资源*占世界比重(%)							
中国	1.03	1.63	2.43	3.91	6.16	10.03	15.24
印度	0.90	0.81	0.75	0.95	1.42	2.50	3.37
日本	14.87	14.16	11.89	10.54	9.14	6.98	8.55
俄罗斯	—	—	7.32	2.13	1.99	3.33	4.34
美国	19.86	26.40	24.41	26.34	28.78	21.76	23.65
五国合计	—	—	46.78	43.89	47.49	44.60	55.14

资料来源：世界银行，http://data.worldbank.org.cn/indicator/NE.EXP.GNFS.CD；世界银行，http://data.worldbank.org.cn/indicator/NE.IMP.GNFS.CD；UNCTAD，http://unctadstat.unctad.org/wds/TableViewer/tableView.aspx。

注：国际资源＝0.7×(出口+进口)+0.3×对外直接投资。

中国国家战略资源的动态评估

根据以上关于中国国家战略资源的评估，笔者得出如下结论。

第一，中国经济资源占世界总量的比重迅速增加，与美国经济总量的相对差距在明显缩小。经济战略资源不断上升是提高国家实力最重要的基础。过去30多年，从发展趋势看，中国不仅成为世界上最大的新兴市场，还将在不久的将来成为世界最大的经济实体。按PPP国际美元现价计算，1982年，中国占世界GDP的比重为2.57%，是五大国中最低的；1992年，中国的比重提高到4.46%，超过印度；1997年，中国的比重提高为6.51%，超过俄罗斯；2002年，中国的比重为8.25%，超过日本，位居美国之后；2012年，中国占世界的比重提高到15.06%，与美国相比仅少1.4%，比1982年提高12.94%个百分点。中国是世界上经济发展最迅速的国家，这是中国国家实力不断提高的基本原因。根据世界银行的统计，1982—2012年，中国GDP增长率达到10.1%，人均GDP增长率达到9.1%，位居诸大国之首。在此期间，中国经济长期增长潜力相当高，以世界经济增长率为平均数(为1.00)，中国GDP增长潜力指数为3.48,人均GDP增长潜力为6.50;印度分别为2.14和3.14;日本分别为0.69和1.29;美国分别为0.97和1.29。根据安格斯·麦迪森(Angus Maddison)的估计,按照PPP计算的中国GDP总量2015年超过美国,中国将"重新获得它昔日曾经拥有的头号世界经济地位"①。

表2-15　中美在世界经济中的地位(1700—2015年)

	1700	1800	1900	1950	1978	2001	2015
GDP(10亿,1990年国际美元)							
中国	83	229	218	240	936	4570	11463
美国	0.5	13	312	1456	4090	7966	11426
世界	371	696	1973	5236	18964	37148	57947
中国占世界的比重(%)	22.4	32.9	11.05	4.6	4.9	12.3	19.8
人均GDP(1990年国际美元)							
中国	600	600	545	439	979	3583	8265
美国	527	1257	4091	9561	18373	27948	35420
世界	615	668	1262	2110	4474	6041	7154
中国占世界的比重(%)	97.6	89.8	43.2	20.8	21.9	59.3	115.5

资料来源:安格斯·麦迪森:《世界经济千年史》,北京大学出版社2003年版,"中文版前言"第5页。

中国的发展史极其独特。从公元元年到1500年,中国经济总量远远领先于世界其他经济体;从公元元年到公元1000年,占世界经济的23%—25%。其后300年是世界工业化的起步阶段,由于中国经济和社会发展的内在特性,中国失去了与世界工业化同时起步的战略机遇,其间西欧追赶并超过中国。1820—1949年是世界加速工业化的黄金时期,而中国经济由此进入持续衰落。1870年,中国占世界经济总量的比重降为17%,1913年为8.9%,1950年为4.5%。中华人民共和国建立之后,中国开始启动工业化和现代化的历史进程,由于中国国内政治的起伏跌宕,中国经济的真正腾飞始于1978年的改革开放政策。按

---

① 安格斯·麦迪森:《世界经济千年史》,北京大学出版社2003年版,"中文版前言"第6页。

照麦迪逊的计算,1952—1978 年中国 GDP 年均增长率为 4.4%,低于世界平均 4.52%的水平;1978—1995 年中国 GDP 年平均增长率为 7.49%,高于世界平均 2.70%的增长速度。1952—1978 年中国人均 GDP 年增长率为 2.34%,低于世界平均 2.56%的水平;1978—1995 年中国人均 GDP 年平均增长率为 6.04%,高于世界平均 1.01%的增长速度。[1] 1982—2012 年,中国 GDP 增长率远远高于发达国家和发展中国家的平均水平,中国现代化追赶战略效应积极展现。

作为后来者,中国的现代化追赶明显体现出"后发优势"。这些优势具有后来者的普遍特征,又带有时代烙印及中国特色。所谓后发优势,一般指的是后进国家以较低的成本和较短的时间,学习使用现代化先行者长期积累、高成本发展的技术、知识、信息,并充分利用比较优势,通过开放和贸易进入国内、国际市场,从中获得比较利益,促成新追赶战略目标的实现。其优势主要体现在如下方面:通过引进先进国家的技术和装备,加速工业化进程;学习和借鉴先进国家的成功经验、吸取失败教训;具有强烈的赶超意识等。可以说,这些后发优势是中国经济得以高速发展的重要原因和动力。此外,百年屈辱历史、先进国家的示范效应对中国特别具有激励作用,尤其中国曾经长期位居世界经济强国,这种历史对比效应是中国实现追赶的巨大动力。中国具有深厚的文化和历史积淀,追比先贤、吸取历史教训是任何理性领导人的必然选择。中国领导人认识到,只有实现追赶的战略目标才能确保国家战略利益,这种强大外在压力同样是中国的后发优势之一。

第二,中国是世界上人力资本最丰富的国家,人力资源也是中国各类战略资源中最具实力的资源。1982—2012 年,中国人口占世界的比重变化不大,但 15 岁及以上人口平均受教育年数由 4.86 年提高到 7.51 年,总人力资本由 2.86 亿人年提高到 7.43 亿人年,总人力资本占世界的比重长期保持 20%以上。2012 年,中国总人力资本相当于印度的 1.52 倍,美国的 2.72 倍,日本的 7.83 倍。这表明,中国是世界上人口第一大国,也是世界上人力资本总量第一大国,这是中国最大的战略资源

---

[1] Augus Maddison, *China's Economic Performance in the Long Run*, Paris: OECD, 1998 (Http://www.oecd.org/scripts/publications/bookshop/refirect.asp? 41199/10/p1).

优势。针对人口红利消失、临近超低生育率水平、人口老龄化、出生性别比失调等状况,2015年十八届五中全会推行放开二胎的人口政策,旨在改变我国未来人口的发展轨迹,延缓总人口在未来的缩减趋势,有效延续人力资源优势。[①] 今后,提高中国总人力资本、充分利用人力资本,仍然是增强国家实力最为关键的发展战略。

第三,中国是自然资源大国,实际利用主要自然资源居世界第一位。农业种植面积占世界比重基本保持稳定,由1982年的10.86%下降到2012年的10.47%,长期保持世界第一位;中国水资源占世界比重不变;能源使用占世界比重大幅提高,由1982年的8.75%提高到2011年21.45%,居世界第一位;电力生产占世界比重大幅提高,由1982年的3.89%提高到2011年21.28%,位居世界第一位。综上,中国总体自然资源在1982年占世界的7.76%,2012年占世界的15.18%,在可使用主要自然资源中排世界第一位,超过美国的13.15%。另一方面,中国人口占世界比重高于自然资源占世界比重,人均自然资源占有量和使用量仍低于世界人均水平,不具有比较优势。

第四,中国资本资源占世界总量比重迅速上升,还有提高的潜力。改革开放初期,中国资本资源相对短缺,1982年国内投资额占世界总量的3.44%,外国直接投资仅占世界的0.74%,没有资本市场,总体资本资源仅占世界总量的2.09%。随着对外开放和金融市场的发展,这一比重在1992年上升为3.26%,2002年上升为5.99%,2012年上升为13.66%。与美国比较,中国国内投资额占世界总量比重已明显高于美国,中国的外汇储备超过美国,但资本市场(指股票市场市值)远远低于美国,2012年,美国股票市场价值相当于中国的5.05倍。从另一方面看,中国在发展资本市场方面仍大有潜力,这有赖于开放市场发展市场和规范市场。

第五,中国知识技术资源发展迅速,对中国国家实力提升具有重要意义。1982年,中国知识技术资源占世界总量比重只有1.25%。20世

---

① 翟振武等:《立即全面放开二胎政策的人口学后果分析》,《人口研究》2014年第2期,第3—17页;王会宗、张凤兵:《"全面放开二胎"政策可行性的实证分析》,《经济问题》2016年第3期,第30—25页。

纪90年代以来,因特网、移动电话的迅速增长导致中国知识技术资源占世界总量比重明显提高,2002年达到6.52%,同期美国高达25.05%,日本达到10.67%;2012年中国达到19.61%,美国降为21.46%,日本则进一步降为6.79%。另一方面,中国科学论文数占世界的比重(在一定程度上代表知识创新能力)提高迅速,由1982年的0.33%提升到2012年的13.36%,但自然科学、经济学和医学的诺贝尔奖得主中大约有75%在美国从事研究或居住在美国,而中国仅在2015年实现了医学奖零的突破。

第六,中国政府资源占世界总量的比重在冷战之后提升迅速,但仍低于美国和日本。1982年中国中央财政支出占世界的比重仅为1.61%,约为美国的1/18;1992年为1.55%,2002年为3.92%,2012年提升为8.70%,仍不及美国的一半。这一数字大大低于中国其他各类资源指标占世界的比重。中国作为世界人口大国需要政府提供各种公共服务,作为世界上最大的发展中国家需要政府投资基础设施和通信设施,作为世界上地区发展差距最大的国家需要政府协调地区发展,作为世界第三大国土和海域国家与十几个国家相邻并且至今还处于国家分裂状态需要政府支付必要的国防费用,中央财力过低无法解决上述问题。在大国战略竞争日趋激烈的时代,这是中国战略资源的一个致命缺陷。

第七,中国军事人员资源居世界首位,但其绝对数量一直呈下降趋势,由1989年的16.05%下降为2012年的10.63%。按世界银行口径,2012年中国军事开支占世界总量的9.47%,美国占世界比重的38.65%。中国的军事开支仅为1/4强;按照中国的统计口径,2012年中国军事开支仅相当于美国1/6弱。冷战结束以来,中国军事资源总体处于上升态势,2012年达到世界的9.93%,仅次于美国的25.31%,但美国一枝独秀的状态并未有任何的改变。

第八,中国利用国际资源方面的能力有了较大的提升。1982年中国的国际资源占世界比重仅为1.03%,1992年达到2.43%,2002年提升为6.16%,2007年超过日本,提升到10.03%,2012年提高为15.24%,同年美国国际资源占世界总量的23.65%。改革开放30多年,无论是进出口贸易还是对外直接投资,都处于上升态势,开始成为积极利用国际资源的明星国家。

通过以上分析可知,中国八类国家战略资源占世界比重并不均衡,与美国相比,在人力资本方面仍具有战略优势,在经济资源、自然资源、知识技术资源方面呈现加速追赶趋势,但在资本资源、政府资源、军事资源、国际资源方面尚存明显劣势。上述情势是我们谋划中国大战略的重要依据。

五大国国家战略资源的动态评估

世界经济政治安全格局始终受少数大国相互竞争的影响。世界始终是既不平衡又不太平的世界。1982—2012年五大国的国家战略资源发生不同的变化,充分反映了大国之间发展不平衡性和国家实力的兴衰,有的相对上升,有的相对下降,有的变化不大。

表 2-16　五大国国家战略资源的比较(1982—2012年)

	1982	1987	1992	1997	2002	2007	2012	1982—2012年变化量
经济资源								
中国	2.57	3.79	4.46	6.51	8.25	11.20	15.06	12.49
印度	3.18	3.40	3.49	3.98	4.43	5.30	6.37	3.19
日本	8.05	8.26	8.06	7.34	6.31	5.41	4.63	-3.42
俄罗斯	—	—	4.95	3.13	3.26	3.66	3.46	—
美国	21.61	22.67	20.30	20.50	20.46	18.45	16.46	-5.15
五国合计	—	—	41.26	41.46	42.71	44.02	45.98	—
人力资源								
中国	20.46	21.09	20.86	21.51	21.80	21.63	20.74	0.28
印度	6.67	7.86	8.95	10.27	11.72	12.64	13.64	6.97
日本	5.09	4.74	4.30	4.01	3.46	3.01	2.65	-2.44
俄罗斯	5.13	5.03	4.75	4.29	4.04	3.60	3.30	-1.83

续表

	1982	1987	1992	1997	2002	2007	2012	1982—2012年变化量
美国	12.90	11.38	10.17	9.62	8.62	8.05	7.62	−5.28
五国合计	50.25	50.11	49.02	49.69	49.64	48.92	47.95	0.28
自然资源								
中国	7.76	8.34	8.61	9.46	10.22	13.01	15.18	7.42
印度	3.30	3.43	3.57	3.83	3.99	4.20	4.54	1.24
日本	3.25	3.20	3.42	3.49	3.20	2.83	2.40	−0.85
俄罗斯	—	—	8.39	7.10	6.91	6.69	6.60	—
美国	17.60	16.72	16.47	16.30	15.82	14.42	13.15	−4.45
五国合计	—	—	40.46	40.17	40.14	41.14	41.86	—
资本资源								
中国	2.09	2.33	3.26	5.01	5.99	8.25	13.66	11.57
印度	0.91	0.85	0.68	0.98	1.12	2.56	2.75	1.84
日本	6.55	9.22	15.04	9.67	7.84	5.22	4.85	−1.70
俄罗斯	—	—	0.42	0.95	0.69	2.46	2.69	—
美国	25.56	35.93	24.61	31.48	30.12	21.62	21.00	−4.56
五国总计	—	—	44.01	48.08	45.75	40.10	44.95	—
知识技术资源								
中国	1.25	1.63	2.61	3.41	6.54	11.03	19.61	18.36
印度	2.35	1.62	1.64	1.80	2.22	2.64	3.09	0.74
日本	11.90	13.48	14.21	12.49	10.67	9.01	6.79	−5.11
俄罗斯	—	—	1.04	1.95	1.95	1.77	1.67	—
美国	27.93	29.62	28.86	26.62	25.05	23.85	21.46	−6.47
五国合计	—	—	48.35	46.27	46.44	48.30	52.63	—
政府资源								
中国	1.61	1.34	1.55	2.68	3.92	4.96	8.70	7.09
印度	1.13	1.27	0.79	0.97	1.08	1.34	1.55	0.42
日本	8.25	12.33	12.46	13.20	12.58	8.28	9.36	1.11

续表

	1982	1987	1992	1997	2002	2007	2012	1982—2012年变化量
俄罗斯	—	—	1.49	1.69	1.07	2.36	2.96	—
美国	28.70	27.64	24.58	24.26	28.53	23.23	19.61	−9.09
五国合计	—	—	40.86	42.81	47.17	40.18	42.19	—
军事资源								
中国	—	7.12	6.05	6.22	7.69	7.46	9.93	2.81
印度	—	2.90	2.74	3.97	4.49	5.08	5.45	2.55
日本	—	2.38	3.16	3.60	3.28	2.22	2.38	0
俄罗斯	—	—	4.89	3.92	3.01	4.12	4.68	—
美国	—	27.56	28.28	25.21	28.68	27.30	25.31	−2.25
五国合计	—	—	45.12	42.91	47.15	46.18	47.76	—
国际资源								
中国	1.03	1.63	2.43	3.91	6.16	10.03	15.24	14.21
印度	0.90	0.81	0.75	0.95	1.42	2.50	3.37	2.47
日本	14.87	14.16	11.89	10.54	9.14	6.98	8.55	−6.32
俄罗斯	—	—	7.32	2.13	1.99	3.33	4.34	—
美国	19.86	26.40	24.41	26.34	28.78	21.76	23.65	3.79
五国总计	—	—	46.78	43.89	47.49	44.60	55.14	—
国家战略资源总计								
中国	4.06	5.27	5.69	6.86	8.54	10.98	15.28	11.22
印度	2.40	2.72	2.77	3.25	3.71	4.42	5.02	2.63
日本	7.79	8.95	9.48	8.42	7.35	5.74	5.30	−2.49
俄罗斯	—	—	3.92	3.02	2.81	3.34	3.48	—
美国	20.37	25.02	22.68	22.75	23.16	20.10	18.62	−1.75
五国总计	—	—	44.55	44.30	45.56	44.58	47.71	—

注：a.经济资源和知识技术资源的权重为0.2，其他资源权重均为0.1；b.某些相关数据缺乏并不影响关于总体趋势判断的准确性；c.人力资源的数据分别是1980、1985、1990、1995、2000、2005、2010、1980—2010年变化量。

以上国家战略资源的动态评估表明，美国仍然是世界唯一的超级大国。按照购买力平价计算,1982年美国国家实力占世界总量比重为20.37%,2012年为18.62%,仍居世界第一位。中国是国家实力迅速上升的世界第二大国,1982年中国国家实力占世界总量的4.06%,低于苏联和日本;2012年中国国家实力占世界总量的比重提高到15.28%,居世界第二位,比1982年提高了11.22个百分点,属于迅速上升型。日本国家实力居世界第三位,远低于中国国家实力占世界总量的比重(为5.30%),属于先上升后下降型,即1982—1992年为上升型,1992年之后处于逐步下降态势。印度国家实力居世界第四位,为5.02%,属于持续上升型,1982—2012年其总体国家实力提高了2.63%。中国和印度国家实力相对差距由1.7倍扩大为2.9倍。俄罗斯的国家实力则迅速下降,2012年仅为3.48%,在五个国家中最低。中国和俄罗斯国家实力相对差距由1995年的1.5倍扩大为2012年的4.5倍。

上述五大国国家实力相对变化,必然意味着各国安全战略和对外战略的重大调整。从美国角度看,中国国家实力的迅速上升,势必成为美国的战略竞争对手,甚至构成对美国的挑战。保罗·肯尼迪(Paul Kennedy)认为,中国也许是能够对美国支配地位构成真正挑战的唯一国家。从日本角度看,中国迅速崛起已经构成战略威胁,日本采取各种措施加强日美同盟,加紧防范中国。从印度角度看,龙象之争的魔咒并未解除,中印合作与战略竞争并存。从俄罗斯角度看,由于自身国家实力迅速下降和地缘环境的变化,中俄相互需要,双方关系得到了较大的积极进展。以上分析表明,1982—2012年,中国国家实力迅速上升,总体上改善了中国的战略资源和战略环境,中国的国家实力不同程度地高于周边大国,居优势地位。但是,中国与美国之间的潜在战略冲突加剧,美国主动应对中国迅速崛起的大战略正在实施中。

五大国国家战略资源比较的政策含义

中国大战略的核心目标是,实现在中国共产党成立100年时全面建成小康社会,在中华人民共和国成立100年时建成富强、民主、文明、和谐的社会主义现代化国家的奋斗目标,完成中华民族伟大复兴的梦想。这就要求我们紧紧围绕"富民强国"的目标,不断提高国家实力占世界总量比重,在 21 世纪中叶成为世界大国。未来 10—15 年,中国应强化各类战略资源投入,不断提高其占世界总量比重,充分发挥战略优势,变战略劣势为战略优势,从经济大国走向全面大国,从地区大国走向世界大国,实现中国全面崛起。

第一,保持经济持续稳定增长,在经济总量方面缩小与美国的差距,在 2020 年与美国持平;提高经济增长质量,促进经济发展方式转型;不断提高人均收入水平,进一步改善人类发展指标,使全国人民能够享有更高的物质生活质量,更全面的人类发展,更有保障的人类安全,更优美的生态环境,并进一步消除贫困人口,逐步实现社会主义共同富裕的目标。

时逢全球化的加速发展和知识社会的到来,中国的现代化追赶要实现从传统封闭到全面开放的观念跨越、从传统农业社会到工业社会以及知识社会的时代跨越、从传统经济体制向现代市场经济体制的跨越。这种多层面的跨越要求思想观念变革和制度创新,从传统的数量追赶转向质量追赶、可持续性追赶,实现国家与社会的全面转型。以上现代化追赶目标的实现,在很大程度上决定了中国的改革开放是一个加速深化的过程。正如哈佛大学德怀特·珀金斯(Dwight Perkins)指出的,"市场改革初期所取得的成功大多……来自任务的简单"[1]。随着中国经济的进一步发展,各种社会深层矛盾益发突出,经济目标的实现也与其他层面问题的解决密切相关,经济可持续发展成为唯一的选择,如下调整势在必行:(1)在发展理论层面,更加重视制度创新的价值。中国的改革开放首先得益于古典经济增长理论,即强调土地、资本、劳动、技术和投资、国内外需求等因素对经济增长的重要性,随着经济体制改革的深化,制度因素的重要作用益发体现。中国处于经济转型时期,由于经济体制的变革和产权制度的调整,制度因素逐步成为经济可持续增长的重要变量。中国的制度创新是通过对原有制度的否定

---

[1] Dwight Perkins, "Institutional Challenges for the Economic Transition in Asia", paper presented at Australian National University, September 2000, p.48. 转引自 Joseph Nye, Jr., *The Paradox of American Power: Why the World's Only Superpower Can't Go It Alone?* New York: Oxford University Press, 2002, p.20。

实现的,从完全计划经济到市场经济是在对计划经济的否定中完成的,当前的多种经济形式并存的所有制制度是在否定单一公有制模式的基础上实现的。可以说,中国的经济体制创新过程是积极的、逐步加速开放的,并且形成了自我创新机制,冲击到政治体制的改革。只有认识到这一点,只有进一步强调这一点,中国的经济发展才具有持续性基础。(2)在发展战略上,更加强调增长的质量。自20世纪60年代以来,人类的发展观经历了一个从GDP增长至上到可持续发展的演进历程。传统发展观把发展目标简单地理解为提高GDP,以赶超发达国家为主要目标,以单纯追求GDP增长为中心,以加速资源开发、增加资本积累、增加资本投入为手段,将现代化追赶等同于工业化进程,虽然实现了经济的快速增长,但却导致生态环境不断恶化、民族文化退化丧失、收入差距持续扩大等严峻的社会后果。有鉴于此,成功的现代化追赶应该以促进经济与社会协调进步为目标,着眼于可持续发展、全面发展,更加关注人类需要的多重目标。中国经济发展强调效益优先,总体而言是一种高速低效的经济增长,依靠廉价资本、物质资源和人力资源的大量投入以及规模的快速扩张来推动经济的高速发展,追赶战略的某些负面效应已经在各个层面体现出来。今后的经济发展战略应从粗放式的数量扩张转向集约式的质量提高,这必然首先涉及经济体制的深层次调整,更加关注社会公平等。(3)从发展阶段上看,更加注重跨越式发展。中国已经从中低收入水平的"要素驱动"(factors-driven)、"投资驱动"(investment-driven)阶段向中高水平的"技术驱动"(technology-driven)和"创新驱动"(innovation-driven)跨越,这是中国的后发情势所决定的。

以上因素决定了中国的经济发展应该步入一个更加强调体制调整、制度创新、增长质量、全面发展的历史新阶段,其关键在于实现发展方式的转变,放弃高速低效的粗放增长方式,转向符合市场经济的高质可持续发展方式。

第二,加快建设人才强国,深入实施人才优先发展战略,推进人才发展体制改革和政策创新,形成具有国际竞争力的人才制度优势。进一步强化投资于人力资本,实现普及基础教育目标,加速发展中等教育和高等教育，扩大职业学习和培训机会，积极发展网络教育和远程教育，建立世界最大的学习型社会；建立更为灵活、自由选择、自由流动、公开竞争、全国统一的劳动力市场，充分利用人力资本的战略优势，并转化为经济财富和社会财富。

第三，大力推动绿色发展、循环发展、低碳发展，优化国土空间开发格局，加大绿色投资力度，实施绿色改革，创新绿色技术，倡导绿色消费。必须坚持节约资源和保护环境的基本国策，坚持可持续发展，坚定走生产发展、生活富裕、生态良好的文明发展道路，力争2020年基本建成资源节约型、环境友好型社会，形成人与自然和谐发展现代化建设新格局，推进美丽中国建设。实行基于市场机制和环境友好型的资源可持续开发利用方式，开发新能源和可再生能源，保护土地资源，节约水资源，充分利用国际资源。

第四，把创新摆在国家发展全局的核心位置，不断推进理论创新、制度创新、科技创新、文化创新，必须把发展基点放在创新上，形成促进创新的体制架构，塑造更多依靠创新驱动、更多发挥先发优势的引领型发展，激发创新创业活力，推动大众创业、万众创新，释放新需求，创造新供给，推动新技术、新产业、新业态蓬勃发展。加快由投入要素驱动增长向知识技术驱动增长转变，大力发展研发产业和企业，及扩大研发队伍，鼓励各类研发创新，大幅度增加研发投入。国家应强化基础研究、前沿技术研究、社会公益技术研究投入，让知识创新成果为全社会所分享。

第五，进一步加快金融体制改革，健康规范发展资本市场，健全商业性金融、开发性金融、政策性金融、合作性金融分工合理、相互补充的金融机构体系；构建结构平衡、可持续的金融体系，提高直接融资比重，扩大民间资本进入银行业，构建产权协调、混合所有、有效竞争的金融服务体系，规范发展互联网金融，构建主流业态与新兴业态协调发展的金融体系；推进金融业双向开放，促进国内国际要素有序流动、金融资源高效配置、金融市场深度融合，有序实现人民币资本项目可兑换，稳步推进人民币国际化进程。提高各类物质资本投资效益，特别是用于大规模公共投资、公共设施、基础设施的经济效益、社会效益和生态效益。

第六,完善公共管理和公共财政体制,进一步提高国家汲取财政能力,有效提供全国性公共物品和全球性公共物品。加速政府改革,实行财政收入和支出项目的信息披露制度,规范财政支出决策程序,在政府和公共部门引入竞争机制和公开招标制,提高财政支出效率。

第七,加速推进国防和军队现代化,继续提高国防费占 GDP 比重,增强国防实力。规范国防开支和统计口径,增加透明度,近期国防费占 GDP 比重达到 1.5%,中期达到 2.0%,大幅度削减非军事开支比重,明显改善军事作战能力以及应对国家危机能力;深化军队体制改革,实行开放式建军模式,提高国防动员能力和利用社会资源的能力;大力实施人才战略工程,完善军事人力资源制度,深化军队院校改革,健全军事人才培养体系,吸引更多优秀人才;深入推进军民融合式发展,全面推进基础领域、重点技术领域和主要行业标准军民通用①;健全国防动员体制机制,加强国防教育,增强全民国防观念;增强国防动员科技含量,搞好信息资源征用保障动员准备,强化专业保障队伍建设,建成与打赢信息化战争相适应、应急应战一体的国防动员体系。

第八,实行全面对外开放政策,全面引领和推进贸易自由化、投资自由化、服务便利化进程,主动削减关税实施水平,降低市场准入门槛,继续为世界提供更加开放的中国市场。积极推进自由贸易区战略的升级,与此同时积极推进开放型社会建设,充分利用国际资源、国际资本,大力开拓国际市场,推进对外投资,提高获取各类国际资源的能力。

第九,在强调硬实力发展为主的同时,强化发展和利用软实力,提高运用战略资源的战略能力。国家实力不仅包括本文所述的"硬实力",还应当包括"软实力",强调国际制度、国际声望、文化影响力等软实力因素对维护国家利益、发展国家实力的重要意义,在国际层次贯彻两手都要抓、两手都要硬,并将二者的共同发展视为构成中国大战略的核心主题。

---

① 推动军民融合深度发展的要义在于,打破军民二元分离结构,统筹布局、整体推进经济建设和国防建设,实现协调发展、平衡发展、兼容发展。参见许其亮:《坚定不移推动经济建设和国防建设融合发展》,《人民日报》2015 年 11 月 12 日,第 6 版。

第三节　推进军事变革，加强国防建设

从单一角度看，人类历史就是一部战争史。据统计，公元前3200年到1964年的5164年里，世界共发生战争14513万次，只有329年是和平的；第二次世界大战结束至今的70年里，世界爆发了500多次局部战争，没有任何战争的日子不到50天。在世界政治的无政府状态之下，谁也不能担保不使用军事力量。军事力量仍然是无法替代的政治工具，与民族兴亡、国家存亡乃至人类自身安危有着直接的关联。"扶天下之危""救天下之祸""除天下之忧""据天下之安"，这些国家安全目标的最终保障非军事力量莫属。①《司马法》云："国虽大，好战必亡；天下虽安，忘战必危。"清康熙帝曰："欲安民生，必除寇虐，欲除寇虐，必事师旅。"②

全球国际战略环境并非令人感到高枕无忧。正如罗伯特·基欧汉、约瑟夫·奈指出的，"信息革命并没有促使复合相互依赖的两个重要方面（即敏感性与脆弱性）发生巨变：军事力量在国家间关系中依然起到十分重要的作用；在紧要关头，安全问题在外交政策中的地位仍然比其他问题重要"③。当前，国际局势正在发生深刻的变化，世界相互依赖正在加深，但各大国综合国力竞争日趋激烈；维护和平、促进发展是各国人民的共同愿望，但影响和平与发展的不确定因素也在增加。世界军事革命迅猛发展，军事力量对比出现严重失衡，美国的军事优势地位更加突出，其军事战略更具有进攻性和挑衅性；世界主要国家普遍进行军事战略调整，加快以高技术为基础的军事现代化建设。

对于尚未实现国家领土统一的中国而言，军事、国防更具有特殊的意义。当前中国面临的国际格局非常复杂：一方面中国融入世界的脚

---

① 《黄石公三略·下略》。
② 《清世祖实录》第179卷，北京：中华书局1992年版，第15页。
③ Robert Keohane and Joseph Nye, Jr., "Power and Interdependence in the Information Age", *Foreign Affairs*, Vol.77, No.5, Sept./Oct., 1998, p.84; Robert O. Keohane and Joseph S. Nye, Jr., *Power and Interdependence* (3rd Edition), New York: Addison-Wesley, Longman, 2001, p.218.

步加快,"一荣俱荣、一损俱损"的趋势在加强,中国国家综合国力、核心竞争力、抵御风险的能力显著增强;另一方面中国仍然面临多元复杂的安全威胁,遇到的外部阻力和挑战逐步增多。美国持续推进亚太"再平衡"战略,强化其地区军事存在和军事同盟体系;日本积极谋求摆脱战后体制,大幅调整军事安全政策,国家发展走向引起地区国家高度关注;个别海上邻国在涉及中国领土主权和海洋权益问题上采取挑衅性举动,在非法"占据"的中方岛礁上加强军事存在;一些域外国家也极力插手南海事务,个别国家对华保持高频度海空抵近侦察,海上方向维权斗争将长期存在;一些陆地领土争端也依然存在,朝鲜半岛和东北亚地区局势存在诸多不稳定和不确定因素。可以说,中国面临着生存安全问题和发展安全问题、传统安全威胁(主要是"台独""东突""藏独"等分裂势力)和非传统安全(如跨国犯罪、恐怖主义等)威胁相互交织的局面,周边领海争端升级不断,对中国安全十分重要的领域不断增多,对中国军事力量增强提出了新的要求。① 鉴于此,进一步提高中国军事实力、推动中国军事变革、加强国防建设是中国现代化建设的战略任务,是维护国家安全统一和实现中华民族伟大复兴的主要保障。

建设巩固国防和强大军队是中国现代化建设的战略任务,是国家和平发展的安全保障。中国国防建设的核心目标是:适应维护国家安全和发展利益的新要求,更加注重运用军事力量和手段营造有利的战略态势,为实现和平发展提供坚强有力的安全保障;适应国家安全形势发展的新要求,不断创新战略指导和作战思想,确保能打仗、打胜仗;适应世界新军事革命的新要求,高度关注应对新型安全领域挑战,努力掌握军事竞争战略主动权;适应国家战略利益发展的新要求,积极参与地区和国际安全合作,有效维护海外利益安全;适应国家全面深化改革的新要求,坚持走军民融合式发展道路,积极支援国家经济社会建设,坚决维护社会大局稳定,使军队始终成为党巩固执政地位的中坚力量和

---

① Michael D. Swaine and Ashley J. Tellis, *Interpreting China's Grand Strategy: Past, Present, and Future*, Ithaca: RAND, 2000, pp.159-161;中华人民共和国国务院新闻办公室:《2015中国国防白皮书:中国的军事战略》,2105年5月。

建设中国特色社会主义的可靠力量。①

笔者将从提高军事实力、加强国防投入、推进新军事变革等不同侧面分析中国的军事战略,探讨加强国防建设之道。笔者的基本观点是,军事实力堪为国家实力的柱石,是保卫国家利益、实施国家战略的基本手段,也是保卫国家安全和国家利益的基本实力;中国经济建设与国防建设失衡,国防投入比例仍有较大的发展空间,增加国防投入是促进国防建设的题中之意;中国秉持精兵主义的质量建军原则,应进一步解放思想,积极推进军事变革,加快军队改革,以建设保障国家安全和全面小康社会成就的钢铁长城。

以提高军事实力为核心

军事实力是军队对外抵御侵略维护主权与领土完整、对内制止分裂保持社会稳定的能力。军事实力历来是国家安全体系中最为关键的一环,它与政治、经济等因素相辅相成,共同构成国家安全的有机整体。在古代,军事实力不仅是国家力量的重要支柱,而且是国家所追求的主要目标。在相当长的历史时期内,绵延不断的战争与冲突强化了军事实力的地位与作用。阿什利·泰利斯等人指出,国家实力的最终衡量标准还是军事实力。由于各个国家都生存于一个国内外的安全威胁既司空见惯又难以消除的环境之中,武装力量的有效性便成了衡量其国家实力的最终标准。充分的军事能力使各国能够保卫自己免遭国内外敌人的破坏,并同时使其领导人能够真正按照自己的意愿谋求利益,如果可能,甚至可以超过和压倒其他竞争实体的优势。② 可以说,军事实力是解决国际政治无政府领域之争端的最后仲裁者,拥有最有效军事手段的国家——被理解为技术、作战理论、训练和体制编制的混合体——可以塑造国际体系的运行,维持和促进自身优势。③

---

① 中华人民共和国国务院新闻办公室:《2015 中国国防白皮书:中国的军事战略》,2015 年 5 月。

② 阿什利·泰利斯等:《国家实力评估:资源、绩效、军事能力》,北京:新华出版社 2002 年版,第 157 页。

③ 同上书,第 46—47 页。

阿什利·泰利斯等人指出，衡量军事实力在许多方面与衡量国家实力所面临的困难非常相似，"20 世纪 60、70 年代，以色列为数不多的军队曾打败了人数占优势的阿拉伯对手。人民解放军无疑是世界上人数最多的武装力量，但今天的中国却不能在其领土之外部署强大的兵力。所以，一支军事力量的能力不只是取决于政府可用的强制性武装力量资源"①。

首先，一个国家的军事实力，不仅取决于武器装备水平，而且取决于军事体制的诸方面以及人的素质和觉悟。② 概言之，军事实力是有形实力与无形实力的有机结合：军事硬实力是指为武装力量提供的物质、人力资源，是直接形成威慑与打击能力的有形实力要素；军事软实力是指将物质、人力资源转化为有效战斗力的能力，即用非强制手段去影响与塑造别国的能力。泰利斯等人认为，军事实力包括军事战略资源、转化能力、作战能力等因素。军事战略资源包括国防预算、人力资源、军事基础设施、作战的研发与试验、评估机构、国防工业基地、编制与支持等内容。

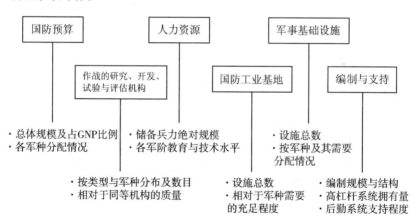

图 2-2 军事战略资源及其指标

资料来源：阿什利·泰利斯等：《国家实力评估：资源、绩效、军事能力》，北京：新华出版社 2002 年版，第 161 页。

---

① 阿什利·泰利斯等：《国家实力评估：资源、绩效、军事能力》，第 159 页。
② 喻希来：《新兴世界大国的成长之旅：光荣与梦想——20 世纪中国历史总成绩的回顾》，《战略与管理》1999 年第 6 期，第 1—17 页。

其次,军队的有效性还在于获得战略资源并将之"转化"为现代军事力量,从而能够针对各种各样的敌人展开一系列的有效行动。这一转化过程决定了军事战略资源是否能够最终转化为一种具有作战能力的军事力量,从而在战场上形成战略对比优势。

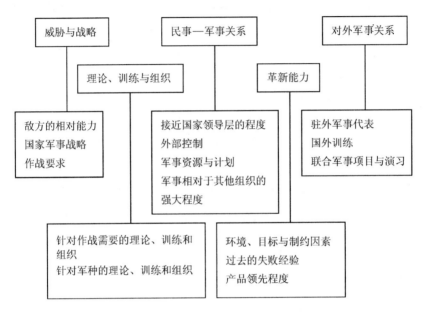

图 2-3　军事转化能力及其指标

资料来源:阿什利·泰利斯等:《国家实力评估:资源、绩效、军事能力》,北京:新华出版社 2002 年版,第 161 页。

其三,军事战略资源与转化能力结合成为一种巨大的军事力量,针对自己的敌人实施各种作战行动。实施作战行动是国家实力最终的"产出"标志,它代表了一种手段,一个国家可以在必要的情况下通过这种手段针对并压倒其他竞争实体的意志,确保自身政治目标的实现。

泰利斯等人评估国家军事实力的框架对我们甚有启示意义。笔者以此为标准,就其中的几个重要方面进行简要评估。从军事战略资源的角度讲,我们曾以军费开支和武装部队人员作为评估标准,对比分析中美印日俄的军事战略资源。尽管这两个指标无法反映军事资源的质量,我们仍然可以得出这样的结论,即从国家八类战略资源比较来看,中美之间只有军事战略资源的差距依旧巨大,1982年中国军事资源相当于美国的24.75%,1992年降为22.61%,2012年升为31.02%。我们认为,中国在军事基础设施、国防工业基地、作战的研发与试验、评估机构、编制与支持等方面的差距也许更大。

武器装备是衡量军事实力的重要方面。20世纪90年代以来,中国加快了武器装备的发展,努力提高武器装备现代化水平。1998年,中央军委成立总装备部,加强武器装备建设的集中管理,以实现武器装备机械化、信息化为目标。中国是世界上主要的常规武器进出口大国。进入21世纪以来,随着中国经济实力的增强,中国国防投入逐年递增,常规武器进口数量和质量有所提高。

表2-17 中国常规武器进出口(1982—2014年)

单位:1990年不变价格美元(百万)

年份	大陆武器进口	台湾地区武器进口	大陆武器出口	台湾地区武器出口
1982	15	794	1514	—
1983	27	714	1773	—
1984	73	424	1929	—
1985	115	637	1278	—
1986	17	1005	1862	—
1987	53	642	2606	—
1988	69	649	1409	—
1989	110	281	1040	42
1990	214	392	941	6
1991	392	661	1315	—
1992	1169	473	703	—
1993	1187	1148	1436	—
1994	274	848	1111	—
1995	680	1313	1013	—
1996	1494	1465	769	4
1997	900	4787	435	5

续表

年份	大陆武器进口	台湾地区武器进口	大陆武器出口	台湾地区武器出口
1998	383	3937	353	—
1999	1787	1720	332	—
2000	2555	585	302	—
2001	2836	345	515	6
2002	2893	299	518	0
2003	2373	117	693	—
2004	3320	320	386	—
2005	3554	696	281	—
2006	2900	508	643	—
2007	1678	12	479	—
2008	1906	11	591	—
2009	1407	60	1138	16
2010	937	97	1459	—
2011	1020	198	1336	—
2012	1651	425	1666	2
2013	1715	582	2068	—
2014	1357	1039	1083	—

资料来源：斯德哥尔摩国际和平研究所，http://www.sipri.org/databases/arms-transfers。

注：中国大陆武器进口呈迅速增长趋势，2000—2014 年常规武器进口总值为世界第二位（印度为第一位），中国台湾长期处于武器进口前列（第 17 位）；2000—2014 年，中国大陆常规武器出口位居世界第 6 位，美国、俄罗斯则长期位居世界武器出口第一位和第二位。

中国军事现代化的步伐与核武器的发展密切相关。[①] 中国是国际核俱乐部的主要成员，也是东亚地区唯一拥有包括核武器在内的庞大军事力量的国家。据估计，中国核武库规模和质量仅次于美国和俄罗

---

① Brad Roberts et al., "China: The Forgotten Nuclear Power", *Foreign Affairs*, Vol.79, No.4, July/August 2000, pp.53-63.

斯。冷战结束以来,中国尤其重视中短程导弹的部署和"撒手锏"的研发,其核武库质量有了重大提高。专家指出,中国应该加紧研发突破导弹防御系统技术,加大高科技武器研制力度,巩固扩充核武库。我们认为,总体国防预算可以逐步有限度地增加,但在加强核武器和发展高科技新武器方面的专项预算必须大幅度增加。尤其重要的是,只有加速基础科学的研究和应用,才能在技术上实现突破,发展高科技武器。增进战略核武器的生存率以保证第二次打击的报复能力至关重要,必须尽快更新战略武器的研制和部署,加紧研发突破导弹防御系统的技术。

表 2-18　2014 年 1 月的世界核力量

国家	第一次核试验年份	部署的弹头[a]	其他的弹头[b]	总数
美国	1945	~2100[c]	5200	~7300[d]
俄罗斯	1949	~1600[e]	6400[f]	~8000[g]
英国	1952	160	~65	~225
法国	1960	290	~10	~300
中国	1964	—	~250	~250
印度	1974	—	90—110	90—110
巴基斯坦	1998	—	100—120	100—120
以色列	..	—	~80	~80
朝鲜	2006		..	6—8
总计		~4150	~12200	~16350

资料来源:斯德哥尔摩国际和平研究所编:《SIPRI 年鉴 2014——军备·裁军和国际安全》,北京:时事出版社 2015 年版,第 388—389 页。

注:".."为没有可用或适用的数据;"—"为零;"~"为约数。

a. "部署的"是指安装在导演上的弹头或放在有现役力量的基地的弹头。

b. 这些是储备的、等待拆卸的或在它们成为实战部署之前需要一些准备(例如组装或装载在发射架上)的弹头。

c. 除了战略弹头,这个数字还包括 184 枚部署在欧洲的非战略(战术)核武器。

d. 这个数字包括美国国防部核武库的约 4785 个弹头。另外约 2515 个退役弹头计划在未来十年拆卸。

e. 这个数字比《SIPRI 年鉴 2013》所发表的数字有所下降,并反映了以前

START条约综合数据、新闻媒体报道和轰炸机武器计数的调整为基础的重新计算。

  f. 这个数字包括约700个用于正在检修的核动力弹道导弹潜艇和轰炸机上的弹头，约2000枚由短程海军、空军和空防力量使用的非战略核武器，以及约3700个等待拆卸的退役弹头。

  g. 这个数字包括一个拥有约4300个核弹头的军用武库的和另外约3700个等待拆卸的退役弹头。

  总体而言，中国国防投资仍然非常不足，没有有效地将经济实力转化为军事实力，经济建设没有自动促进国防发展；中国军队的现代化程度较低，中国军队属于数量型，质量亟须改进，中国军人数量充足，但受教育程度较低，国防部门吸纳人才的能力明显不足。有鉴于此，必须下决心提高中国的军事实力。

  中国军事转化能力近年来有了较大的提高。例如，军队适应现代战争的特点，以提高高技术条件下防卫作战能力为主要目标，不断加强和改进军事训练，突出对联合作战问题的研究与演练；同时加强新形势下的政治工作，努力为打赢未来高科技战争提供精神动力；坚持把培养高素质的新型军事人才作为推进军队现代化建设的根本性措施，进一步加强了对高层次人才的培养工作；积极同亚太国家尤其是周边国家进行安全合作，发展不结盟、不对抗、不针对第三方的军事关系，大力拓展军事安全合作空间，积极与外军在防务政策、军兵种建设、院校教育、后勤建设等领域广泛开展对话交流，中国与100多个国家建立了军事关系并开设武官处，70多个国家在中国设立武官处，对外军事交流和专业技术合作在深度和广度上不断发展，改革开放以来先后派出军事代表团访问了80多个国家，接待来访的外军代表团近2000批；中国加强对其他国家军事战略的研究和学习，加深了对现代战争的认识和理解。近年来，中国广泛开展同有关国家在安全与防务领域的战略磋商和对话，增进相互了解和信任，加强沟通与协调，与美国、俄罗斯以及周边的蒙古、日本、越南、菲律宾、印度尼西亚、泰国、新加坡、印度、巴基斯坦等20多个国家建立防务安全磋商和政策对话机制，并致力于开展多层次、多领域、多军兵种的双边多边联演联训，推动演训科目从非传统安全领域向传统安全领域拓展,提高联合行动能力。① 与此同时,随着国力不断增强,中国军队加大了参与国际维和、国际人道主义救援等行动的力度,在力所能及范围内承担更多的国际责任和义务,提供更多的公共安全产品。中国积极参与国际维和行动,是联合国安理会 5 个常任理事国中派遣维和军事人员最多的国家,是联合国 115 个维和出兵国中派出工兵、运输和医疗等保障分队最多的国家,是缴纳维和摊款最多的发展中国家。②

中国在军事实力提高方面采取的方式谨慎而稳妥,而且在军备控制与裁军方面也逐渐迈出大的步伐。中国重视并积极参与国际军控、裁军和防扩散努力,主张充分发挥联合国及其他相关国际组织和多边机制的作用,巩固和加强现有多边军控、裁军和防扩散体系,尊重和照顾各国正当合理的安全关切,维护全球战略平衡和稳定。迄今,中国几乎是所有关键的防止扩散协议的成员国,并相继与美国、俄罗斯、英国、德国、巴西、加拿大、巴基斯坦、韩国、欧盟、澳大利亚、以色列等举行军控与防扩散磋商,加强与有关多国出口管制机制的对话与交流。

在军事建设指导方针方面,1985 年 5 月中央军委扩大会议做出了军队建设和国防建设实行战略性转变的重大决策,从临战状态转变到和平时期正常建设的轨道,从国防建设的硬件准备转向国防软件的谋划,从加强国防现实力量转向国防潜力的积蓄;在服从国家经济建设大局的前提下,有计划、有步骤、有重点地加强以现代化为中心的国防建设;从单方面强调军队建设转变到全面国防建设上来,将战争间接力量、国防潜力建设纳入其中,走军民兼容的国防发展之路;从主要准备全面战争转变到重点准备打赢信息化条件下的局部战争上来。

《中华人民共和国宪法》第 29 条规定,中国军队的任务是"巩固国防,抵抗侵略,保卫祖国,保卫人民的和平劳动,参加国家建设事业,努

---

① 据统计,2002—2012 年,中国人民解放军依据协议或约定与 31 个国家举行 28 次联合演习、34 次联合训练,对于促进政治军事互信、维护地区安全稳定和加强军队现代化建设发挥了积极作用。参见中华人民共和国国务院新闻办公室:《中国武装力量的多样化运用》,2013 年 4 月。

② 同上。

力为人民服务"。中国人民解放军的军事战略方针是积极防御,即在战略上实行积极防御、自卫和后发制人的方针。改革开放以来,为了服从和服务于国家经济建设的大局,中国军队以减少数量、提高质量为主旨,其规模一再压缩,从中国人口总数来看,对照世界各国人口与军人的比例,中国军队数量处于较低水平;中国国防开支占GDP的比重也大大低于世界主要大国的平均水平。鉴于中国是世界上第一人口大国、第三国土大国,国家统一大业面临愈加复杂的国际格局,以及中国崛起为世界大国的战略目标,中国必须加强国防建设,进一步提高军事实力,以完成巩固国防,抵御侵略,捍卫国家领土、领空、领海主权和海洋权益,维护国家统一与安全的历史使命。

中国的军事实力与其大国地位、面临的战略任务存在不相符之处,军事实力确实亟待提高。中国的经济建设成就为军事实力的提高奠定了坚实的基础。然而,如果缺乏将经济成果转化为军事硬件的政治机制,或者公众对公共事务漠不关心,则拥有强大的经济实力只是潜在的权力,并不完全等于拥有权力。① 中国目前应该坚持经济、政治、社会、文化、生态文明和安全六位一体的战略布局,采取经济建设和国防建设并重的政策,以增强国家实力、拓展国家战略利益为主旨,以提高军事战略资源的转化能力为增加军事实力的主要途径。有识之士指出,中国强调提高竞争力为第一要务,但所重视者又几乎局限于经济领域中的竞争,对于军事领域则强调不够。然而,军事竞争要比经济竞争更重要。缺乏经济竞争力,会使未来的生活受到不利影响;缺乏军事竞争力,则能使得未来生存受到威胁。② 我们认为,军事现代化应是提高中国军事实力的必由之路。应在加快现代化的基础上加速国防和军事现代化,在不断提高国家汲取财政能力和完善国家公共财政体系的基础上强化国家对国防公共财政的投资,在全社会范围内大力开发人力资源和培养高素质人才的基础上为军队提供、吸引和培养更多人力资本和更优秀的人才,必须在不断增强国家实力基础上建立强大的国防体

---

① Niall Ferguson,"Power", *Foreign Policy*, Jan./Feb.2003, pp.19-24.
② 纽先钟:《21世纪的战略前瞻》,台北:麦田出版社1999年版,第168页。

系和军事防卫能力。中国军队建设应强调政治、军事、装备、训练和作风等综合均衡发展,以信息化建设为核心,加强战略威慑装备体系的建设,全面提高战略威慑能力和实战能力,以精兵主义、质量建军为原则,进行体制编制的调整与改革,加速军事力量的转型,通过革新训练手段与方法,培养高素质的人才,不断创新作战思想与战法,谋求以质量获取与保持优势地位。

增加国防投入,加强国防建设

在国家经济不断增长的基础上,中国军事开支持续增长。这一趋势引起了国际国内的极大关注,也似乎成为"中国威胁论"的一个渊源。[①] 鉴于此,本部分的主旨是:说明经济因素与军事因素的关系,强调军事投入的重要性;勾勒近几年来中国军事开支增加的轨迹,突出加强军事投入的必然性。

军事因素与经济因素存在对立统一的辩证关系。二者的对立主要体现在国家资源的分配上,即有限的国家资源在经济因素和军事因素之间的分配比例。在有限的国民总收支中,国防开支和经济开支确实存在着此多彼少的矛盾。保罗·肯尼迪指出:"如果一个国家把过多的资源用于军事目的而不用于创造财富,那么,从长远看,很可能导致该国国力的削弱。"[②]二者之间的统一体现在互为保障和基础:军事是确保经济顺利发展的基础条件;经济是军事的物质基础,经济发展又是军事实力得以增强的物质保障。马克思指出:"暴力的胜利是以武器的生产为基础的,而武器的生产又是以整个生产为基础的,因而是以'经济力量',以'经济状况',以可供暴力支配的物质手段为基础的。"[③]对二者之间的关系,中国领导人有着清醒的认识和考虑。毛泽东指出:"没有工业,便没有巩固的国防,便没有人民的福利,便没有国

[①] 江忆恩客观地指出:"中国军事开支占 GDP 的份额似乎不能使我们得出这样的结论,即中国的经济正在军事化或中国运用经济实力抗衡美国。"参见 Alastair Iain Johnston,"Is China a Status Quo Power?", International Security, Vol.27, No.4, Spring 2003, pp.5-56。

[②] 保罗·肯尼迪:《大国的兴衰》,北京:中国经济出版社 1989 年版,"序言"第 2 页。

[③] 《马克思恩格斯文集》第 9 卷,北京:人民出版社 2009 年版,第 173—174 页。

家的富强。"①邓小平在1985年军委扩大会议上指出:"军队装备真正现代化,只有国民经济建立了比较好的基础才有可能。所以,我们要忍耐几年。我看,到本世纪末我们肯定会超过翻两番的目标,到那个时候我们经济力量强了,就可以拿出比较多的钱来更新装备。"②20世纪90年代中期以来,随着中国所确定的经济发展目标顺利实现和经济实力的持续增强,中国的国防开支占GDP的比重、国防开支绝对数额呈现逐年递增趋势。邓小平当年的战略安排得到了逐步实现。习近平主席就此强调指出:"要统筹经济建设和国防建设,努力实现富国和强军的统一。"③

根据国家安全的基本理论,国防开支的水平表明一个国家对其所受军事威胁的性质和程度的认识,必须与该国在当时世界上所处的安全环境相称。20世纪90年代以来,世界格局进入急剧变化时期,中国面临军事入侵的可能性甚微,但军事威胁并未降低,特别是1999年中国驻南斯拉夫大使馆被炸事件给中国以警醒;"台独""东突""藏独"等分裂力依旧猖獗,国家统一大业仍然面临严峻挑战;非传统安全因素对中国国家安全的影响越来越突出。鉴于这样的国际局势和国家安全环境,中国继续提高国防开支势在必行。此外,从现代战争演变的规律看,由于军事装备的日益现代化、高技术化、信息化,国防开支越来越大也是大势所趋。

从全球角度看,世界军事开支自1998年以来一直呈上升趋势,世界各主要大国均保持较高数额。根据斯德哥尔摩国际和平研究所的跟踪研究,美国、日本、俄罗斯、英国、法国、中国等国一直位居全球军事开支前十名。这说明,军事开支与国家实力和国家的战略诉求有着正相关关系。大国尤其是崛起大国的国家战略利益必然呈现拓展态势,而现代化军队的柱石作用不可轻视。

---

① 《毛泽东选集》第三卷,北京:人民出版社1991年版,第1080页。
② 《邓小平文选》第三卷,第128页。
③ 《习近平谈治国理政》,北京:外文出版社2014年版,第221页。

表 2-19　2013 年军费开支前 15 名的国家（SIPRI 口径）

排序	国家	2013 年开支（10 亿美元，现价）	2004—2013 年变化率（%）	占 GDP 之比（%）	占世界份额（%）	2013 年开支（10 亿美元，PPP）
1	美国	640	12	3.8	37.0	640
2	中国	［188］	170	［2.0］	［11.0］	［282］
3	俄罗斯	［87.8］	108	［4.1］	［5.0］	［106］
4	沙特	67.0	118	9.3	3.8	86.5
5	法国	61.2	-6.4	2.2	3.5	50.8
前五名总计		1045	—	—	60.0	—
6	英国	57.9	-2.5	2.3	3.3	55.3
7	德国	48.8	3.3	1.4	1.8	43.9
8	日本	48.6	-2.0	1.0	2.8	45.7
9	印度	47.4	45	2.5	2.7	134.0
10	韩国	33.9	42	2.8	1.9	47.2
前十名总计		1281	—	—	73.0	—
11	意大利	32.7	-26	1.6	1.9	28.5
12	巴西	31.5	48	1.4	1.8	34.8
13	澳大利亚	24.0	19	1.6	1.4	16.1
14	土耳其	19.1	13	2.3	1.1	27.1
15	阿联酋	［19.0］	85	［4.7］	［1.1］	［12.7］
前十五名总计		1408	—	—	79.0	—
世界总计		1747	26	2.4	100.0	—

资料来源：斯德哥尔摩国际和平研究所编：《SIPRI 年鉴 2014——军备·裁军和国际安全》，北京：时事出版社 2015 年版，第 244—245 页。

注：［］指估计数字；阿联酋为 2012 年的数据。

在这样的背景下审视中国的国防开支，我们就可以得出比较客观的结论。中国的国防开支主要包括人员生活开支、活动维持开支、装备开支，不包括军转民补贴、研发开支、对人民警察的支持、从国外购买武器的开支费用、1998 年之前人民解放军所属商业企业的收益、售外武器的收入、地方政府分担的运行和维护开支。冷战结束以来,随着国民经济的发展和人民生活水平的提高,国防开支有所增加。中国强调,中国国防开支增加一直保持较低幅度,主要是补偿性增长,随着国防发展战略从"国防建设为经济建设让路"过渡到"以经济建设为中心,经济建设与国防现代化建设协调发展",中国国防开支增长才体现出更多的协调性特征。① 实际上,1982—2015 年,中国国防开支占国家财政支出的比率总体呈现逐年下降趋势,1982 年为 14.34%,1985 降至 10%以下,从 1997 年开始降为 9%以下,2000—2007 年,中国国防开支占国家财政支出的比重保持在 7%—8%,2008—2009 年为 6%—7%;2010 年至今低于 6%,总体呈现下降趋势。另一方面,随着中国 GDP 规模的增加,中国国家财政支出总体处于上升状态,国防开支总体也处于快速增长状态。

表 2-20　中国国防开支及其占 GDP 与财政总支出的比重(1982—2015 年)

年份	国防开支（亿元）	国内生产总值（亿元）	国防开支占 GDP 比重	财政总支出（亿元）	国防开支占财政总支出比重
1982	176.35	5323.40	3.31%	1229.98	14.34%
1983	177.13	5962.70	2.97%	1409.52	12.57%
1984	180.76	7208.10	2.51%	1701.02	10.63%
1985	191.53	9016.00	2.12%	2004.25	9.56%
1986	200.75	10275.20	1.95%	2204.91	9.10%
1987	209.62	12058.60	1.74%	2262.18	9.27%
1988	218.00	15042.80	1.45%	2491.21	8.75%
1989	251.47	16992.30	1.48%	2823.78	8.91%
1990	290.31	18667.80	1.56%	3083.59	9.41%
1991	330.31	21781.50	1.52%	3386.62	9.75%
1992	377.86	26923.50	1.40%	3742.20	10.10%
1993	425.80	35333.90	1.21%	4642.30	9.17%

---

① 夏庆等:《公正解读中国国防费开支:从补偿性增长到协调性增长》,《华东经济管理》2015 年第 3 期,第 85—90 页。

续表

年份	国防开支（亿元）	国内生产总值（亿元）	国防开支占GDP比重	财政总支出（亿元）	国防开支占财政总支出比重
1994	550.71	48197.90	1.14%	5792.62	9.51%
1995	636.72	60793.70	1.05%	6823.72	9.33%
1996	720.06	71176.60	1.01%	7937.55	9.07%
1997	812.57	78973.00	1.03%	9233.56	8.80%
1998	934.70	84402.30	1.11%	10798.18	8.66%
1999	1076.40	89677.10	1.20%	13187.67	8.16%
2000	1207.54	99214.60	1.22%	15886.50	7.60%
2001	1442.04	109655.20	1.32%	18902.58	7.63%
2002	1707.78	120332.70	1.42%	22053.15	7.74%
2003	1907.87	135822.80	1.40%	24649.95	7.74%
2004	2200.01	159878.30	1.38%	28486.89	7.72%
2005	2474.96	184937.40	1.34%	33930.28	7.29%
2006	2979.38	216314.40	1.38%	40422.73	7.37%
2007	3554.91	265810.30	1.34%	49781.35	7.14%
2008	4178.76	314045.40	1.33%	62592.66	6.68%
2009	4951.10	340902.80	1.45%	76299.93	6.49%
2010	5333.37	401512.80	1.33%	89874.16	5.93%
2011	6027.91	473104.00	1.27%	109247.79	5.52%
2012	6691.92	519470.10	1.29%	125952.97	5.31%
2013	7410.62	568845.20	1.30%	140212.10	5.29%
2014	8289.54	636463.00	1.30%	151785.56	5.46%
2015	8868.50	676708.00	1.31%	175767.78	5.05%

资料来源:国家统计局编:《中国统计年鉴》,北京:中国统计出版社,各年;2015年数据转引自光明网,http://news.gmw.cn/2016-03/06/content_19187878.htm,2016年3月7日上网。

自20世纪90年代起,在经济增长的基础上,中国逐步增加国防开支,占GDP比重相对稳定(一直低于1.5%)。自1992年起,中国官方提供的国防开支增长率就保持较高水平。从 1998 年起,中国政府禁止军队经商,部分增加的国防开支用于弥补军队不再从事商业活动的损失。1999 年,中国国防预算突破 1000 亿元人民币。2002 年,中国 GDP 突破 10 万亿人民币大关,中国国防开支也超过了 1500 亿元人民币。自此,中国 GDP 每隔几年就跃上一个台阶,而中国国防开支也相应得到提升,2004 年超过 2000 亿元人民币,2007 年超过 3000 亿元人民币,2008 年超过 4000 元人民币,2010 年超过 5000 亿元人民币,2011 年超过 6000 元人民币,2013 年超过 7000 亿元人民币。2015 年国防预算支出达到 8868.98 亿元人民币。总体而言,进入 21 世纪,中国国防开支年增长率保持着较高的速度。

中国国防开支主要由人员生活开支、训练维持开支和装备开支三部分组成,大体各占三分之一。人员生活开支用于军官、文职干部、士兵和聘用人员的工资津贴、住房保险、伙食被装等。训练维持开支用于部队训练、院校教育、工程设施建设维护以及其他日常消耗性支出。装备开支用于武器装备的研究、试验、采购、维修、运输和储存等。国防开支的保障范围包括现役部队、预备役部队和民兵,同时也负担部分退役军人、军人配偶生活及子女教育、支援国家和地方经济建设等社会性支出。中国增长的国防开支主要用于:改善部队保障条件,适应国家经济社会发展和居民生活水平提高,调整军人工资津贴标准,连续提高教育训练、水电取暖等经费标准,开展基层后勤综合配套整治,改善边海防部队、边远艰苦地区部队执勤训练和生活条件;完成多样化军事任务,即增加非战争军事行动能力建设投入,保障抗震救灾、亚丁湾和索马里海域护航、抗洪抢险、国际救援等行动;推进中国特色军事变革,针对采购价格、维修成本不断上涨势头,适当增加高技术武器装备及其配套建设经费。

实际上,中国国防开支的总体水平在世界上仍然相对较低,与美国、俄罗斯、英国、法国等国家相比,中国国防开支所占 GDP 和国家财政收入的比重也是较低的。无论是按照中国的官方资料还是西方的统计资料,中国的国防开支占 GDP 的份额都很低,即使按照斯德哥尔摩国际和平研究所的统计口径,其占 GDP 的比重也低于其他大国。关于中国国防开支增加,国内外众说纷纭。按照国防开支占 GDP 比重这一常规依据,我们看到,1949—1955 年,出于维护新生国家存亡的需要,国防开支占 GDP 比重曾一度高达 20% 以上。1956—1961 年,全国经济由战时经济转向全面经济建设时期,国防战略也转向防御外部侵略和保卫祖国,国防开支占 GDP 的比重开始急剧下降。1962—1979 年,中国国防开支总体呈上升趋势,但波动比较大(占 GDP 的 4%—6.5%)。1980 年至冷战结束,中国国防开支占 GDP 比重逐年下降,约下降了 4.4 个百分点,这是中国经济增长的黄金时期,但同期国防发展严重滞后于经济发展。冷战结束以来,中国国防支出占 GDP 比重开始上升,但国防资本占总资本比重处在历史最低点。过去 20 多年是我国经济发展最快的时期,也是国防发展和经济发展极其不协调的时期,突出表现为国防资本占全国总资本比例持续下降,它延缓了我国国防现代化的进程,削弱了我国国防能力。1998 年以来,中国国防开支总额增长迅速,开始进入国防开支补偿期,但国防开支占 GDP 的比重始终在 1.5% 以下,近几年甚至低至 1.3% 左右。对照其他大国 2% 左右及以上的比重,中国国防开支占 GDP 的比重仍然相对较低。

中国提高国防投入,发展国防力量,既是维护自身国家统一、领土完整和发展利益的需要,也是维护国际和地区和平与安全的需要。中国国防开支调整受多种因素的影响,主要有经济发展程度、安全环境变化、武器装备建设周期、国内物价水平等。中国国防预算是适度和温和增加,与其国民生产总值和财政总支出的比重基本协调,与当前中国的经济规模和经济实力相匹配。① 中国拥有 960 万平方公里的国土面积,有 18000 公里长的海岸线,300 多万平方公里的海洋面积,相邻 10 多个国家,边界线长达数万公里,国防开支比重过低难以保证完成正常状态下的国防任务,遑论应对非常状态。由于中国面临着国家统一和消除新疆、西藏不安定因素的重大国防任务,中国周边环境存在诸多不安定因素,进一步加强国防建设事关中国的核心战略利益。增加国防开支是重要的举措,目前我国国防开支占 GDP 比重低于 1.5%,远低于

---

① 李大光:《解读中国军费开支》,《中国经贸导刊》2015 年 3 月下,第 75—77 页。

其他大国,适时进一步提高军费开支依旧有其必要性。增加军费的目的是维护国家安全,实现并维护国家统一,为国家建设创造更为稳健的国际环境。我们必须做好宣传和解释工作,避免中国周边出现军备竞赛等不利趋向。①

综上所述,国防建设是国家建设的重要组成部分,建设强大的国防力量事关国家的最高利益和根本利益,是实现国家战略目标、维护国家安全、拓展国家战略利益的根本保障,应贯彻经济建设与国防建设协调发展的方针,强化国家对国防资本的投入,加速国防现代化进程。

积极推进新军事变革

中国的军事发展远远落后于世界最强大的国家,军备、兵力投送、C4I(即指挥、控制、通信、电脑和情报)能力至少落后一代。按照国家发展总体的战略部署,中国国防现代化进程步入加速期。总体来看,中国人民解放军追求有选择的、逐步的国防现代化模式。② 西方学者指出,中国国防现代化的目标是,保卫主权和领土免受威胁或攻击,获得消除或抑制安全威胁的能力,使军事力量成为推行军事外交和支持国家实施一系列地区性、全球性政策的更有利且灵活的手段,发展火力投射和领土防御能力,使之与 21 世纪中国的真正大国地位相称。③《2010 年的中国国防》白皮书指出,中国国防现代化的目标是:"着眼 2020 年基本实现机械化并使信息化建设取得重大进展的目标,坚持以机械化为基础,以信息化为主导,广泛运用信息技术成果,推进机械化信息化复合发展和有机融合。拓展和深化军事斗争准备,牵引和带动现代化建设整体发展。深化信息化条件下联合作战理论研究,推进高

---

① 门洪华:《和平的纬度:联合国集体安全机制研究》,上海人民出版社 2002 年版,第 440 页;夏庆、陈春:《国家战略调整:国防建设为主还是经济建设为主——基于 MS-AR 模型的实证分析》,《北京理工大学学报(社会科学版)》2013 年第 3 期,第 89—94 页。

② Avery Goldstein, "Great Expectations: Interpreting China's Arrival", *International Security*, Vol.22, No.3, Winter 1997/1998, pp.36-73; Ron Montaperto, "China as a Military Power", *Strategic Forum*, Number 56, December 1995.

③ Michael D. Swaine and Ashley J. Tellis, *Interpreting China's Grand Strategy: Past, Present, and Future*, pp.104-105.

新技术武器装备建设,发展新型作战力量,着力构建信息化条件下联合作战体系。深入推进机械化条件下军事训练向信息化条件下军事训练转变,加紧实施人才战略工程,加大全面建设现代后勤力度,提高以打赢信息化条件下局部战争能力为核心的完成多样化军事任务能力,全面履行新世纪新阶段军队历史使命。统筹经济建设和国防建设,实行军民融合式发展,建立完善军民结合、寓军于民的武器装备科研生产体系、军队人才培养体系和军队保障体系。积极稳妥地深化国防和军队改革,加强战略筹划和管理,努力推进国防和军队建设科学发展。"[1] 习近平强调指出:"全军要深刻认识军队在国际安全和发展战略全局中的中重要地位和作用,……全面提高信息化条件下威慑和实战能力,坚决维护国家主权、安全、发展利益。"[2]中国的国防现代化部署基本上与世界新军事变革的浪潮相契合。当前,一场以军事改革为表现形式的军事革命洪流正冲击着世界军事领域,这是当代军事发展的大趋势,也是一个具有重要理论和实践意义的大战略问题。[3] 从历史发展的视角来看,任何一个国家、一支军队获得长足发展的战略机遇并不多。能不能抓住机遇,以只争朝夕的精神加快发展,是我们面对世界新军事变革的挑战能否赢得主动、赢得成功的关键所在。鉴于此,加速中国国防现代化进程,必须积极推进军事变革。正如习近平2013年12月27日在一次重要会议上指出的,"在这场世界新军事革命的大潮中,谁思想保守、故步自封,谁就会错失宝贵机遇,陷于战略被动。我们必须到中流击水"[4]。

军事革命是科学技术发展和随之而来的社会生产力的飞速发展引起的,触及军事领域的各个方面,包括武器装备、编制体制、人员素质、教育训练、作战方法、军事理论等,并通过军事改革的形式逐渐实现。迄今,世界上共出现了六次军事革命。第一次军事革命发生在16世纪至17世纪的欧洲,决定性因素是火药广泛应用于军事和炼铁技术的发

---

[1] 中华人民共和国国务院新闻办公室:《2010年中国的国防》,2011年3月。
[2] 《习近平谈治国理政》,第216页。
[3] 吴春秋:《论大战略和世界战争史》,解放军出版社2002年版,第141页。
[4] 《习近平谈国防和军队改革:这是一场回避不了的大考》,http://cpc.people.com.cn/xuexi/n/2015/0901/c385475-27536550.html。

展,中央集权国家的建立和以城市兴起为标志的社会政治变革也起了推波助澜的作用,其主要表现是,滑膛枪炮取代长矛刀剑,宣告了火器时代的到来,步兵成为新的主角,炮兵开始受人瞩目,由集权国家君主统一指挥和供给的雇佣军成为主要的军事制度。18 世纪后期至 19 世纪初期,第二次军事革命在欧洲和北美风起云涌,其决定性因素是,产业革命将社会生产力从铁器时代推进到机器时代,资产阶级革命打碎了封建桎梏,为资本主义发展开辟了道路。以法国革命战争和拿破仑战争为核心的这场军事革命,用资产阶级民族军队将封建雇佣军赶出了战争舞台,义务兵役制度风光一时,帝王的战争变成了人民的战争,枪托弯曲并带有准星的火枪和威力更大的火炮在战场上开始亮相。第三次军事革命发生在 19 世纪后半期至 20 世纪初的欧洲、北美和东亚,以炼钢技术、铁路运输、有线通信为代表的第二次产业革命导致了一系列新兴产业部门的出现,"技术每天都在无情地把一切东西、甚至是刚刚开始使用的东西当作已经无用的东西加以抛弃"①,资本主义进入大发展时期,无产阶级登上了历史舞台。这次军事革命的主要表现是:武器装备飞速发展,后装枪炮取代前装枪炮,无烟火药取代黑色火药,蒸汽舰船取代木制帆船;军事领导和指挥系统出现飞越发展,总参谋部成为军队最高统率机关;海军的面貌大为改观,海军发展进入大炮巨舰的时代。第四次军事革命发生在 20 世纪初至 20 世纪中叶,与电气发展为主要标志的第三次产业革命将人类社会生产力推进到全新阶段,而垄断资本主义的确立和发展促使劳动与资本的矛盾、殖民地与宗主国的矛盾、帝国主义列强之间的矛盾日益尖锐,导致了一系列大规模的战争,特别是以两次世界大战为中心。这次军事革命的主要表现是:坦克、飞机、潜艇、航空母舰和化学武器等新兵器纷纷出现,军队的面貌大为改观;战场从平面变成了立体,从二维发展到三维,与之相对照,西方国家的战略思想出现了总体战略和大战略理论。近代以来的第五次军事革命,发生在 20 世纪 40 年代至 80 年代,其主要推动力是以电子计算机、原子能和空间技术等为主要特征的第四次产业革命,新技术发展

---

① 《马克思恩格斯军事文集》第 2 卷,北京:军事科学出版社 1988 年版,第 488 页。

用于军事领域的直接性增强,这具体表现在核武器上,因此又被称为"核时代"的军事革命。这次军事革命的主要表现是:核武器开始装备军队,出现了导弹核部队这一崭新兵种,出现了核战争这一新战争样式,增加了战略核防御这一新防御形式,出现了核条件之下的军队编制、体制和作战方法,出现了自动化指挥系统这一指挥领域的革命,出现了现代化科学管理和科学决策的理论并付诸实践,出现了核战争理论和核威慑理论。① 20世纪80年代末90年代初兴起的新军事变革是人类有史以来的第六次军事革命。这次军事革命以信息技术、新材料技术、生物技术、空间技术、海洋技术等高新技术发展为基础,以全球化为主要社会背景,导致了军事领域的一系列新革命。第六次军事革命为海湾战争所积极推动。海湾战争所展示的美国军事革新威力引起了世界各国的高度关注,促成了世界范围内研究和探讨新军事变革热潮,促使迄今40多个国家启动和实施了新军事变革。②

新军事变革以科学技术的飞速发展为先导。20世纪后半叶,在全球范围内掀起了一场波澜壮阔的科学技术革命,以信息技术为核心,以空间技术、生物技术、新材料技术、新能源技术和海洋开发技术等为代表的一大批高新技术群和高技术产业蓬勃兴起。现代科学技术在军事领域的广泛应用,引发了以信息技术为核心的新一轮军事变革,产生了精确制导技术、遥感与探测技术、卫星通信与预警技术、全球定位导航技术、隐身技术、夜视技术、新材料技术、光电技术等高新技术群,推动了武器装备的更新换代,提高了军队的指挥控制能力、快速机动能力、精确打击能力和综合保障能力。新军事变革催生了高技术的作战力量和多样化的作战手段,使现代战争的可控性显著增强,为运用军事手段达成政治目的提供了低风险、高效能的可能选择。简言之,新军事变革是由新科技的创新运用,结合军事准则、战法、组织理念、崭新的调整所带来的重大变革,将从根本上改变军事作战的本质与特性。

新军事变革有如下五个基本特征:第一,武器装备智能化,各类精

---

① 吴春秋:《论大战略和世界战争史》,第145—157页。
② 仕廷光、段晓红:《从系统观点对新军事变革本质问题的辨析与思考》,《系统科学学报》2012年第2期,第44—47页。

确制导武器逐步成为战场的主角;第二,编制体制精干化,即通过减少数量、调整编制体制、优化军兵种结构等措施,军队规模更趋精干,战斗力普遍增强;第三,指挥控制自动化,以提高指挥、控制、通信、电脑、情报、监视、侦察和杀伤能力(C4KISR)为手段,实现指挥系统的实时高效;第四,作战空间多维化,作战领域由传统的陆、海、空三维空间向陆、海、空、天、电(磁)五维空间扩展;第五,作战样式体系化,随着诸兵种之间联合作战的体系化,"空地海天一体战"将成为未来的作战样式。[1]

这场军事变革的主要动因,是为了在未来国际战略格局中争夺有利地位和战略优势。它不只是单一技术因素直接推动的结果,而是技术推动与理论牵引双重动力推动的产物;不只是作战效能的物理性扩张,而是作战效能的智能性扩张;不只是军事技术的革命,也是军事结构与军事理论的革命。这场新军事变革对世界各国都产生了震撼性影响。美、英、法、德等发达国家掀起了高技术建军的热潮,它们采用"信息主导""系统集成""虚拟实践"等方法,建设数字化部队和数字化战场,加快军队信息化建设步伐。不仅大国加快了军事变革的步伐,一些中小国家也积极创造条件进行军事变革,大力推进军事理论、作战思想、武器装备、组织体制、教育训练、后勤保障等各个方面的创新。新军事变革的规模之大、内涵之广、影响之深,是历史上任何一次军事革命都无法比拟的。它的发生和发展将对各国特别是大国在国际战略格局中的地位产生重大影响。正如习近平指出的,这场军事领域的发展变化,以信息化为核心,以军事战略、军事技术、作战思想、作战力量、组织体制和军事管理创新为基本内容,以重塑军事体系为主要目标,正在推动新军事革命深入发展,其速度之快、范围之广、程度之深、影响之大,为第二次世界大战结束以来所罕见。这场世界新军事革命是全方位、深层次的,覆盖了战争和军队建设全部领域,直接影响着国家的军事实力和综合国力,关乎战略主动权。这场新军事革命不仅反映在军事科技的突飞猛进上,也反映在军事理论的不断创新上,还反映在军事制度深刻

---

[1] 熊光楷:《国际战略与新军事变革》,第36—38页。

变革上。①

军事革命与中华民族伟大复兴的大战略目标直接相关。面对世界范围的新军事变革,中国军政界十分重视并研究、制定了相应的战略。根据中央军委的指示精神,必须把未来军事战争准备的基点放在打赢信息化条件下的局部战争上,强调实现军队由数量规模型向质量效能型转变、由人力密集型向科技密集型转变的战略目标。军事革命以国民经济为基础,以科技革命为先导,以国家实力的总体发展为基石,但要树立军事革命迫在眉睫、必须加以重视的思想。树立综合的军事革命观,将国防体制、现役部队、国防科研、国防工业、国防经济、战略部署、战争准备、军队士气、国防意识、军民关系等全部纳入考虑的范畴。

鉴于世界军事革命发展的形势,我们必须进一步解放思想,积极推进符合中国现实与世界发展趋势的军事变革,这意味着中国既要研究借鉴世界各国军事革命的经验教训,包括历次高技术条件下的局部战争,又不能完全照搬外国的军事变革模式。中国军队机械化任务尚未完成,今后要在信息化的引导下实现机械化,坚持以信息化带动机械化,以机械化促进信息化,实现机械化、信息化的复合发展,最终完成机械化、信息化建设的双重任务。我们认为,更新武器装备、创新军事理论、改革军队组织体制等相辅相成,构成当前中国军事变革的主要内容。具体地说,武器装备是军事斗争的基本工具,是国防现代化水平的主要标志。更新武器装备是当代军事变革的首要内容,是实现军事领域全面变革的基本前提。运用军事技术更新武器装备,是当代军事领域最为活跃的发展,不仅改变着军事实力的物质基础,而且成为推动军队组织体制、军事理论、作战方式变革的巨大推动力。20世纪70年代以来,特别是海湾战争结束以来,世界各国为了迅速提高自己的军事实力,竞相发展高技术武器,加快武器装备升级换代的步伐。鉴于军事在国家战略中的重要地位,军事领域通常是吸纳最新科技成果的密集之地,高新技术成果广泛用于军事领域,产生了精确制导技术、遥感探测技术、卫星通信与预警技术、全球定位导航技术、隐身技术、夜视技术等

---

① 《习近平在中共中央政治局第十七次集体学习时强调:准确把握世界军事发展新趋势 与时俱进大力推进军事创新》,《人民日报》2014年8月31日,第1版。

一系列军事高新技术群,导致武器装备的日益高技术化、高效能化。随着武器装备的科技含量增加,更新武器装备所需费用相应增加。鉴于中国目前军事技术与世界军事技术最先进的国家尚有一定差距,以自主研制和外购相结合应为中国更新武器装备的基本模式。鉴于武器装备开发与购买均需要大量费用,加大武器装备投入应是中国的必然措施。

军事理论创新是军事革命的灵魂,它既是武器装备更新和军事组织体制变革的必然结果,又是进一步发展军事技术、更新武器装备、改革军事组织体制和变革军事实践方式的先导。战争是非理性的,而军事理论、军事战略却必须是理性的。① 中国强调积极防御的战争全局原则,在战略防御的态势下,竭尽一切手段改变战略上的攻守格局,取得战略反攻和战略进攻的主动权。② 也就是说,积极防御战略思想的目标是取得战略进攻的主动权,而非单纯的消极防御,应根据国家安全和发展战略,适应新的历史时期形势任务要求,坚持实行积极防御军事战略方针,与时俱进地加强军事战略指导,进一步拓宽战略视野、更新战略思维、前移指导重心,整体运筹备战与止战、维权与维稳、威慑与实战、战争行动与和平时期军事力量的运用,注重深远经略,塑造有利态势,综合管控危机,坚决遏制和打赢战争。

随着新军事变革的影响扩大,中国进行国防调整,开始实施积极的近海防御政策,中国大量购买现代化海军、空军设备,强化空中加油和电子信息作战能力等,增强了军队的投射能力。与此同时,中国立足于自卫式的有限威慑理论,既将核武器视为硬实力,也视之为软实力。在积极防御和有限威慑战略思想的指导下,中国相关部门加强对军事理论的研究,提出着眼于打赢信息化条件下的局部战争的作战理论,以及质量建军、精兵主义的军队建设理论构想,并开始付诸实践之中。习近平明确提出构建能够打赢信息化战争、有效履行使命任务的中国特色

---

① Martin Shaw,"Strategy and Slaughter", *Review of International Studies*, Vol.29, No.2, 2003, pp.269-277.

② 国防大学编:《中国军事百科全书·战略卷》,军事科学出版社1993年版,第251—262页。

现代军事力量体系。①

随着中国深化改革的全面展开,国防和军队改革提升日程。深化国防和军队改革的指导思想是,全面实施改革强军战略,着力解决制约国防和军队建设的体制性障碍、结构性矛盾、政策性问题,推进军队组织形态现代化,进一步解放和发展战斗力,进一步解放和增强军队活力,建设同我国国际地位相称、同国家安全和发展利益相适应的稳固国防和强大军队,为实现"两个一百年"奋斗目标、实现中华民族伟大复兴的中国梦提供坚强力量保证。根据改革总体方案确定的时间表,2020年前要在领导管理体制、联合作战指挥体制改革上取得突破性进展,在优化规模结构、完善政策制度、推动军民融合发展等方面的改革上取得重要成果,努力构建能够打赢信息化战争、有效履行使命任务的中国特色现代军事力量体系,完善中国特色社会主义军事制度。②

改革军事组织体制,实现军事系统组织结构的优化组合,是巩固和发展武器装备更新、军事理论创新的成果,最终完成军事领域革命的关键。一般来说,任何一次军事革命均必须落实到组织体制的更新与转型上。否则,再先进的武器装备、再完美的军事理论都无法发挥其应有的效能。世界各国的军事革命均是从武器装备发展水平的实际情况出发,以新的军事理论为指导,经过充分的科学论证,有计划有步骤地进行军事组织体制改革,力求尽快建立与新武器装备和新军事理论相结合、与未来战争相适应的军事组织结构。中国以打赢信息化条件下的局部战争战略思想为指导,根据国家安全的基本需要,以提高军队战斗力为标准积极裁减军队数量,并在优化军队结构方面采取积极措施,包括加大技术密集型军兵种的比例,调整、加强军事指挥体制,建立军民一体的联合后勤保障体系等,而尤为关键的是,优化军委总部领导机关职能配置和机构设置,完善各军兵种领导管理体制,形成军委管总、战区主战、军种主建的格局,健全新型作战力量领导体制,加强信息化建

---

① 《中央军委关于深化国防和军队改革的意见》,《人民日报》2016年1月2日,第2版。

② 《习近平在中央军委改革工作会议上强调:全面实施改革强军战略坚定不移走中国特色强军之路》,《人民日报》2015年11月27日,第1版。

设集中统管。①

　　鉴于中国面临的国家安全局势和国家战略利益拓展的需要,我们强调,应秉持有限威慑的核战略思想,进一步加强火箭军建设;着眼于世界大国地位的战略目标,进一步加强海军建设,全力推动海洋强国战略的实施。需要指出的是,一个濒海大国必须拥有一支强大的海军力量,海军建设的目标应包括:粉碎任何威胁中国领土主权完整和海洋权益的企图,为国家经济建设和改革开放提供安全而稳定的海上战略环境,有效维护中国的世界大国地位和保持对亚太地区足够的影响力,遏制来自海洋方向的侵略和打赢针对中国的战争,保持有效的海上核威慑与核反击能力等。

　　中国积极的军事变革并非苏联式的大规模军事建设,中国维护国家安全的基本需要并扩大其地区影响的愿望应该为国际社会所理解和接受。② 需要强调的是,对一个崛起的大国而言,"非兵不昌,非德不强"。战争不是国家发展的本意,但积极的国防建设和战争准备却必须为之。"战伐因声罪,驰驱为息兵。"建立巩固的国防是中国现代化建设的战略任务,加强国防建设是为了更好地完成维护国家统一安全和中华民族伟大复兴的战略目标,拥有强大的军事实力是中国国家安全目标得以实现的根本保障,也将是世界和平和亚太稳定的重要条件。

---

① 许其亮:《坚定不移推进国防和军队改革》,《人民日报》2013 年 11 月 21 日,第 6 版。
② Ivan Eland, "Is Chinese Military Modernization a Threat to the United States?", p.12.

第三章
战略观念的优化

> 战略是一种随机应变的系统,作为一种创新性的观念,它随着不断改变的环境而发展。
>
> ——赫尔穆特·冯毛奇①
>
> 战略思想在每个世纪,又或在历史的每个时段之中,从事件本身中所出现的问题吸取灵感。
>
> ——雷蒙·阿隆②

软实力是国家实力所必不可少的基本要素。约瑟夫·奈指出,软实力是一个国家的文化和意识形态诉求,是一种通过吸引力而不是强制力获得理想结果的能力,即让其他人做你想要他们所做事情的能

---

① Helmut von Moltke, "On Strategy", *Miltarische Werke*, Vol.II, Berlin, 1900, p.219.
② Raymond Aron, "The Evolution of Modern Strategic Thought", in Raymond Aron, ed., *Problems of Modern Strategy*, London: Praeger, 1970, p.7.

力。① 软实力一般包括文化、意识形态和国际制度三个方面的内容,从大战略研究角度看,一般意义上的文化、战略观念、国际制度应属于必须密切关注的软实力内容。笔者秉持硬实力、软实力相辅相成的原则,对中国战略观念及其变革、中国对国际制度的参与进行分析,以此构成对中国软实力的基本评估。

文化是国家实力的源泉和动力,同时也是联结国家实力各要素的关键。极言之,文化因素是唯一能够渗透到任何领域、无所不在的国家实力因素。鉴于此,能够说服别人跟进、效仿的社会制度或文明往往是世界大国的地位标示。一个世界大国本身往往就构成一种文明体系,其文化则是一个时代的标志。② 自公元前 21 世纪夏朝建立以来,中华传统文明绵延达数千年之久,其最大优势在于造就了优越的民族精神与文化气质,并集中表现为厚德载物与大象无形的胸襟、海纳百川的气魄。面对全球化的潮流,中国应站在世界文化的角度,以东方文化智慧发展国际社会的新知,使得本国现代性进一步体现东方智慧③,使得东方智慧惠泽世界,既坚持具有开放胸襟和气象的"拿来主义",又坚持本民族的文化根基和内在精神的发扬光大,从而走向文化"输出主义"④。具体地说,在坚持文化多样性基础上,强调文化融合,增加民主等方面的普世性认识和文化认同感;弘扬传统文化,加强文化对外交流,以传播文化、增强影响力、化解文化层面的误会、实现中华文明的复兴。

---

① Joseph Nye, Jr., *Bound to Lead: The Changing Nature of American Power*, New York: Basic Books, 1990, pp.188, 267; *The Paradox of American Power: Why the World's Only Superpower Can't Go It Alone*, New York: Oxford University Press, 2002, p.9.

② 赵英:《大国天命——大国利益与大国战略》,北京:经济管理出版社 2001 年版,第 127 页;喻希来:《新兴世界大国的成长之旅:光荣与梦想——20 世纪中国历史总成绩的回顾》,《战略与管理》1999 年第 6 期,第 1—17 页。

③ Jacques Derrida, *Aporias: Dying-Awaiting (One Another at) the "Limits of Truth"*, Stanford: Stanford University Press, 1993, pp.1-11.

④ 王岳川:《发现东方与文化输出论纲》,载余虹等主编:《问题》第一辑,北京:中央编译出版社 2003 年版,第 1—30 页。

观念包含世界观、原则信念和因果信念。① 一般而言,观念尤其是传统观念构成一国文化的核心。② 对于观念在战略中作用的认识,总体而言有新现实主义、新自由制度主义和社会建构主义三种基本的解释。以肯尼思·沃尔兹(Kenneth Waltz)为代表的新现实主义寻求将观念作为决定性变量的影响降至最低,认为观念的作用是极其有限的,是一种因变量(dependent variable)③。以罗伯特·基欧汉(Robert Keohane)和朱迪斯·戈德斯坦(Judith Goldstein)为代表的新自由制度主义认为,观念是干预性变量(intervening variable),只有在超出权力、利益和制度解释作用范畴的情况下才会产生作用;即使采取理性方式去追求自私的目的,观念对决策也会产生影响。④ 他们指出,观念的作用主要体现在如下方面:观念认定因果联系或反映规范性原则,起着线路图(road map)的作用;观念影响战略互动,对结果产生作用;观念一旦被嵌入规则和规范之中(即制度化),就制约公共政策等,但只有出于权力和利益的原因而被制度化的观念才可能具有独立影响。⑤ 以亚历山大·温特(Alexander Wendt)为代表的社会建构主义认为,客观因素只有通过行为体的共有观念才能够产生影响行为的意义,才能具有实质性的内容。权力分配的意义在很大程度上是由利益分配建构的,利益的内容在很大程度上又是由观念建构的,换言之,"权力和利益之所以具有它们实际上所具有的内容,是因为造就权力和利益的观念起着建构作用"⑥。因此,观念是一种自变量(independent variable),其根本作用是建构具有解释能力的权力和利益。⑦ 当然,在对观念独立作

---

① Judith Goldstein and Robert Keohane,"Ideas and Foreign Policy: An Analytical Framework", in Judith Goldstein and Robert Keohane, eds., *Ideas and Foreign Policy: Beliefs, Institutions and Political Changes*, Ithaca: Cornell University Press, 1993, p.30.
② 余英时:《中国思想传统的现代诠释》,南京:江苏人民出版社 2003 年版,第 2 页。
③ John Mueller,"The Impact of Ideas on Grand Strategy", in Richard Rosecrance and Arthur Stein, eds., *The Domestic Bases of Grand Strategy*, Ithaca: Cornell University Press, p.49.
④ Judith Goldstein and Robert Keohane,"Ideas and Foreign Policy: An Analytical Framework", p.4.
⑤ Ibid., pp.12-13.
⑥ 亚历山大·温特:《国际政治的社会理论》,上海人民出版社 2000 年版,第 167 页。
⑦ 同上书,第 146—150 页。

用的认识上,不仅社会建构主义做出了极其肯定的回答,冷战卫士们也对此深信不疑。他们强调,冷战缘起于资本主义和社会主义政治观念的截然相对,苏联放弃了扩张主义的意识形态,苏美双方的战略观念发生根本变化导致了冷战的结束。①

  观念是文化的重要组成部分,又是文化最为重要的体现形式之一。新自由制度主义认为,观念是一种干预性变量,在一般情况下起着有限度的作用,而被制度化的观念则可能发挥独立作用。② 笔者强调观念的战略意义和价值,认为一个国家的战略观念对其大战略的制定及实施起着至关重要的作用。实际上,战略观念一直被视为战略研究中至关重要的变量,诸多战略学者认为,只有把观念因素纳入研究视角,才能对一个国家的大战略进行更为周密的解释。另一方面,战略观念不是一个静态的概念,它尽管相对稳定,但也具有变动不居的品质。例如,国内政治经济的变革、国际局势的改变均可能导致战略观念的变革,决策者和战略家也可以通过学习实现战略观念的优化。③ 总体而言,导致政治观念变化的国内变革对国家战略行为的影响远比军事能力的国际分布变化重要得多。④ 例如,研究中华人民共和国外交史,我们可以得出这样的结论,中国领导人的思想观念创新引导着国内的发展、改革、开放进程,是促使中国大战略实现历史性变革的重要因素。⑤

---

 ① John Mueller, "The Impact of Ideas on Grand Strategy", p.55.
 ② 门洪华:《对国际机制理论主要流派的批评》,《世界经济与政治》2000 年第 3 期,第 23—29 页。
 ③ 关于学习的重要作用,参见 Joseph Nye, "Nuclear Learning and U.S.-Soviet Security Regimes", *International Organization*, Vol.41, No.2, 1987, pp.371-402; Ernst Haas, "Why Collaborate? Issue-Linkage and International Regimes", *World Politics*, Vol.32, No.2, 1980, pp.357-405; Janice Gross Stein, "Political Learning by Doing", *International Organization*, Vol.48, 1994, pp. 155-183; Jeffrey Knoff, "The Importance of International Learning", *Review of International Studies*, Vol.29, No.1, 2003, pp.185-207。
 ④ John Mueller, "The Impact of Ideas on Grand Strategy", p.62.
 ⑤ 参见章百家:《改变自己 影响世界——20 世纪中国外交基本线索刍议》,《中国社会科学》2002 年第 1 期,第 4—19 页;门洪华:《中国观念变革的战略路径》,《世界经济与政治》2007 年第 7 期,第 13—20 页;门洪华:《中国崛起与国际秩序变革》,《国际政治科学》2016 年第 1 期,第 63—93 页。

第三章 战略观念的优化

笔者倡导以一种长远和发展的眼光看待中国的战略观念。在本章中,笔者将重点剖析战略文化、国家安全观、外交哲学等战略观念因素,既强调中国传统文化构成了战略文化、国家安全观和外交哲学的基底,又强调历史变革导致这三个战略观念因素的创新性发展,从而构成评估历史继承性与时代创新性兼具的战略观念体系。最后,笔者总结近年来中国国际战略观念的变革,强调指出,进入 21 世纪,以国际战略观念的变革为思想指导,中国总体国际战略开始由主要为自己的发展利益服务的和平环境战略转向与世界谋求共同发展与安全的战略,这一战略转变以经济主义和地区主义为基点,以积极参与国际事务、加强国际合作为途径,以拓展国家战略利益、发挥负责任大国作用为目标。

第一节 中国战略文化的重构

作为战略的底蕴和根基,文化对战略的影响似乎无所不在。思想文化与战略的结合,构成战略文化的精髓。一个民族或国家在其历史中形成的战略思想,究其本质来说实际是战略文化。每个国家或民族的战略文化都必然打上其历史文化传统的烙印,而文化传统又潜移默化地制约和限定着战略思想。同时,战略文化还是一个动态的概念,不断受到新思想、新形势的冲击,并在其间发生着嬗变。从某种意义上讲,战略文化是一种限制行动选择的观念力量,决策者亦可从这些限制中找寻和确定具体的战略选择。换言之,战略文化是制定现实战略的潜在意识和历史文化情结,因为战略家只能在特定的历史文化环境和教养中进行认识和实践创造活动。[1] 故而,美国战略学者科林·格雷(Colin S. Gray)强调指出,不研究决策的文化情境,则对战略行为的解

---

[1] 李际均:《论战略》,第 19 页。

释必是狭隘和无意义的。①

　　本节阐述战略文化的研究议程,确立战略文化研究的意义与价值;概述中国传统战略文化,确定分析中国大战略的文化背景(cultural context);剖析中国战略文化的嬗变及其在当前国内外情势之下的重构,以标明中国战略观念优化的文化基础。

---

① 科林·格雷指出,关于战略文化的任何学术著作都因其稀有而显得弥足珍贵。参见 Colin S. Gray, "Strategic Culture as Context", *Review of International Studies*, Vol.25, No.1, 1999, pp.49-69; Stuart Poore, "What is the Context? A Reply to Gray-Johnston Debate on Strategic Culture", *Review of International Studies*, Vol.29, No.2, 2003, pp.279-284。近年来,中国战略文化成为战略研究的热点,但相关研究著述尚不多,可参见 Zhang Shu Guang, *Deterrence and Strategic Culture: Chinese-America Confrontations, 1949-1958*, Ithaca: Cornell University Press, 1992; Alastair Jain Johnston, *Cultural Realism: Strategic Culture and Grand Strategy in Chinese History*, Princeton: Princeton University Press 1995; Andrew Scobell, *China and Strategic Culture*, Washington: The Strategic Studies Institute, May 2002;李际均:《论战略》,北京:解放军出版社 2002 年版;宫玉振:《中国战略文化解析》,北京:军事科学出版社 2002 年版;李慎明:《中华战略文化及其发展的机遇与挑战》,《毛泽东邓小平理论研究》2010 年第 5 期;江海洋:《从回归到对国际社会的建构——论中国当代战略文化》,《兰州学刊》2008 年第 1 期;江西元:《试析和谐世界与中国战略文化重塑》,《教学与研究》2009 年第 2 期;周学益:《从中美两国战略文化的差异看国家安全观的不同》,《武汉大学学报(哲学社会科学版)》2009 年第 6 期;朱中博、周云亨:《中国战略文化的和平性——〈文化现实主义〉再反思》,《当代亚太》2011 年第 1 期;董青岭:《走向新古典外交:传统战略文化的回归与中国周边安全新战略》,《太平洋学报》2011 年第 12 期;时殷弘:《武装的中国:千年战略传统及其外交意蕴》,《世界经济与政治》2011 年第 6 期;谈谭:《从"和平共处"到"和平发展"——论建国以来中国对外战略文化》,《理论月刊》2011 年第 6 期;江海洋:《从回归到对国际社会的建构——论中国当代战略文化》,《兰州学刊》2008 年第 1 期;李少军:《中国的战略文化》,《当代亚太》2009 年第 1 期;江西元:《试析和谐世界与中国战略文化重塑》,《教学与研究》2009 年第 2 期;周学益:《从中美两国战略文化的差异看国家安全观的不同》,《武汉大学学报(哲学社会科学版)》2009 年第 6 期;李慎明:《中华战略文化及其发展的机遇与挑战》,《毛泽东邓小平理论研究》2010 年第 5 期;朱中博、周云亨:《中国战略文化的和平性——〈文化现实主义〉再反思》,《当代亚太》2011 年第 1 期;董青岭:《走向新古典外交:传统战略文化的回归与中国周边安全新战略》,《太平洋学报》2011 年第 12 期;时殷弘:《武装的中国:千年战略传统及其外交意蕴》,《世界经济与政治》2011 年第 6 期;时殷弘:《传统中国经验与当今中国实践:战略调整、战略透支和伟大复兴问题》,《外交评论》2015 年第 6 期。

战略文化的研究议程

一般而言,战略文化指的是一个国家的传统、价值、态度、行为方式、习惯、象征、适应环境变化和解决危机或使用武力的特殊方式。① 作为最基本的战略要素之一,战略文化反映着一个国家带有根本性的安全与利益需求,构成了一国安全观的底色,并以潜在的、复杂的方式决定着战略决策。战略文化随着历史发展而变化,且战略文化的变化对国家战略决策有着极其重要的影响。

战略文化的研究缘起于西方,尤以美国研究者为盛。1977年,杰克·斯奈德(Jack Snyder)提出了关于战略文化的最早定义:"战略文化是国家战略决策者对于核战略指令或模糊博弈所共有的整体概念、制约性情感反应和习惯行为模式的综合。"② 自此,战略文化成为战略研究的新热点,其在西方战略研究的重要研究地位逐步确立。西方战略文化研究以微观视角为突出特色,即将战略文化基本认定为价值观、行为模式或符号系统。这一研究特色与西方思维特征有着本质的关联,也与将战略文化限定于政治文化的思想倾向有关。当然,需要指出的是,西方战略学者并未将研究层次限定于微观,而是强调从宏观、中观、微观等多层面综合研究战略文化的必要性。③

根据哈佛大学教授江忆恩的分析,西方战略文化研究经历了三个不同的发展阶段,关于战略文化的定义及其功能的认定也有着巨大的不同。④ 从20世纪70年代到80年代,杰克·斯奈德、科林·格雷、卡恩斯·洛德(Carnes Lord)等西方战略研究者重点剖析美苏核战略不同的原因,普遍将战略文化视为国家战略行为的决定性因素,并倾向于认为

---

① Ken Booth and Russel Trood, eds., *Strategic Culture in the Asia-Pacific Region*, Houndsmills: MacMillan Press, 1999, pp.363-371.

② Jack Snyder, *Soviet Strategic Culture: Implications for Limited Nuclear Operations*, Santa Monica: RAND, 1977, p.9.

③ 战略文化的宏观研究侧重于对地理、民族文化特点和历史的分析,中观研究侧重于分析社会、经济和政治结构,微观研究重点剖析军事组织和军政关系。参见 Carl G.Jacobsen, ed., *Strategic Power: USA/USSR*, London: St.Martin's Press, 1990, pp.35-49。

④ Alastair Iain Johnston, "Thinking about Strategic Culture", *International Security*, Vol 19, No.4, Spring 1995, pp.32-64.

战略文化是固定不变的。① 杰克·斯奈德提出的定义代表着这种倾向,格雷对美国历史经验奠定其武力运用的思维模式和信仰,从而构成其核战略选择的分析也集中反映了这种认识。② 第一阶段的西方战略文化研究太过强调历史经验和传统文化的决定性作用,有着机械决定论的倾向。20世纪80年代中晚期的西方战略文化研究则反其道而行之,以布拉德利·克莱恩(Bradley Klein)为代表的研究者强调战略文化是战略决策领域政治主导者的战略工具。他指出,美国对外宣称的战略实质上是政治精英们为了使他们实际施行的战略被接受和消除潜在挑战力量的工具③,其目的是赋予其战略选择以合法性、合理性。江忆恩就此指出,这一代战略文化研究者将战略视为政治精英为其战略而制造的可被接受的文化和语言上的变化以及消除潜在政治对手的工具,大多认为战略文化对战略选择影响甚微。20世纪90年代以来,以江忆恩、杰弗里·列格罗(Jeffrey Legro)、伊丽莎白·基尔(Elizabeth Kier)为代表的新一代战略文化研究者就以上各走其极端的两种战略文化观点进行反思和调和,认为战略文化既不是战略决策中的决定因素也不是工具,而是一种干预性变量。④ 在这一代战略文化研究者看来,国家的决策是通过战略决策者的认知过程实现的,战略文化属于构成决策者认知能力的要素之一,因而在决策过程中发挥着干预性作用。在这一时期,战略文化研究侧重于"利益决定论"所无法解释的战略选择问题,主要表现在以下两方面:其一,避免了第一阶段的决定论观点,

---

① Carles Lord, "American Strategic Culture", *Comparative Strategy*, Vol.5, No.3, 1985, pp.263-293.

② 此外,艾伦·惠廷关于战略文化的认识也有类似的倾向,他指出,战略文化"源于对另一个民族、国家或人民的历史、传统和自我形象的选择性理解,事先对它们的战略意向构成固定看法"。参见 Allen Whiting, *China Eyes Japan*, Los Angeles: University of California Press, 1989, quoted in Andrew Scobell, *China and Strategic Culture*, Washington: The Strategic Studies Institute, May 2002, p.2.

③ Bradley Klein, "Hegemony and Strategic Culture: American Power Projection and Alliance Defense Politics", *Review of International Studies*, Vol.14, 1988, pp.133-148.

④ Alastair Iain Johnston, "Thinking about Strategic Culture", pp.32-64; Jeffrey Legro, *Cooperation under Fired Anglo-German Restraint During World War*, Ithaca: Cornell University Press, 1995; Elizabeth Kier, "Culture and Military Doctrine: France Between the Wars", *International Security*, Vol.19, No.4, Spring 1995, pp.65-93.

认为战略文化是可以变化的。如列格罗指出的,由于战略文化根植于最近的经验,而不是历史,因此战略文化不是固定不变的,而是可以变化的。其二,注重理论的检验以及与不同理论的对比。列格罗检验了现实主义、制度主义与组织文化理论对战略的解释,基尔则将结构主义、官僚组织理论与战略文化论进行了对比,均试图验证战略文化对战略选择的影响幅度,并得出战略文化起到干预性作用的基本结论。

关于战略文化作用的争论,主要体现在江忆恩和科林·格雷之间。① 江忆恩认为,战略文化是一套宏观战略观念,其基本内容被国家决策者所认同,并据此建立起一个国家长期的战略趋向。② 他强调战略文化的干预性作用,认为战略文化部分地影响宏观战略选择和具体的战略行为。在他看来,战略文化是一种解释性的因果变量,通过战略文化分析可以把握国家战略选择的脉搏。他指出,战略文化是由两部分组成的"符号系统":第一部分是对战略环境性质的假定,即关于战争在人类生活中的地位(如是不可避免还是偶然因素),关于对手的本性和威胁的判断(如是零和还是正和的),关于武力运用的效用(如控制结果和削除威胁的能力及使武力得以成功运用的条件);第二部分由操作层面的假定组成,是关于在对付外来威胁方面何种战争思想更为有效的假定。这一层面的假定是前一部分的逻辑延伸,从而直接对行为选择产生影响。以上两部分内容相呼应,构成战略文化的逻辑。关于军事力量在国家间政治事务上的功用的剖析主要由两部分组成:一是关于战略环境理性的基本假定,它包括三个问题,即战争在人类历史中的作用(是必然的还是不正常的)、对手的性质及其所施加的威胁(是零和的还是非零和的)、使用武力的功效(控制结果、消除威胁的能力及关于有效使用武力的环境);二是关于在行为层面上有效处理上述三个问题的战略选择的假定,后者是前者的逻辑延伸。按照这一定义,我们可以国家为单位对其战略文化进行梳理,并确定其战略偏好的

---

① 关于这一争论的详细分析,请参见 Stuart Poore, "What is the Context? A Reply to Gray-Johnston Debate on Strategic Culture", pp.279-284。
② Alastair Iain Johnston, *Cultural Realism: Strategic Culture and Grand Strategy in Chinese History*, p.ix.

次序,以此分析战略文化对其行为选择的影响,从而避免对战略文化做大而化之的定义。① 科林·格雷将战略文化定义为"基于社会意识所建构与传递的假设、思维习惯、传统、偏好的作战方法等"②。他强调战略文化提供的是理解战略决策的情境(context for understanding),而非解释性因果关系(explanatory causality)。具体地说,战略文化是战略行为的作为地区,或赋予战略行为意义的情境。战略文化提供了理解战略选择而非解释因果关系的情景。③

中国的战略文化研究起步较晚,并以宏观视角和传统思想剖析为其主要研究特色。中国学者强调文化概念宏观层面的含义,将文化界定为系统化的思想和理论,因而将战略文化研究等同于战略思想、战略理论研究,即战略文化是在一定的历史和民族文化传统基础上所形成的战略思维和战略理论,并以这种思想和理论指导战略行动,影响社会文化与思潮。中国学者普遍认为,传统思想是战略文化的根源,从传统思想的角度思考战略文化也是中国学者研究战略文化的主流。李际均认为,世界上每一种文化传统都包含有关于战争的思想,每一种战略思想又都与一定的思想文化相联系;广义的文化是一个国家或民族在自然环境、社会形态、经济水平等作用下长期形成的精神财富的总和;战略服从和服务于当时的国家政治,又深刻地反映一个国家或民族的历史文化和哲学传统;不同国家和民族的生存环境和历史发展的差异,决定其社会结构、文化心理结构的区别,从而也影响到战略文化的不同特点;每一个国家和民族的战略文化都有其固有的传统文化的烙印。综上所述,战略的底蕴和根基是思想文化,而战略思想最终要汇入一个国家或民族思想文化的发展历史中去。从这个意义上讲,战略思想也是一种文化,战略思想的发展是一种文化现象,思想文化与战略相结合构成普遍意义上的战略文化。战略文化是在一定的历史和民族文化传统的基础上所形成的战略思想和战略理论,并以这种思想和理论指导战

---

① Alastair Iain Johnston,"Thinking about Strategic Culture", pp.32-64; Alastair Iain Johnston, *Cultural Realism: Strategic Culture and Grand Strategy in Chinese History*, pp.36-37.

② Colin Gray, *Modern Strategy*, London: Oxford University Press, 1999, p.28.

③ Colin S. Gray,"Strategic Culture as Context", pp.49-69.

略行动和影响社会文化与思潮,具有观念形态、历史继承性、国体与地区特征等属性,是制定现实战略的潜在意识和历史文化情结。① 宫玉振认为,战略文化即国家在运用战略手段实现国家战略目标过程中所表现出来的持久性的、相对稳定的价值趋向与习惯性的行为模式,是一个民族与文明的历史经验、民族特性、价值追求及文化心理在战略领域的集中反映,其形成受到文明特性、地缘环境、历史经验以及由此形成的经验性信仰等因素的影响。②

总体而言,中西方战略学者均认为,战略文化是关于一个民族独特的有关国家安全问题的战略思维,它缘起于国家的早期经历,并取决于国内精英的哲学、政治、文化和认知特性。对战略文化研究的重要性,中西方学者也均无异议。但源于不同的思维逻辑和历史经验,中西方学者对战略文化的界定、研究层次、研究纲领又有着不同的理解,尤其在关于中国战略文化的剖析上,更是体现出深刻的不同。

鉴于国内战略文化研究的方兴未艾,而中国大战略正处于转型和建构时期,加强相关研究有着迫切意义。

中国战略文化传统

传统思想文化是大战略的底蕴和根基。中国大战略的历史文化起源很早,从先秦到明代,出现了诸如《周易》《尚书》《左传》《孙子兵法》《三略》《六韬》《鬼谷子》等充满大战略思想的典籍,产生了诸如兵家、法家、纵横家等不同的流派,堪称大战略家的才俊之士不断涌现。中国历史上的大战略观念受中国传统文化"天人合一""贵和尚中""人伦为本""崇智重谋"等基本精神的影响,追求"不战而胜""以战止战""全胜不斗,大兵无创""上兵伐谋"的境界;战略取向着重于防御性质,万里长城从来都是防御的象征,而不是国界的标志;思想取向注重于大一统观念,即反对分裂、谋求统一,反对暴乱、谋求安定,反对战争、谋求和平,反对暴政、追求仁政。概言之,统一、安定、和平始终是中国传统文化的主旋律。

---

① 李际均:《论战略》,第18—22页。
② 宫玉振,《中国战略文化解析》,第10—11页。

在对中国战略文化的认识上,外国学者有着独特的视角和观点。曾任职美国陆军军事学院、现兰德公司专家施道安(Andrew Scobell)认为:"中国有双重的战略文化:一是孔孟之道,反对冲突、重视防御;二是现实主义政治,倾向于以军事方式解决问题,具有进攻精神。这两种思想都在发挥作用,都在产生影响,并辩证地结合起来。因此,中国的战略趋向不能确切地用反战或好战来描绘。"①江忆恩则对中国明代的大战略进行个案剖析,认为中国传统战略文化体现出强现实主义(hard realpolitik)的特点,并称之为"备战范式"(parabellum paradigm)。② 江忆恩是谙熟中国传统文化的世界知名学者,他的这一结论无疑深具挑战性,中国学者的论辩神经也由此触发。

中国学者同样强调战略文化必然打上本国历史文化传统的烙印,文化传统亦潜移默化地制约和限定战略选择,可以说,在战略文化作用的认识上,中外学者堪称见仁见智,大多数中国战略学者也同意将战略文化视为战略决策过程中的干预性变量。但在中国传统战略文化的解读上,中外学者体现了深刻的区别。

中国学者认为,中国的战略文化建立在"仁""礼""德""和"等传统基础观念之上。"仁"是儒家思想的核心理念。孔子曰:"为仁由己,而由乎人哉";"己所不欲,勿施于人","克己复礼,天下归仁焉"。"仁"不仅是个人修养的至高境界,同时也是对国家及天下秩序的设计,这就是所谓"家天下""修身、齐家、治国、平天下"的理想设计。"仁"不仅强调自己的修身养性,还强调其他国家的"自我教化",认为将本国的意志强加给他国属于不仁之举,因此"学而不拒,不往教之"。仁的观念与中国对周边国家的战略有着直接的关联,所谓"亲仁善邻,国之宝也"。"礼"视天下为同心圆等级结构,以其辐射程度确定等级关系,形成朝贡体系,所谓"先王之制,邦内甸服,邦外侯服,侯、卫宾服,蛮夷要服,戎狄荒服,甸服者祭,侯服者祀,宾服者享,要服者贡,荒

---

① Andrew Scobell, *China and Strategic Culture*, pp.v-vi.
② Alastair Iain Johnston, *Cultural Realism: Strategic Culture and Grand Strategy in Chinese History*, p.ix.

服者王。日祭,月祀,时享,岁贡,终王"①。在这一等级体系之下,德化的重要性凸现出来,这就是所谓王道。德化辅之"和",以道德和文化魅力吸引而不是暴力征服的战略文化传统就此奠定,稳定的天下秩序也就随之建立,安全即得以保证。中国人强调"和为贵",强调"己欲立而立人,己欲达而达人"的忠恕之道,强调"和而不同",和谐以共生共长、不同以相辅相成,即"四海之内皆兄弟也"。鉴于此,崇尚和平是中国战略文化传统的重要体现,这一思想根植于中华五千年文明的土壤之中,并造就了中华民族反抗侵略、热爱和平的高贵品格。② 儒家强调"以和为贵"的思想,使得和平成为治国安邦、敦亲睦邻的友好之道。鉴于此,中国对自己战略文化的认识没有所谓侵略性的使命。③

建立在这种文化理念基础之上的战略文化强调文武兼备,但文高于武,中国最为知名的军事家孙子同样强调通过非暴力手段实现胜利的重要性,所以才有"上兵伐谋,其次伐交,其次伐兵,其下攻城,攻城之法为不得已"的战略判断,才有"兵者,凶器,圣人不得已而用之"的教诲。即使最急于事功、最不讳言暴力的法家学派也对发动战争持否定态度,如韩非子指出的,"主多怒而好用兵,简本教而轻攻战者,可亡也"。当然,中国的非战思想并非意味着不愿意或不情愿使用武力,如清康熙帝指出的,"欲安民生,必除寇虐,欲除寇虐,必事师旅"。它只是意味着,中国传统战略文化对军事胜利或军事价值并不完全认同,中国不会放弃军事手段,但在信念上确实与西方存在巨大差别,即中国使用武力更多的是为了达到政治目标,或者说其他战略目标与军事胜利同等重要。需要强调的是,中国古代就有一脉相承的反对盲目使用武力、以道德制约战争的战略哲学。老子曰:"以道德佐人主者,不以兵强天下,其事好还;师之所处,荆棘生焉;大军之后,必有凶年。"孟子曰:"善战者服上刑。"建立在这种传统思想基础之上的战略文化必然是内省的、非扩张性的。我们承认中国的战略文化没有放弃武力作为

---

① 《国语·周语上》。
② 石之瑜:《大陆问题研究》,台北:三民书局1995年版,第109页。
③ Mark Mancall, *China at the Center: 300 Years of Foreign Policy*, London: The Free Press, 1984, p.11.

根基的思想——所谓文武兼备、文攻武备,但也不能否认中国战略文化所具有的理想主义、道德主义基底。概言之,如果将价值观念视为战略文化的核心,则道德主义、非战思想同现实主义一道构成了中国战略文化的思想基础。①

军事科学院李际均将军认为,中国战略文化的灵魂就是求和平、谋统一、重防御。特别是,中国极其强调统一观念,反对分裂,谋求统一,促进中华民族的大团结与大融合,一直是中国几千年战争史的主流,无论一个时期内国家如何分裂、各派力量如何对立,最终的结局仍是在民族和解中产生出新的更大范围统一的中国;中国主张和平,有道德原则的传统,有着注重防御的战略传统。② 吴春秋指出,中国传统的中庸思想与西方尤其是克劳塞维茨的"绝对"战略观念截然相反。缘起于中国的传统战略文化,顺天应人、利民为本是中国大战略的目标,富国强兵、兵农结合、文武并重、不战而胜、刚柔并济、以弱胜强是保证大战略目标实现的手段。③ 综上所述,中国学者的分析表明了这样的观点,即中国传统战略文化是内向的,注重追求和平、统一与防御,反对侵略、分裂与攻伐,这种战略思维模式源自中国几千年的传统文化,至今仍然影响乃至在一定条件下决定着中国的战略选择。

中国战略文化的重构

中国战略文化并非静态的概念,而是在历史进程中发生着嬗变。如江忆恩指出的,战略文化的演化与国家身份的变更有着逻辑的关联。④ 19世纪中期以来,西方的坚船利炮摧毁了中国的天下秩序,中国落入"数千年未有之大变局",逐步沦为半殖民地半封建国家,国土分

---

① 道德主义构成中国战略文化的基本性格,非暴力、非扩张是中国战略文化的主导倾向,而价值合理性在中国战略文化中占据主导地位。参见宫玉振:《中国战略文化解析》,第71—129页。
② 李际均:《军事战略思维》,北京:军事科学出版社1998年版,第237—238页;李际均:《论战略》,第20—22页。
③ 吴春秋:《论大战略和世界战争史》,北京:解放军出版社2002年版,第97、137—139页。
④ Alastair Iain Johnston, "Thinking about Strategic Culture", pp.32-64.

裂,主权被切割,令壮士扼腕,时有"国将不国"之叹。国家处于分裂的深渊,迫使中国的战略精英从现实出发反思中国的问题,并走上学习西方、谋求富强的道路,这是数千年中国战略传统的巨大转折,也是中国战略文化嬗变的缘起。中国的战略文化从绵延数千年的"和为贵"传统文化趋向转变为冲突型文化趋向,仁人志士前赴后继,谋求通过武装斗争实现国家独立与统一的道路,这是当时的国际国内环境所决定的,也是中国战略文化追求国家统一、反对侵略与分裂的现实体现。不可否认,"重力、尚武"成为中国近现代尤其是清朝末年以来战略文化的主要趋向。

但是,在战略文化的深层次上,以社会达尔文主义为实质的西方战略文化与中国的传统战略文化毕竟有着本质性的区别,中国不可能完全接受西方的战略文化,第一次世界大战、其后的局部战争乃至第二次世界大战均将西方战略文化的毁灭性倾向暴露在世人面前,中国对西方战略文化有了较为理性的判断。同时,中国对传统战略文化进行了深刻的反思,有幸的是,以天下情怀和道德理性为基底的中国战略文化深层结构并没有完全灭失,尽管道德主义从强传统退居为弱传统和潜在影响因子。在这样的情势之下,经过近现代战争的洗礼,现实主义逐步成为中国战略文化的主导,且明显表现出冲突型战略文化趋向。

中华人民共和国的成立,使得中国实现了国家独立,这是经过百年屈辱和无数仁人志士前赴后继浴血奋战获得的胜利,中国政府自然加倍珍惜。鉴于国家刚刚独立,百废待兴,国际上出现了以两大阵营对垒为基本特征的冷战,国家间关系泛政治化、泛意识形态化,中国不可能放弃"枪杆子里面出政权"的军事经验和斗争哲学,强调通过斗争维护国家独立、实现国家富强是中国迫在眉睫的战略任务。可以说,直到十一届三中全会之前,中国对战争和冲突的基本看法依旧是战争不可避免,冲突是人类事务中的普遍现象,对手本质以及战略意图是不可改变的,无论是国内的阶级斗争还是国际上对中国的威胁都具有零和性质,暴力也在冲突中得到了肯定,冲突型战略文化导向分外明显。① 正是

---

① 秦亚青:《国家身份、战略文化和安全利益——关于中国与国际社会关系的三个基本假设》,《世界经济与政治》2003年第1期,第10—15页。

基于对当时中国战略及其主导文化趋向的解读,江忆恩等诸多外国学者强调中国战略文化的强现实主义特性①,有的西方学者还对中国使用武力的方式从战略文化角度进行了剖析和引申。例如,施道安认为,源于孔孟之道和现实主义政治的结合,中国领导人趋于选择进攻性军事行动作为追求国家目标的主要途径,把进攻性军事行动说成是单纯的防御行动和最后的解决办法。②

与此同时,中国战略文化的另一条主线即和平追求、道德主义、责任意识逐渐显露其价值,其主要标志就是和平共处五项原则的倡导和积极防御军事战略的制定。1954年,中国与印度、缅甸共同倡导了"互相尊重领土和主权完整、互不侵犯、互不干涉内政、平等互利、和平共处"的五项原则,并将之视为中国处理对外关系的基本准则。和平共处五项原则体现了与西方战略文化的截然不同,既代表了中国传统战略文化的延伸,也凸显着中国战略文化的现代特质。与之相对应,以毛泽东为代表的中华人民共和国第一代领导人批判地继承了中国的传统战略文化,总结了中国革命战争的实践经验,确立了积极防御的军事战略。它强调:人不犯我,我不犯人,人若犯我,我必犯人;不要别人一寸土地,也不许别人侵占中国的一寸领土,主张和平解决国际争端;在对外斗争中,军事与外交相结合,掌握有理、有利、有节的原则。③ 中国军事战略的目标是保卫国家安全、维护国家利益,坚持后发制人、自卫和防御的立场,反对侵略、强权政治和霸权主义。当然,中国战略文化中的道德主义和理性道义原则也再次展现,强现实主义与道德主义之间出现强大的张力,辅之以意识形态时代的全面政治化趋向,中国的战略决策和战略行为中不时出现非理性失误。

这种情势因1978年中共十一届三中全会确定改革开放战略而改变。自此,邓小平毅然改变了过时的战略判断和陈旧的战略观念,把中国的战略思维从战争与革命的框架之中解放出来,纳入和平与发展的

---

① Alastair Iain Johnston,"Cultural Realism and Strategy in Maoist China", in Peter J. Katzenstein, ed., *The Culture of National Security: Norms and Identity in World Politics*, New York: Columbia University Press, 1996, pp.216-268.
② Andrew Scobell, *China and Strategic Culture*, pp.v-vi.
③ 李际均:《军事战略思维》,第237—238页。

新轨道之上,从而使得中国的战略思维进入了一个新境界,这一调整代表了中国战略文化的最新嬗变。

中共十一届三中全会确定了以经济发展为中心任务的基本路线,与此同时,中国逐渐弱化了斗争的突出地位。到20世纪80年代中期,邓小平明确提出战争可以避免,国家安全观念开始逐渐发生重大变化,中国战略文化从以强调斗争为核心的战略观念转变为以趋于合作为核心的战略观念,斗争成为次要方面。战争的可避免性、对手的可合作性、暴力效用的降低都是中国战略文化变革的重要表现,并以新安全观的提出为主要标志。① 20世纪90年代中后期新安全观的提出与中国综合国力骤升、国际地位提高分不开,也与中国领导人新的战略观念有着直接的关联。2003年前后,中国战略研究界所提出的和平崛起思想正是中国战略文化重构的集中体现。戴维·兰普顿(David Lampton)指出:"中国在地区和全球秩序中已经成为一个深谋远虑的参与者。中国实力的增强表现在各方面——经济实力、军事实力甚至是思想观念。中国的政策走向更倾向于使用感召、利诱手段而不是威逼。"② 以此为基础,中国逐步丰富其战略理念,提出建立利益共同体、命运共同体、责任共同体的倡议,并于2013年初提出以合作共赢为核心的新型国际关系的全新主张。③ 新型国际关系的基础是中国坚持和平发展道路选择,致力于成为新型大国,奉行具有中国特色的大国外交;其核心是合作共赢,即通过合作实现共赢,打造人类命运共同体,共同为一个更美好的世界而努力;其本质是顺应世界潮流,摈弃零和博弈思维,避免单边霸权行为,以开放包容的建设性路径促进国家目标的实现,以协调合作的建设性方式促进国际关系的优化。

可以说,中国当代战略文化的基本框架已经确立,现实主义、道德主义、合作主义共同构成当代中国战略文化的基底。具体地说,现实主

---

① 秦亚青:《国家身份、战略文化和安全利益——关于中国与国际社会关系的三个基本假设》,第10—15页。

② David M. Lampton, "China's Growing Power and Influence in Asia: Implications for U.S. Policy", http://www.nixoncenter.org/index.cfm? action=publications, March 28, 2004.

③ 习近平:《顺应时代前进潮流 促进世界和平发展》,《人民日报》2013年3月24日,第1版。

义是任何成熟战略文化的基本品质,不可否认,以国家利益的突出强调为标志,现实主义仍然是中国当代战略文化的重要组成部分。同时,中国的道德主义情怀依旧不减,并通过国际关系民主化、世界政治经济秩序变革、安全观创新等战略观念体现出来。以新安全观的倡导和付诸实践为标志,中国战略文化体现出合作型趋向,这也成为中国战略文化最为突出的变革。从这个角度看,江忆恩所强调的中国战略文化的强现实主义政治核心在毛泽东之后并无变更,强现实主义战略文化仍然主导着中国的战略选择和战略行为的观点难为中国战略文化研究者所接受。[①]

一个国家能否保持繁荣昌盛,很大程度上取决于其战略文化的先进性、包容性、引领性。有着巨大发展潜力的大国总是吸纳、融合其他国家、民族的先进文化,形成自己更有活力的战略文化。中国作为具有五千年历史的世界大国,有着与西方不同的独特价值观、传统、文化和民族理想,中国一成不变的地缘战略环境、民族愿望的一致性、一种连续不断又逐渐演化的战略文化是中国得以保持其统一、和平、防御战略思想的理想基础。[②] 与此同时,中国必须清楚认识和牢牢把握自己的根本利益和力量,制定和实施符合本国原则和利益、符合国家力量条件、有助于实现国家战略目标的大战略。大战略的选择及其实施,既受到战略文化的制约,又需要战略文化的支撑。鉴于此,在当前的国际、国内情势下,如何在道德主义与现实主义之间构建成熟的合作型战略文化,已经成为构建中国大战略的核心前提之一。[③]

[①] Alastair Iain Johnston, "Cultural Realism and Strategy in Maoist China", in Peter J. Katzenstein, ed., *The Culture of National Security: Norms and Identity in World Politics*, New York: Columbia University Press, 1996, pp.216-268.

[②] 迈克尔·奥克森伯格:《中国:走上世界舞台的曲折道路》,载罗伯特·帕斯特编:《世纪之旅:七大国百年外交风云》,上海人民出版社 2001 年版,第 324 页。

[③] 近几年阎学通对"道义现实主义"的诠释,集中代表了中国学术精英对道义价值更加深入的思考。参见 Yan Xuetong, "From Keeping a Low Profile to Striving to Achievement", *Chinese Journal of International Politics*, Vol.7, No.2, Spring 2014, pp.158-184;阎学通《道义现实主义的国际关系理论》,《国际问题研究》2014 年第 5 期,第 102—127 页。

第二节　中国国家安全观念的创新

国家安全是国家生存和发展的基础,国家安全观则是一个国家或国家集团对安全的主观认识,它取决于该国内外客观形势的发展与战略决策者主观认识,并随着时间和环境的转换而有所变化。① 自中华人民共和国建立至20世纪70年代末,国家安全的边界基本上完全由地理疆域确定,中国对国家安全的认识主要基于国家生存安全的需要,因此与国际安全是相对分离的。② 20世纪80年代以来,随着国际局势的发展,威胁人类生存的各种因素跨越国界,其控制也超出了单一国家的能力范围,因而成为世界所有国家共同面对的安全问题,国家安全的传统边界已经被打破,安全威胁可谓无处不在。③ 这些变化要求各国突破过去的国家安全观念,从全球安全、综合安全、合作安全角度看待和处理国家安全问题。中国顺应时代潮流,对国家安全的关注并不局限于政治安全等传统安全观念,从维护本国的安全利益走向关注世界政治、经济、安全利益,20世纪90年代中期新安全观的提出就是中国国家安全观念创新的重要标志,2013年总体国家安全观的提出代表了中国国家安全理念创新的最新成果。

中国崛起,以国家安全与否为基础性标尺。从一定意义上讲,中国能否顺利实现崛起,端视其国家安全能否得到维护、国家战略利益能否得以拓展。中国国际战略的基本布局,应以维护和拓展国家利益为核心,在新安全观的理念指导下,进一步促进中国融入国际社会,成为国际社会负责任的、建设性的、可预期的积极建设者。随着中国国际地位的提升,国内与国际互动愈加频繁,总体国家安全观应运而生。总体国家安全观的提出意味着,传统安全与非传统安全交织并存,当今世界仍处于民族国家时代,传统安全观念的主导地位并没有发生根本性的变

---

① Paul M. Evans, ed., *Studying Asia Pacific Security: The Future of Research Training and Dialogue Activity*, Toronto: University of Toronto Press, 1994, p.8.
② 张文木:《中国国家安全哲学》,《战略与管理》2000年第1期,第24—32页。
③ Philip Zelikow, "The Transformation of National Security", *The National Interest*, No.1, Spring 2003, p.19.

化,中国面临的传统安全问题并未消失,而是愈加严峻。国家安全维护不仅需要思想观念上的创新,还需要充分的物质准备,从这个意义上讲,"和平来源于威慑"这一思想永远不会过时。

中国的"安全困境"

第二次世界大战迄今,世界发生了翻天覆地的变化,时而波澜壮阔,令人振奋;时而风雨如磐,惊心动魄。在世界格局的急遽变化中,国家安全是任何国家战略目标的首要乃至最高的诉求。无政府状态成为认识国际政治的基本起点,安全困境(security dilemma)是每一个国家必须面对的现实,"强者能其所事,弱者受其所难"仍然是国家在安全问题上的切实感受。

传统而言,安全困境是一个结构性概念(structural concept),指的是一个国家追求自身安全的意图增加了其他国家的不安全感,因为一方将自己的安全措施解释为防御性的,而把另一方的措施解释为可能的威胁。或者说,一国为了自卫而加强军备,但加强本国军备又刺激他国这样做,客观上造成不安全的环境,即为了安全而导致不安全。[①] 安全困境最为经典的表述来自修昔底德的《伯罗奔尼撒战争史》:"雅典实力的增长以及这种增长在斯巴达引起的恐惧使得战争不可避免。"[②] 就逻辑和经验事实两方面而言,安全困境是国际政治中常见的模式,构成国际紧张、对立乃至冲突的常见动因。[③]

解除安全困境由此成为任何一个国家着力的焦点。传统的战略应对措施往往是建立霸权(hegemony)、军事结盟(alliance)和寻求均势(balance of power)。现实主义倾向于认为,国际冲突无法消除,解决无

[①] Robert Jervis, "Security Regimes", *International Organization*, Vol.36, No.2, Spring 1982, pp.357-378; Robert Powell, "Absolute and Relative Gains in International Relations Theory", in David A.Baldwin, ed., *Neorealism and Neoliberalism: The Contemporary Debate*, New York: Columbia University Press, 1993, pp.209-233.

[②] Thueydidies, *The Peloponnesian War*, New York: Random House, 1951, p.25.

[③] 时殷弘:《安全两难与东亚区域安全体制的必要》,《战略与管理》2000年第4期,第86—92页。

政府状态和安全困境的办法惟有均势①,如摩根索指出的,在由主权国家组成的国际大家庭中,均势和旨在维持均势的政策是必不可少的稳定因素。② 然而,推行均势政策必然从绝对的国家利益出发,建立在以经济实力为基础的军事实力之上,其实质决定了它必然伴随着尖锐的利益冲突。③ 两次世界大战给各国带来了惨烈的教训,以自由理想主义为基底的集体安全(Collective Security)思想由此浮出水面,成为全球范围内寻求安全的路径。集体安全是国际社会设想的、以集体的力量威慑或制止其内部可能出现的侵略、维护每一个国家之安全的国际安全保障机制,强调各国安全共享、风险共担,以国际社会之安全求得国家安全之维护。然而,以《联合国宪章》和安理会所代表的集体安全制度并未发挥应有的效用④,结盟、均势甚至霸权追求与之并存于当世。

20世纪80年代迄今,随着国际局势的发展,威胁人类生存的各种因素跨越国界,其控制也超出了单一国家的能力范围,因而成为世界所有国家共同面对的安全问题,国家安全的传统边界已经被打破,安全威胁可谓无处不在。⑤ 这些变化要求各国突破过去的国家安全观念,当今的国家安全已经是发展意义上的,安全问题异常丰富。⑥ 经济全球化和地区一体化浪潮并行不悖,促使地区合作蓬勃展开,两种当代解决地区安全困境的模式也引起了各国浓厚的兴趣:共同体模式与合作安全。共同体模式以社会建构主义为理论基底,尤以西欧模式和东盟模式堪称经典。两个模式的共同特点是,均为多孔化地区,强大外力的影响促动了地区的团结互助,精诚合作,地区内部均通过观念建构、制度

---

① 肯尼思·沃尔兹:《国际政治理论》,北京:中国人民公安大学1992年版,第147—155页;亨利·基辛格:《大外交》,海南出版社1998年版,第4—6页;汉斯·摩根索:《国际纵横策论——争强权,求和平》,上海译文出版社1995年版,第11—14章。

② 汉斯·摩根索:《国际纵横策论——争强权,求和平》,第222页。

③ 何曜、任晓:《均势理论反思——兼论国际政治研究方法论》,载资中筠主编:《国际政治理论探索在中国》,上海人民出版社1998年版,第218—235页。

④ 具体分析可参见门洪华:《和平的维度:联合国集体安全机制研究》,上海人民出版社2002年版,第三章。

⑤ Philip Zelikow, "The Transformation of National Security", The National Interest, No.1, Spring 2003, pp.17-28.

⑥ Stephen Walt, The Origins of Alliances, Ithaca: Cornell University Press, 1987, p.49.

性合作方式实现了地区合作和多边安全体制的形成,既造就了地区团结,又不乏开放性。二者的不同在于,前者寻求高制度化的超国家架构,后者则寻求低制度化的协商一致。西欧模式是大国主导的共同体模式,法德构成整合发动机;东盟模式则是小国合作的共同体模式,寻求协商一致。合作安全作为一种安全思想,自20世纪90年代中期以来逐步落实到实践上。它将安全困境从结构性概念发展到进程性概念(processing concept),并成为一种待检验的安全困境应对之道。合作安全是一种进程性的战略设计,着眼于解决对安全困境的共识问题。笔者认为,我们可以引进进程性因素来促进安全困境的解决,如国家安全观念的改变、国际安全合作的加强等,即通过合作性的而不是竞争性的战略来实现共同的安全目标。社会建构主义的启示在于,如果行为体之间的共有知识使它们可以建立相互信任,那么它们就会以和平的方式解决存在的问题,共同应对安全困境就是可能的。

在全球安全结构中,中国处于极其特殊的地位,其国家安全有着与众不同的特征。中国的地理位置和东亚地缘政治结构决定了中国国家安全面临的实在和潜在威胁是多元的。[1] 冷战结束以来,中国第一次处于没有直接的巨大军事威胁的情势,与周边大小国家的安全关系都有了不同程度的改善,从这个角度看,中国的安全环境处于历史较好的时期。然而,中国崛起被诸多国家尤其是大国解读为安全威胁,针对中国的战略遏制因素在增加,而美国在中国周边的战略布局成为中国安全困境的指向标。可以说,与其他大国相比,中国的安全情势是最为严峻的,而且中国还有国家统一的战略任务,因而其安全环境存在巨大的脆弱性,不确定因素甚多。换言之,中国国家安全面临传统和非传统因素的双重压力,传统安全威胁主要来源于国家分裂势力,尤其是"台独""藏独""疆独",国家领土完整、主权完整的现实威胁明显加大;加上美国战略东移搅动南海争端加剧,中国卷入局部战争的危险有所增大。非传统安全因素对国家安全的影响早就存在,近年来,其影响的凸

---

[1] Michael D. Swaine and Ashley J. Tellis, *Interpreting China's Grand Strategy: Past, Present, and Future*, Ithaca: RAND, 2000, pp.133-140.

现在一定程度上是各国之间相互依赖加深的结果。① 总体而言,中国面临的非传统安全威胁来源多样,这不仅包括传统的非传统安全问题,如环境污染、流行性疾病、资源短缺、恐怖主义等,而且有与互联网相关的技术异化问题、信息安全等新式的非传统安全问题。②

安全困境不仅产生于客观的国际权力结构,更主要来源于对国家安全竞争的零和性(zero-sum)假设,是通过对西方近现代历史进行剖析得出的结论,许多传统西方学者视之为无解之局。但是,从另一个角度讲,安全竞争并非完全是零和的,裁军、军备控制甚至也可能达成双赢的结果;安全也并非完全竞争性的,也许可以相互促进、相互包容。我们并不否认解决安全困境将是人类面临的巨大挑战,但在笔者看来,我们可以引进进程性因素来促进安全困境的解决,如国家安全观念的改变、国际安全合作的加强等,即通过合作性的而不是竞争性的战略来实现共同的安全目标。恰如社会建构主义强调,如果行为体之间的共有知识使它们可以建立相互信任,那么它们就会以和平的方式解决存在的问题,实现安全共同体的建立就是可能的。争取较好的安全环境、改善与周边国家的安全关系、加强多边安全合作至关重要,但加快推进国防现代化和新军事革命同样是不可或缺的战略措施。

国家安全观念的变革

第二次世界大战结束以来,全球化进程明显加快,尤其是冷战结束以来,国际关系的内涵大大丰富,国际关系日益多极化、制度化和有序化;非国家行为体(如国际组织、跨国公司等)的作用增强,并逐步得到应有的重视;国际关系中的复合相互依赖日益加深,"一荣俱荣、一损俱损"的观念逐渐深入人心。表现在安全问题上,大规模的国际冲突得到一定程度的抑制,"非此即彼"的零和博弈模式在减少;出现国际

---

① Robert Keohane and Joseph Nye, Jr., *Power and Interdependence* (4th Edition), New York: Addison-Wesley, Longman, 2011, pp.8-21.
② 传统安全主要是指领土完整,即主权不受侵犯,危及主权安全的主要是外来的军事威胁。非传统安全则主要指保证资源供给和维护生存环境,也可以说维护发展和生存权,危及非传统安全的主要是非军事威胁。参见张蕴岭:《综合安全观及对我国安全的思考》,《当代亚太》2000 年第 1 期,第 4—16 页。

缓和与一定程度的国际合作,双赢博弈越来越普遍。随着冷战的结束,国际合作越来越成为国际关系的主流,国家安全与整个国际社会的和平和安全的关系越来越密切,出现了合作安全、全球安全等新的认识模式。

随着全球化的不断发展,安全问题的跨国性和综合性日益突出,安全的范畴不再局限于传统的军事、政治、经济安全,日益涉及社会、环境、文化等非传统安全领域。全球化不仅导致国家的经济安全利益越来越重要,而且使得科技安全、信息安全、生态安全、极地安全、太空安全等成为安全利益的新内容。鉴于此,合作安全成为维护国际安全的有效途径,各国需要通过加强各领域合作扩大共同利益,提高应对威胁和挑战的能力与效率。和平只能建立在相互的、共赢的安全利益之上,共同安全是维护国际安全的最终目标。过去,中国最担心的是自身安全受到威胁;现在,周边国家及世界主要大国对中国崛起是否会带来威胁充满疑虑。正是这种内外互动促使中国在20世纪90年代初提出了以互信、互利、平等、协作为核心的新安全观,并于2013年提出总体国家安全观。

回溯历史,我们看到,中国安全观念变革与和平共处五项原则相呼应①,中国提出新型安全观并将之付诸实践有其必然性。1949年至今,中国国家安全观念的演化经历了五个阶段。② 第一个阶段从1949年中华人民共和国成立起至1969年苏联入侵珍宝岛,中国的安全观念是政治安全与军事安全并重,经济安全处于十分次要的位置,其他领域的安全基本上处于决策者的视线之外。巩固胜利果实、争取新政府在国际上的合法地位、争取政治安全是中国最为重要的国际战略目标。在

---

① Michael E. Marti,"China: Making the Case for Realistic Engagement", Strategic Forum (Institute for National Strategic Studies, National Defense University), No.185, September 2001, pp.1-4.

② 相关分析参见秦亚青:《国家身份、战略文化和安全利益——关于中国与国际社会关系的三个基本假设》,第10—15页;门洪华:《新安全观·利害共同体·战略通道——关于中国安全利益的一种解读》,《教学与研究》2004年第8期,第54—58页;门洪华:《中国观念变革的战略路径》,《世界经济与政治》2007年第7期,第13—20页;门洪华:《开启中国全面深化改革开放的新时代——兼论未来十年中国的大战略走向》,《学习与探索》2015年第8期,第60—65页。

这个阶段,中国政治安全和军事安全的头号威胁来自美国。第二阶段从 1969 年中苏珍宝岛冲突到 1982 年中共十二大宣布实行独立自主的和平外交政策,军事安全成为中心,政治安全威胁感减弱,经济安全虽比第一阶段紧迫感上升,但与前两者比较,仍处于国家安全考虑的边缘。此时,中国安全考虑的重点是军事威胁,最直接的威胁源就是苏联。在前两个阶段,中国采取暴风骤雨的方式巩固国内政治安全,与在国际上维护国家安全的纵横捭阖遥相呼应。第三阶段从 1982 年中共十二大至 1996 年上海五国机制的创立,中国的安全观念仍然集中于核心安全领域,经济安全的重要性开始明显上升,政治安全和军事安全的地位开始下降,这是第二代领导人在安全观念上的创新。第四个阶段始自 1996 年 4 月上海五国机制的创立,中国领导人将非核心安全领域纳入安全战略思考的重心,开始构筑以合作安全、相互安全为核心的新安全思维。1997 年 3 月,中国在东盟地区论坛会议上,正式提出了"新安全观"。1997 年 4 月,在中俄签署的《中俄关于世界多极化和建立国际新秩序的联合声明》中,双方主张确立新的具有普遍意义的安全观,呼吁通过双边、多边协调合作寻求和平与安全。1999 年 3 月 26 日,江泽民在联合国裁军谈判会议上第一次全面阐述了中国的新安全观,强调新安全观的核心是"互信、互利、平等、合作"。2001 年 7 月 1 日,江泽民在中国共产党成立 80 周年大会上全面阐述了中国的新安全观:"国际社会应树立以互信、互利、平等、协作为核心的新安全观,努力营造长期稳定、安全可靠的国际和平环境。各国应加强经济技术的交流与合作,逐步改变不公正、不合理的国际经济秩序,使经济全球化达到共赢和共存的目的。"新安全观的核心是互信、互利、平等、协作。互信,是指超越意识形态和社会制度异同,摒弃冷战思维和强权政治心态,互不猜疑,互不敌视,各国应经常就各自安全防务政策以及重大行动展开对话与相互通报;互利,是指顺应全球化时代社会发展的客观要求,互相尊重对方的安全利益,在实现自身安全利益的同时,为对方安全创造条件,实现共同安全;平等,是指国家无论大小强弱,都是国际社会的一员,应相互尊重,平等相待,不干涉别国内政,推动国际关系的民主化;协作,是指以和平谈判的方式解决争端,并就共同关心的安全问题进行广泛深入的合作,消除隐患,防止战争和冲突的发生。在一定意义上,新安全观可解读为安全威胁判断上的普遍安全论、安全基础上的共同安全论、安全内涵上的综合安全论、安全维护手段上的合作安全论。

2014年4月15日,习近平在中央国家安全委员会第一次会议发表讲话指出,要准确把握国家安全形势变化的新特点新趋势,坚持总体国家安全观,以人民安全为宗旨,以政治安全为根本,以经济安全为基础,以军事、文化、社会安全为保障,以促进国际安全为依托,走出一条中国特色国家安全道路。贯彻落实总体国家安全观,必须既重视外部安全,又重视内部安全,对内求发展、求变革、求稳定、建设平安中国,对外求和平、求合作、求共赢、建设和谐世界;既重视国土安全,又重视国民安全,坚持以民为本、以人为本,坚持国家安全一切为了人民、一切依靠人民,真正夯实国家安全的群众基础;既重视传统安全,又重视非传统安全,构建集政治安全、国土安全、军事安全、经济安全、文化安全、社会安全、科技安全、信息安全、生态安全、资源安全、核安全等于一体的国家安全体系;既重视发展问题,又重视安全问题,发展是安全的基础,安全是发展的条件,富国才能强兵,强兵才能卫国;既重视自身安全,又重视共同安全,打造命运共同体,推动各方朝着互利互惠、共同安全的目标相向而行。2014年5月21日,习近平在亚信会议上海峰会上发表讲话,倡导共同、综合、合作、可持续的亚洲安全观,集中体现了中国总体国家安全观的国际运用。习近平指出,共同,就是要尊重和保障每一个国家安全,利益交融、安危与共、平等而包容;综合,就是要统筹维护传统领域和非传统领域安全;合作,就是要通过对话合作促进各国和地区安全;可持续,就是要发展和安全并重以实现持久安全。2015年1月23日中共中央政治局审议通过的《国家安全战略纲要》,2015年7月1日第十二届全国人大常委会第十五次会议通过的《中华人民共和国国家安全法》,均将总体国家安全观纳入其中,作为主导性观念。中国国家安全战略的核心目标是,面向世界大国的前景,稳步推进国家安全,积极参与国际安全的维护,维护并拓展中国的安全利益。未来10年,是中国成长为世界大国的关键时期,也是中国国家安全最受考验的时期,中国国家安全目标主要是:捍卫国家领土领海权益;反独促统,维护国土完整;维护和塑造有利于中国和平发展的国际环境;维护和扩展国家战略利益的范围和空间;发展军事力量,保障国家安全。

随着中国的崛起,其国家战略利益在拓展,国家安全在深度和广度上也在逐渐扩展,如加强经济安全、金融安全、生态安全的维护,强调人类安全的重要意义等。另一方面,全球化背景之下的安全概念可谓无所不包,而国家维护国家安全的手段也变得多样,当然其难度无疑也在增加。鉴于此,中国大战略应强调有所作为,积极融入国际社会,拓展国家战略利益。在实践上,中国主要采取以建立信任措施为主要内容的新型安全模式,强调加强地区安全机制建设的积极性;在军事战略层面,秉持积极防御战略思想,要求打赢现代技术特别是高技术条件下的局部战争;在军队建设上,要由数量密集型、人力密集型向质量效能型、科技密集型转变。中国国家安全最基本的内容就是维护国家主权、领土完整和国家统一,这是国家利益中最为核心的组成部分,也是能否确保国家安全的基本标尺。随着安全综合性的进一步深入,通过多边合作维护国家安全将成为越来越重要的途径。

建立、发展利害共同体的意义

中国崛起必然冲击国际社会固有的权力格局和利益格局,必将引起国际社会尤其是既得利益较多之大国的不安、不快与应对措施,而它们的某些应对措施可能构成中国崛起的障碍。鉴于此,我们强调,在国际关系中建立和发展多形式、多方位、多层次的利害共同体应视为促进中国顺利崛起的重要途径。

在全球化浪潮的冲击和推动下,国际分工的深度、广度不断加强,世界贸易自由化、金融国际化和生产一体化速度加快,总体上把各国联成一个相互依赖的整体。它不但促进了世界市场的整体发育,而且使得世界各国对国际资源和国际市场的依赖性大为增加,世界越来越进入一个复合相互依赖的时代。根据马克思主义的观点,经济基础决定上层建筑,国际政治关系乃至整个国际关系都将随着世界生产力和国际经济关系的整体性变革而发展。在层出不穷的全球性问题上,各国利益密切相关,人口爆炸、国际恐怖主义、核武器以及其他大规模杀伤性武器的扩散、环境恶化、跨国毒品交易等问题,成为国际社会而非单个国家可持续发展的可怕困境,也需要各国努力解决。共同利益和共同威胁呼唤各国之间的合作。就中国而言,中国与世界的联系不断加强,极大地扩展了中国的战略空间,但同时也增加了受外部冲击的脆弱性,金融危机、信息冲击等成为战略性威胁。在政治、经济和社会全球化进程日益深化的背景下,面对现代恐怖主义、毒品威胁及其他跨国犯罪的挑战,世界上没有一个国家可以独善其身。因此,世界各国应在本地区和全世界范围内就解决上述全球性问题开展最广泛的合作,并做出实际贡献。

这种整体意识导致建立国际利害共同体的实践。实际上,国际利害共同体就是将全球化背景下各国"一荣俱荣、一损俱损"的认识付诸实践,予以规则化、制度化的过程。数世纪以来,许多国家都曾致力于建立利益共同体,传统的结盟、新兴的自由贸易区和地区一体化都是建立利益共同体的体现。这些方式有的体现了传统的思路,有的代表着新兴的趋势。国家利益往往在国际关系中表现为国家间的利害关系,国际关系史就往往表现为各自利益交往、争斗、冲突的历史。由于环境保护、艾滋病、有组织跨国犯罪、恐怖主义等全球性灾害——它们已不再是单个国家所能解决的问题——日益突显,建立相应的应对机制亦提上了各国的议事日程。建立利害共同体的国际条件基本成熟。而中国新安全观的提出和全面参与国际战略的实施,为中国参与和主导建立利害共同体提供了国内基础和实践经验。

建立利害共同体应着眼于全球和地区两个层面。在国际层面建立促进全球合作、应对国际危机(包括反恐、生态保护等)的利害共同体,应注意有效利用现有的全球性国际制度,同时加强中国的议程创设能力。在地区层面建立利害共同体,应进一步体现有所作为的积极姿态,在经济、安全、军事、生态等方面与邻近国家展开积极合作,加强地缘政治经济的塑造能力,着眼于构建地区全面合作的制度框架。中国应在自己利益攸关的地区培育和建立共同利益基础之上的平等、合作、互利、互助的地区秩序,强调分享、共荣、双赢,避免零和,在建设性的互动过程中探索和逐步确立国家间关系和国际关系的新准则。

第三节 中国外交哲学的演进

中华人民共和国走过66年的韶华,历经艰辛而一步步迎来辉煌,开始以平和、稳健的心态来看待自己、看待世界,一种稳健而进取兼具的成熟外交哲学已经成为中国全面崛起的内在动力。

本节从哲学的视角剖析中国外交思想及其实践,其主要内容是:概述外交哲学的视角及其研究价值,从哲学观、时代观、秩序观、格局观等方面剖析中国外交哲学的基本内容,从独立自主和平外交、双边主义与多边主义相结合等方面论述中国外交哲学的具体表现,以求深刻把握中国外交的脉搏。①

外交哲学的视角

大国的外交有两重任务:一是尽量保护自己的利益;二是尽量扩大自己的影响,一国外交的影响力最终同它的现实或潜在的实力成正比。② 在这些实力基础之中,外交哲学思想无疑是最具有深远影响力的软实力,构成一国外交的哲学思想基础和现实判断背景。一般而言,外交哲学指的是特定历史文化背景下产生的、对外交决策和外交实践

---

① 关于中国外交哲学的研究,可参见如下文献:张睿壮:《中国应该选择什么样的外交哲学——评"世界新秩序与新兴大国的历史选择"》,《战略与管理》1999年第1期,第54—67页;喻希来、吴紫辰:《外交哲学中的人类道德——答张睿壮先生》,《战略与管理》1999年第2期,第94—102页;时殷弘、宋德星:《21世纪前期中国国际态度、外交哲学和根本战略思考》,《战略与管理》2001年第1期,第10—19页;时殷弘:《风物长宜放眼量——论中国应有的外交哲学和世纪性大战略》,《哈尔滨工业大学学报(社会科学版)》2001年第2期,第13—20页;范文:《应当重视对中国外交的哲学研究》,《北京行政学院学报》2001年第5期,第70—73页;范文:《论外交哲学》,《新视野》2002年第6期,第57—60页;随新民:《理解周恩来外交思想:一种外交哲学视角》,《外交评论(外交学院学报)》2006年第二期,第77—83页;江西元:《从天下主义到和谐世界:中国外交哲学选择及其实践意义》,《外交评论(外交学院学报)》2007年第4期,第46—53页;赵可金:《中国地位与世界角色——探索新外交哲学》,《国际政治研究》2012年第4期,第50—64页;杨洁勉:《中国外交哲学的探索、建设和实践》,《国际观察》2015年第6期,第1—12页。

② 陈乐民主编:《西方外交思想史》,北京:中国社会科学出版社1995年版,第6—7页。

具有长期指导意义的政治哲学思想或价值观念,而外交思想则更加直接地代表一个国家占主导地位的对外意图和该国的总体利益。

外交哲学构成外交的哲学思想基底。时殷弘教授指出,一个在国际体系中具有长期性政治抱负的大国,其外交政策需要某种哲学,即足够长远、足够宏观的大判断,为长期的外交实践提供根本性的战略依据。这种从长远来看合理而有利的外交哲学,必须符合国际体系本身相对经久的结构特征和历史脉络,并据此恰当地判断本国在此结构与演化中应有的根本位置。①

中国的外交哲学扎根于中国传统文化,又与中国近现代的历史进程有着直接的关联。曾经,中国以和为贵的主导外交哲学在国贫民弱的半殖民地半封建社会屡屡碰壁,甚至不能实现维护国家核心利益的使命,中国外交哲学有所嬗变,却未失其传统底色。在全球化和复合相互依赖加深的情势下,中国传统外交哲学有了全球性的适应力。当前国际形势的具体表现是,国家行为体、非国家行为体在经济、政治、军事、文化诸领域形成的相互联系、相互渗透、相互影响的关系与状态。相互依赖在经济上的表现是你中有我、我中有你,任何一个行为体都难以获得独自发展,要受到诸多行为体和相关因素的制约;在政治上,国内政治国际化、国际政治国内化、超国家权力日益强化;在文化上,文化交流与传播的范围更广、领域更多,全球文化景观随即出现端倪。② 在这样的情势下,中国传统战略文化焕发出新的活力,且战略思想体现出与时俱进的创新品质,中国外交哲学随之出现嬗变,一种强调韬光养晦与有所作为并重(以韬光养晦为哲学原则、以有所作为为实践原则)、多边主义与双边主义相协调、责任权益并行、更加关注国际形象的成熟外交哲学正在形成。

中国需要有从长远来看合理的和有利的外交哲学,它一方面足以在政治文化意义上构成经久扎根于全民族意识内的对外传统;另一方面能够在基本政策意义上构成整个历史时期内的最佳大战略,据此开

---

① 时殷弘:《风物长宜放眼量——论中国应有的外交哲学和世纪性大战略》,第13—20页。

② 蔡拓:《全球主义与国家主义》,《中国社会科学》2000年第3期,第16—27页。

发、动员和运用国家政治、经济、军事、外交和精神资源来实现其根本的对外目的;它还必须符合国际体系本身相对经久的结构特征和演化脉络,并且据此断定本国在此结构和演化之中应有的根本位置。①

中国外交哲学的基础观念

中国的外交哲学源自中国传统思想文化,又受到历史经验、国内外政治经济形势变化的影响。以下,笔者将从哲学观、时代观、秩序观、格局观等四个方面具体剖析中国外交哲学的基础观念。

在哲学观上,中国外交深受"仁""礼""中庸"思想等的影响,并以"和而不同"为主要体现。孔子的仁、礼等哲学思想长期作为指导中国处理对外交往的原则,和平、中庸哲学观念也长期影响中国的外交活动。关于"仁""礼"思想,我们在上文对战略文化的分析中有所涉及,此处不再赘述。中庸思想实际上就是"仁""礼"思想的体现和延伸,中庸之道被视为中国人的主导观念和行为准则。《中庸》强调,"喜怒哀乐之未发,谓之中;发而皆中节,谓之和。中也者,天下之大本也;和也者,天下之达道也。致中和,天地位焉,万物育焉";"为政在人,取人以身,修身以道,修道以仁";"非礼不动"等。中国传统哲学以"和"为重心,所谓"协和万邦,以和为贵","和为贵,先王之道,斯为美","和而不同"。中国外交从本质上说是一种"和平"外交,这与中国历史悠久、博大精深的传统文化有着直接的联系。从文化传统上看,中国自古就形成了热爱和平、善邻容恕的传统文化。儒家文化对中国的影响根深蒂固、源远流长,儒家文化的核心思想之一就是"以和为贵",即天下太平、和睦相处最为重要。儒家伦理奉行了两项基本原则:一是"己所不欲,勿施于人";二是"己欲立而立人,己欲达而达人",引申为"亲仁善邻,国之宝也"的睦邻思想。所谓"和而不同",即各种文明、各种制度、各种发展道路相互尊重、相互交流和相互借鉴,在和平竞争中取长补短,在求同存异中共同发展。

这一哲学观念表现在实践上,就是和平共处五项原则、"和平与发

---

① 时殷弘:《风物长宜放眼量——论中国应有的外交哲学和世纪性大战略》,第13—20页。

展是世界两大主题"以及最近和平崛起战略理念的倡导和付诸实践。其中,"和平崛起"在一定意义上反映了中国新一届领导集体的战略思维,并将规范着政治、外交乃至军事路向。"和平崛起"与"和而不同"构成同一理念的两个方面,崛起源自和平,和平推进崛起,和谐而不千篇一律,不同又不冲突,和谐以共生共长,不同以相辅相成。概言之,中国外交哲学观念以"和"为中心,顺应中国崛起的潮流,进一步强调"收敛锋芒、善与人同"的和为贵思想应视为未来中国外交的哲学思想重心。

在时代观上,中国尤其体现出外交判断的长期性、长远性、独特性。对中国外交而言,揭示国际社会历史发展的走向及其不同历史阶段的特征、确立客观的时代观是国际关系研究和外交学的基本理论课题。中国对时代问题的判断,经历了从"战争与革命"到"和平与发展"的转变。建国前夕,毛泽东通过对世界形势的分析,指出"现在的世界是处于革命和战争的新时代"。20 世纪60、70 年代,中国受到苏联越来越严重的军事包围,更加强调当时的时代是"战争与革命",而且进一步引申出"不是战争引起革命,就是革命制止战争"的论断,直到中共十一大,仍然强调"战争不可避免,不是相互之间的战争,就是人民起来革命"[1]。中共十一届三中全会以来,中国的对外战略发生了根本性的转变,对时代特征的认识也发生了根本性变化,1984 年邓小平提出,"和平与发展是当代世界的两大问题"[2]。1985 年 6 月,邓小平在中央军委扩大会议上强调指出,"在较长时间内不发生大规模的世界战争是有可能的,维护世界和平是有希望的"[3]。1987 年中共十三大文件开始提出"和平与发展是世界的主题",到中共十四大报告才更多地使用时代特征和时代主题。1992 年中共十四大报告正式提出:"和平与发展仍然是当今世界两大主题。发展需要和平,和平离不开发展。霸权主义、强权政治的存在,始终是解决和平与发展问题的主要障碍。"2002 年中共十六大报告指出:"和平与发展仍是当今时代的主题,维护

---

[1] 《中国共产党第十一次全国代表大会文件汇编》,北京:人民出版社1978 年版,第33 页。

[2] 《邓小平文选》第三卷,第104 页。

[3] 同上书,第127 页。

和平,促进发展,事关各国人民的福祉,是各国人民的共同愿望,也是不可阻挡的历史潮流。"2002年中共十八大报告再次重申:"当今世界正在发生深刻复杂变化,和平与发展仍然是时代主题。世界多极化、经济全球化深入发展,文化多样化、社会信息化持续推进,科技革命孕育新突破,全球合作向多层次全方位拓展,新兴市场国家和发展中国家整体实力增强,国际力量对比朝着有利于维护世界和平方向发展,保持国际形势总体稳定具备更多有利条件。"

和平与发展两大问题的科学论断,反映了中国对世界发展本质特征、当代国际关系基本内容的认识,揭示了世界已经进入和平与发展的历史时期,引导中国社会主义建设实现从以战争与革命为时代主题向以和平与发展为时代主题的重大转变,确定以经济建设为重点和改革开放的政策。这不仅使中国避免了苏联解体、东欧剧变的多米诺骨牌效应,而且确保了中国崛起的可持续性。另一方面,中国提出和平与发展是时代主题并不意味着中国认为这两个问题已经得到解决,而是强调这是有待解决的时代难题。邓小平在1992年的南方谈话中谆谆告诫:"世界和平与发展这两大问题,至今一个也没有解决。"[①]总体而言,中国对国际局势的判断是,当前世界局势发生新的变化,不稳定因素增加,世界和平与稳定面临新的威胁与挑战。但是,国际形势总的来说继续趋向缓和,要和平、求发展仍然是世界各国的强烈愿望和时代要求。

中国的秩序观体现着中国融入国际社会的历程以及中国从国际社会的局外者到局内者的角色转换。19世纪中叶之前,中国一直处于东亚相对封闭的地区秩序之中,并长期承担东亚地区秩序塑造者的角色。之后,中国被西方的坚船利炮强行纳入世界体系,开始了中国融入国际社会的历程。其间,中国的角色几经变换,从身处边缘、被动消极参与到积极参与、主动建构,中国与国际秩序的互动构成了一幅纵横交织、由淡至浓的画卷。这个过程恰恰伴随着中国走过百年艰辛、开始民族复兴与崛起、走向现代化。同时,国际秩序也处于扩散、完善的过程之中,逐步呈现出世界性、全球性的特征。冷战结束以来,国际秩序进入

---

① 《邓小平文选》第三卷,第383页。

新的转型时期,各主要大国、国家集团纷纷就国际政治经济新秩序的建设提出了各种各样的建议,且付诸实践。概言之,中国的现代化进步、崛起与国际秩序的发展似乎相约而行,这既给中国的未来发展提出了重大挑战,也为之提供了广阔的全球空间。

中国参与国际秩序的建设始自联合国的筹划,新中国成立以来,中国的国际秩序观几经变换,尤以20世纪70年代、90年代和21世纪初为中国主动、积极参与国际秩序建设为制高点。中国一贯支持第三世界国家建立国际经济新秩序的主张,并且为之做出过杰出贡献。1974年邓小平在第六次特别联大上第一次系统地提出了中国关于建立国际政治经济新秩序的主张。自此,中国的国际秩序观在不断充实、发展、演变并日臻完善。20世纪80年代,邓小平提出必须建立公正合理的国际政治经济新秩序,这一主张在20世纪90年代和21世纪初得到了进一步的深化和发扬。

自中华人民共和国成立至今,中国就是国际新秩序的积极倡导者。随着中国的崛起,中国在国际秩序建设中的作用也将愈发受到重视。中国曾经被排斥在国际秩序的决策之外,它在国际秩序中的作用经历了一个从旁观到参与、从消极到积极的过程。其间,中国对国际秩序的认识得以逐步深化。中国关于建立国际政治经济新秩序的主张表明,中国承认现有国际秩序是消极与积极共存的产物,主张以渐进、和平、民主的方式促进国际秩序的建设,而不是"另起炉灶";中国愿意以积极从容的姿态融入国际体系,以负责任大国的身份参与国际新秩序的建设与变革,以地区秩序优化为基点促进世界秩序的建设与变革;在国际新秩序的建设过程中,主张着重关注国际制度的创立、修改与完善,从基本规则入手,充分发挥联合国的积极作用,并积极促动联合国改革,使之成为未来国际秩序的调节与控制机构。① 中国崛起已经冲击并改变着国际实力格局、利益格局;中国倡导的和平共处五项原则、新安全观、国际关系民主化、文明多样性等也成为影响国际秩序变革的重要观念性因素;随着中国全面融入国际社会,中国不仅成为全球性国际

---

① 倪建民、陈子舜:《中国国际战略》,北京:人民出版社2003年版,第187页。

制度的全面参与者,而且积极参与并主导地区性国际制度的创立,中国与国际制度之间呈现良性互动,这些都促进了国际秩序的建设。概言之,中国的崛起必然冲击现有的国际秩序,而现有国际秩序恰处于转型时期,中国崛起与国际秩序的变革几近同步而行,中国有必要也有机遇就如何建立国际秩序提出自己的见解,力争成为未来国际秩序的重要塑造者。经过数十年的探索和总结,中国在2005年12月发表了《中国的和平发展道路》白皮书,明确提出了走和平发展道路的主张。中国进一步认识到国际秩序建设的艰巨性,从务实的角度积极推动东亚地区秩序建设,并思考国际秩序建设的新思路。《中国的和平发展道路》白皮书第一次提出"推动国际秩序朝着更加公正合理的方向发展"的思想。① 这是一种新提法,表明中国愿意以负责任大国的身份参与国际政治经济秩序的变革,以渐进、和平、民主的方式改革国际秩序。

在格局观上,中国强调两极格局已经被打破,多极格局尚未形成,并积极推动世界多极格局的出现,体现了中国外交哲学的高瞻远瞩。实际上,多极化本来就是历史的发展趋势,随着欧洲国际体系的扩展,世界大国的候选不再局限于欧洲,而是逐步扩展到其他地区。19、20世纪之交,日本成为欧美之外第一个被承认的大国;二战结束,中国成为欧美之外第一个被承认的大国;20世纪70年代,尼克松提出五大力量中心说;展望未来,中国、巴西、印度、印度尼西亚、俄罗斯都可能成为新兴力量中心。所以,多极化不是冷战的产物,而是对世界发展趋势的总体概括。多极化格局的一个标志,就是多重权力中心的存在②,而多重权力中心的存在源于地区主义的发展。今天蓬勃发展的地区主义就是明日多极世界的曙光。

冷战结束导致两极世界格局解体,作为唯一世界超级大国的美国并没有垄断一切,但美国人确实展现了建立单极霸权的野心,力图将单极时刻(unipolar moment)变成单极时代。但更多美国学者理性地看待

---

① 中共十八大报告将这一思想进一步发展为"推动国际秩序和国际体系朝着公正合理的方向发展"。

② 杰弗里·帕克:《地缘政治学:过去、现在与未来》,北京:新华出版社2003年版,第177页。

世界的发展趋势,认为多极格局有着更大的可能性。例如,塞缪尔·亨廷顿(Samuel Huntington)曾指出,现在世界上只有一个超级大国,但这并不意味着世界是单极的;目前全球政治已经从冷战时期的两极格局走向一个单极体系时期,眼下正经历10年或20年的单极+多极体系,直到21世纪进入一个真正的多极体系;在两极世界,其他国家欢迎美国充当它们的保护人,以抵御另一个超级大国,而在一个单极+多极体系中,世界上唯一的超级大国当然构成对其他大国的威胁。① 理查德·哈斯(Richard Hass)指出,美国的经济和军事优势尽管巨大但并非无限或永久,美国的优势将不会持久,世界多极化越来越明显。②

最早指明世界多极化趋势的大国领导人是邓小平。1990年3月,他明确指出:"世界格局将来是三极也好,四极也好,五极也好,苏联总还是多极中的一个,不管它怎么削弱,甚至有几个加盟共和国退出去。所谓多极,中国算一极。中国不要贬低自己,怎么样也算一极。"③俄罗斯一直强调多极世界体系的意义,强烈抵制单极世界;法国领导人较早认同多极化的思想,并随着法美矛盾的增长而强化多极世界的观点,德国领导人往往都是在与美国矛盾上升时支持多极世界,如德国前总理施罗德曾说过:"德国相信文明社会需要一个多极世界。"④

中国是支持多极化判断和促进多极化趋势的最力者。在中国看来,世界格局处于过渡时期,其特点是一超多强,一超的力量在膨胀,多强的力量也在发展。所谓多极化,应该是一超与其他强国之间的差距缩小而不是扩大的趋势。首先,从数量上看,多强的数目在增加;其次,从国家实力的角度看,有的强国国家实力增强显著;最后,从结构上看,地区一体化的趋势增强,地区整体力量和对外整体声音增强。多极化首先是一种客观现象,同时也是一种主观诉求,在一定程度上反映了其他大国、第三世界国家的利益需求。中国认为,多极化有利于世界的和

---

① Samuel Huntington,"The Lonely Superpower", *Foreign Affairs*, Vol.78 No.2, March/April 1999, pp.35-49.

② Richard Hass,"What to Do With American Primacy", *Foreign Affairs*, Vol.78, No.5, Sept./Oct.1999, pp.37-48.

③ 《邓小平文选》第三卷,第353页。

④ 转引自俞邃:《世界多极化问题》,《世界经济与政治》2004年第3期,第15—20页。

平与发展。第一,多极化趋势有利于世界的和平与稳定,有利于大国之间建立和发展平等关系,形成一个相互借重又相互制约的权力结构;第二,多极化是发展中国家地位上升的结果,有利于发展中国家的利益;第三,有利于世界的繁荣与发展,各国都极其重视维护和拓展经济利益的发展环境,从而促进了和平稳定与经济繁荣;第四,有利于中国集中力量发展生产力,为中国提供进行现代化建设、提高对外开放水平、集中力量发展生产力的机遇。鉴于此,多极化成为中国外交战略思想的重要组成部分,政治多极化与经济全球化构成了中国对当前和今后相当长时期国际形势的总判断,是中国制定外交战略的基本依据;多极化有利于世界和平与稳定,表明中国对多极化的一种价值判断;中国要积极推动多极化趋势,构成中国外交战略的一部分,对其他战略有着重要的基础性意义。

中国外交哲学的当代体现

中国外交哲学既体现了传统哲学思想的继承,又不乏新时代的嬗变。笔者认为,当代中国外交哲学主要体现在独立自主的和平外交、双边主义与多边主义的协调等方面。

独立自主的和平外交政策的确立,经过了一个逐渐丰富和走向完整的过程。可以说,自中华人民共和国成立之日起,"独立自主"与"和平"这两个词都属于中国外交思想的核心,集中体现了中国在外交方面最基本的诉求,它既是基于历史经验,也是基于现实的需要。[①] 在过去60多年里,中国外交随着国际形势变化有过几次重大的调整,但始终坚持独立自主的根本立场、维护世界和平的目标、和平共处五项原则、和平协商解决国际争端的基本主张等。

独立自主是新中国外交的基本立场和根本出发点。和平作为中国外交的根本追求,则主要体现在和平共处五项原则的倡导和实践上。和平共处五项原则的基本内容包括:互相尊重主权和领土完整,互不侵犯,互不干涉内政,平等互利,和平共处。它们是中国根据列宁和平共处思想、结合战后国际形势发展的新情况而提出的适用于处理同一切

---

① 章百家:《改变自己 影响世界——20世纪中国外交基本线索刍议》,第4—19页。

国家关系(包括处理相同社会制度国家间关系)的崭新国际行为准则。毛泽东时代的独立自主外交原则是通过结盟战略来体现的,在与大国的结盟中首先要坚持中国的主权和独立,如20世纪60年代中苏关系的破裂在一定程度上是中国坚持维护独立自主权益的必然结果。中共十一届三中全会以来,中国确定了以经济建设为中心,坚持四项基本原则、坚持改革开放为基本点的国家发展战略,中国外交战略随即进行了调整,进一步确立独立自主外交的主导地位。20世纪80年代,以邓小平为核心的第二代领导人重新评估国际形势,提出了"和平与发展"两大时代主题,将中国定位为发展中国家。在经济发展与现代化的目标下,中国领导人大幅度调整外交政策,不再主张战略联合,提出以"三不"——不结盟、不对抗、不针对第三国——为原则的独立自主外交战略。① 1986年3月中国领导人在《关于第七个五年计划的报告》中首次提出"独立自主的和平外交政策"的说法。独立自主的和平外交政策表明中国外交政策的调整,是中国追求和平国际环境与内部发展的有机联结。② 概言之,中国根据国际形势和国内现代化建设的需要,在和平与发展两大主题的基础上,发展了独立自主、反对霸权主义、维护世界和平的对外政策。20世纪90年代中期以来,中国通过同时加强双边磋商和多边合作的方式进一步推动独立自主的和平外交政策的成熟,出现了被西方学者称为"准结盟"战略的新表现形式,这就是战略伙伴关系。截至当前,中国同全世界的70多个国家和国家集团建立了13种伙伴关系,其范围涉及全世界五个大洲,涵盖周边的绝大多数国家,接近四成的建交国已经成为中国的战略伙伴。③ 习近平在2014年11月28日的中央外事工作会议中指出,"要在坚持不结盟原则的前提下广交朋友,形成遍布全球的伙伴关系网络"④,对战略伙伴的重要作用给予了高度肯定。

---

① 叶自成:《中国实行大国外交战略势在必行——关于中国外交战略的几点思考》,《世界经济与政治》2000年第1期,第5—10页。
② 许志嘉:《中共外交决策模式研究》,台北:水牛出版社2000年版,第41页。
③ 门洪华、刘笑阳:《中国伙伴关系战略评估与展望》,《世界经济与政治》2015年第2期,第65—95页。
④ 《中央外事工作会议在京举行》,《人民日报》2014年11月30日,第1版。

表3-1 与中国建立伙伴关系的国家和国家集团

伙伴关系	伙伴关系名称	国家/国家集团	数量
全局性的伙伴关系	全面战略协作伙伴关系	俄罗斯	1
	全天候战略合作伙伴关系	巴基斯坦	1
	全面战略合作伙伴关系	越南、柬埔寨、缅甸、老挝、泰国、非盟	6(5+1)
战略性的伙伴关系	战略合作伙伴关系	韩国、印度、斯里兰卡、阿富汗	4
	全方位战略伙伴关系	德国	1
	全面战略伙伴关系	英国、法国、巴西、丹麦、西班牙、意大利、葡萄牙、哈萨克斯坦、墨西哥、南非、希腊、白俄罗斯、印度尼西亚、秘鲁、阿根廷、委内瑞拉、马来西亚、澳大利亚、阿尔及利亚、新西兰、蒙古、沙特阿拉伯、伊朗、欧盟	24(23+1)
	战略伙伴关系	阿联酋、安哥拉、乌兹别克斯坦、波兰、塔吉克斯坦、土库曼斯坦、尼日利亚、加拿大、塞尔维亚、智利、乌克兰、卡塔尔、吉尔吉斯斯坦、斐济、萨摩亚、密克罗尼西亚联邦、巴布亚新几内亚、瓦努阿图、库克群岛、汤加、纽埃、约旦、苏丹、伊拉克、东盟	25(24+1)
	互惠战略伙伴关系	爱尔兰	1
一般性的伙伴关系	全方位友好合作伙伴关系	比利时	1
	全面友好合作伙伴关系	罗马尼亚、保加利亚	2
	全方位合作伙伴关系	新加坡	1
	全面合作伙伴关系	刚果共和国、克罗地亚、尼泊尔、坦桑尼亚、孟加拉国、埃塞俄比亚、拉共体	7(6+1)
	友好合作伙伴关系	匈牙利	1
	友好伙伴关系	牙买加	1
总计			75(71+4)

资料来源:中华人民共和国外交部,截至2016年2月。

中国外交以双边主义为基本传统,这是中国历史经验的经典总结,也与中华人民共和国建国至 20 世纪 90 年代特定的国际形势分不开。强调多边主义似乎是近年来中国外交的突出特点,与中国外交哲学的嬗变有着本质的关联。当然,中国早有多边主义的外交实践,战国时期的"合纵""连横"战略均属于多边外交的范畴;中国加入并参与政府间国际组织的外交实践亦属于从事多边外交活动。但总体而言,双边外交一直是中国外交战略的主导模式。近年来,随着中国全面参与国际社会,多边外交才逐步引起中国的重视,尤其是 1997 年亚洲金融危机后,中国加强与东亚地区的政治经济联系,加强在东亚的地区制度塑造能力,中国对多边外交表现出越来越浓厚的兴趣,并开始将双边主义与多边主义相结合视为重要的外交实践模式。

所谓多边主义(multilateralism),即三个或三个以上国家之间发生联系的方式。罗伯特·基欧汉指出,多边主义是多个国家组成的集团内部通过某些制度安排协调各国政策的实践。① 除了从制度层面界定外,多边主义还表现为国家行为体之间的行为方式,以及对国际普遍的行为准则和规制的重视和遵守。② 还有学者倾向于认为,多边主义有两方面的含义:一指一个国家的外交政策理念或指导思想,与单边主义相对立;二指外交政策工具,与多边外交基本同义。③ 一般而言,作为一种着眼于发展国家行为体之间良性互动的制度性或规范性安排,协调与合作是多边主义的基本特征。多边主义的兴起与全球化的迅猛发展直接相关,体现了当代国际关系的新特点,它是国际协调和相互依赖加深的后果,在一定程度上弥补了单边主义和双边主义的缺失,适应着国际关系多元化的发展趋势。④

---

① Robert Keohane, "Multilateralism: An Agenda for Research", *International Journal*, Autumn, 1990, pp.730-764.
② 秦亚青:《多边主义研究:理论与方法》,《世界经济与政治》2001 年第 10 期,第 9—14 页。
③ 钱文荣:《关于多边主义、多边外交的几点理论和政策思考》,《世界经济与政治》2001 年第 10 期,第 14—19 页。
④ 王逸舟:《新世纪的中国与多边外交》,《太平洋学报》2001 年第 4 期,第 3—12 页。

表 3-2　中共中央政治报告体现的外交战略思想（1982—2012 年）

	十二大（1982 年）	十三大（1987 年）	十四大（1992 年）	十五大（1997 年）	十六大（2002 年）	十七大（2007 年）	十八大（2012 年）
国际形势	两霸造成世界动荡，但反霸力量可维护世界和平	和平与发展、东西方缓和，国际环境有利于中国现代化建设	多极化、和平与发展，霸权主义仍在威胁世界和平	多极化、大国关系调整，和平与发展，霸权主义仍在威胁世界和平	和平与发展、不确定因素在增加，霸权主义和强权政治有新的表现	和平与发展、多极化、全球化和地区合作、国际形势总体稳定	和平与发展、世界多极化、经济全球化深入发展，文化多样化、社会信息化、国际形势总体稳定
世界潮流	第三世界在战后国际舞台上的崛起	未提及	世界要和平，国家要发展，社会要进步，经济要繁荣，生活要提高	要和平、求合作、促发展	维护和平、促进发展	求和平、谋发展、促合作	推动建设持久和平、共同繁荣的和谐世界
国际社会主要行为体	两大霸权国家及其集团与第三世界国家及被压迫人民	美苏和其他爱好和平的国家与人民	霸权、强权国家、第三世界以及联合国、七十七国集团	霸权、强权国家、第三世界以及联合国、国际组织	霸权、强权国家、第三世界以及联合国、国际和地区性组织	发达国家、周边国家、发展中国家、联合国等	发达国家、周边国家、发展中国家、联合国、国际和地区性组织
和平威胁	超级大国的霸权主义和扩张政策	军备竞赛和侵略扩张	霸权主义、强权政治	霸权主义、强权政治、民族宗教矛盾、地区纷争、干涉主义	传统安全威胁和非传统安全威胁、恐怖主义、霸权主义和强权政治、局部冲突、南北差距	霸权主义和强权政治、局部冲突和热点问题、南北差距、传统安全威胁和非传统安全威胁	全球发展不平衡、霸权主义、强权政治、新干涉主义、全球性问题

续表

	十二大 (1982年)	十三大 (1987年)	十四大 (1992年)	十五大 (1997年)	十六大 (2002年)	十七大 (2007年)	十八大 (2012年)
自我定位	反帝、反霸、反殖、独立自主、不结盟的第三世界国家	独立自主、以现代化建设贡献世界和平的国家	独立自主、反霸、不称霸	独立自主、不结盟、反霸、不称霸	独立自主、不结盟、反霸、不称霸的"大国"	独立自主、不结盟、反霸、不称霸的"大国"	独立自主、不称霸、不搞扩张、维护世界和平的坚定力量。	独立自主、不称霸、不干涉、不扩张、负责任大国
国际政治互动过程	两霸权国争霸与世界人民反霸	东西南北关系的冲突与缓和	南北差距及称霸与反霸问题	南北差距及称霸与反霸问题	南北差距及称霸与反霸问题，干涉主义	南北差距及称霸与反霸问题，干涉主义，反恐	南北差距、干涉主义、反恐	南北差距、新干涉主义、反恐
国际理想	打破现存的不平等国际经济关系，建立国际经济新秩序	未提及	建立国际经济新秩序	建立国际政治经济新秩序	国际政治经济新秩序，维护世界多样性，提倡国际关系民主化和发展模式多样化	政治上推进国际关系民主化；经济上推动经济全球化的均衡、普惠、共赢；文化上尊重世界多样性；安全上共同维护世界和平稳定；环保上共同呵护人类赖以生存的地球家园	弘扬平等互信、包容互鉴、合作共赢的精神，推动国际关系民主化、尊重世界文明多样性、倡导人类命运共同体意识，建立更加平等均衡的新型全球发展伙伴关系

续表

	十二大 (1982年)	十三大 (1987年)	十四大 (1992年)	十五大 (1997年)	十六大 (2002年)	十七大 (2007年)	十八大 (2012年)
外交政策	爱国主义、国际主义、独立自主、不结盟	独立自主的和平外交政策	独立自主的和平外交政策,不结盟、不称霸	独立自主的和平外交政策	独立自主的和平外交政策	独立自主的和平外交政策	独立自主的和平外交政策
国际义务	同第三世界其他国家一起为反对帝国主义、霸权主义、殖民主义而斗争	以社会主义现代化的成功为世界和平做贡献	未提及	同世界各国人民一道,为促进和平与发展的崇高事业,做出不懈的努力	顺应历史潮流,维护全人类的共同利益	共同分享发展机遇,共同应对各种挑战,推进人类和平与发展的崇高事业,建设和谐世界	同各国人民一道为人类和平与发展的崇高事业而不懈努力
外交宗旨	反对霸权主义、维护世界和平	反对霸权主义、维护世界和平	维护我国的独立和主权,促进世界的和平与发展	反对霸权主义、维护世界和平,共同对付人类生存和发展所面临的挑战	维护世界和平、促进共同发展	维护世界和平、促进共同发展	维护世界和平、促进共同发展
多边外交	未提及	未提及	支持联合国及安理会在维护世界和平、促进全球发展以及解决国际争端等方面发挥积极的作用	积极参与多边外交活动,充分发挥我国在联合国以及其他国际组织中的作用	积极参与多边外交活动,在联合国和其他国际及地区性组织中发挥作用	积极参与多边事务,承担相应国际义务,发挥建设性作用,推动国际秩序朝着更加公正合理的方向发展	积极参与多边事务,支持联合国、二十国集团、上海合作组织、金砖国家等发挥积极作用,推动国际秩序和国际体系朝着公正合理的方向发展

资料来源:中共中央政治报告,历年。

对中国而言,在当前的国内外情势下实现顺利崛起,多边主义有着不可或缺的战略意义。不论只奉行双边主义外交所可能存在的缺陷,仅从总体上消除国际社会对中国崛起的疑虑而言,实行多边主义外交亦是必需的。多边主义有助于化解各国尤其是相邻国家之间的矛盾和分歧,从根本上摆脱彼此间的安全困境,创设广泛的和平稳定的地区安全乃至全球安全环境。鉴于此,我们认为,通过多边主义实现世界大国的夙愿是中国的必要战略选择,它有助于我们在国际事务中采取更加积极的外交行动,更加有效地维护国家战略利益。中国对多边主义的积极态度可以从对东亚一体化的推动上体现出来。当然,在这个进程中,传统双边主义的战略亦进一步体现其价值,例如中日关系应被视为东亚一体化能否成功的前提条件,中美关系亦可视为最重要的外部影响因素。我们认为,多边主义有助于缓解东亚各国间的猜疑和恐惧,增进彼此间的互信程度。东亚众多安全困境形成的一个普遍原因是,处于安全困境的双方之间缺乏互信。与单边主义不同,多边主义不是在损害他国安全利益的前提下对自身国家利益的盲目追求,而是强调维护行为体之间的共同安全利益以及维护整体安全利益的责任;与双边主义军事同盟的针对性和排他性不同,多边主义具有开放性和包容性。多边主义有助于东亚各国形成对安全规则的集体认同,促进地区安全制度的形成。① 中国作为东亚大国,要实现成为世界大国的战略目标,就必须首先成为推动东亚一体化的主导性力量,通过多边外交逐步实现大战略目标。我们不否认推行多边主义必然在一定程度上束缚自己的手脚,但它同样也会束缚其他国家的战略选择为中国的国家利益服务②,因此,加强地区国际制度的主导塑造能力以服务于长远国际战略利益就成为中国推行多边主义外交的核心目标。当然,在积极推行多边主义外交的同时,我们应清醒地认识到,多边主义往往是低效的,国际制度常常软弱无力,国际规范往往得不到遵守,因此,中国应秉持独

---

① Emanuel Adler and Michael Barnett, *Security Communities*, Cambridge University Press, 1998, p.56.

② 类似的观点参见:Joseph Nye, *The Paradox of American Power: Why the World's Only Superpower Can't Go It Alone?* New York: Oxford University Press, 2002, pp.157-160.

立自主的和平外交理念,强调双边主义与多边主义相结合,积极推进新单边主义、新双边主义和新多边主义,并实现三者之间的相辅相成。大国素有单边主义的传统,而中国昔日处理东亚关系中的诸多理念、方式在很大程度上是单方面的外交指针,未形成多边共有观念。所谓新单边主义(neo-unilateralism),就是中国在扬弃一些传统理念和方式的同时,从深化合作着眼,进一步推动单边利益(尤其是非战略利益)让渡,加强单边援助,以改善中国形象,展现中国的大国风度。中国有必要加强双边主义的经济分量、战略分量,推行新双边主义(neo-bilateralism),如进一步深化与东盟的双边合作,积极推进与韩国、俄罗斯、印度、澳大利亚等地区内外国家的双边自由贸易协定,加强与欧盟等地区外国家集团的双边合作;发展中美新型大国关系,提升双边战略对话的层次,使之成为全球性战略协调平台;以安全、经济战略对话为路径,与日本等东亚大国进行更深入的双边协调等。改革开放以来,中国成为多边主义的重要获益者和秉持者。总体而言,鉴于中国融入国际社会未久,对多边国际制度的运用尚欠圆熟,中国一般奉行工具性多边主义战略(instrumental multilateralism strategy),将多边国际制度视为国家利益得以实现的工具,体现出选择性或工具性的特征。中国应总结和反思既有的国际制度战略,推行新多边主义(neo-multilateralism),即原则性多边主义和工具性多边主义的结合,换言之,在扬弃既有的工具性多边主义战略的同时,进一步强调多边国际制度的战略意义和道义价值,坚信可以通过国际制度建设实现中国国家利益的维护与拓展。①

第四节 中国国际战略理念的变革

20世纪90年代早期至今,中国崛起成为举世关注的重大议题,在全球引发了激烈的探讨和争论,正面者如"中国机遇论""中国贡献论",负面者如"中国威胁论""中国崩溃论""中国风险论",二者兼之者"中国责任论"等,不一而足。在相当长的时段里,中国回应乏力,凸

---

① 门洪华:《东亚秩序论:地区变动、力量博弈与中国战略》,上海人民出版社2015年版,第223页。

现了中国国际战略的缺憾。

这种不足随着1998年亚洲金融危机和"9·11"事件之后中国国际战略的调整而大有改观,中国在国际事务上承担责任、积极进取的作为赢得了国际社会尤其是周边国家的认可与赞许,负责任大国的国际形象进一步确立起来。与此同时,中国领导人和战略研究界对中国崛起进行了深入、全面的思考,于2003年提出了和平崛起的战略思想,以"中国机遇论""中国贡献论"对所谓的"中国威胁论"和"中国崩溃论"调做出积极回应。中国和平崛起战略的提出具有重大的理论意义和实践价值,代表着中国国际战略思想的重大创新,成为中国国际战略由内向性转向外向性的标志。中国的外交实践和战略理论创新相辅相成,共同构成中国外交新局面的基石。在这样的战略思想指引下,中国外交进一步体现出新气象。[1] 2005年,中国国务院新闻办公室发表《中国的和平发展道路》白皮书,对和平发展道路做出全面阐释,开始搭建中国和平崛起的战略框架,并致力于开启以"共同利益""互利共赢""新型国际关系"为核心的新外交时代。[2]

中国国际战略理念的变革之源

世事沧桑,源自观念之变。20世纪的国际风云变幻雄辩地证明了这一点。[3] 从社会建构的角度讲,权力的意义和利益的内容在很大程度上是由观念决定的,权力和利益之所以具有它们实际上所具有的作用,是因为造就权力和利益的观念起了作用。[4] 在经济全球化波涛汹涌的今天,国际战略领域的理念问题具有了某种层次上的哲学意义,不容忽视。中国国际战略理念的变革来源于对国内发展需求和国际环境变化趋势的认知与把握,也可视为中国国家实力上升的溢出效应之一。

---

[1] Evan S. Medeiros and M. Taylor Fravel, "China's New Diplomacy", *Foreign Affairs*, Vol. 82, No.6, November/December 2003, pp.22—35.

[2] 门洪华:《开启中国全面深化改革开放的新时代——兼论未来十年中国的大战略走向》,《学习与探索》2015年第8期,第60—65页。

[3] 门洪华:《和平的纬度:联合国集体安全机制研究》,上海人民出版社2002年版,第377页。

[4] 亚历山大·温特:《国际政治的社会理论》,第167页。

第三章　战略观念的优化

中国的改革开放是伴随着新一轮的经济全球化浪潮起步的,而中国就在这一浪潮中崛起。一个国家总是按照对自身和外部世界的认识来制定外交政策。改革开放以来尤其是近几年来,中国对自己和世界的认识发生了重大的变化。随着中国综合国力的巨大提升和改革开放的深化,中国对自己的世界地位、未来发展更加自信,其外交也进一步体现出积极、合作、有所作为的姿态。中国不再把自己视为弱国,而是自视为崛起中的大国。中国认为,再次爆发世界大战的可能性变得更小;中国遭受大国侵略的可能性越来越小,国际合作与协调越来越深入,综合国力的竞争将日趋激烈,而世界越来越需要中国的大势所趋为中国国家战略利益的拓展提供了机遇和空间。① 以此为基础,中国外交进一步体现出新气象,开始放弃百年屈辱所造就的"受害者"心态,在国际舞台上扮演着更为活跃的角色,其影响力的迅速提高引起国际社会的密切关注。

中国国际战略理念的变革,首先基于对自身国际地位的辩证认识。一个国家的世界定位往往源自其综合国力,与其所追求的国际目标以及国际社会的反应也有直接的关系。有史以来,中国就是东亚地区乃至亚洲的大国;随着中国国家实力的上升,中国已经成为亚太地区的大国之一,亚太地区的所有重大事务,没有中国的积极参与则难以获得满意的结果;中国具备了成为世界大国的某些基本条件——如战略资源占世界的比重和联合国安理会的常任理事国席位等②,但中国尚缺乏足够的国外利益和被国际社会所公认的世界性特权,因此我们将中国定位为具有世界性影响的亚太大国。中国的国际地位以地区性为基点,兼具世界性的特征。以上认识摒弃了狭隘民族主义的冲动,同时凸现了对中国未来的憧憬,具有客观性、前瞻性的特征,为中国国际战略的优化奠定了国内认识基础。

中国国际战略理念的变革,也基于对世界大势——包括对时代主题、多极化发展趋势、国际政治经济秩序、和平反霸等问题——的认识

---

① 门洪华:《中国国家战略利益的拓展》,《战略与管理》2003年第2期,第83—89页。
② 胡鞍钢、门洪华:《中美印日俄有形战略资源比较——兼论旨在富国强民的中国大战略》,《战略与管理》2002年第2期,第26—42页。

和把握。一般而言,大国崛起必然伴随着该国在国际认同方面的努力与成就。中国开始在认同体系上与国际接轨,进一步认同国际社会所共有的认知符号、价值标准和观念形态,同时在认同生成方面做出世界贡献。[①] 自20世纪80年代邓小平将和平与发展主题纳入中国的国际战略思想层面以来,中国领导人和战略研究界对两大问题进行了多层面的深入思考,对和平与发展两大问题一个都没有解决有了更为清醒的认识。自20世纪90年代提出多极化趋势并在国际战略层面予以推进以来,我们对多极化曲折发展的认识是与世界和平反霸事业联系在一起的。中国既看到多极化进程的局部演进,也意识到与霸权共处、协调、合作的必然性,以及与强权政治斗争的长期性。在推动国际政治经济秩序的重塑上,我们逐渐抛弃了昔日的怅惘,回归到实践操作层面。国际政治经济秩序处于转型时期,重塑秩序不仅是包括中国在内的发展中国家的普遍愿望,也是美国等发达国家的战略目标所系。不过,各国对新秩序的设计不同,推进力度也有异,而最终形成的秩序更会是各方合力的结果。对这些问题的思考加上对世界文明多样性、国际政治民主化的观点构成了中国推进相应国际认同的基点,也成为展示中国战略思想之影响力的途径。

中国国际战略理念的变革,还基于对国家主权利益认识的深化。随着中国的崛起,中国与国际社会的接触和磨合日益增多,中国加入了越来越多的国际组织和国际公约,传统主权观念遭受挑战,既有主权相互让渡的问题时有出现,重新思考主权的界定及其范畴有了迫切的必要。首先需要说明的是,主权是国际关系的"宪法性的原则"(constitutive principle)[②],是民族国家生存不可或缺的基石。经济全球化的逻辑要求赋予全球化的经济管理以优先权,其代价是削弱民族国家的功能。与此同时,经济全球化的发展也使得维护国家主权成为一种更为迫切的任务和目标。即使在欧盟中,主权维护仍然是最突出的现象之

---

① 郭树勇:《全球化时代文化对国家利益的多重意义》,《现代国际关系》2003年第2期,第36—41页。

② Robert Keohane, *After Hegemony: Cooperation and Discord in the World Political Economy*, Princeton: Princeton University Press, 1984, p.63.

一,这就是所谓的"主权回归现象"。① 然而,进入 20 世纪下半叶,随着复合相互依赖的增强和全球化的迅猛发展,绝对主权观受到了强有力的挑战。特别是,国际制度的扩展对国家主权构成了强有力的制约,国际组织源于国家主权的行使,但都构成了对国家主权的削弱。② 在当前的国际社会中,参与国际社会必然包含着主权受到限制的代价,这就是国际关系的辩证法。随着全球化和一体化的发展,超国家组织不断增多,并且在许多领域涉入国家主权范围,许多原本完全一国独有的权力日益成为国际社会共有的权力,纳入国际组织的管理权限。但是,对于一个国家而言,让渡这些权力并不意味着当事国失去了这些权力,而是当事国不再单独行使这部分原来属于自己的权力。这里的主权让渡主要是管理权的让渡,以对等(即相互让渡)为原则,与被迫单方面让渡主权存在本质差别。对于当事国来说,在出让部分权力的同时,实际上也得到可享有其他国家出让权力的报偿。从某种意义上讲,国家的权力向外延伸了。这种出让的目的在于获取更多的享有和回报,在于促进国际社会的有序发展和整体利益的维护。让渡与共享同在,共享是让渡的前提。其次,让渡并不意味着可以任意侵犯他国主权。让渡是以当事国最大利益为前提的,它是通过国际组织实施某种程度的管理,但决不否认国家主权的自由行使。让渡的目的是寻求更广泛的国际合作。在主权让渡与共享的现实之下,绝对排他性的主权时代已经过去了。③ 事实证明,主权范畴并非一成不变,而是随着历史的进步而发展,我们不能期望主权概念停留在威斯特伐利亚时代。与其等待他国主导解说,还不如基于我们的文化思考提出新观念,中国应该在主权问题上提出既符合国家利益又具备世界视角的观点。④ 可以说,中国对人权的积极关注与维护,中国积极参与维和行动(尽管这些活动有

---

① Susan Strange, *The Retreat of the State*: *the Diffusion of Power in the World Economy*, Cambridge: Cambridge University Press, 1996, p.4.

② Chris Brown, *Understanding International Relations*, Houndmills: Macmillan Press Ltd, 1997, p.51.

③ Boutros Boutros-Ghali, *An Agenda for Peace*, New York: United Nations, 1992, Paragraph 17.

④ 王逸舟:《当代国际政治析论》,上海人民出版社 1995 年版,第 81—82 页。

违《联合国宪章》的某些过时规定),体现了中国在主权观念上与时俱进的精神气质。

中国国际战略的新理念

在以上思想观念的指导下,中国的国际战略理念出现了积极的变革。首先,中国的安全战略思想出现质的发展。随着全球化的不断发展,安全问题的跨国性和综合性日益突出,安全的范畴不再局限于传统的军事、政治、经济安全,日益涉及社会、环境、文化等非传统安全领域。鉴于此,合作安全成为维护国际安全的有效途径,各国需要通过加强各领域合作扩大共同利益,提高应对威胁和挑战的能力与效率。和平只能建立在相互的、共赢的安全利益之上,共同安全是维护东亚安全的最终目标。过去,中国最担心的是自身安全受到威胁;现在,周边国家以及世界主要大国对中国崛起是否会带来威胁充满疑虑。正是这种内外互动,促使中国领导人在20世纪90年代中后期提出了以互信、互利、平等、协作为核心的新型安全观,通过上海合作组织付诸实践,并将延伸到中国—东盟自由贸易区的构建之中。2014年,习近平提出总体国家安全观,强调构建集政治安全、国土安全、军事安全、经济安全、文化安全、社会安全、科技安全、信息安全、生态安全、资源安全、核安全等于一体的国家安全体系,既重视自身安全又重视共同安全,打造命运共同体,推动各方朝着互利互惠、共同安全的目标相向而行。总体国家安全观是一种"立体安全观",它不仅强调国家安全的外部性变革,也扩大到政治昌明、社会安定等国内安全,体现了将国际战略与国内战略综合考虑的高度。

其次,中国外交由内向性转向外向性,强调有所作为,积极融入国际社会,拓展战略利益。自20世纪80年代末90年代初以来,"韬光养晦"和"有所作为"这对矛盾一直是构成中国外交理论与实践的主导性原则,孰重孰轻,莫衷一是,甚至一度束缚了中国国际战略目标的实现。在对参与国际事务的理论总结过程之中,我们逐渐认识到,"韬光养晦"是一种哲学原则,体现的是思想高度;而"有所作为"是一种实践原则,体现的是进取精神。当然,"有所作为"也有其哲学含义,即根据自己的战略判断,"有所为,有所不为"。随着改革开放的进一步深入,中国开始采取积极战略,全面参与全球性国际制度,参与原有制度的完善和新国际制度的制定,主动促成新的国际制度建构,在国际制度建设中承担积极角色,致力于塑造负责任的大国形象。

再次,立足临近地区,构建地区全面合作的制度框架,加强地缘政治经济的塑造能力。随着中国国家实力的上升,中国已经成为亚太地区的大国之一,亚太地区的所有重大事务,没有中国的积极参与则难以获得满意的结果。这样的战略态势为中国在亚太地区发挥积极作用奠定了现实基础。20 世纪 90 年代中期以来,中国改变了过去对地区合作的消极、被动姿态,在经济、安全、军事等方面与邻近国家展开了积极合作。在经济上,中国提议建立中国—东盟自由贸易区,努力打造其升级版,支持东盟主导推进"区域全面经济伙伴关系协定"(RCEP),推动建立起地区经济、贸易、投资的合作框架;在安全上,中国与俄罗斯、哈萨克斯坦等中亚国家创建上海合作组织,为中国参与亚洲地区主义提供了一种积极的范式,中国还加强与东盟等国家在非传统安全领域的合作;军事上,中国积极拓宽与主要大国的合作,在反恐、防止武器扩散、联合军事演习等方面体现出前所未有的积极姿态。中国深刻认识到发展同周边国家的关系的重要意义,中共中央于 2013 年 10 月 24 日召开周边外交工作座谈会,习近平提出中国周边外交的基本方针是,坚持与邻为善、以邻为伴,坚持睦邻、安邻、富邻,突出体现亲、诚、惠、容的理念。① 中国决策者为进一步拓展周边外交制定了宏伟蓝图,提出打造中国—东盟自贸区升级版、建立亚洲基础设施投资银行、建设"丝绸之路经济带"和 21 世纪"海上丝绸之路"等重大倡议,呼吁各国打造互利共赢的"利益共同体"和共同发展繁荣的"命运共同体",大力提升与周边国家的战略合作关系。作为地区大国向全球大国迈进,东亚作为中国大战略的地区重心显得尤为重要。中国致力于其东亚战略的升级,积极促进东亚合作的制度化,这包括:与东盟携手建设中国—东盟命运共同体,设立中国—东盟海上合作基金,发展海洋合作关系,与东

---

① 习近平:《习近平谈治国理政》,北京:外文出版社 2014 年版,第 297 页。

盟国家共同建设 21 世纪"海上丝绸之路",提出打造中国—东盟自由贸易区的升级版,主导设立亚洲基础设施投资银行,支持东亚国家开展基础设施互联互通建设,提出建设孟中印缅经济走廊等构想,通过引导地区安排的方向、促进东亚国家对中国崛起的适应,发展开放性全地区合作,缓解东亚疑虑,凝聚共同利益,深化地区认同,力争在新一轮东亚乃至亚太秩序的构建中发挥强有力的塑造和引导作用。① 中国促动的东亚合作机制代表了中国外交的新思路,即在自己利益攸关的地区培育和建立共同利益基础之上的平等、合作、互利、互助的地区秩序,在建设性的互动过程中消除长期积累起来的隔阂和积怨,探索并逐步确立国家间关系和国际关系的新准则。中国在地区合作中的积极进取,既促进了地区内国家对中国发展经验和成果的分享,也提高了中国的议程设置能力。中国有所作为的外交态势在东亚积极展现出来,通过地缘政治与地缘经济的塑造,中国在东亚的战略能力和战略地位逐步提高。

最后,承担大国责任,塑造大国形象。国际形象是指一个国家过去的所作所为给国际社会留下的关于该国的意志、决心和能力的印象。国际社会中的其他国家正是根据这一印象来回应该国的行为并借此预测其未来行为,特别是在战略博弈中以此作为预期和反应的依据。自 1997 年起,中国将"负责任大国"作为其国际地位的标示,积极提供全球性和地区性公共物品(public goods),逐步树立起负责任、建设性、可预期的国际形象,周边国家及世界诸大国为其负责任的作为而喝彩。具体表现在:(1)中国开始树立维护国际道义的世界大国形象。在国际社会大转折的时代,基本道义原则的价值不是在泯灭,而是在提高。加强国家间合作与协调,维护国际道义,维护国际法的基本原则,是树立道义大国形象的重要途径,也是中国国家利益扩展到全球的前提条件。中国在全球和平、安全、发展中发挥越来越重要的作用,这就要求中国应该进一步塑造国际社会中负责任大国的形象,提供更多的全球性和地区性公共物品。随着世界转型的加速,全球性问题愈加突出,全

---

① 门洪华:《论东亚秩序建构的前景》,《教学与研究》2015 年第 2 期,第 56—62 页。

球性公共物品供给不足,这为中国塑造国际形象提供了难得的机会,并为中国完善其战略谋划、加强与世界诸大国的合作提供了机遇。(2)中国将周边和亚洲视为承担大国责任的首要地区,并随着其利益边疆的延伸,将战略触角扩展至全球。和平稳定的地区环境是中国现代化建设的首要前提条件,中国将周边视为地区合作的重心,追求并适当扩大全球性责任。在 1997—1999 年的亚洲金融危机中,中国树立起负责任大国的形象,赢得了亚洲诸国乃至世界的尊敬。实践证明,中国付出一定代价承担国际义务是必要的,也是有长远回报的。中国应首先承担起亚太地区的国际义务,积极参与乃至主导建立亚太地区相关地区经济、安全机制,以此维护和扩展中国的国际利益,维护亚太地区的稳定与繁荣。在加强地区经济一体化的过程中,应该着眼于长远利益和战略谋划,积极提供地区共同安全、经济自由贸易区建设等地区性公共物品,为经济战略带的建立奠定坚实的基础。(3)加强软实力建设。冷战结束以来,文化、知识体系等软力量的作用在上升,而军事力量、自然资源等有形实力在国家间竞争中的地位下降。在全球信息时代,软实力正在变得比过去更为重要。① 然而,与之形成鲜明对照的是,中国经济实力、军事实力等硬实力迅速稳步上升,中国的软实力却有下降之虞。② 中国应有的大国形象除了有赖于中国大国实力和利益存在的明确表现之外,也有赖于中国在国际上应有的态势和行为特征。③ 加强自身的文化建设和国际社会的建设性参与,在国际事务的处理上强调分享、共荣、双赢,避免零和,积极提供全球和地区性公共物品,向发展中国家特别是穷国提供力所能及的援助,增加对国际组织的物质投入,这些都是当前中国为增强软实力而采取的积极措施。④

---

① Joseph Nye, *Bound to Lead*: *the Changing Nature of American Power*, New York: Basic Books, 1990, pp.2-8; Joseph Nye, *The Paradox of American Power*: *Why the World's Only Superpower Can't Go It Alone*, New York: Oxford University Press, 2002, pp.8-12.

② 门洪华:《中国软实力评估报告》,《国际观察》2007 年第 2 期第 15—26 页,2007 年第 3 期第 37—46 页。

③ 时殷弘:《关于中国大国地位及其形象的思考》,《国际经济评论》1999 年第 9—10 期,第 43—44 页。

④ 门洪华主编:《中国战略报告第一辑:中国软实力的战略思路》,北京:人民出版社 2013 年版。

简短的结论

随着中国重返国际社会,中国开始了"社会化"的过程,即将国际社会的规则和价值观念内在化的过程。① 这意味着中国关于国际社会的观念发生了变化,遵循国际社会的规则,积极参与全球性国际机制,不再把革命当作变革国际社会的选择,而是把广泛参与国际社会作为现代化的前提和重要途径,正是在这个前提之下,改革开放才成为中国的基本国策。中国不再以意识形态和阶级画线,而是将国家视为国际关系的主要行为体,并从国家利益角度理解和认识国际社会、处理国家间关系,在此基础上中国做出了世界大战可以避免的判断,开启了积极融入国际社会的历程,以中国近代以来的历史为参照,其参与国际社会的速度、广度和深度无可比拟。

进入 21 世纪,以国际战略理念的变革为思想指导,中国总体外交战略开始由主要为自己的发展利益服务的和平环境战略转向与世界谋求共同发展与安全的战略,这一战略转变以经济主义和地区主义为基点,以积极参与国际事务、加强国际合作为途径,以拓展国家战略利益、发挥负责任大国作用为目标。中国外交展现出勃勃生气,中国进一步树立起积极的、负责任的、建设性的、可预期的国际形象。

---

① David Armstrong, *Revolution and World Order: The Revolutionary State in International Society*, Oxford: Oxford University Press, 1993, p.184.

第四章
国际制度的参与

> 互动改变了国际制度参与者的成本——收益分析,并以此改变行为体的行为或战略。
>
> ——江忆恩①
>
> 历来都是中国的软弱导致亚洲动荡不安;在中国强大和稳定之时,亚洲秩序井然。
>
> ——康灿雄②

近代以来,中国一直在为实现两个尚未完成的转变而努力:从"中国之世界"向"世界之中国"转变,从世界体系的"局外者"向"局内者"转变。这一宏大历程以参与国际制度的深度和广度为标尺,它不仅事关中国的未来,而且关乎世界的前景。这一历程与中国19世纪中叶到20世纪中叶的百年沧桑、1949年以来的中国现代化崛起相契合,构成中国历史长河中的重大转折;这一进程的世界背景则是欧洲体系向全球的扩张和世界体系的确立,以及国际社会制度化进程的加速和国际

---

① Alastair Iain Johnston, "Treating International Institutions as Social Environments", *International Studies*, No.45, 2001, pp.487-515.

② David Kang, "Getting Asia Wrong: The Need for New Analytical Frameworks", *International Security*, Vol.27, No.4, Spring 2003, pp.57-85.

制度的刚性发展,而它因之成为世界发展史上的特殊景观。

国家与国际制度的关系是评估、勾勒乃至谋划大战略的一个特定视角。近代以来的世界主导大国均将国际制度的创设和主导视为确立和维护世界霸权的途径和手段;各地区性强国更是将国际制度视为维护和拓展其国家利益最为重要的手段之一;近年来,随着全球化和经济相互依赖的加深,国际社会的制度化进程在加速,国际制度在各国战略中的地位愈加突出。从战略角度来看,参与国际制度已经成为国际社会衡量一个国家开放程度的重要标志,游离于国际制度之外必将落后于时代的发展。以 1978 年以来实行改革开放政策的中国为例,中国国家实力的增强与参与国际制度有着直接的关联,在一定程度上,国际制度已经成为中国新的实力增长点和国际影响力的实现形式。

以上判断是将国际制度视为静态得出的结论。事实上,国际制度亦因中国的参与而有所变更,二者之间存在互动关系。当然,国际制度本身就处于变动过程之中,冷战结束以来,随着世界实力格局的演变和全球化的深入发展,国际制度不仅在观念上滞后,而且体现出与超级大国乃至所有国家之利益结构的偏差,国际制度的重塑似乎已是大势所趋。世界体系处于转型过程之中,作为世界上举足轻重的大国,中国第一次赢得了平等参与国际制度决策的可能和参与塑造全球制度体系的机遇。国际制度和世界体系的演变构成中国崛起的外在动态环境,使得中国有了更广阔的战略空间。

在这样的情势之下,研究中国参与国际制度的战略显得极其必要。参与国际制度是中国融入国际社会进程的核心,中国参与国际制度是一个社会化的学习过程,是重新认识自己和确定自身战略的过程,也是逐渐认识和熟悉国际制度、利用国际制度维护和拓展本国战略利益的过程。其中,最为显著的是,在中国国家实力和国际影响力有限的情况下,中国积极推动和不断扩大参与各种不同层次的多边国际制度,利用不同层次的国际制度就一些重大的国际问题提出具有可操作性的政策选择,向国际社会表明中国建设性地参与世界事务和国际体系的决心、愿望和能力,以此消除国际社会的疑虑,驳斥敌视者的攻击,并树立起建设性的负责任大国形象;中国吸取大国兴衰的历史经验,强调从东亚合作机制的建构着手,将加强区域性事务的参与和主导性推动视为实现顺利崛起的战略思路之一,实际上确立了实现中国崛起的基本国际战略框架。

  本章的主要内容是:从有效性、局限性、合法性三个变量出发,确立评估国际制度的理论框架;从压力、认知与国际形象等三个方面对中国参与国际制度做出理论解释,剖析中国积极参与国际制度的战略选择;从参与、创设与主导等三种具体形式论述中国如何促进合作机制和重塑东亚秩序。笔者强调,没有一个世界大国不是先从自己所在地区的事务中逐渐占主导地位而发展起来的,中国成为一个世界大国的进程也不能摆脱这一模式。作为东亚地区最大、最重要的国家,中国应有能力逐渐在这一地区的事务中发挥更大、更具建设性的作用,成为东亚秩序的主导塑造者。鉴于此,以国际制度建设为主要路径促进东亚合作,以东亚秩序的建构为基础,为国际秩序的重塑提供可资借鉴的范式。

第一节 合法性、有效性与局限性
——评估国际制度作用的理论框架

  关于国际制度(international institution)的概念及其与国际机制(international regime)、国际组织的关系,学界历来有所争论。根据笔者的理解,学界基本接受了斯蒂芬·克拉斯纳(Stephen Krasner)关于国际机制的定义,即"在国际关系特定领域里行为体愿望汇聚而成的一整套明示或默示的原则、规范、规则和决策程序"[①];罗伯特·基欧汉(Robert O. Keohane)关于国际制度的定义也基本得到了认可,即国际制度包括国际机制、国际组织和国际惯例(international usage),是"有关国际关系特定问题领域的、政府同意建立的有明确规则的制度"[②]。从概念的使用情况来看,大部分学者将国际组织纳入国际制度的外延

[①] Stephen Krasner,"Structural Causes and Regime Consequences: Regimes as Intervening Variables", *International Organization*, Vol.36, 1982, p.186.

[②] Robert Keohane, *International Institutions and State Power: Essays in International Relations Theory*, Boulder: Westview Press, 1989, p.4.

范围,将国际机制与国际制度混用,并未加以严格区分。为分析方便,笔者接受学界的这一惯例,在一般分析时使用国际制度一词,但在引用文献时视具体情况而定,以保持文献的原貌为准。鉴于国际制度理论是新自由制度主义特有的理论体系,笔者以国际机制理论作为剖析新现实主义、新自由主义、建构主义三大国际关系理论范式的泛指性概念,并分别称为新现实主义国际机制理论、国际制度理论(或新自由主义国际机制理论)、建构主义国际机制理论的概念,以示区别。

20世纪80、90年代,恰逢新现实主义和新自由主义、理性主义与建构主义论争的时代,国际机制理论应运而诞生、应时而发展。作为一种边缘性的理论,其发展脉络必然是多元的。新现实主义、新自由主义、建构主义等三大理论范式均在国际制度上提出自己的创见,从而形成国际制度的三大理论流派。三大理论流派均就国际制度的作用进行过论述,其差异就在于对国际制度作用大小的认可程度。① 20世纪90年代后期,随着国际社会多元化、制度化的发展,就国际制度作用做出明确的回答,不仅是一个重要的理论问题,也成为一个急需解决的现实问题。②

本章的主要内容是:结合国际机制理论不同流派关于国际制度作用的认识,论证国际制度是否独立变量(independent variable);确定国际制度的作用体现在哪些方面,从而为国际制度的有效性提供整体性的理论认识;剖析国际制度的局限性的具体表现形式,确立国际制度有效性的负量度;剖析国际制度的合法性,确立国际制度作用发挥的基础性条件;结合国际制度的有效性、局限性、合法性,确立评估国际制度发挥作用的基本理论框架。

---

① Andreas Hasenclever, Peter Mayer and Volker Rittberger, *Theories of International Regimes*. London: Cambridge University Press, 1997, pp.1-2.

② 关于国际机制主要理论流派、国际制度作用的初步剖析,参见门洪华:《国际机制理论主要流派评析》,《中国社会科学季刊》2000年夏季号,第155—164页;《国际机制与美国霸权》,《美国研究》2001年第1期,第74—88页;《国际机制的有效性与局限性》,《美国研究》2001年第4期,第7—20页;《国际机制与中国的战略选择》,《中国社会科学》2001年第2期,第178—187页;《地区秩序建构的逻辑》,《世界经济与政治》2014年第7期,第4—23页。

国际机制理论三大流派的基本主张

关于新现实主义的争论及其批评主导着国际关系理论的舞台。① 新现实主义的基本理论主张是：国际社会处在无政府状态下，国家是自私理性的行为体，受制于国际系统的结构，追求权力是国家基本的行为模式。由此，新现实主义国际机制理论的基本出发点是：权力在合作中的核心地位不次于其在冲突中的地位；行为体之间的权力资源分配极大地影响着国际制度的出现、某问题领域国际制度的存在及其性质，特别是合作中的利益分配；国家会考虑无政府状态下的相对权力，从而对国际制度的效率形成制约。以上观点集中体现在霸权稳定理论中。罗伯特·克劳福德（Robert Crawford）认为，霸权稳定理论是新现实主义关于国际制度产生最权威、最普遍认同的解释。② 它认为，霸权国家建立了自己的霸权体系，并制定该体系的基本原则、规则、规范和决策程序，霸权国的实力与威望是其他国家接受这些国际制度的重要前提；霸权国利用这些制度维持霸权体系，最大限度地获得自己的利益；为了维持该体系，它愿意向体系内的其他国家提供公共物品，容忍搭便车行为（free-riding）；霸权国衰落或发生急剧变化，则该体系的国际制度发生相应变化。

新自由制度主义是在挑战新现实主义的过程中成长和发展起来的，它接受了新现实主义的合理内核，在此基础上发展成为独立的国际制度理论体系，其后又借鉴和吸纳其他国际关系理论流派特别是建构主义学派的最新成果，及时保持着学术前沿地位，新自由制度主义关于多边主义（multilateralism）和全球治理（global governance）的研究成为带动学术创新的核心动力。③ 新自由制度主义的基本理论主张是：国际社会处在无政府状态，但国际社会并非无序，而是有一定的组织形式

---

① Jeffrey Legro and Andrew Moravcsik, "Is Anybody a Realist?", *International Security*, Vol.24, No.2, Fall 1999, p.5.

② Robert Crawford, *Regime Theory in the Post-Cold War World: Rethinking Neoliberal Approaches to International Relations*, Dartmouth Publishing Company, 1996, p.57.

③ Joseph Nye and John Donahaue, eds., *Governance in a Globalizing World*, New York: Brookings Institution Press, 2000.

和行为规范;国家是自私、理性的行为体,其目的是追求绝对收益;国家之间存在利益的冲突,但各国为了求得自己的利益而寻求合作,所以互惠合作是国家之间博弈的结果;为达到绝对收益的目的,国家要寻找一种有效的国际制度,使国家放弃各自的帕累托占优战略,而取得集体的最佳结果,国际制度是保证国际合作的有效途径。它认为,国家是追求绝对收益的理性自我主义者,只关心自己的得失;承认权力在国际制度中的作用,但认为国际制度是国际关系中的独立变量,强调国际制度在帮助国家实现共同利益中的重大作用;活跃在特定问题领域的国家拥有只能通过合作才能实现的共同利益;不确定性(uncertainty)是国际制度形成的理论核心,世界政治存在广泛的不确定性。国际制度帮助达成政府之间意愿的契合。行为体相信,这种安排会帮助达成互利的安排。换言之,没有国际制度,则协议无法达成。国际制度正是通过降低不确定性来促进国际合作的。① 新自由制度主义用相互依赖概念将现实主义和自由主义结合起来,具有重要的理论整合意义。② 它是当前国际关系研究中最系统、最有解释力的国际机制理论体系,代表着当前国际机制理论的发展高度,而国际关系研究议程的主动权更多地掌握在新自由制度主义学者手中。

建构主义是在对传统的理性主义的反思和批判中发展起来的,被视为一种方兴未艾的国际关系理论范式。20世纪90年代见证了建构主义的崛起和发展,是为"国际关系理论的建构主义转向"。③ 建构主义的基本理论主张是:在本体论上,不赞成国际关系主流理论关于人性和行为的概念,认为国际关系是一种社会建构,是人的信仰与行为选择的产物,强调主观性变量对国家行为的作用,强调过程的意义;在方法论上,强调多元学术范式以及理论解释的多元化;在认识论上,强调国际关系的含义在变化之中,各种解释和变化都有探究的价值;在价值论

---

① Robert Keohane, *International Institutions and State Power: Essays in International Relations Theory*, p.108.
② Robert Keohane and Joseph Nye, "Power and Interdependence Revisited", *International Organization*, Vol.41, No.4, 1987, p.733.
③ Jeffery Checkel, "The Constructivist Turn in International Relations Theory", *World Politics*, Vol.50, 1998, pp.324-348.

上,强调恢复研究国际伦理的重要性,指出文化、认同和规范等因素在调整国家关系以及利益方面的重要作用。建构主义作为理论的新生代,扩大了国际关系理论研究的范围与视野。建构主义在国际制度问题上也提出了不同于传统理论的看法。其一,重视文化、规范等主观性因素在国际制度形成和变迁中的作用;其二,强调过程的意义,认为过程的价值与结构同等重要,甚至结构依赖过程①;其三,强调对国家认同与国家利益认同的分析。

国际制度是一种独立变量

国际机制理论的三大流派都没有否认国际制度是一种起作用的变量。但是,对国际制度作用大小的认识,各流派的观点却大相径庭。新现实主义认为,国际制度基本上是权力分配的反映,而非达致和平的重要因素,它起到的不过是边缘性的作用。② 换言之,国际制度是权力的一种表现形式或利益的一种实现形式,它不构成影响国家行为的独立力量;在无政府状态下,过分强调国际制度会产生误导;权力是国际关系中唯一的决定性因素,而国际制度不过是一种干预性变量(intervening variable)。在新自由制度主义看来,国际制度不仅是霸权国的供应,也反映了国际社会的需求,国际制度是在国家互动过程中产生的,它一旦形成就难以被某一个大国左右或推翻,因而国际制度在很大程度上影响国家行为。可以说,国际制度相当于经济学中的市场或现实主义中的结构,是一种自在和独立的建构。③ 因此,在国际政治中,国家行为的选择实际上就是制度的选择。国际制度是一种独立性

---

① Alexander Wendt, "Constructing International Politics", *International Security*, 1995, Vol.20, NO.1, pp.71-81.

② John Mearsheimer, "The False Promise of International Institutions", *International Security*, Vol.19, No.3, Winter 1994/1995, pp.5-49; Charles A. Kupchan and Clifford A. Kupchan, "The Promise of Collective Security", *International Security*, Vol.20, No.1, Summer 1995, pp.59-61; Robert Jervis, "Realism, Neoliberalism, and Cooperation: Understanding the Debate", *International Security*, Vol.24, No.1, Summer 1999, pp.42-63.

③ 秦亚青:《霸权体系与国际冲突——美国在国际武装冲突中的支持行为(1945—1988)》,上海人民出版社1999年版,第83页。

的变量,有时起到重要的作用。① 有的学者甚至认为,国际制度是国际关系中最主要的变量,可以直接影响国家利益的形成和国家的国际行为,国际制度是起到主要作用的变量。② 在国际制度是否独立变量的问题上,建构主义的答案是最为坚定的,似乎一旦国际制度建立,就会对国家的行为构成制约。有的建构主义流派甚至把国际制度作为唯一的独立变量来看待。③ 综上所述,新现实主义认为国际制度不是一个独立变量,其作用最小;建构主义认为国际制度是独立变量,其作用最大;而居于其间的新自由制度主义认为国际制度为独立变量,但对国际制度的作用做出了较为谨慎的评价。要确定国际制度是否独立变量的问题,就需要批驳新现实主义的观点。

新现实主义的国际机制理论认为,权力是国际关系中唯一的独立性变量,其他变量不过是权力意志和利益分配的反映罢了。新现实主义将国际制度看作权力的附属品、维护权力的工具,或内生于国家权力结构的产物。④ 作为工具,它当然没有自在性,遑论独立性了。例如,克拉斯纳用"性别之战"(Battle of Sexes)博弈模型来描述以权力为基础的国际机制理论,认为国际制度并未展示多少自主和弹力(resilience),但却常常是权力分配和伴随利益的关键性中介,其本身也成为权力的源泉。⑤ 新现实主义国际机制理论强调权力结构的决定性作用,并未给国际制度留下多少活动空间。它认为,一旦现有国际制度的权力结

---

① Robert Keohane and Lisa L. Martin, "The Promise of Institutionalist Theory", *International Security*, Vol.20, No.1, Summer 1995, pp.39-51.

② Robert Keohane, *After Hegemony: Cooperation and Discord in the World Political Economy*, Princeton University Press, 1984;秦亚青:《霸权体系与国际冲突——美国在国际武装冲突中的支持行为(1945—1988)》,第七章。

③ Andreas Hasenclever, Peter Mayer and Volker Rittberger, *Theories of International Regimes*, p.208.

④ Robert M. Crawford, *Regime Theory in the Post-Cold War World: Rethinking Neoliberal Approaches to International Relations*, p.57.

⑤ Stephen Krasner, "Global Communications and National Power: Life on the Pareto Frontier", *World Politics*, 1991, Vol.43, p.336; Stephen Krasner, *Structural Conflict: The Third World Against Global Liberalism*, Berkeley: University of California Press, 1985, pp.7-9.

构销蚀,制度本身则注定倒塌或变得无效。①

　　这种观点遭到了许多学者的明确反对,并有违国际关系的现实。其一,霸权的衰落并不一定导致国际制度的坍塌,而国际制度在某些时候牵制权力结构甚至成为权力结构的重要组成部分。也就是说,霸权国并非国际制度产生与维持的必要条件。其二,国际制度的建立并不容易,有时确实需要霸权国的主导乃至强制,但是国际制度一旦建立,则成为国际关系中自在的结构,就像世界经济中的市场一样,有自己的运行规律,甚至可以对国家权力的行使形成一定的限制。② 制度不仅仅是某些问题领域的抽象原则,有时还是降低信息非均衡性、帮助国家监督他国行为的明确制度。制度不仅使得某些行为方式不合法,而且也使得某些行为方式合法,或在某些特殊情况下阻碍某些行为。③ 其三,它无法解释权力结构变迁与制度变迁之间存在的差距,不能解释某一问题领域不同国际制度的持久性为何不同,无法解释为什么现在国际制度比以前更广泛的问题。从宏观经济学供应理论的角度讲,新现实主义国际机制理论仅仅重视国际制度的供应,认为权力愈集中,国际制度的供应愈多,但国际制度需求的波动并未考虑在内,所以该理论是不完善的。④ 其四,权力结构与制度不仅仅是一对矛盾,二者也是相辅相成的。例如,在第二次世界大战后,美国拥有最强大的金融和生产能力,并有能力提供霸权领导。因为美国意识到促进世界经济的繁荣符合美国的利益,美国愿意利用这种权力促进合作。由于资本主义世界对苏联的恐惧,美国的霸权地位被广泛接受。这就是美国在战后建立霸权组织结构的背景。美国的霸权建立在各国反苏利益基本一致之上,二者之间相互依赖的程度高,美国为了加强这种相互依赖意识而创

---

　　① Andreas Hasenclever, Peter Mayer and Volker Rittberger, *Theories of International Regimes*, p.86.
　　② Chris Brown, *Understanding International Relations*, Houndmills: MacMillian Press Ltd., 1997, p.127.
　　③ Andreas Hasenclever, Peter Mayer and Volker Rittberger, *Theories of International Regimes*, p.99.
　　④ Robert Keohane, *International Institutions and State Power: Essays in International Relations Theory*, pp.101.

立了相应的国际制度,向盟国提供特殊的利益,同时降低不确定性,促进合作。霸权国与国际制度在霸权与合作相结合的条件下建立起来。霸权本身降低了不确定性及交易成本。国际制度可以确保霸权国控制行为的合法性。美国并非一味要求盟国的遵从,也在寻求共同利益甚至自己做出修正。国际制度延缓美国霸权的衰落,成为维持霸权的工具;同时,国际制度也制约着美国霸权的恶性膨胀,对其实施效果形成制约。在美国霸权一度衰落之后,美国主导创设的国际制度依然存在,并创造出更为有利的制度环境,维持和创新成为制度变迁之路。①

综上所述,如果没有国际制度的存在,则国际社会不仅处于无政府状态,也不存在任何秩序。在没有任何约束的前提下,行为体势必寻求在任何与所有的边际上实现利益最大化,我们将生存在霍布斯主义的丛林中②,霸权国则无法有效地进行管理;一旦国际制度存在,且满足国际社会的某些需求,霸权国就不能简单地独自决定国际制度的存亡。国际制度不仅是霸权国手中的工具,也代表了国际社会的整体需要,乃至某种程度上的价值判断。换句话说,国际制度不仅是一种主观需求的产物,也在某种程度上反映着国际社会的客观现实。霸权国主导建立国际制度的主要目的是控制和管理其霸权范围,但这些国际制度也同时束缚了霸权国为所欲为的手脚,迫使其带头遵循国际制度。国际制度成为霸权国提供的公共物品,如果霸权国不继续提供或率先违反,势必带来霸权体系的动荡。③ 所以,除非在特殊情况或条件成熟的时机下,霸权国有遵循国际制度的可能性和必要性。这样,国际制度就成为束缚权力的自在建构,发挥着独立的作用。新现实主义者起初藐视国际制度的作用,认为国际制度不过是利益分配的反映。但随着美国霸权的起伏,他们也开始重视国际制度的独立作用。在罗伯特·吉尔

---

① Robert Keohane, *After Hegemony: Cooperation and Discord in the World Political Economy*, pp.120-140, p.244.

② 道格拉斯·诺思:《经济史中的结构与变迁》,上海三联书店、上海人民出版社 1994 年版,第 226—227 页。

③ 当然,我们有必要牢记的是,"国际机制的作用是赋予国家权力,而不是束缚它们的手脚"。参见 Robert Keohane, *After Hegemony: Cooperation and Discord in the World Political Economy*, p.13。

平(Robert Gilpin)强调"霸权与大国政策协调并存"之际,国际制度的作用已经得到了大幅度提升。① 有意思的是,批评国际制度理论最有力的美国学者约瑟夫·格里科(Joseph Grieco)不失时机地指出,尽管新现实主义低估了国际制度的作用,但却在国际制度是否促进合作的独立变量问题上做出了肯定的回答。②

我们可以肯定地说,国际制度是国际关系中的独立变量。当然,承认国际制度是独立变量,并不意味着国际制度无所不能,是万灵药(panacea)。在确认国际制度独立作用的同时,我们应充分认识到国际制度作用的局限,认识到合法性是国际制度作用大小的基础性条件。因此,判定国际制度作用的大小,需要将国际制度的有效性、局限性与合法性结合起来,才能得出切实的结论。无论如何,我们对国际制度的作用不应该做出太过乐观的估计。毕竟,无政府状态是国际关系的本质属性,而国际社会仍然是一种自助体系。尽管国际制度并不依从霸权国而灭失,但确实严重受制于霸权国乃至大国。而且,国际制度并不强加于国家接受,而是顺应了国家希望通过合作达成目标的需求,帮助国家实现集体获益。③

综上所述,国际制度是一种独立变量,但受到国际环境的严重制约。在这里,独立变量的含义是:国际制度虽然受制于外在因素(如霸权国)的影响,但从严格的意义上讲,其存在与作用的发挥是自在的、独立的,不因外在因素而改变其内核,也不因外在因素而灭失;它对外在因素有制约作用,能够起到独立的影响,它不一定摆脱成为外在因素之工具的命运,但必定能在一定场合下独立发挥作用。

国际制度的有效性

国际制度并非自发创立的,它产生于国家之间在国际系统中的互

---

① 罗伯特·吉尔平:《国际关系政治经济学》,北京:经济科学出版社 1989 年版,第 405—411 页。

② Joseph Grieco, "Anarchy and the Limits of Cooperation: A Realist Critique of the Newest Liberal Institutionalism", *International Organization*, 1988, Vol.42, No.2, p.494.

③ Robert Keohane, "International Institutions: Can Interdependence Work?", *Foreign Policy*, Spring 1998, pp.82-96.

动需要。如果各国政府独立做出自己的决策,国际制度并不存在。当政府间的互动不是建立在独立决策的基础上,国际制度就存在了。或者说,当模式化的国家行为源自共同的决策而非独立决策时,国际制度就产生了。① 由于国际社会的无政府状态和国家的自私理性特征,国际制度的创立是困难的,往往需要霸权国和诸大国的强制和(或)引导。但是,国际制度一旦建立起来,就成为国际关系中的自在建构,独立地发挥作用。

国际制度的有效性是衡量国际制度在多大程度上塑造或影响国际行为的一种尺度。② 按照奥兰·扬(Oran Young)的解释,国际制度的有效性是可以从其能否成功地执行、得到服从并继续维持的角度来加以衡量的;有效性是一个程度大小的问题,而不是一个"不全则无"(all or nothing)的命题。换言之,只要国际制度能够经受个人和集体行为发生显著变化的考验,它就是有效的。③ 20世纪和21世纪最突出的时代特征之一,就是第二次世界大战结束以来,国际社会的制度化进程逐步加快,国际制度的有效性逐步增强。国际制度的有效性主要体现在以下几个方面。

1. 服务作用

根据科斯定理(Coase theorem),合作的达成需要三个关键性条件:行为的合法框架、完善的信息与零交易成本。基欧汉指出,世界政治缺乏权威的政府机构(无政府状态),以普遍的不确定性为本质特征,而且交易成本过高。显然,在世界政治中,这些条件都不能满足。恰恰由于这些条件无法满足,国际制度才显得重要。④ 按照基欧汉的分析,国际合作之所以不能达成,主要是信息不完善和交易成本过高所导致的。

---

① Arthur A. Stein, "Coordination and Collaboration: Regimes in an Anarchic World", *International Organization*, Vol.36, No.2, Spring 1982, pp.300-301.
② 奥兰·扬:《国际制度的有效性:棘手案例与关键因素》,载詹姆斯·罗西瑙主编:《没有政府的治理》,南昌:江西人民出版社2001年版,第186—224页。
③ 同上书,第186—224页。
④ Robert Keohane, *After Hegemony: Cooperation and Discord in the World Political Economy*, p.87

信息不完善,导致不确定性的存在,因为信息正是不确定性的负量度。① 由于国家对秘密信息的优先考虑(即缺少透明度),主权国家对自己的伙伴或对手在某一特定时段的价值倾向并不确知。面对这种不确定性,它们自然做出如下反应:既然不能确认对方在将来如何解释协议的条款,它们倾向于不缔结条约。按照市场失灵理论(Market Failure Theory),国际制度可以向成员国提供可靠的信息和信息交流的渠道,加快信息流通,解决信息不确定性。② 国际制度的存在,减少了国际冲突的危险,促使各行为体通过协调行动来寻求减少利益的冲突和危险③,从而降低了交易成本。降低交易成本有两方面的含义:对合法者是降低了成本,因为一旦国际制度形成,则合作中的边际成本(marginal cost)降低;对违法者则提高了成本,增加了风险。所以,国际制度可以提供更为完善的信息,降低交易成本,使得承诺更为可信并促成互惠合作。④

2. 制约作用

国际制度可以对国家形成一定的制约作用。国际制度拥有自己的生命和逻辑,甚至可以重塑或限制创造它们的国家。当国家将制度约束视为战略需要时,它们确实同意相互限制。这样,国际制度就确定了对国家如何行为的期望,如果国家不这样做将遭受困难或付出代价。实际上,国际制度的作用就是要确立游戏规则来降低不确定性,保证提供相互的而非一方独具的利益。⑤ 从这个角度讲,国际制度的约束就像婚约:两个独立的个人意识到他们的关系将最终产生冲突与(或)不

---

① 肯尼斯·阿罗:《信息经济学》,北京经济学院出版社 1989 年版,第 159 页。
② Robert Keohane, *After Hegemony*: *Cooperation and Discord in the World Political Economy*, pp.90-101; *International Institutions and State Power*: *Essays in International Relations Theory*, pp.116-117.
③ Robert Keohane, "The Demand for International Regimes", p.333.
④ Robert Keohane and Lisa L. Martin, "The Promise of Institutionalist Theory", *International Security*, Vol.20, No.1, Summer 1995, p.42.
⑤ John G. Ikenberry, "Institutions, Strategic Restraint, and the Persistence of American Postwar Order", *International Security*, Vol. 23, No. 3, Winter 1998/1999, pp. 43-78; Manro Barazini and Roberto Scazzieri, eds., *The Economic Theory of Structure and Change*, Cambridge University Press, 1990, p.27.

和,所以他们将自己约束在一个公认的法律框架内,如果这种关系的破裂之日不可避免地来临,婚约将使得解除双方关系变得更加困难。①国际制度是在无政府国际环境中制度和权力分散状态下的规则,但同时也是国际社会成员认可或达成的规则,代表了某个领域的行为准则。参与国际社会的国家在确立自己的国家利益时,必须将国际制度考虑在内,在制度约束的范围内实现利益最大化。尽管国际制度本身没有多少强制性,但在复合相互依赖的国际社会中,理性国家要实现自己的利益,却必须依靠国际制度才能达成。是否创建或加入国际制度是国家的选择性行为,但是国家一旦参与了某一国际制度,则必受其限制。②

3. 规范作用

国际合作并不容易达成,因为国家为其自我利益而非公共利益所驱动。但是,国家确实有互补利益,而且某种合作确实对双方有利。随着国际社会相互依赖程度愈来愈高,国际行为体的交往也愈来愈频繁,国际制度的需求增加了③,国际制度不断延展,并逐步在世界范围内建立起网络体系,使各问题领域的国际制度形成关联网络。随着国际制度网络体系的扩展,国际社会的制度化、规范化程度也日渐加强,国际行为体的行为也日趋规范化。这样,受到国际制度的影响乃至塑造,国家行为也趋于规范化。在现实生活中,即使最强大的国家也愈来愈依赖国际制度,即使美国这样的国家也不得不遵循国际制度的要求,做出一定程度的妥协。④

4. 惩罚作用

国际制度的关联效应使其能够奖励遵守国际制度的行为,惩罚违反国际制度的行为,从而确立国家的国际制度活动空间。当然,这种惩

---

① John G. Ikenberry, "Institutions, Strategic Restraint, and the Persistence of American Postwar Order", pp.43-78.

② 郑端耀:《国际建制与国际不扩散的关系——理论分析架构的探讨》,《美欧季刊》(台湾)1999年第13卷第2期,第107—134页。

③ Robert Keohane, *After Hegemony: Cooperation and Discord in the World Political Economy*, p.244.

④ Robert Keohane, "International Institutions: Can Interdependence Work?", pp.82-96.

罚功能是双重意义上的:一方面,国际制度本身有相关的惩罚性规定;另一方面,国际制度的规则不仅被视为降低成本和不确定性的工具,也被视为创立责任的原则。违背制度规范不仅损害了双方获益的一系列安排,也破坏了违反者的名声,从而损害了它未来制定协议的能力。①

5. 示范作用

国家要想在已经建立起国际制度的问题领域充当赢家,必须首先使得自己的行为符合国际制度的要求,依照国际制度的规范制定和执行对外政策。国际制度不仅为国家提供了国际活动环境,而且引导国家在国际制度的框架内定义国家利益,从而对国家的国际战略选择产生重要影响。当然,国际制度并非在等级意义上强行实施规则,而是要改变交往模式,并能够为参与者提供信息以减少不确定性,其本质作用是强化互惠效应并使其制度化。② 国际制度的影响作用是潜在的、潜移默化的,而非强制意义上的。③ 国际制度提供示范,给国际行为体带来新的相互主观的认知和互动关系④,帮助克服国家的自私行为,其主要途径是鼓励国家放弃唾手可得的短期利益,而追求长期合作带来的巨大收益。⑤

6. 惯性作用

惯性是"影响制度和权力的一个辨证因素"⑥。奥利弗·威廉姆森(Oliver Williamson)认为,国际合作的模型有高低水平两个平衡点,一旦达到某个平衡点,只有环境发生巨大变动时才能使这种平衡发生变

---

① Robert Keohane, *After Hegemony*: *Cooperation and Discord in the World Political Economy*, p.126

② R. 艾斯罗德、R. 考恩:《无政府状态下赢得合作的策略与机制》,《现代外国哲学社会科学文摘》1996年第11期,第34—37页。

③ 秦亚青:《霸权体系与国际冲突——美国在国际武装冲突中支持行为(1945—1988)》,第83—84页、第279—281页。

④ Peter M. Haas, "Do Regimes Matter? Epistemic Communities and Mediterranean Pollution Control", *International Organization*, Vol.43, No.3, Summer 1990, pp.377-403.

⑤ Stephen M. Walt, "International Relations: One World, Many Theories", *Foreign Policy*, Spring 1998, pp.29-46.

⑥ 斯蒂芬·克莱斯勒:《结构冲突:第三世界对抗全球自由主义》,杭州:浙江人民出版社2001年版,第74页。

化,这就是惯性的力量。① 可以说,惯性伴随人类社会而来,其作用是潜在而永恒的。对于业已确立的国际制度而言,由于高昂的破坏代价和缺乏替代选择等原因,其惯性作用非常突出。由于建立新的国际制度需要付出巨大的成本,成员国总是倾向于首先对原有的国际制度加以改造利用。因此,国际制度本身的发展变化存在某种"时滞"(time lag),这种惯性使得国际制度的作用得以在时空上延展。国际制度是历史进程中人类行为的沉淀物。换言之,国际制度具有沉没成本(sunk cost)的意义②,它是由过去决定的,一旦形成就具有历史惯性。有时,表面上起作用的是各种国际制度,实际上却是各种潜在的、稳定的力量在背后依托着,即使现行国际制度有所变更,巨大的惯性也使之足以维持一段时间的作用。

国际制度的局限性

在确认国际制度有效性的同时,我们应充分认识到国际制度作用的局限;认识到独立性并非国际制度的唯一属性,从属性(dependency)也是国际制度的内在属性之一,二者之间矛盾统一,形成一定的张力,从而构成国际制度作用发挥的基础。对国际制度局限性的剖析主要来自新现实主义,其认识基础仍是国际制度为从属变量(dependent variable)的判断;以下分析借鉴了新现实主义的诸多观点,但基本的认识基础是国际制度为独立变量的判断。

随着世界相互依赖程度的日益深化,国际关系的主旋律由冲突转向国际合作,零和(zero-sum)博弈模式在减少,双赢式的(win-win)非零和博弈原则愈来愈成为主流,国际社会趋向规范化、制度化。与此相联系,国际制度在国际事务中发挥着愈来愈重要的作用,国际制度成为调节国家间关系的重要杠杆,也日益成为具有可操作性的经常性行为规

---

① Oliver Williamson, "A Dynamic Theory of International Behavior", *Quarterly Journal of Economics*, Vol.79, No.4, 1965, pp.579-607.

② 所谓沉没成本,即"一个过去的行动产生的一项持久可用的资源",积淀成本使得我们能够理解为什么即使所有的成员倾向于支持一些不同的原则、规则和制度时,既有制度仍然能够存续下去的理由。参见 Robert Keohane, *After Hegemony: Cooperation and Discord in the World Political Economy*, p.102。

范。然而,国际制度作用的增强,并没有给国际社会带来人们孜孜以求的和平与安全。世纪之交,国际形势风云变幻,和平与安全的目标似乎随着地区冲突和国内纷争的日趋激烈而幻灭了。现实的困境促使理论开花结果。体现在国际机制理论的发展上,就是对国际制度局限性的认识得以加深。

所谓国际制度的局限性,指的是国际制度作用发挥所受到的限制,表现在国际制度自身缺陷和外在制约两个方面。分析国际制度的局限性,并非意图否认国际制度作用增强的趋势,而是通过对国际制度自身缺陷和外在制约的分析研究其作用发挥的局限,以达到认清国际制度作用的目的。

从国际制度自身的缺陷着眼,国际制度的局限性主要表现在如下几个方面:其一,制度的本义是权衡,即对各种利益的规范之间进行权衡的结果。如此,则妥协性是国际制度本身固有的属性。因之,国际制度本身并不以国际正义和平等为准则,尽管参与制定和运用国际制度的国家总是假正义与平等之名行事。这种妥协性足以损伤国际制度的权威性或有效性,影响着国际制度作用的发挥。其二,现存国际制度源自西方特别是美国的政治—文化观念,其基本原则、规则、规范乃至决策程序都主要是西方文化的产物,与西方利益有着天然的联系。西方(美欧)长期垄断着国际关系的主导权和国际制度的制定权,迄今为止的国际制度在建构中仍然难以超越这些机制规则所奠定的思维框架。[①] 在当前,西方(尤其是美国)实力仍然是主导国际关系的因素;西方仍然安排着国际制度的建构趋向,国际制度主要体现着西方尤其是美国的愿望和利益需求;而且,西方仍然是国际制度的主要实践者。这种属性体现了国际机制理论应用和文化根基上的狭隘,并维护着美欧尤其是美国的国家利益。罗伯特·考克斯(Robert Cox)认为,现行国际制度加强了发达国家对世界其他部分的统治,是不公正分配的结果,

---

① Robert M. Crawford, *Regime Theory in the Post-Cold War World: Rethinking Neoliberal Approaches to International Relations*, pp.4-6.

因而在道德上是应该受到谴责的。① 其三,与此相联系,国际制度本身就具有"非中性"的特征,国际制度一方面代表了某些国家(或国家集团)的利益并维护之,另一方面又限制了国际社会其他行为体进一步发展的机会。由于国际制度非中性的存在,在既定机制下获益不等的国家行为体在很大程度上按照自己的偏好"改进"制度。由于国际制度随环境改变而进行的调整是对外来压力的反应,制度调整的速度与广度就是国际社会结构发展的能力,在很大程度上取决于特定时期国际社会各类行为体所施加的影响力。特定的制度安排对不同的人意味着不同的事,换言之,不同国家在特定国际制度下的损益及其程度往往不同。由于国际制度非中性的存在,制度变迁也就往往仅对某一部分成员有好处。② 其四,就其本性而言,国际制度的发展是渐变而非突变。③ 由于国际关系的内容瞬息万变,从某种相对稳定的局面中形成的国际制度未必能及时地适应变化,这就是所谓的国际制度"时滞"。时滞的存在使得在某些特定时期既有的国际制度与时代特征脱节,无法确切地反映国际社会的现实。从历史现实角度讲,大多数现存国际制度是由霸权国——美国在二战结束不久建立的。④ 国际制度是在巨大的霸权阴影下、在两极格局的国际体系中发展起来的,必然带着那个时代的特征,冷战对国际制度的影响在短期之内无法消除。⑤ 国际制度的发展滞后于国际局势的变化将是国际制度发挥作用的重要制约因素。其五,国际制度并非促成国际合作与建立国际秩序的充分条件。国际制度作为促进国际合作的方式而产生,是各国政府政策协调的结

---

① Robert Cox,"Social Forces, State and World Order: Beyond International Relations Theory", in Robert Keohane, ed., *Neorealism and Its Critic*, Columbia University Press, 1986, p.224-248.

② 以上观点借用了新制度经济学关于制度创新的认识,机制非中性的概念受到"货币非中性"理论的启示。请参阅张宇燕:《经济学与常识》,四川文艺出版社1996年版,第239—240页。

③ 相关思想请参见 Alfred Marshall, *Principles of Economics*, London: Macmillan Company, 1927, pp.248-249。

④ Chris Brown, *Understanding International Relations*, p.50; Robert Keohane, *After Hegemony: Cooperation and Discord in the World Political Economy*, pp.31-38.

⑤ Robert M. Crawford, *Regime Theory in the Post-Cold War World: Rethinking Neoliberal Approaches to International Relations*, p.1.

果。国际制度通常表现出相当高度的公共物品属性。① 然而,尽管国际制度建立的前提是活跃在特定问题领域的国家拥有只有通过合作才能实现的共同利益,但国家之间拥有共同利益并不一定合作,即共同利益的存在是国家之间合作的必要而非充分条件。② 因之,国际制度作用的发挥受到自身特质的限制。

从国际制度的外在制约着眼,国际制度的局限性主要表现在如下几个方面:其一,冷战结束以来,非国家行为体的作用进一步加强,但当前仍未超越民族国家时代的根本特征。尽管全球化风起云涌,但相对收益追求仍然超过绝对收益的考虑,国家利益仍然是各国首先争取维护和追求的核心内容;民族国家对自我利益的追求必然决定了它们的自私本性。③ 在肯尼思·沃尔兹(Kenneth Waltz)看来,"我们面临着为共同所得而合作的可能,但在所得如何分配上国家是感到不安全的,它们并不问'我们都有所得吗',而是问'谁所得更多'"④。其二,美国在国际制度的建立、诠释和修改方面拥有毋庸置疑的重要权力,成为影响国际制度作用发挥的最大因素。探讨国际制度,离不开对美国制度霸权的认识与分析。从理论角度讲,国际制度的研究始于美国,该概念及其基本理论流派也最早在美国产生与发展,实际上,美国基本掌握着话语霸权(discourse hegemony)。从现实角度看,美国主导着当今国际制度的确立、执行和修订。现行国际制度几乎涉及国际关系的各个领域,每个领域都有自己特殊的运转机制,包括国家权力的分配、利益分享所必须遵循的原则、规则、规范和决策程序;也包括正常运转的制度安排。整个国际社会的运转机制一方面反映了客观发展规律,另一方面又与美国的霸权地位有关。美国一贯重视在国际上制定有形和无形的法

---

① Oran Young, *International Cooperation: Building Regimes for Natural Resources and the Environment*, Ithaca: Cornell University Press, 1989, p.21.

② Andreas Hasenclever, Peter Mayer and Volker Rittberger, *Theories of International Regimes*, 1997, p.31.

③ Robert Powell, "Absolute and Relative Gains in International Relations Theory", in David A. Baldwin, ed., *Neorealism and Neoliberalism: The Contemporary Debate*, New York: Columbia University Press, 1993, pp.209-233.

④ Kenneth Waltz, *Theory of International Politics*, Readings: Addison-Wesley, 1979, p.105.

规、行为规则和制度安排,力图操纵现存的国际组织,按照美国的意愿和利益建立新的国际制度。冷战后美国更加紧监督执行或组建、参与国际制度,如核不扩散制度、全面禁试条约、导弹技术控制会议、知识产权协议、七国首脑会议(八国集团)、北美自由贸易区、亚太经合组织、世界贸易组织等,并力图在其中发挥主导作用。① 美国霸权的一个特性是,美国人固然重视军事力量,但是同时极为重视国际制度的作用。与历史上的列强相比,美国在外交中并不那么倾向于用赤裸裸的暴力压服对方,而是用一套具有普遍价值的规则使对手自愿就范。与此相关,二战结束以来的国际制度也受制于美国的霸权。例如,1971 年 8 月 15 日,美国单方面破坏了布雷顿森林体系的制度安排,因为它阻碍了美国的行动自由。② 1998 年和 1999 年,美国抛开现行的国际制度,在没有联合国安理会授权的情况下,擅自对主权国家伊拉克和南联盟进行军事打击,从而对国际制度的效用形成强大冲击。其三,从历史发展过程来看,国际制度倾向于独立发挥作用,但不能摆脱大国的制约。罗伯特·基欧汉指出,国际制度主要由最强大的国家所塑造,并主要反映了大国的利益。③ 大国拥有国际关系的控制权,占据着国际制度确立和运行的主导权,这与国际制度独立发挥作用的欲求是相斥的。在可预见的将来,大国协调主导国际制度仍将是不可避免的。当前"一超多强"的国际格局仍将持续下去,而一超的地位似乎愈来愈巩固,甚至有人断言,没有国家具有物质上的实力和政治上的愿望来结束美国的"单极时刻"(unipolar moment),21 世纪仍将是一个美国世纪。④ 在21 世纪之初,一超多强似乎成了一个锁定的事实。大国国家实力对比相当程度上主导国际关系,这种局势必然影响国际制度独立作用的发

---

① 王缉思:《高处不胜寒——冷战后美国的世界地位初探》,《美国研究》1997 年第 3 期,第 7—38 页。
② Robert Keohane, *After Hegemony*: *Cooperation and Discord in the World Political Economy*, p.98.
③ Ibid., p.65.
④ Kenneth Waltz, "East-West Relations After the Cold War",载周荣耀主编:《冷战后的东西方关系——学者的对话》,北京:中国社会科学出版社 1997 年版,第 232 页;Mortimer Zucherman, "A Second American Century", *Foreign Affairs*, Vol.77 No.3, May/June, 1998, pp.19-31。

挥，国际制度的原则、规则、规范乃至决策程序成为大国讨价还价的工具，甚或牺牲品。

以上分析表明，国际制度在新的国际局势下发挥着愈来愈重要的作用，其独立性愈发突出；与此同时，由于内外条件的制约，国际制度的作用又受到相当的限制，许多学者仍然坚持认为，国际制度在相当程度上是从属性的。综上所述，笔者倾向于认为，国际制度是一种相对独立的变量（comparatively independent variable），由于国际制度产生于国家之间互动的需要，从属性也是国际制度的一个内在属性，国际制度的局限性恰恰是独立性与从属性矛盾互动所导致的。进一步说，二者之间的矛盾斗争将决定国际制度的命运，并将对未来的国际格局产生重要影响。

国际制度的合法性

国内社会的统治模式从神治到人治再到法治，是一个从绝对走向相对的过程。尽管国际社会处于无政府状态，其管理模式同样是一个从绝对走向相对的过程，基本上遵循从各国孤立到强权争霸、从霸权专制到大国协调、从大国协调到全球治理的规律。这个过程是国际社会逐步走向民主化的过程，大概也是人本思想逐步唤醒和实现的过程。[①]合法性（legitimacy）既是这个过程的伴随物，又是这个过程的催化剂。在这个过程中，国际社会的权威愈来愈转移到国际制度手中，国际制度的合法性问题凸现了出来。

1. 合法性及其相关概念

"合法性"一词源于拉丁文（legitimus），有合法、正义、正当之意。起初指的是"根据一种假设的中间标准或原则，这种原则的客观性被看作是不受现有评论界或命令与服从的关系支配的"[②]。中世纪时期，

---

① 马克斯·韦伯对统治的类型进行区分，并就各统治形式的合法性进行了详细的分析。参见韦伯：《经济与社会》上卷，北京：商务印书馆1997年版，第三章"统治的类型"。

② 约翰·基恩：《公共生活与晚期资本主义》，北京：社会科学文献出版社1999年版，第288页。

出现了合法性不仅符合神意也需要民众同意的观点。① 文艺复兴时期,让-雅克·卢梭(Jean-Jaques Rousseau)将合法性概念引入政治领域,提出以公共利益和大众意愿为原则的合法性思想。在合法性概念上做出贡献的主要是马克斯·韦伯(Max Weber)、约翰·罗尔斯(John Rawls)和尤尔根·哈贝马斯(Jürgen Habermas)。韦伯认为,合法性就是促使人们服从某种命令的动机,任何群体服从统治者命令的可能性主要依据他们对统治系统的合法性是否相信。罗尔斯则从规范的角度出发,强调正义是合法性的基础。② 哈贝马斯认为,"合法性意味着,对于某种要求作为正确的和公正的存在物而被认可的政治秩序来说,有着一些好的根据。一个合法的秩序应该得到承认,合法性意味着某种政治秩序被认可的价值"③。他提出了关于合法性的两个指针——一定的标准和人们的认同。俞可平认为,合法性指的是社会秩序和权威被自觉认可和服从的性质和状态,只有那些被一定范围内的人们内心所体认的权威和秩序,才具有政治学中所说的合法性;合法性愈大,善治(good governance)的程度便愈高;取得和增大合法性的主要途径是尽可能增加公民的公识和政治认同感。④

合法性作用的基础是为政治统治提供理由。卢梭认为,公意是合法性的基础;韦伯认为,信仰是合法性基础。韦伯指出,习俗或利害关系,如同结合的纯粹情绪的动机或纯粹价值合乎理性的动机一样,不可能构成一个统治的可靠的基础。除了这些因素之外,一般还要加上另一个因素:对合法性的信仰。⑤ 一切经验表明,没有任何一种统治自愿地满足仅仅以物质的动机或仅仅以情绪的动机,或者仅仅以价值合乎理性的动机,作为其继续存在的机会。毋宁说,任何统治都企图唤起并维持对其合法性的信仰。⑥ 韦伯指出,合法性或基于传统(过去一直存在着的事物的适用);或基于情绪信仰;或基于价值合乎理性的信仰

---

① 戴维·赫尔德:《民主的模式》,北京:中央编译出版社1998年版,第58—60页。
② 约翰·罗尔斯:《正义论》,北京:中国社会科学出版社19988年版,第1页。
③ 哈贝马斯:《交往与社会进化》,重庆出版社1989年版,第212页。
④ 俞可平主编:《治理与善治》,北京:社会科学文献出版社2000年版,第9页。
⑤ 马克斯·韦伯:《经济与社会》上卷,北京:商务印书馆1997年版,第239页。
⑥ 同上书,第239页。

(被视为绝对有效的推断的适用);或基于现行的章程。对于被参与者而言,合法性基于有关的协议或基于强令和服从①,而合法权威下的服从是"建立在与广义的、功能性的'官方职责'的不带个人色彩的联系的基础上的。官方职责是由理性确立的准则、法律、法令和规章固定了的,采取了那样一种形式以至于权威的合法性都变成了普遍规则的合法性,它是被有意设想出来的、推行成法并公开宣布了它的正确性"②。

合法化即合法性取得以及维持的过程。奥特弗利德·赫费指出,在一个现存的社会体系中,合法化是通过遵循有关的规范实现的。③基欧汉等认为,合法化指的是规则被遵守的程度、规则的准确性以及向第三方解释、监督并予以实施的功能。④ 也就是说,义务(obligations)、关联性(precision)和授权(delegation)是合法化的三要素。⑤ 由于以上标准得以遵循的程度不同,合法性程度有别,计有合法性充足、合法性不足、合法性缺乏、合法性危机等。

表4—1　国际合法化的模式

模式	义务	关联性	授权	例证
理想模式:硬法(Hard Law)				
模式一	高	高	高	欧盟
模式二	高	低	高	世界贸易组织的国民待遇规定
模式三	高	高	低	美苏军控协议、蒙特利尔议定书
模式四	低	高	高(中)	联合国可持续发展委员会

---

① 马克斯·韦伯:《经济与社会》上卷,第66—67页。
② 转引自 Michael N.Barnett and Martha Finnermore, "The Politics, Power and Pathologies of International Organizations", *International Organization*, Vol.53, No.4, Autumn 1999, pp.699-732.
③ 奥特弗利德·赫费:《政治的正义性——法和国家的批判哲学之基础》,上海译文出版社1998年版,第53页。
④ Judith Goldstein, et al., "Introduction: Legalization and World Politics", *International Organization*, Vol.54, No.3, Summer 2000, pp.385-399.其中需要说明的是,授权基本上包括两个方面,即争端的解决、规则的制定与实施。参见 Kenneth Abbott, et al., "The Concept of Legalization", *International Organization*, Vol.54, No.3, Summer 2000, pp.401-419。
⑤ Ibid.

续表

模式	义务	关联性	授权	例证
模式五	高	低	低	《保护臭氧层维也纳公约》
模式六	低	低	高(中)	世界银行、联合国专门机构
模式七	低	高	低	赫尔辛基最后文件、技术标准等
模式八	低	低	低	势力范围、均势
理想模式:无政府状态(Anarchy)				

资料来源:Kenneth Abbott, et al., "The Concept of Legalization", *International Organization*, Vol.54, No.3, Summer 2000, pp.401-419.

合法性危机指的是,"合法性系统无法在贯彻来自经济系统的控制命令时把大众忠诚维持在必要的水平上"。合法性危机是一种直接的认同危机。它不是由于系统整合受到威胁而产生的,而是由于政治系统所需要输入的群众忠诚得不到实现(即合法性基础作用的丧失)而导致的。导致合法性危机的主要原因是意识形态的变化(包括社会认同)、规则得不到遵守或与社会出现矛盾、有效性降低或不足。在现实生活中,由于合法性经常欠缺,用行政手段无法维持或确立必要的合法性规范结构,合法性信念就退缩为一种正当信念(legalitat),满足于诉诸做出一种决定的正当程序。[①]

2. 国际制度的合法性

在过去国际制度的研究中,合法性一直被视为国际制度中的既定因素。换言之,只要国际制度存在,其合法性就天然存在,无须探讨了。对(新)现实主义而言,国际制度附于权力分配,合法与否无关紧要;对新自由制度主义而言,国际制度的重要性在其有效性,获得效益最大化是最高诉求,或者说国际制度的合法性建立在有效性的基础上。论述国际制度合法性的国际关系学者主要是海伦·米尔纳(Helen Milner),她的观点并没有摆脱新自由制度主义的局限。但是,她的研究至少证明了一点,即国际制度作用的关键在于它控制了遵守的能力。就像国

[①] 尤尔根·哈贝马斯:《合法化危机》,上海人民出版社 2000 年版,第 64—66、83—125、128 页。

内制度一样,这种能力在很大程度上依赖它们所取得的合法性。如果缺乏合法性,无论在国内社会还是在国际社会,国际制度都很难发挥作用。① 基欧汉对合法性问题有着浓厚的兴趣,但其研究一直停留在"民主赤字"(democratic deficit)和民主合法性方面。可能从某种角度讲,基欧汉难以突破自己的理论体系,即建立在有效性基础之上的国际制度理论,或者说,这种突破将意味其自身理论体系基石的动摇。

国际制度合法性的根源在于,国际制度的建立、实施、修改、完善都是由众多国家参与的,国际制度的确定得到了参与国家的认可,并通过国内法定程序得到了确认。如果一些行为体获得了它们想要的结果,而另外一些行为体一无所获,国际制度就不会产生。② 国际制度正常发挥效能,在于它们能够为各个主体认可、接受,从而具有必要的合法性权威。③ 换言之,国际制度之所以具有合法性,首先是因为得到参与国的认可。国际制度的原则、规则和规范体现了国际社会的共识、有关各方的责任和义务,只有遵循这些规则和相关程序才有合法性。新现实主义强调,国际制度是霸权国一手主导的,这固然反映了国际社会的部分现实,然而霸主在没有其他国家一致同意的基础上,是不能制定和执行规则的。④ 因此,规则的制定必然在同意的基础之上,这是合法性得以产生的基础。因此,基欧汉认为,"正是原则、规范和规则之间的密切联系,赋予制度以合法性"⑤。

国际制度的合法性体现在,国际制度得到了其他国家的遵守。行为体遵循规则成为惯常性行为,只有经过深思熟虑或付出特殊代价才可能违反制度规则,这就是合法性的权威。合法性的权力恰恰体现在:

---

① Helen Milner, "The Assumption of Anarchy in International Relations Theory: A Critique", in David Baldwin, ed., *Neorealism and Neoliberalism: The Contemporary Debate*, New York: Columbia University Press, 1993, pp.143-169.

② Arthur Stein, "Coordination and Collaboration: Regimes in an Anarchic World", in David Baldwin, ed., *Neorealism and Neoliberalism: The Contemporary Debate*, pp.29-59.

③ 苏长和:《全球公共问题与国际合作——一种制度的分析》,上海人民出版社2001年版,第106页。

④ Robert Keohane, *After Hegemony: Cooperation and Discord in the World Political Economy*, p.46.

⑤ Ibid., pp.53-56.

当规则与行为体利益冲突时,行为体仍然遵循该合法的规则。① 国际制度的不同理论流派,对国际制度得到遵守的原因提出了截然不同的解释。

对新现实主义而言,国际制度的制定和遵守必有大国或强势国家起着重要的乃至主导的作用,国际制度反映出来的首先是强势国家以及先行国家的利益追求和观念。当然,为了使国际制度具有合法性,被更多的国家所接受,必须在机制设计上兼顾大部分国家的利益,"权力的获取和运作必须与所确立的规则相适应"②。尽管如此,对弱势国家和后来者而言,国际制度的合法性仍然缺乏合理性,或者说,国际制度存在着合法性不足的隐患。这些国家遵守国际制度,并不完全取决于国际制度具有合法性,也有大国强权、自身利益考量以及国际制度的效用、国际惯例或习惯等因素的考量。

对于新自由制度主义而言,国际制度的合法性来源于其自身的有效性,从利益角度探讨国际制度的合法性,正是新自由制度主义的必然趋向。基欧汉指出,国际制度不能构造出像在组织良好的国内社会中那样稳固的法律责任模式,国际制度的建设者是充分认识到这种局限性的。但是,国际制度降低合法谈判的交易成本,有可能促动政府达成互惠协议。③ 正是因为相信国际制度的合法性,相关行为体才有可能相信机制提供的信息交流平台、信息,有助于交易成本的降低和协议的达成,国际合作才有望成功。④ 国际制度以多边规则代替了单边规则,其优势在于使得其他行为者的合作行为变得可以预期。国际制度使各个政府关注先例,以增加惩罚对手的可能性。国际制度通过这种方式将未来和现在联系起来,就像军控协议领域一样,未来协议达成的意愿,取决于其他行为者对先前协议的遵守。此外,国际制度强化互惠并

---

① Ian Hurd,"Legitimacy and Authority in International Politics", pp.379-408.
② David Beetham, *The Legatimation of Power*, London:MacMillan Education Ltd, 1991, p.64.
③ Robert Keohane, *After Hegemony: Cooperation and Discord in the World Political Economy*, pp.88-89;p.13.
④ 汤姆·伯恩斯:《结构主义的视野:经济与社会的变迁》,北京:社会科学文献出版社2000年版,第209页;道格拉斯·诺思:《经济史中的结构与变迁》,第15章。

使互惠制度化,使得背叛失去合法性并付出更多的代价。① 如果一个国家将一系列规则视为具有道德上的约束力,并公开承诺恪守这些原则,将对一个国家的声誉起到标识作用。② 基欧汉指出,国际制度的"民主赤字"是其存在合法性问题的根源,因此民主赤字是探讨国际制度合法性问题的缘起,因为大国、强国、政府官员等精英操纵国际制度的过程关乎国际社会民主化发展。③

对建构主义国际机制理论而言,规则内化(internalization)是国际制度合法性的基本表现形式。在建构主义看来,合法性指的是行为体的一种规范性信念(normative belief),即规则或制度应予遵守。合法性是行为体与制度之间的一种主观性认识,为行为体对制度的认识所确定。④ 行为体的认识或来自规则的实质,或来自组成规则的程序或渊源,这些认识通过内化而影响行为体的行为,并帮助行为体确定自己的利益。行为体对规则的主观认识至关重要,从这个意义上讲,认为一种规则是否合法与局外者所体知的正义(justice)无关。⑤ 合法性为行为体遵循规则提供了内化机制。当行为体认为规则是合法的,遵循规则不再是由于害怕报复或自我利益的计算,而是源自规则的内化。⑥ 当诸多个体对什么是合法的共享一个定义,我们就称之为构成了一个共同体。⑦ 从建构主义角度说,机制内化意味着国家的身份以及依据身

---

① Robert Axelord and Robert Koehane,"Achieving Cooperation Under Anarchy: Strategies and Institutions", in David Baldwin, ed., *Neorealism and Neoliberalism: The Contemporary Debate*, pp.85-115.

② Robert Keohane, *After Hegemony: Cooperation and Discord in the World Political Economy*, p.127.

③ Robert Keohane and Joseph Nye, Jr., "The Club Model of Multilateral Cooperation and Problems of Democratic Legitimacy", in Roger B. Porter, et al., eds., *Efficiency, Equity and Legitimacy: The Multilateral Trading System at the Millennium* (Washington: Brookings, 2001, pp.264-307.

④ Ian Hurd,"Legitimacy and Authority in International Politics", pp.379-408.

⑤ Ibid; Thomas M. Frank, *The Power of Legitimacy Among Nations*, New York: Oxford University Press, 1990; etc.

⑥ Robert Dahl and Charles Lindblom, *Politics, Markets, and Walfare*, New Brunswick: Transaction Publishers, 1992, p.114.

⑦ Ian Hurd,"Legitimacy and Authority in International Politics", pp.379-408.

份的国家利益发生了变化。机制建立、社会化、内化是一个连续的过程,或者说制度合法化存在生命周期(life cycle)。① 温特指出,合法概念是指国家相互认同,它们不仅把相互的安全以工具主义的方式与自己的安全联系在一起,而且把别人的安全真正视为自己的安全。自我的认知界限延伸开来,包含了他者;自我和他者形成了一个单一的认知领域(cognitive region)。一种共有的超越认同超出了单个的实体认同,并对单个实体提出合法的要求。这种认同创造了集体利益和集体身份。集体身份包含了在必要时完全为了他者做出牺牲,因为他者对自我有着合法的要求。②

实际上,在现实生活中,强制、利益、观念与合法性并非截然分开,而是相互联系。有时,合法性是强制的衍生物(derivative),因为强制可以创造社会共识,而社会共识则是合法性的前提。③ 从另一个方面讲,合法性当然与利益有不解之缘。各理论流派对国际制度合法性的认识各有侧重,我们应该认识到各自的优势,并综合观之。国际制度是在所有参与国家同意的基础上建立起来的,这是国际制度合法性的源泉;国际制度得以执行,其中必然存在强制性因素,而主导国家或主要大国的支持是其发挥作用的一个必要条件,也是国际制度合法性的权力基础;国际制度在宏观方面为各参与国提供公共物品④,这是国际制度合法性得以继续的利益基础;国际制度可以改变行为者的动机和选择机会,其基本规则逐步内化,这实际上是其理念得以延续并成为惯例或传统,这是国际制度合法性的观念基础。如此,则合法性是国际制度的一个基本属性,是影响国际制度作用发挥的干预性变量或基础条件。

3. 国际制度的合法化

基欧汉指出,"国际制度的程序和规则可以形成一种信息结构,它

---

① Martha Finnemore, et al., "International Norm Dynamics and Political Change", *International Organization*, Vol.52, No.4, 1998, pp.881-917.

② 亚历山大·温特:《国际政治的社会理论》,上海人民出版社2000年版,第379—380页。

③ Ian Hurd, "Legitimacy and Authority in International Politics", pp.379-408.

④ Robert Keohane and Joseph Nye, Jr., "The Club Model of Multilateral Cooperation and Problems of Democratic Legitimacy", pp.264-307.

们决定什么行动原则是可以接受的,从而为减少冲突的基础以及判断政府行动是否符合合法的标准"①。但是,新自由制度主义强调国际制度在减少不确定性、降低交易成本中的作用,却很少直接涉及合法的协议与非合法协议的区别。换言之,它解释了没有合法化的情形下国际合作如何持续,但没有解释合法化(legalization)本身。②

合法化是社会控制的几个重要机制之一。国际制度提出并凝聚各种要求,以支持自己的合法性。国际制度是否合法,不仅需要其遵循规则,而且这些规则还必须具有可证明性(verifiability),亦即得到社会的认可,如此合法性才是完整的。国际制度的认可和遵从是一种成本,人们依靠有关规范去评判它。国际制度的稳定性和有效性取决于成员对其合法性的认同,集体认同的过程即合法化。在一个现存的社会体系中,合法化是通过遵循有关规范而实现的。

许多国家遵循国际制度的主要原因之一就是因为其合法性的存在。完全合法化的国际制度通过规则来约束国家,并明确规定了对国家行为的要求。③ 合法化对国际合作的关键性结果是它对顺从的影响。④ 恰如彼德·布劳(Peter Blau)指出的,只有合法的权力才能获得心甘情愿的服从。⑤ 各国政府必须在有效地约束自身以防欺诈和允许灵活性存在之间确保平衡,这是合法化得以存续和发挥作用的空间。国际制度得以合法化的基础条件是:尊重国家主权原则(合法性的取得要求承认所有国家主权平等的原则);赋予国家参与权;其基本规则得到参与国家的认可等。⑥ 合法化可以提供可信的承诺、减少不确定性、降低交易成本、修改国家的政治战略等功能,增强(尽管是适度地)

---

① Robert Keohane,"International Institutions: Can Interdependence Work?", p.91.
② Judith Goldstein, et al., "Introduction: Legalization and World Politics", pp.385-399.
③ Ibid., pp.385-399.
④ Beth Simmons,"Compliance with International Agreements", in Nelson Polsby, ed., *Annual Review of Political Sciences* (Vol.I), 1998, p.78
⑤ 彼德·布劳:《社会生活中的交换与权力》,北京:华夏出版社1988年版,第230—231页。
⑥ 斯蒂芬·克莱斯勒:《结构冲突:第三世界对抗全球自由主义》,第9—10页、第74—75页、第121页等。

国际制度的强制执行能力。① 对国家而言,合法化提高了国际制度的透明度和对其他行为体的行为预期,可以更好地解决集体行动的问题,为国际合作提供了基础条件。对国际制度而言,合法化减少了不确定性,产生了一批国际制度的受益者,他们为该机制的存在提供政治支持,从而构成国际制度继续合法存在的基础之一。② 合法化的最高表现形式就是出现具有充分合法性的国际制度,国家在国际社会中的行为制度化了,即国家遵守国际规则、程序则其利益得到最大化的实现,而违背国际制度则遭受惩罚。当然,这种理想模式尚未出现在现实生活中,国际制度的合法化可能永远处于进程之中。

需要指出的是,合法化并非制度化的高级形式③;在当前的世界政治中,合法化并非普遍性的或不可逆转的趋势,而是呈现类似马赛克的样貌。④ 换言之,合法化的扩展并非是平衡性的。⑤ 有的国际制度的合法化在逐步提高(例如国际贸易机制),但有的国际制度的合法化程度却在降低(如国际货币机制)。而且,合法化与国际合作之间并不存在正相关关系,关贸总协定的合法化程度较低,但在贸易自由化方面成效卓著,而国际贸易机制合法化的增强并不一定提高贸易自由化的水平。⑥

4. 合法性与国际制度的未来

按照基欧汉的分析,国际制度存在民主赤字,换言之,国际制度存在合法性问题。但是,我们首先需要明确的是,合法性与公正是两个不

---

① Kenneth Abbott and Duncan Snidal,"Hard and Soft Law in International Governance", *International Organization*, Vol.54, No.3, Summer 2000, pp.421-456.
② 斯蒂芬·克莱斯勒:《结构冲突:第三世界对抗全球自由主义》,第292页.
③ Judith Goldstein, et al.,"Introduction: Legalization and World Politics", pp.385-399.
④ Miles Kahler,"Conclusion: The Causes and Consequences of Legalization", *International Organization*, Vol.54, No.3, Summer 2000, pp.661-683.
⑤ Judith Goldstein, et al.,"Introduction: Legalization and World Politics", pp.385-399.
⑥ Judith Goldstein and Lisa L. Martin, "Legalization, Trade Liberalization, and Domestic Politics: A Cautionary Note", *International Organization*, Vol.54, No.3, Summer 2000, pp.603-632.

同的概念,或者说合法性并不表示公正。① 用基辛格(Henry Kissinger)的话说:"合法性意味着不仅仅对于可行的安排和对外政策的目标与方法达成国际协议,它表示所有主要大国对于国际秩序框架的接受,至少是在一定范围内没有国家像《凡尔赛条约》后的德国那样不满,以至于用一种革命性的对外政策表达它的不满。一个合法的秩序并不可能使冲突不再出现,但是可以限制它们的规模。"②基欧汉指出,国际制度并不必然就会提高这个世界的福利;就事实而言,国际制度本身并不代表"良善"(not ipso facto good)。③

恰恰由于国际制度民主赤字的存在,我们应该更加重视合法性的问题。④ 基欧汉和约瑟夫·奈指出,如果国际制度要变得更具有合法性,则工业化国家必须愿意出让更重要的资源,允许其他国家自由地进行国内经济和社会变革。而且,工业化国家认识到调整世界经济的安排切实可行并富有成效,双方从这种合法化过程都有所收益:工业化国家的收益是政治气氛的改善,而其他国家则可以获得更多物质报偿。国际制度的合法性取决于非主导国家或贫弱国家对利益方面的认知,即在共同利益的分配中,它们正在获得更多的份额;国际体系中的权力和等级结构是开放的,随着其自身力量的发展,它们有可能享有相应的地位并承担集体领导的责任。贫弱国家对国际制度的参与是其合法性得以维持的重要条件。从历史上看,国际制度是为主导国家的利益服务的,但随着强国不再将国际制度强加于贫弱国家,后者能够从参与中获益。国际制度允许它们"自由决定希望参与的程度"⑤。

在国际社会的民主化进程中,国际制度合法性的价值愈来愈突出,

---

① 阿拉斯泰尔·伊恩·约翰斯顿、罗伯特·罗斯主编:《与中国接触:应对一个崛起的大国》,北京:新华出版社2001年版,第23—24页。

② 转引自罗伯特·吉尔平:《世界政治中的战争与变革》,北京:中国人民大学出版社1994年版,第12页。

③ Robert Keohane, *After Hegemony: Cooperation and Discord in the World Political Economy*, p.73.

④ Robert Keohane and Joseph Nye, Jr., "The Club Model of Multilateral Cooperation and Problems of Democratic Legitimacy", pp.264-307.

⑤ Keohane Robert and Nye Joseph, Jr., *Power and Interdependence* (3rd Edition), pp.204-205.

国际制度的权威性、有效性也有所提高。但是，在国际制度的合法性能否稳步增强的问题上，笔者不持乐观态度。冷战结束以来，美国力图凭借其唯一超级大国的实力和冷战结束提供的千载难逢之机遇，根据自己的战略安排继承或修改现有的国际制度，制定新的国际制度，使之成为全球共同遵守的国际规则，以确立自己的机制霸权。美国建立单极霸权的战略必然对国际制度的合法性造成严重的负面影响。另外，在国际社会的实践中，各国尊重国际制度的合法性与私下修改国际制度的具体规则似乎并行不悖。换言之，国际制度很难得到国家的全面遵守。① 合法性是影响国际制度作用发挥的必要条件，但不是充分条件。

评估国际制度作用的基本框架

以上，笔者就国际制度的有效性、局限性、合法性进行了分解剖析。三者都是国际制度的基本要素，共同构成国际制度作用发挥的基本空间。就三者的关系而言，合法性是国际制度的基础因素，而有效性和局限性则是衍生因素，换言之，国际制度的有效性、局限性与其合法性存在逻辑相关关系，这种逻辑关系构成国际制度作用发挥的基本框架。

首先，国际制度作用的发挥，其基础条件是国际制度具有合法性。国际制度正常发挥作用，在于它们能够为各个主体认可、接受，从而具有必要的合法性权威。或者说，"合法性是行为体遵循国际制度的主要原因"②。与以往国际机制理论学者的判断不同，笔者提升了合法性在国际制度作用的地位，使之从一个潜在影响因素上升为基础性因素。当然，国际制度的被认可与不被认可，并不存在绝对的二者必居其一的情况，而是存在着两者之间的模糊过渡。因此，国际制度的合法性才成

---

① Ian Hurd, "Legitimacy and Authority in International Politics", pp.379-408.

② 行为体遵循规则的原因有：行为体害怕受到规则强制的惩罚；行为体认为规则符合自己的利益；行为体认为规则是合法的（legitimate），应予遵守。我们称以上因素为强制、自身利益和合法性。Ian Hurd, "Legitimacy and Authority in International Politics", pp.379-408, esp. p.379.

为重要的乃至有独立价值的变量。国际制度的合法性是否得到维护，可以其基本规则是否得到遵守作为基本的衡量标准。① 其次，国际制度作用的发挥，其基本标尺是国际制度的有效性。正如米尔纳指出的，"国际制度的价值不在其本身，而在于其体现的作用和实现的方式"②。新自由制度主义将国际制度的有效性视为其合法性的基础，其基本理由就是国际制度能够有效地提供信息、降低交易成本、监督成员行为、促进国际合作的达成。从这个意义上讲，只有国际制度在现实中有效，才谈得上国际制度的作用问题。最后，国际制度作用的发挥，其基本负量度就是国际制度的局限性。国际制度作用的发挥，受到各种内在、外在条件的制约。由于国际制度产生于国家之间互动的需要，从属性也是国际制度的一个内在属性，国际制度的局限性恰恰是独立性与从属性矛盾互动所导致的。

就三者间的逻辑关系而言，有效性与局限性之间存在着明确的负相关关系，即有效性大则局限性小，局限性大则有效性小；局限性与合法性之间存在某种程度的负相关关系，即在一定条件下，合法性大则局限性小，局限性大则合法性小；有效性与合法性之间存在某种程度的正相关关系，即合法性是有效性的基础，有效性的增强必然促进国际制度合法化，但是合法性是有效性的必要条件，但并非充分必要条件。三者之间的以上逻辑关系恰恰表明了国际制度是一种相对独立变量的本质。综上所述，我们可以得出这样的基本假设：合法性是国际制度作用发挥的基础条件，国际制度的有效性必须以合法性为基础，才能避免局限性的扩张。

---

① 卢瑟福等学者指出，由于认知的限制，理性是有限的，人没有能力用最优的方式解决复杂问题，他们所做的是建立易于把握和遵循并发挥相当作用的决策规则。参见马尔科姆·卢瑟福：《经济学中的制度：老制度主义和新制度主义》，北京：中国社会科学出版社 1999 年版，第 83—84 页；F. Hayek, *The Constitution of Liberty*, Chicago: University of Chicago Press, 1960, p.66。

② Helen Milner, "The Assumption of Anarchy in International Relations Theory: A Critique", pp.143-169。

第二节 压力、认知与国际形象
——中国国际制度战略的历史逻辑

自19世纪中叶中国被炮舰外交强行纳入世界体系以来,中国与国际制度的关系充满戏剧性波折,经历了从拒绝到承认、从观望到参与、从扮演一般性角色到力争重要发言权的过程。其间,中国的角色几经变换,从身处边缘、被动、消极参与到积极参与、主动建构,中国与国际制度的互动构成了一幅纵横交织、由淡至浓的画卷,成为剖析和解读中国大战略的一条主线。这个过程伴随着两个尚未最终完成的转变,即从"中国之世界"到"世界之中国"的转变、从世界体系的"局外者"到"局内者"的转变。中国崛起已经并将继续成为这两个转变的重要促动因素,而这两个转变过程的完成在一定程度上亦可视为中国崛起的一般性标尺。概言之,中国参与国际制度的过程,是中国由弱国向强国发展、由封闭走向开放的过程,在一定程度上代表着中国崛起的国际轨迹。

本文选取压力(pressure)、认知(perception)、国际形象(international image)三个变量,从历史角度剖析中国与国际制度之间的互动关系。任何国家在制定战略时,通常要考虑到两个方面的影响或压力。一是国内各种较显要的"压力集团"和舆论的要求。这种状况有时对执政者的决心可以产生很大的影响。二是来自国际政治方面的影响,战争与和平的交替转折,一个新格局的形成,一个突发的国际事件都会迫使一个国家改变其战略思路。① 根据笔者的理解,鉴于中国的历史积淀和历史记忆,中国参与国际制度的过程中充满了客观压力与对客观压力的主观认知,中国参与国际制度的战略与二者有着本质性的联系。中国所经历的从主导大国到任人宰割的历史屈辱、从封建农业国家到现代工业国家的巨大转变,决定了民族复兴、祖国崛起一直是中国数代仁人志士的宏大梦想,而国内压力与国际压力交相呼应构成中国参与

---

① 陈乐民主编:《西方外交思想史》,北京:中国社会科学出版社1995年版,第3—4页。

国际制度的特定条件。中华人民共和国成立以来,中国一直在压力下成长,首先是获得国际承认的压力,其次是经济发展的压力,最近是让国际社会放心的压力,这些压力造就了中国参与国际社会的潜台词。面对压力,不同的国家组织形式和不同的领导人有着不同的理解和认识,也做出了不同的战略反应,从而凸现了认知在战略决策中的重要地位。一般来说,对于同样的客观世界,不同的人会有不同的理解,不同的理解会带来不同的决策,因而人们对客观世界的认识极其重要。所谓认知,即人们对感觉到的信息加以理解,并根据自己的理解做出反应。认知是对客观信息的主观加工和战略决策的过程,反映了主观能动性在战略决策中的重要地位,在战略决策的认知过程中,对国家面临的内外压力的认识至为重要,它是做出战略反应的基础条件。① 章百家指出,近现代以来的历史证明,中国主要是依靠改变自己来影响世界的。② 伴随着中国融入国际社会步伐的,是中国的社会化学习和规则内化过程,以及由此引致的自我认知变化及其对自身国际形象的关注。所谓国际形象,即一个国家在国际上的政治、经济、文化、军事、科技等诸方面相互交往过程中给其他国家及其公众留下的综合印象。在当今国际社会中,国际形象作为一种可信度的标志,对于国家战略目标的实现起着越来越重要的作用。中国逐步将国际形象纳入其战略框架,视之为制定大战略尤其是国际制度参与战略的重要因素。压力、认知与国际形象三个变量之间存在相互影响、相互递进关系,构成了剖析中国参与国际制度战略的一条主线。

关于国际制度的战略选择模式

在对待国际制度问题上,不同的国家有不同的战略选择模式。笔者首先从理论角度论述各种可能的选择模式,为以下分析中国的国际

---

① 关于认知重要性的分析,请参见罗伯特·杰维斯:《国际政治中的知觉与错误知觉》,北京:世界知识出版社 2003 年版;亚历山大·温特:《国际政治的社会理论》,上海人民出版社 2000 年版。
② 章百家:《改变自己 影响世界——20 世纪中国外交基本线索刍议》,《中国社会科学》2002 年第 1 期,第 4—18 页。

制度战略选择模式提供理论参照。

从是否参与国际制度角度着眼,我们可以将国家划分为两大类:一类是国际制度的参与国,另一类则是国际制度的非参与国。

由于国际制度的建立和维持主要取决于大国尤其是霸权国,国际制度的参与国分为主导国与非主导国。其中,主导国由霸权国和一般主导国组成。霸权国是"有能力确保管理国家关系的核心原则,并愿意这样做的国家"①。按照该定义,霸权国的标志就是该国在政治、经济、军事等各个方面拥有超出国际体系中诸国的占绝对优势的国家实力;而且有将自己的力量转化为对国际事务、国际体系和其他国际行为体进行干预乃至控制的意愿。霸权国建立管理和控制国际事务的各种国际制度,并胁诱其他国家参加,从而建立起自己的霸权体系。② 由于国际制度是政府间同意建立的有明确规则的制度,霸权国建立国际制度必须得到其他主导大国的配合和合作。非主导国分为两类:一类是搭便车者(free-rider),另一类则其他非主导参与国。所谓"搭便车者",即以减少自身的某些行动自由、让渡某些国家权力为代价,获得大国以及国际制度的庇护,在避免承担有关责任的情况下分享国际制度的积极成果,二战之后的日本就是典型的搭便车者。其他非主导参与国又分为两类国家:一类是消极参与国,一类是积极参与国。消极参与国接受国际制度的原则、规则、规范和决策程序,承担与自身能力相符的责任和义务,但其参与有着被动反应的特征;积极参与国正视国际制度作用的现实,并承认国际制度的一般规定,但认识到国际制度的不合理性,其行动并不限于被动地追随,而有强烈的意愿从内部改造现有的国际制度。

---

① Robert Keohane, *International Institutions and State Power: Essays in International Relations Theory*, p.234.

② 吉尔平指出,构成对国际体系统治的三个组成部分是权力的分配、威望的等级以及统治或至少是影响国家间互动的一系列规则,其观点与以上分析大意相同。参见罗伯特·吉尔平:《世界政治中的战争与变革》,北京:中国人民大学出版社1994年版,第29—38页。

第四章　国际制度的参与　239

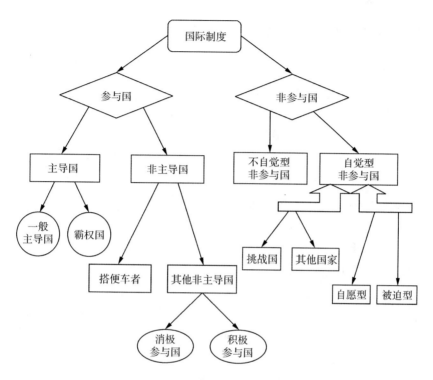

图 4-1　关于国际制度的战略选择模式

根据国家对国际制度的认识程度,国际制度的非参与国分为自觉型非参与国和不自觉型非参与国,这是由于国际制度发展的阶段性和各国不同的发展程度造成的。例如,国际制度是由欧洲扩展到全球的,此前有的国家因为不知道国际制度的存在而不自觉地充当了非参与国,另一类国家则由于种种原因不愿意参与国际制度,从而充当着自觉型非参与国。其中,根据国家不参与国际制度的意图,自觉型非参与国可分为两类:挑战国和其他国家。所谓"挑战国",即自觉置身国际制度之外、漠视甚至图谋推翻现有的国际制度、另外建立国际制度安排的国家,这类国家往往与霸权国发生直接冲突。根据国家不参与国际制度的意愿,自觉型非参与国还可分为:自愿型非参与国和被迫型非参与国。所谓被迫型非参与国,是指该类国家并非自愿置身国际制度之外,而是外力强迫所致。

历史积淀:1949 年之前的中国与国际制度

19 世纪之前,中国一直在东亚相对孤立的地缘政治环境中发展,与世界其他部分相对隔绝,不自觉地充当着国际制度的非参与国。19 世纪中期,欧洲列强用坚船利炮将中国强行纳入其主导的国际制度,从此开始了中国参与国际制度的曲折历程。

历史上,中国科技曾千余年领世界风气之先,中国的国民生产总值在 19 世纪初期仍雄踞世界之冠。① 中国拥有自成体系的悠久文明,在东亚地区形成了自成一体的帝国体系。中国所设计的儒家社会政治秩序体现出"普天之下,莫非王土;率土之滨,莫非王臣"②的天下一统格局。这种天下一统的格局构成所谓的华夷秩序和朝贡制度,"完成了同心圆式的分成等级的世界体制"③;"夫先王之制,邦内甸服,邦外侯服,侯、卫宾服,蛮夷要服,戎狄荒服,甸服者祭,侯服者祀,宾服者享,要服者贡,荒服者王。日祭,月祀,时享,岁贡,终王"④。我们可视之为东亚地区性国际制度的雏形,或可称之为"中国治下的地区和平"(Regional Pax Sinitica)。⑤

传统的中国社会故步自封,缺乏创新精神和扩张意识。相形之下,摆脱中世纪束缚的欧洲迅速崛起,并加快了对外扩张的步伐。17 世纪,欧洲列强就把殖民触角伸到中国东南沿海。19 世纪,在运用外交手段与清帝国建立更广泛、更直接联系的努力接连受挫后,西方列强诉诸武力,发动一系列对华战争,用坚船利炮砸碎了中国天下一统的格局思想,肢解了中国的朝贡体系,将中国本土强行纳入国际制度体系。中国经历了从天下一统格局向现代意义上的民族国家的转变,即从"中

---

① 1750 年,中国占世界工业生产总值的份额为 32.8%;1800 年为 33.3%;1830 年仍保持着 29.8%。参见保罗·肯尼迪:《大国的兴衰》,北京:中国经济出版社 1989 年版,第 186 页。
② 《诗经·小雅·北山》。
③ 费正清主编:《剑桥中国晚清史》下卷,北京:中国社会科学出版社 1985 年版,第 37 页。
④ 《国语·周语上》。
⑤ Andrey Kurth and Patrick M. Cronin, "The Realistic Engagement of China", *Washington Quarterly*, Vol.19, No.1, Winter 1996, pp.141-169.

国之世界"向"世界之中国"的转变。由于被强迫纳入国际制度,中国长期受到列强的欺凌,领土被肆意瓜分,更谈不上主权的维护了。几经挣扎,几经失败。种种惨淡景况构织着中国对待国际制度的心态:时而强烈期望全面参与国际制度,时而期望回复到闭关自守。在中国实行对外开放政策之前,这种摇摆心态长期影响着中国的国际战略选择。

进入20世纪,中国对外交往的主要姿态已经从以天朝上国自居变为争取平等地位。[①] 随着国际制度由区域性扩展到全球——其主要标志即国际联盟的建立,中国参与国际制度的意愿增加了。1916年中国参加第一次世界大战,自近代以来第一次成为战胜国。但是,在安排未来国际制度的巴黎和会上,作为战胜国的中国不仅无权参与战后的制度安排,其自身利益也无法得到维护,中国第一次亲身体验了国际制度的实质。

加入国际联盟是中国融入国际社会的重要步骤。然而,日本于1931年发动大规模侵华战争,中国一度对国际联盟的争端解决机制寄予厚望。中国向国联提出申诉,要求它主持正义,根据盟约规定制裁侵略。国联虽然派出调查团并发表了调查报告,但该报告偏袒日本,拒绝宣布日本为侵略者,导致国联历史上第一次重大失败。中国试图搭国联之便车,但再一次被迫吞下国际制度酿造的苦酒。

第二次世界大战期间,中国承担了远东战场抗击日本侵略军主力的任务,为打败法西斯做出了巨大的贡献。中国作为主要大国参与了联合国的成立过程,并成为拥有否决权的联合国安理会五大常任理事国之一,其大国地位在联合国机制中得到肯定。中国第一次成为国际制度的积极参与者,参与了国际制度的建立并体味了实力对国际制度的作用。

中华人民共和国建立之前中国与国际制度的关系大致如此。19世纪中叶到20世纪中叶,全球性的现代国际体系从萌芽到基本成熟,全球性国际制度在逐渐确立,与此发展相对照,中国经历的却是百年屈辱,数代仁人志士所追求的首先是国家的独立、领土主权的完整和平等

---

① 资中筠:《百年思想的冲击与撞击》,《美国研究》1996年第4期,第7—29页。

的国家地位。一言以蔽之,中国所面临的国内外压力堪称"内外交困",经历了太多的苦难和"城头变幻大王旗"的命运,加上以被抛到谷底的方式被强行纳入国际体系的尴尬,中国始终将国际社会的既有秩序视为不公正、不合理的产物,并形成一种被凌辱的受害者心态。西方列强任意宰割这块沃土和国际联盟的外交失败对中国的震撼之大,时至今日尚有余音。如此,中华民族复兴作为国家的一个远景目标被历史锁定,成为中国崛起的本原性动力。同时,历史经验和教训往往成为战略决策的重要参照①,19世纪中叶到20世纪中叶的一百年或许不过是中国历史长河的一段激流,但就其影响力而言,却堪称一瞬造就的永恒。中国参与国际制度的战略,均可从中找到历史踪迹。

相对孤立:1949—1970年的国际制度战略

1949年中华人民共和国成立之后,美国等主要西方国家拒绝承认中华人民共和国,继续承认盘踞台湾的国民党政府,而且支持国民党政府继续占据联合国等国际组织的席位,中国大陆被排除在国际制度之外。中国领导人在权衡之后做出了"一边倒"的外交决策,正式成为国际制度的局外者和挑战者。20世纪60—70年代,国际力量呈现大分化、大组合:中苏盟友关系破裂,社会主义阵营宣告瓦解;资本主义阵营则呈现美欧日三足鼎立的趋势;发展中国家作为独立的政治力量登上世界舞台。中国改变了"一边倒"的外交战略,提出"两个中间地带"理论,要求"两条线作战"甚至"四面出击",进一步挑战霸权及其主导的国际制度。

20世纪50—70年代,中国面临的国内外压力未有缓解。从国内角度看,经过数十年的战乱洗礼,社会经济百废待兴;蒋介石政权退居台湾,但仍时常给新生政权制造威胁。从国际角度看,冷战格局确立了资本主义阵营与社会主义阵营在意识形态和战略态势上的针锋相对,加入社会主义阵营的中国不仅面临着美国组织的包围和遏制圈,而且受到社会主义老大哥苏联的挤兑和利益要挟,而且后者的威胁愈演愈

---

① 关于历史经验对决策者的影响,请参见罗伯特·杰维斯:《国际政治中的知觉与错误知觉》,第222—299页。

烈,终于成为中国安全的最大威胁。作为新生事物的社会主义建设更是一波三折,国内建设的全面政治化无限放大了内部压力,并将之与国际压力结合起来,构成中国认识国际环境和制定国际战略的基本依据。源于获得国际社会承认的需要,中国曾积极寻求恢复在联合国的合法席位和在其他国际组织的地位——包括世界卫生组织、世界气象组织、国际民用航空组织、国际劳工组织、国际货币基金组织、国际复兴开发银行等,也曾积极参与新独立国家组织的国际会议(尤以 1955 年的万隆会议为代表),但这些努力大多未果,并未从根本上缓解中国的国际压力。吉尔伯特·罗兹曼(Gilbert Rozman)指出:"1949 年以来,国际环境变化无常而且常常对中国是不利的。和苏联的关系影响深远,并有某些积极的成果,但它最后给中国带来的是失望,并导致几乎完全的闭关自守。"① 接连不断的国内政治运动(尤以"文化大革命"破坏最甚)和"一边倒""反两霸"等国际战略,实际上决定了这一阶段中国对待国际制度的基本战略,即作为局外者和挑战者,这既是客观因素导致的,也与主观认知有着极大的关系。面对多变而不确定的国际形势,中国领导人的判断出现了越来越多的偏差。受意识形态、政治斗争经验等因素的影响,这种偏差一方面是由于外部压力造成的,但更主要的是由于中国内部日趋发展的"左"倾思想造成的,这种思潮部分来源于教条,部分来源于对以往经验的迷恋。② 鉴于此,中国深为自己的革命者形象和挑战者地位自豪。

中国试图与各种国际组织建立联系,主要目标是获得国际承认,鉴于意识形态的追求,中国不可能认可西方主导的国际制度的合法性。在努力恢复在联合国的合法席位失败之后,中国进一步强调国际制度的局限性,宣称联合国是政治交易的肮脏舞台,呼吁建立一个"革命的联合国"。在国际关系的处理上,中国不甘于苏联小伙伴和忠诚盟友(faithful ally but junior partner)的角色,追求"独立盟友"(independent ally)

---

① 吉尔伯特·罗兹曼主编:《中国的现代化》,南京:江苏人民出版社 2003 年版,第 392 页。
② 章百家:《改变自己 影响世界——20 世纪中国外交基本线索刍议》,第 4—18 页。

的地位①,强调对民族解放的热情支持和对帝国主义的坚决反对。② 在那个意识形态色彩浓厚的时代,中国体现出充足的革命性,其作为挑战者的国际形象甚为鲜明。在国际制度方面,中国也是一个坚定的革命者,将改变国际制度本身作为追求目标。③

消极参与:1971—1978年的国际制度战略

进入20世纪70年代,在苏联霸权成为中国主要威胁的背景下,中国调整国际战略,提出"三个世界"理论,与美国等西方国家的外交关系取得重大突破。中国也随之淡化了挑战者的角色。1971年10月中国恢复在联合国的常任理事国席位,这是中国重新参与全球性国际制度的界标,标志着中国赢得了更广阔的国际空间。但是,"中国对联合国和其他国际组织的怀疑并没有立即消除"④。这个时候的中国仍然摇摆于国际制度局外者与局内者之间,被动参与者、消极参与者的国际形象甚为突出。

在这个阶段,中国首先为了打破国际孤立和敌对大国的包围而努力。1969年发生的中苏珍宝岛事件成为中国调整国际制度战略的转折性事件。中苏武装冲突的升级和苏联的核威胁使得中国深感国家安全问题的严重性,苏联威胁也成为中美开始相互倚重的战略基础。中国意识到通过建立国家联盟加强国际地位的必要性,开始淡化自己的国际体系挑战者的角色。中国不再孤立于世界,而是逐步淡化世界革命与社会主义堡垒的角色,强化苏联社会帝国主义反对者和第三世界代言人的角色。这个时候的中国依旧充满了革命性因素,只是战略上更有明确对象罢了。以上因素构成中国改变其国际制度战略的基本条

---

① Harry Harding,"China's Changing Role in the Contemporary World", in Harry Harding, ed., *China's Foreign Relations in the 1980s*, New Haven: Yale University, 1984, pp.180-184.

② Kalevi Holsti,"National Role Conceptions in the Study of Foreign Policy", *International Studies Quarterly*, Vol.14, 1970, pp.233-309.

③ 基辛格指出,革命性国家的突出特征不是感到威胁——这样的威胁是国际关系的内在本质——而是感到无法确保安全,其目标是无限的,即不是调整既定国际体系内的差异而是体系本身。参见 Henry Kissinger, *A World Restored*, New York: Grosset and Dunlap, 1964, p.2.

④ 赵全胜:《解读中国外交政策:微观·宏观相结合的研究方法》,台北:月旦出版社股份有限公司1999年版,第105页。

件,换言之,中国参与国际制度的基本目的仍然是政治承认和外交需要,由于对国际制度规则的不熟悉,中国在国际制度内的活动多是被动、消极的,实际上是以局外者的心态处理相关国际事务。一位联合国代表指出,中国人在联合国的行为是"他们来了,他们笑了,他们走了"①。这一幕堪称中国在国际制度内之形象的经典写照。如塞缪尔·金指出的,"尽管1971年中国重返联合国,但中国与世界的联系网络直到20世纪80年代才建立起来"②。

表4-2 安理会公开会议上的否决权一览表(1946—2014年)

时间	中国	法国	苏联/俄罗斯	英国	美国	总计
1946—1971年	1	2	74	6	1	84
1972—1981年	1	14	5	15	25	60
1982—1991年	0	3	2	10	38	53
1992—2001年	2	0	2	0	5	9
2002—2014年	6	0	9	0	10	25
总计	10	19	92	31	79	231

注:1949年10月1日至1971年10月25日,台湾国民党集团占据中国的常任理事国席位,行使过一次否决权;1991年12月27日之后,苏联的常任理事国席位为俄罗斯联邦取代。

中国在这个时期着重发展对外政治关系,以加入政治性国际制度为重点。以恢复联合国席位为标志,中国逐步加入了联合国专门组织和附属组织,如联合国计划开发署、工业发展组织、联合国贸发会议、联合国教科文组织等,并与国际奥委会、欧共体等建立合作关系。其间值得一提的是,中国对参加国际环境机制表现出浓厚的兴趣,中国派团参加了1972年斯德哥尔摩联合国人类环境会议,此后在国际环境机制的成长过程中一直发挥着积极作用。

---

① Michel Oksenberg and Elizabeth Economy, "Shaping U.S.-China Relations: A Long-Term Strategy", *Council on Foreign Relations*, April 1998.http://www.ciao.com.
② Samuel S. Kim, "China's International Organizational Behavior", in Thomas W. Robinson and David Shambaugh, eds., *China Foreign Policy: Theory and Practice*, Oxford: Clarendon Press, 1994, p.405.

总体而言,中国在这一期间参与的政府间国际组织数量并不多(仅仅从1个增加到21个),但毕竟成为国际制度的真正参与者,尽管参与程度不够(受到严重限制)、参与态度也不积极(被动而消极)。中国的国际战略空间因之扩大了,中国追求的独立国际形象和大国地位得到了初步实现。

部分参与:1979—1991年的国际制度战略

1978年,中国开始实行对外开放的政策,逐步深化融入国际制度的步伐。中国终于放弃了"局外者"的身份,成为多数全球性国际制度的参与者,正如何汉理(Harry Harding)所指出的,"北京开始在全球问题上打上越来越多的印记"①。中国开始采取建设性的态度,积极表明推进与国际社会接轨的愿望。中国已经放弃了挑战者的角色,但由于历史因素和现实景况的制约,中国参与国际制度的步伐还有些摇摆,还依稀存留着消极参与者的影子。鉴于中国确立的以经济建设为中心的国家总体战略目标和独立自主和平外交政策,这一时期中国的战略尤以参与国际经济制度为核心,充分体现出目标导向和经济利益导向的特征。值得说明的是,中国自国际环境机制建立之日起,就采取了比较积极的态度,到20世纪90年代完成了全面参与。

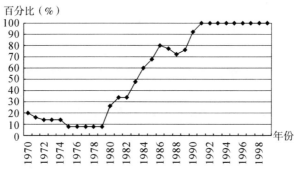

图4-2 中国对国际环境保护机制的参与(1970—1998年)

这个时期,中国参与国际制度迅速增加与中国实行改革开放政策和国内进步基础之上的外交战略调整相关。经过十年"文化大革命"

---

① Harry Harding, *China and Northeastern Asia*, American University Press, 1988, p.12.

第四章 国际制度的参与

之后,中国再次面临百废待兴的艰巨任务,而提高执政党的威信、合法性和人民生活水平迫在眉睫。国内压力的增加与国际压力(尤其是本土安全压力)的部分减缓构成了中国实行改革开放政策的基础条件。邓小平敏锐地意识到了资本、经济、技术进步对中国发展的重要性,抛弃了以阶级斗争为纲的政治方针,否定了无产阶级专政下继续革命的理论指导,认为世界和平因素的增长超过战争因素的增长,世界大战可能避免,争取较长时间的和平发展是可能的,决定把国家重心转移到经济建设上,着眼于以提高综合国力为核心的国际竞争。中国开始实行不结盟、不针对第三方的外交政策,更加强调独立自主、与所有国家发展正常关系的原则,超越意识形态和社会制度的界限发展与各国的关系,对外尽力争取相对稳定、有利的国际环境,努力保障国内的经济建设和各项改革事业。① 概言之,邓小平以其雄才伟略造就了中国历史的新转折。邓小平时代的来临是以推动中国对外开放的角色作为基点的。② 中国开始强调与国际潮流接轨,完全放弃了国际制度挑战者的身份,并着力塑造积极参与者和严格执行者的角色。中国开始进入大规模社会学习阶段,即新加入者将国际社会的规则和价值观念内在化的过程。③ 在这个过程中,中国关于国际社会的观念发生了变化,中国遵循国际社会的规则,参与主要的全球性国际制度,不再把革命当作变革国际社会的途径,而把广泛参与国际社会作为现代化的前提和重要途径,正是在这个前提之下,改革开放才成为中国的基本国策。中国不再以意识形态和阶级画线,而是将国家视为国际关系的主要行为体,并从国家利益角度理解和认识国际社会,处理国家间关系,逐步但积极融入国际社会,并开始关注本国的国际形象。从这个阶段开始,中国与国际制度的关系开始出现良性互动,中国也将国际制度的有效性视为评估参与程度的标准。

20世纪70年代末,中国几乎在一夜之间改变了自己的国家角色,

---

① 王逸舟:《市民社会与中国外交》,《中国社会科学》2000年第3期,第28—38页。

② Shih Chih-yu, *China's Just World: The Morality of Chinese Foreign Policy*, Boulder: Lynne Rienner, 1993, pp.107-109.

③ David Armstrong, *Revolution and World Order: The Revolutionary State in International Society*, Oxford: Oxford University Press, 1993, p.184.

从一个坚持自给自足的社会主义国家转变为国际经济组织援助的迫切寻求者。① 据统计,1979—1983 年,中国从联合国开发计划署、联合国人口基金等接受了 2.3 亿美元的援助。促进改革开放与经济建设成为中国参与国际制度的核心目标,因而中国的行动是从国际经济组织开始的,凸显了将国际制度视为国家利益促进工具的认识。中国 1980 年成为国际货币基金组织和世界银行的理事国,此后陆续加入了世界知识产权组织、国际农业开发基金、亚洲开发银行等,为恢复关贸总协定的缔约国地位做出了积极努力。中国从国际经济组织获得了大量的技术、知识和资金。中国成为国际经济领域"满意的崛起国家",开始学会利用国际规则维护和拓展自己的利益。与此同时,中国在国际制度中的行为表现也是令人满意的,中国代表在国际制度内坚持讨价还价,然而一旦达成协议,中国的执行可谓无懈可击。②

  中国参与国际经济组织的活动产生了积极的溢出效应,它不仅引进了新的观念,影响和优化了中国的外交决策,还促进了中国对其他国际制度的参与。③ 即使在极其敏感的政治领域,中国对国际制度的参与也是引人注目的。自 1979 年起,中国就参与联合国人权委员会的会议,并于 1982 年成为其理事国。1978 年,中国决定参加联合国裁军特别会议的活动。自 1980 年起,中国开始参与联合国裁军谈判会议,并逐步签署了一系列裁军、军控文件与协议。参加裁军会议大致上与邓小平重新评估战争不可避免的论调相适应,这种修正又与中国需要为国内经济发展创造一个良好的和平国际环境相关。中国参与裁军会议与期望被视为负责任大国相关联,这是中国第一次在国际政治和安全领域强调负责任大国形象。

---

① Samuel S. Kim, "China's International Organizational Behavior", p.431.
② Margaret Pearson, "The Major Multilateral Economic Institutions Engage China", in Alastair Iain Johnston and Robert S. Ross, eds., *Engaging China: The Management of An Emerging Power*, London: Routledge, 1999, p.216.
③ 江忆恩:《美国学者关于中国与国际组织关系研究概述》,《世界经济与政治》2001 年第 8 期,第 48—53 页。

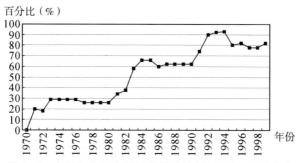

图 4-3　中国加入国际军控条约的比重（1970—1998 年）

在这个阶段,中国参与国际制度的数量有了显著增加,据《世界知识年鉴 1989/1990》统计,截至 1989 年,中国是 148 个国际条约的签署国,其中 23 个在 1949—1970 年间签署,其余 125 个在 1971—1988 年间签署。① 但总体而言,中国在国际制度内的行为是被动的,中国很少提出建设性的解决办法,更多的是发表原则性声明,中国并不是议程的制定者,缺乏参与及议程创设意识。

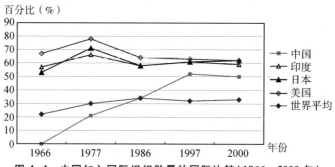

图 4-4　中国加入国际组织数量的国际比较（1966—2000 年）

资料来源:*The Yearbook of International Organizations*, Brussels, Union of International Associations, 2000/2001; Alastair Iain Johnston, "Treating International Institutions as Social Environments", *International Studies Quarterly*, No.45, 2001, pp.487-515.

全面参与：1992 年以来的国际制度战略

中国全面参与国际制度的战略以 1989 年"北京政治风波"和 1991

---

① 《世界知识年鉴 1989/1990》,世界知识出版社 1990 年版,第 1047—1064 页。

年的冷战结束为界点,这是中国所面临的国内外压力变化以及应对这些压力的战略认知所导致的,其目标不仅是打破当时的外交孤立,更重要的是通过国际制度找到与各国重大利益的契合点,寻求社会主义发展的新模式。中国面临的国内压力首先是发展的要求和紧迫感。1992年邓小平南方讲话是生产力发展的巨大推动力,而且成为中国全面对外开放的先兆。对经济发展、社会进步的关注促成了中国与国际制度良性互动的自逻辑。鉴于改革开放以来的基本经历和全国性思想观念进步,中国走向强大的历程也伴随着走向法治、民主和国际主流,国内政治条件、社会条件的逐步优化反过来成为促进中国进一步融入国际社会、参与国际制度的推动力。在改革、转型、进步相约而行的时代,各种压力和要求不期而至,成为中国社会全面进步的推动力。

20世纪90年代是全球化浪潮汹涌的时代。全球化既是动力也是压力,成为中国战略决策必须思考的重要外部变量。冷战结束以来,在全球化的推动之下,国际社会也开始步入转型时期,国际关系的内涵大大丰富,国际政治让位于世界政治(world politics),跨国问题、全球性问题成为国际关系关心的一个中心议题。国际关系中的相互依赖加深,"一荣俱荣、一损俱损"的观念深入人心,国际关系的主旋律由国际冲突转向国际合作。全球化使得处理问题的思维、运作方式与过去明显不同,"非此即彼"的零和博弈模式在减少,双赢式的非零和博弈原则越来越成为主流。随着全球化进程的深入,对全球性国际机制的完善和发挥作用成为各国和整个国际社会内在的需求。

在这样的国际背景下,中国面临的国际压力可想而知。国际社会进入转型时期,各国将着眼点放在未来的综合竞争上,中国的特殊性益发凸现。打破外交孤立只是问题的第一步,而如何成为被国际社会接受、让国际社会放心的大国才是中国战略的重点,唯有如此,中国才可能确保实现国家发展基本目标的国际环境。在这样的情势下,确保独立自主与获得国际社会的认可构成中国参与国际制度的基本思考点。由于美国将中国纳入西方主导世界体系的接触(engagement)政策和

"织网"战略(weave the net)明显体现出经济接触与战略遏制的两面[①],昔日中国自身需求所致的国际制度参与开始构成一种外在压力因素。随着中国融入国际社会步伐的加快,中国的战略空间在扩展,但中国遭受外部冲击——尤其是恐怖主义、跨国犯罪、金融振荡、高危传染性疾病、信息冲击等非传统安全因素威胁——的脆弱性在增加。非传统安全问题往往根植于各国的社会、经济、文化的深层土壤中,具有相当强的惯性,短期内难以化解,也非靠少数国家的努力能够解决,国际合作的必要性因而凸显。此外,随着中国国家实力的发展,"中国威胁论"(当然还有危言耸听的"中国崩溃论")不胫而走,构成中国国际战略的外在制约因素,在特定时段形成对中国的国际压力。欧美地区经济一体化加快对中国所在的东亚经济合作其产生了巨大的国际竞争压力,另一方面也提供了良好的示范和发展机遇,成为中国促动东亚一体化的外在动力。

压力往往就是进步的动力。国际风云变幻是战略谋划的背景,更扩展了战略思维的空间。以上压力堪为中国实现向"世界之中国"和国际体系"局内者"转变最为强大的动力,促使中国的认知发生重大变革。中国对自己所处的国际环境有了更为清醒的判断,对自己的国家实力有了更加客观的认识,所设定的国家发展目标也更具有可操作性。20世纪90年代中期以来,中国似乎不再仅仅自视为适应者(suitor),而开始自视为崛起大国,并在外交上开始大打经济牌[②],进一步确立了以经济主义促进中国国际地位提高的战略。进入21世纪,中国领导人对国际环境的认知和国家战略目标变得更加积极,更加强调以积极参与国际制度谋求国际战略利益的拓展和国际影响力的提升。

中国对自身脆弱性的认识因"北京政治风波"、苏联解体和东欧剧变、海湾战争、"台独"分子猖獗、美日同盟加强等事件而加强,失去了冷战期间的战略杠杆的中国将国际制度视为加强自身战略地位的重要

---

① Gideon Rachman, "Containing China, *Washington Quarterly*, Vol. 19, No. 1, Winter 1996, pp. 129-139; James Shinn, *Weaving the Net*: *Conditional Engagement with China*, New York: Council on Foreign Relations Press, 1996; etc.

② Avery Goldstein, "Great Expectations: Interpreting China's Arrival", *International Security*, Vol. 22, No. 3, Winter 1997/1998, pp. 36-73.

途径,国际制度在中国大战略的地位进一步上升。有鉴于此,中国参与国际制度稳健而积极,经历了一个随着国内发展及需要而逐渐适应、逐步深化的过程,积累了一定的经验;随着中国对国际制度认识的逐步深刻,参与的欲望也进一步上升。中国已经基本认可了当今国际体系中几乎所有重要的国际制度。中国对国际人权制度的参与堪为例证,中国参与了国际人权领域的所有重大活动,多次发表人权白皮书宣告自己的人权主张,中国宣布的政策与国际标准越来越一致。①

表4-3 大国对人权公约的批准

公约	中国	法国	俄罗斯	英国	美国
《消除一切形式种族歧视国际公约》	批准	批准	批准	批准	批准
《关于公民与政治权利公约》	批准	批准	批准	批准	批准
《关于经济、社会和文化权利公约》	批准	批准	批准	批准	未批准
《消除对妇女一切形式歧视公约》	批准	批准	批准	批准	未批准
《禁止苦行和其他残忍、不人道或有辱人格的待遇或处罚公约》	批准	批准	批准	批准	批准
《儿童权利公约》	批准	批准	批准	批准	未批准

资料来源:United Nations Development Program, *Human Development Report 2000*, New York: Oxford University Press, 2000, pp.48-51.

随着中国的和平发展,中国承担国际责任的欲望和能力在增加,1997年宣布"做国际社会中负责任的大国"是一个明确的战略宣示。它意味着,中国的自我认同(self-identification)发生了巨大的变化,以主权为中心的、独立自主大国的传统认同与负责任大国的新认同相关联,后者与融入国际制度有着直接的关联,而国家行为越来越受到国际制度的调节,中国愈加期望自己被视为国际制度的积极而负责任的参与者,而对被视为孤立、顽固的角色分外敏感。② 建设性、负责任的国际

---

① Michel Oksenberg and Elizabeth Economy, "Shaping U.S.-China Relations: A Long-Term Strategy", Council on Foreign Relations, April 1998.

② Alastair Iain Johnston and Paul Evans, "China's Engagement with Multilateral Security Institutions", in Alastair Iain Johnston and Robert S. Ross, eds., *Engaging China: The Management of An Emerging Power*, London: Routledge, 1999, pp.248-254.

形象在中国与国际制度的互动过程中内化为中国的战略目标。

1992年以来,中国参与国际制度以全面性、战略性、长远性为基本特征。中国明确意识到加入国际制度是打破包围、赢得负责任声誉的重要条件。在国际社会里或重大全球问题上,中国越来越融入国际制度,变得更加合作。例如,中国签署了《禁止化学武器公约》《全面核禁试条约》等,主动接受国际社会对中国发展战略武器的限制。《全面禁止核试验条约》的签署表明,中国愿意付出代价,争取负责任大国的地位,促进自己的国际形象。① 中国接受苛刻条件加入世界贸易组织,并积极修改《中华人民共和国著作权法》《中华人民共和国专利法》《中华人民共和国商标法》等,制定相关实施细则,保持了遵守国际制度规则的一贯良好记录。江忆恩指出:"中国一贯支持全球自由贸易,中国加入世界贸易组织是迄今为止支持现有自由贸易体系的最明确行动。"② 当然,中国由此也获得了融入国际社会的重要通道,并为在国际体系中大有作为奠定了坚实的基础。2002年9月3日,并非《京都议定书》签字国、没有减少温室气体排放量指标义务的中国宣布批准该条约,这是具有重大战略意义的步骤,显示了中国参与国际环境合作、促进世界可持续发展的积极姿态,中国因之获得巨大的政治声望。此外,中国不仅扩大对国际制度的参与,在国际制度中的行为也越来越积极,开始体现积极参与者的特征,其议程创设能力也有所提高。

进入21世纪以来,随着中国国家实力的进一步增强,中国在国际制度中的影响力趋强,国际社会对中国承担更多责任的呼声趋高,成为推动中国作为更加积极的压力和动力,建设性塑造成为中国在国际制度发挥作用的新形式。

首先,中国在国际制度的地位和影响力有了大幅度提高。其中,中国在国际货币基金组织(IMF)份额、投票权的变动具有重要的指向标意义。IMF各成员国被分配一定的份额,这一份额将决定各成员获得

---

① Alastair Iain Johnston, "International Structures and Chinese Foreign Policy", in Samuel S. Kim, ed., *China and the World* (4th Edition), Boulder: Westview Press, 1998, p.75.

② Alastair Iain Johnston, "Is China a Status Quo Power?", *International Security*, Vol.27, No.4, Spring 2003, pp.5-56.

基金组织投票权的多少、贷款的额度及特别提款权(SDR)的数量。IMF确定成员份额的多少取决于其经济规模、经济开放度、波动性、外汇储备水平等因素,作为历史的产物,其份额和投票权明显偏向西方发达国家,美日等少数发达国家长期拥有实际控制权。进入21世纪,随着全球经济力量对比关系的变化,要求改革IMF份额和投票权、体现发展中国家及新兴经济体经济地位的呼声日益高涨。近年来,IMF进行了份额和投票权的部分调整,其总体趋向是适当削减美日等发达经济体的投票权,增加发展中国家和新兴经济体的份额。2006年,IMF开启了治理结构的改革,2008年通过份额和投票权的改革方案,发达国家在该组织的投票权比例将从59.5%降为57.9%,发展中国家的投票权比例则从40.5%上升为42.1%;中国在IMF的份额为4%,投票权为3.81%;美国的份额为17.71%,投票权为16.76%,该方案于2011年3月生效。2010年12月15日,IMF理事会通过了新的份额和执行董事会改革方案,2016年1月26日正式生效。中国、巴西、印度、俄罗斯等新兴市场国家与美国、日本、法国、德国、意大利、英国跻身IMF前十大成员国,其中美国份额为17.407%,投票权保持为16.479%;日本的份额为6.464%,投票权为6.138%;中国位居第三位,其份额提升为6.394%,投票权提升为6.071%。在IMF改革进程中,中国积极谋求在国际金融事务中的发言权,获得与自身经济实力更相匹配的地位,其国际影响力、国际义务和国际责任同步增加。[①]

其次,中国在全球性国际制度创新中扮演着越来越重要的作用。2008年全球性金融危机爆发,对全球经济治理制度构成了严峻挑战,二十国集团(G20)应运而生,从部长级会议平台上升为领导人峰会,成为世界所倚重的重要国际制度创新。中国在G20的运行过程中扮演着极其重要的角色。G20是开展国际经济合作的主要论坛,有责任推动建设统一、开放、普惠的全球大市场,营造有利于各国发挥特长、实现优势互补的贸易环境,以促进世界经济稳定和增长。G20作为一个危机应对机制发挥了重要作用,2010年迄今开始了从危机应对机制向全

---

① 宋伟:《IMF近期决策结构改革及其对中国的影响(2006—2012)》,《国际经贸导刊》2013年第6期,第94—106页。

球经济指导机构的重要转变。作为当今世界唯一的发达国家和新兴经济体领导人进行平等对话的平台,G20是全球经济治理领域的最高机制,在宏观经济政策协调方面扮演关键性的作用。中国将G20作为参与全球经济治理的核心机制,一贯支持G20在全球经济治理中发挥更大作用,积极提供建设性方案,并将承办2016年G20峰会。① 中国的努力表明,希望成为国际公共物品的经济提供者,为G20的转型与发展提供积极的动力。

推动国际秩序公正合理的发展,一项重要内容就是促进全球经济治理机制的完善,这是中国能够积极承担责任并展现领导力的重要领域。在近年应对国际金融危机和欧美债务危机的过程中,中国与国际社会一道共克时艰,推动全球经济治理机制改革,坚定帮助欧洲应对主权债务危机,应邀向IMF等国际组织增资,推动全球治理机制向着更加公正合理的方向发展。中国的和平发展需要必要的国际制度来保障,完善确保和平发展的国际制度是中国外交重要的价值追求,中国在G20的作为体现了上述意愿,"一带一路"战略的付诸实施体现了中国塑造国际经济关系的制度化努力。世界经济仍然处于国际金融危机后的深度调整期,不稳定、不确定因素增多。② 发达经济体刚刚出现一些好转迹象,新兴市场国家和发展中国家面临的风险和挑战不断集聚,经济增速普遍放缓。要摆脱国际金融危机的深层次影响,加强制度化合作、完善全球经济治理机制至关重要。中国在G20的活动中发挥着关键性作用,为全球经济治理的完善提出一系列倡议并带头作为,为中国推动国际合作积累了丰富的经验。

最后,世界金融秩序的崩塌给中国造成了巨大的影响,中国开始了主导筹建新地区金融制度的尝试,亚洲基础设施投资银行(AIIB)应运

---

① 参见周宇:《全球经济治理与中国的参与战略》,《世界经济研究》2011年第11期,第26—33页;黄仁伟:《全球经济治理机制变革与金砖国家崛起的新机遇》,《国际关系研究》2013年第1期,第54—70页;刘威等:《G20治理对全球经济失衡演变的影响研究》,《武汉大学学报(哲学社会科学版)》2013年第6期,第97—103页;刘宗义:《"二十国集团"转型与中国的作用》,《现代国际关系》2015年第7期,第10—17页、第49页。

② 习近平:《共建伙伴关系 共创美好未来——在金砖国家领导人第七次会晤上的讲话》,《人民日报》2015年7月9日,第1版。

而生。2013年10月习近平在出访东南亚期间提出成立亚投行的倡议。之后,为保证其顺利成立,中国在政治、经济和外交方面都付出了巨大努力。2014年10月,中国、印度、新加坡等21个意向创始成员国在北京签署《筹建亚投行备忘录》,筹建工作进入一个新的阶段。其后具有标志意义的是,2015年3月12日英国宣布申请加入,此举在全球范围内掀起加入亚投行的热潮,此后一个月内包括法国、德国、意大利、卢森堡、瑞士、奥地利、瑞典和芬兰等欧洲国家在内的共计30个国家陆续加入亚投行。截至2015年4月15日,亚投行的意向创始成员国数量由最初的21个扩大到57个,遍及全球五大洲,其中包括4个联合国安理会常任理事国、4个七国集团国家、全部金砖国家和14个G20国家,其创始国在数量上超过了布雷顿森林协定的44国,域内国家37个、域外国家20个。2015年6月29日,《亚洲基础设施投资银行协定》签署仪式在北京举行。2015年12月25日,亚洲基础设施投资银行正式成立,全球迎来第一个由中国倡议设立的多边金融机构。

亚投行是中国主导建立的第一个政府间性质的亚洲区域多边开发机构,重点支持基础设施建设,其宗旨是促进亚洲区域的建设互联互通化和经济一体化的进程,加强中国及其他亚洲国家和地区的合作亚投行是中国首次以主导者身份筹建的以实体形式存在的国际金融机构,被普遍视为以中国为代表的发展中国家表达自身利益诉求、推动现行国际金融秩序改革的破局之举,鉴于中国主导成立亚投行受到了欧洲国家的认同,在全球金融治理意义上产生了巨大的冲击效应。① 诸多外国人士认为,中国主导创立亚投行的动机是,通过构建新的国际制度推动新国际秩序的建立,从而改变自己在现有国际经济秩序中的不利地位。② 在笔者看来,筹建亚投行表明,中国积极抓住既有国际金融秩序坍塌、亟须重建的机遇,回应国际社会期望中国发挥更大作用、承担更大责任的诉求,在地区层面推动国际经济秩序的重塑,力争在新一轮

---

① 王达、项卫星:《亚投行的全球金融治理意义、挑战与中国的应对》,《国际观察》2015年第5期,第71—81页。

② 刘颖、韦磊:《美国智库学者眼中的亚投行》,《国际论坛》2015年第4期,第59—64页。

的亚洲秩序构建中发挥强有力的塑造和引导作用。

上述对中国与国际制度的历史分析表明,如何对待国际制度是中国融入国际社会的重要先决条件。中国的实践证明,由于国际制度不仅体现着主导国的利益需求,也同样体现着所有国家一般性的美好愿望,选择置身国际制度之外甚至成为挑战国并非明智的抉择。国际格局的现实、中国的国家实力、国际目标、外交战略都决定了,中国没有理由成为国际制度的挑战国。同样,对像中国这样的大国来说,搭便车的战略也是不可行的:中国的现实和未来目标都决定了中国绝对不会选择让渡国家主权的战略;也没有国家能够为中国这样的大国提供"便车"。中国选择消极参与的方式既是困难的,也并不真正符合维护和拓展国家利益的需要。实践证明,中国只能采取积极参与的战略,全面参与国际制度体系;参与国际制度的修改和完善过程,促使国际制度更为合理、合法、民主;参与新国际制度的制定,主动促成积极性国际制度的创立。中国应该在国际制度的完善上发挥与其实力、影响相宜的作用,积极参与国际制度的决策;在国际制度体系中代表和维护发展中国家的根本利益,适时承担主导国的角色。

积极参与国际制度的战略谋划

以上关于中国参与国际制度历史进程的剖析表明,国内发展与进步的压力是中国融入国际社会最主要的推动力,而国际压力作用亦不可忽视,同时国际制度的约束力、国际制度内的互动改变了中国对国家利益的认知,成为中国战略调整的重要动力。① 随着中国进一步参与国际制度,国际制度的规则和规范逐渐融入中国的认知和政治结构之中②,规范认同开始成为中国与国际制度之间良性互动的基础条件。中国认识到,参与国际制度,可以为中国国家利益的拓展提供更为广阔的战略空间,同时也有助于改善和提高中国的国际形象;而轻视或抵制国际制度会损害国家作为合作者的声誉和作为高度责任感国家的形

---

① Alastair Iain Johnston,"Treating International Institutions as Social Environments", *International Studies Quarterly*, No.45, 2001, pp.487-515.
② Margaret Pearson,"The Major Multilateral Economic Institutions Engage China", p.227.

象,损害国际制度带来的利益①,中国对国际制度的积极作用愈加肯定。此外,中国参与国际制度并非仅仅是受动的单向进程,随着中国的大规模参与,国际制度越来越打上中国的印记,中国对国际制度的塑造能力也在提高。

参与国际制度,可以为中国国家利益的拓展提供更为广阔的战略空间,改善中国的国际形象;而轻视或抵制国际制度会损害国家作为合作者的声誉和作为高度责任感国家的形象,减少国际制度带来的利益。基于此,中国对国际制度的积极作用愈加肯定。当然,中国参与国际制度并非仅仅是受动的单向进程,随着中国的大规模参与,国际制度越来越打上中国的印记,中国对国际制度的塑造能力也在提高。近代以来的中国尽管在融入国际社会还是闭关自守间几经摇摆,但没有停止深化与国际制度接轨的脚步,中国选择全面、积极参与国际制度的战略是一个历史性的结论。

中国积极参与国际制度战略的核心目标是,创造和平、民主的国际环境,服务于中国发展的总体谋划,促进中国的国际化进程,为中国成为国际社会中负责任的世界大国创造条件,实现中国崛起的夙愿。具体地讲,全面而积极地参与国际制度,使得现有国际制度朝着有利于中国的方向发展,为中国以经济建设为中心的战略谋划创造适宜的国际空间;更好地体现"做国际社会中负责任的大国"的宣示,在国际制度体系内寻找共同利益,以打破"中国威胁论",澄清对中国外交战略的误读,表明自己接受国际制度约束的正当态度,稳定外部世界对中国国际战略的预期,消除对中国发展的担忧;促使中国外交更加积极和具有建设性,向世界展示中国的传统思想的魅力和建设性倡议,增强中国的国际影响力,更多地承担起领导世界走向更美好未来的责任;在国际制度体系内维护中国的主权和领土统一,实现国家的统一和民族振兴;积极参与国际制度的完善和发展,以中国的国家利益和全人类的共同利益为依归,对国际社会的民主化、多元化进程做出贡献。

中国积极参与国际制度战略和核心内容是,全面参与全球性国际

---

① 江忆恩:《简论国际制度对国家行为的影响》,《世界经济与政治》2002年第12期,第21—27页。

制度,并在其中发挥积极的建设性作用;对有待完善的国际制度,要秉持国家利益和国际利益相结合的原则;在新国际制度创立或有可能创立新国际制度的领域,要锤炼未雨绸缪的战略谋划能力,对新国际制度必须积极参与,也要明确反对创立仅由发达国家参与的国际制度;参与俱乐部性质的国际制度,要有所慎重,并致力于逐步改造为我所用,尤其是,对仅由发达国家参与的国际制度,应以特殊伙伴、观察员等方式参与,并在其中发挥发展中世界代言人的作用。

从战略步骤的角度看,由于国际化进程开启时间不长,中国对国际制度的认识需要进一步深化。所以,中国应积极而全面地参与国际制度,但不能超越自己的能力介入国际社会中所有的制度性事务。我们应积极而不失稳健,根据国家利益和国际社会的需要选择参与该国际制度的方式,以及在该国际制度中承担的角色。对于后者,我们应在据理力争的同时保持充分的耐心。中国参与国际制度的目标受到西方国家的怀疑与制约,我们要有耐心和策略。现有国际制度总是有利于维护发起者的利益,这必然涉及如何在机制体系内据理力争,使之为我所用,并寻求机会从内部改造国际制度的问题。从中国的基本国情出发,我们应该着眼于国家利益的维护,并承担起国际社会赋予的责任,适时承担主导国角色。中国应该争取参与所有全球性国际制度,使"国际社会中负责任的大国"名副其实;立足亚洲,在亚洲特别是东亚事务中发挥建设性、积极和负责的作用,参与主导东亚乃至亚洲国际制度的建立、完善和维持,争取亚洲龙头的角色;进一步扩大国际发展空间,追求国际领导地位,成为参与国际制度建立、完善和发展的主导国,促进国际社会民主化进程,为21世纪更加公正合理的国际秩序做出贡献。

第三节 参与、创设与主导
——建构东亚合作机制的中国思路

从历史的角度看,世界大国都是先从自己所在的地区事务中逐渐拥有主导地位而发展起来的。传统而言,大国地区战略以国家实力为基础,以获取地区主导地位为目标,而在全球化和地区一体化并行不悖的趋势之下,大国的地区战略路径转而追求地区共同利益,将开放地区主义作为战略工具,将地区制度建设作为地区合作的主脉络,将地区秩序建设作为地区合作的愿景。

长期以来,中国不是从地区(region)角度出发处理与各国尤其是周边国家的关系,而是在双边层次上处理与各相关国家的关系。① 20世纪90年代中期以来,中国开始积极接受地区的概念,并将其战略重点放在促进东亚合作机制建构的进程上。以全球化与地区一体化两大趋势并行不悖为观照,这一转变显然深得中国古代战略思想之三昧。《孙子兵法》云:"诸侯之地三属,先至而得天下者,为衢地。"②在诸大国均以促进乃至主导本地区一体化作为未来国际竞争基础的情势下,东亚一体化对中国的重要性不言而喻。诸多学者指出,21世纪全球制度的建立,尤其是经济管理制度的建立,必然是通过北美、欧洲和东亚三大经济实体的协商与合作来达成的,中国将构建东亚合作机制视为地区战略的重中之重实为长远之举。

从全球各地区的发展来看,促进地区一体化,尤以制度建设为基本特征。近年来,中国立足临近地区,开始参与乃至着手主导构建地区全面合作的制度框架,加强地缘政治经济的塑造能力。中国促动的东亚合作机制代表了中国外交的新思路,即在自己利益攸关的地区培育和建立共同利益基础之上的平等、合作、互利、互助的地区秩序,在建设性的互动过程中消除长期积累起来的隔阂和积怨,探索并逐步确立国家间关系和国际关系的新准则。中国在地区合作中的积极进取,既促进了地区内国家对中国发展经验和成果的分享,也提高了中国的议程创设能力。通过地区制度建设实现国家战略目标成为一种可行的范式。

东亚的重要性

东亚既是一个地域概念,又是一个历史文化概念。传统上,我们是

---

① Rosemary Foot, "Regionalism in Pacific Region", in Louse Fawcett and Andrew Hurrell, eds., *Regionalism in World Politics: Regional Organization and International Order*, London: Oxford University Press, 1995, p.239.

② 《孙子兵法·九地篇》。

把东亚当作一个文化概念来看待的,如费正清(John Fairbank)所言:"东亚在文化上为深受中国文化影响的地区,即中国、朝鲜、日本、越南等。"①有的学者则视之为儒教文化影响所及的地区,如北京大学教授梁志明所言:"狭义的东亚指中国及其岛屿(如台湾),以及日本列岛、朝鲜半岛、蒙古等;广义的东亚则不仅包括上述东北亚地区,还包括东南亚,即中南半岛和南洋群岛地区诸国。中国、日本、韩国以及新加坡等东盟诸国和中国的台湾、香港地区,这大体上是以儒教文化为代表的东亚文化影响所及的地区。"②从地域意义上,目前尚有各种不同的界定。按照西方人的传统理解,东亚一般而言包括东部西伯利亚、中国、蒙古、朝鲜半岛、日本和东南亚。③ 大多数中国学者在讨论东亚问题时,往往把中日韩+东盟10国("10+3")等同于东亚。④ 这种界定清晰明确,故而得到了其他国家许多学者的赞同。⑤ 美国学界一般把东亚视为东北亚与东南亚之和,例如,尽管康奈尔大学教授彼得·卡赞斯坦(Peter Katzenstein)认为地区并非完全局限于地理,而是一个政治概念⑥,但他在分析东亚时却主要从地理角度予以界定,他强调:"东亚地区的定义包括了东南亚和东北亚,主要有东盟加上中国、北南朝鲜和日本,同时它不包括北美、澳大利亚、新西兰、南亚。对于建设亚洲和东亚地区主义的诸多倡议来说,它是相当稳定的一个定义。"⑦日本学界则往往扩大东亚的地域所属,将某些南亚、大洋洲等国家纳入其中,如中

---

① 费正清:《中国:传统与变革》,南京:江苏人民出版社1996年版,第3页。
② 梁志明:《关于东亚现代化历史进程的几个问题》,《东南亚研究》2004年第3期,第26—30页。
③ 马士、密亨利等:《远东国际关系史》,上海书店出版社1998年版,第1—11页。
④ 中国学界也有不同的看法。例如陈显泗认为,"东亚地区是一个囊括了中国、俄罗斯、日本、南北朝鲜以及美国在内的复杂的政治博弈区"。参见陈显泗主编:《和谐东亚——东亚安全的必由之路》,北京:时事出版社2008年版,第3页。
⑤ 例如:Shaun Breslin, "Understanding China's Regional Rise: Interpretations, Identities and Implications", *International Affairs*, Vol.87, No.4, 2009, pp.817-835.
⑥ Christopher Hemmer and Peter J. Katzenstein, "Why is There No NATO in Asia? Collective Identity, Regionalism, and the Origins of Multilateralism", *International Organization*, Vol.46, No.3, Summer 2002, pp.575-607.
⑦ 彼得·卡赞斯坦:《地区构成的世界:美国帝权中的亚洲和欧洲》,北京大学出版社2007年版,第11—12页。

村哲指出:"所谓东亚是指东北亚和东南亚组成的地区。东北亚是指中国、日本、韩国、北朝鲜及中国台湾地区,将来可能包括蒙古、俄罗斯远东部分。……东南亚与以印度为中心的南亚和东亚的中间地带设定为东南亚地区是十分有效的,东南亚将来还会包括澳大利亚、新西兰、巴布亚—新几内亚等部分。"①韩国学者白永瑞则认为,"地域概念在地理上是随着认识主体的经验而不断变化的一种创意(invention),东亚不仅仅是一种地理上的固定实体,而是文化和历史的产物。广义的东亚包含着东北亚和东南亚,从这一地域在经济上相互依赖日益增强的现实看,也蕴含了在政治和安全保障等方面追求合作的趋势"②。综上所述,作为一个西方人提出的地域概念,东亚的文化历史范畴相对明确(即儒教文化影响所及之地区),而其地理范畴则一直处于变动之中,鉴于东亚地区的开放性,其地理范畴扩大是一个基本趋势,东亚峰会将澳大利亚、新西兰、印度、美国、俄罗斯纳入其中,就是一个再明显不过的例证。有鉴于此,我们当以开放包容的态度认识东亚,并从文化深度、战略高度把握其趋向。

  东亚有着鲜明的独特性。整体而言,东亚处于从边缘到中心的发展进程之中,尚处于中途站(halfway station),既面临着外来文化的持续渗透,又普遍存在着文化保护和文化复兴的问题,可以说传统问题尚未解决,新问题更是层出不穷,因而既有合作的强烈愿望和战略空间,又存在着阻碍一体化与合作的各种障碍;具体而言,东亚各国体制各异,发展水平各异,"拥有从发达国家到最贫穷国家之间巨大的收入差距,各国一方面作为整体促进着经济增长,一方面在很大程度上保持着发展阶段的次序性同时落后国家不停地追赶着发达国家。而且,这个追赶过程发生在生产、贸易、投资、金融、援助等领域的国际性的结合之中。这种现象不论是在拉美、非洲还是中东都是看不到的"③。东亚的独特性还体现在,东南亚作为一个异质性众多的次地区相对稳定和东

---

① 中村哲:《东亚近代史理论的再探讨》,北京:商务印书馆2002年版,第32页。
② 白永瑞:《思想东亚》,《读书》2009年第11期,第29—33页。
③ 大野健一郎、樱井宏二郎:《东亚发展经济学》,北京:民族出版社1999年版,第2页。

北亚作为时代火药桶的地位凸显形成了鲜明对照。①

世界从来没有像今天这样如此重视东亚。② 20 世纪下半叶,东亚一波波经济崛起时时引动着世界的关注,推动着东亚世界经济政治地位的提升。以日本、亚洲四小龙、中国和东盟国家为代表,形成一股生气勃勃的潮流,创造了令世人瞩目的"东亚奇迹"。东亚不但经济发展,社会生活方方面面也发生了显著改变,它提供的新鲜经验和发展模式预示着东方现代文明发展的一种新方式。③ 尤其是,中国崛起带动了东亚经济发展,推动了东亚的战略竞争,也促进了东亚地区的深入合作。东亚正在逐渐赢得更大的影响力和自主权。过去几十年,亚洲奇迹除了应该归功于东亚各经济体的社会和经济发展政策外,东亚国家之间的积极合作也功不可没。④ 促进东亚合作是所有东亚国家在全球化趋势下的必然反应,符合东亚所有国家的利益。与此同时,东亚经济崛起带动了其国际政治地位的提升,世界贸易集中在北美、欧洲和东亚三个地区内部和地区之间⑤,东亚被视为与欧美三足鼎立的世界经济支柱。东亚向来是世界诸大国竞争重地,美国长期视之为确保世界大国地位的核心区域,甚至认为美国若退出东亚必将堕落为地区国家,对东亚的未来充满忧虑;日本长期把东亚视为确保战略利益和谋取世界大国地位的支撑,为此不惜落下反复无常之名;为维护自身利益和东亚一体化的核心地位,东盟奉行大国平衡战略,以"东盟+1"("10+1")为核心战术应对东亚变局;中国崛起牵动着世界关注的目光,而中国在东亚的一举一动都牵动着周边国家的神经。以上四股力量相互影响、相互制约,使得东亚巨变成为当今世界最重要的发展进程。

---

① 门洪华:《东亚秩序建构:一项研究议程》,《当代亚太》2008 年第 5 期,第 70—86 页。
② 吴建民:《投资合作是构建东亚共同体的支柱》,《外交评论》2007 年第 4 期,第 22—23 页。
③ 梁志明:《关于东亚现代化历史进程的几个问题》,《东南亚研究》2004 年第 3 期,第 26—30 页。
④ 于永定:《我看世界经济》,北京:生活·读书·新知三联书店 2004 年版,第 567—568 页。
⑤ 彼得·卡赞斯坦:《地区构成的世界:美国帝权中的亚洲和欧洲》,第 27 页。

东亚合作机制在中国大战略中的地位

地缘政治被视为大战略谋划的地理坐标。从地缘政治的角度看,中国过去从来不是世界的中心,却天然处于东亚的中心,与中亚、南亚、东南亚、东北亚等次地区都有着直接的地缘联系,地缘核心地位为中国谋划其大战略提供了巨大的地缘优势。中国处于亚太经济的天然中心地带,位居世界最大大陆和最大海洋的边缘,拥有绵长的中纬度海岸线,握有西太平洋的地利,在世界均势的基点由欧洲转向亚太方向之际,地缘景气带给中国的机遇可谓天时、地利兼之。鉴于其地缘优势,中国应将亚太地区视为自己的战略疆域(strategic zones),将东亚视为战略中心地带。中国不仅位居东亚的地缘核心,其繁荣的经济还成为东亚、亚太乃至世界经济发展的发动机,作为崛起的大国,中国在东亚的优势地位不仅突出,而且愈加巩固。布热津斯基指出:"在亚洲大陆,中国已经在地缘政治方面占有主导地位,中国在地区内越来越自信,以便与其历史、地理和经济的内在要求相称,这是十分自然的。"①

中国的战略优势不仅来源于其地缘政治地位和经济繁荣,还受惠于蓬勃发展的东亚多边合作。地区多边合作是二战结束以来的一种新趋势,它对地区内的政治、经济、安全等问题的解决发挥着重要作用,在推动双边关系发展方面也发挥着独特的作用。鉴于中国冉冉上升的世界地位和更为积极、合作的战略行为,目前展开的东亚多边合作均以中国为潜在中心。推动东亚多边合作成为中国必然的战略选择。从经济角度看,促进地区多边合作有助于形成中国经济的战略延伸地带;从政治角度看,地区多边合作是中国成为世界大国的一个必要条件,中国要成为一极,就必须在东亚发挥积极的主导性作用;从安全角度看,多边合作符合中国的安全利益,有助于促成合作安全、共同安全的目标;从文化角度看,地区多边合作有助于弘扬中华传统文化,形成以儒家文化为核心的丰富多彩的亚洲价值观念;从军事角度看,地区多边合作有助于降低地区内冲突升级的危险性,降低军备竞赛及其负面影响。此外,

---

① 兹比格纽·布热津斯基:《大棋局:美国的首要地位及其地缘战略》,上海人民出版社1998年版,第216页。

各国亦可将双边关系中的某些问题放到地区多边合作加以解决,从而减少双边关系中的负面因素。概言之,地区多边合作有助于建立以合作、互利为特征的新型地缘战略关系,扩大共同利益、加深相互信任。东亚多边合作以地缘经济为核心因素,赋予经济繁荣的中国以巨大的议程创设能力和地区制度塑造能力。随着地区多边合作的深入,东亚合作机制的建构提上各国的议事日程,中国开始视之为最重要的战略目标加以积极推动,且将制度建设视为主要塑造手段,争取掌握地区合作的主动权。在中国的地区战略构想中,促进东亚合作机制的发展始终处于核心地位。①

地区一体化与东亚制度架构

东亚经济一体化迄今经历了四个主要发展阶段。20世纪60年代到90年代初期,东亚经济一体化处于市场或投资驱动阶段,日本经济复兴、亚洲四小龙经济奇迹和中国经济崛起成为东亚发展的助推力量,但东亚经济增长主要依靠各自的经济和贸易政策,而非多边框架下的经济合作。日本在东亚经济合作和产业转移中发挥了关键性的作用,其投资政策主导推动雁行经济秩序,东亚国家和地区之间形成依照劳动分工和动态比较优势的垂直分工格局,日本因此拥有东亚一体化的主导权,但其关注重心不是东亚而是太平洋合作和亚太合作。其间,东亚地区实现了引人注目的经济增长,东亚严重依赖美日经济的局面被逐渐打破,地区内贸易比重逐渐上升,对美日贸易在总贸易所占的比例不断下降②,贸易和对外直投资成为东亚经济增长的发动机,但多边经济合作的制度框架并未形成。当然,地区经济发展造就的地区内贸易比重上升为地区合作的制度化提供了物质基础。有学者据此认为,东亚地区贸易是市场推动的,是真实的经济力量而不是任何政治上的考虑导致东亚走向地区化,更不是1997年亚洲金融危机后对全球化的对

---

① Morton Abramowitz and Stephen Bosworth, "Adjusting to the New Asia", *Foreign Affairs*, Vol.82, No.4, July/August 2003.
② 大野健一郎、樱井宏二郎:《东亚发展经济学》,第54—55页。

抗性反应。①

然而,1997年的亚洲金融危机对东亚经济一体化的推动作用却不容否认,国家间合作的加强使得东亚一体化迎来了高潮,东亚一体化进入政治、经济双轮驱动阶段。进入20世纪90年代,伴随着东盟模式的溢出效应(尤以东盟地区论坛的创设为标志),倡导和推动东亚合作的旗手角色由日本转到东盟,马来西亚总理马哈蒂尔1990年提出建立"东亚经济集团"的倡议代表着东盟主动建构地区秩序的最早尝试,1994年东盟地区论坛召开、1995年亚欧会议召开则为之拉开了序幕。1997年的亚洲金融危机触发了东亚紧密合作,地区内各国积极采取合作措施应对危机,并为应对未来挑战未雨绸缪,"10+3"(东盟+中日韩)机制正式建立。金融危机使东亚各国认识到更紧密合作的重要性,随着相互依赖的加深,各国有必要采取各种措施实现相互依赖的制度化。② 各国在贸易、投资、金融等领域的合作取得重大进展,共享增长成为东亚一体化的主要推动力。③ 尤其是,2000年的《清迈倡议》被视为东亚制度化合作的里程碑,随后各国共同推进亚洲债券市场的建立,促使东亚金融合作进入实质性阶段,地区认同由此有所加强。

2001年中国加入WTO并倡议建立中国—东盟自由贸易区,为深化东亚经济一体化注入了新的动力,东亚经济一体化进入经济、政治、制度、战略四轮驱动的新阶段,地区正式制度安排的建设迎来热潮。中国—东盟自由贸易区建设触发了地区自由贸易区热潮。中国确立了富有建设性的地区战略,开始在东亚一体化进程中发挥关键性作用。中国和东盟的合作成为推动东亚一体化的核心推动力,并促使东亚合作所涉国家在自由贸易协定上展开良性竞争,地区合作在政治、安全(尤其是非传统安全)等方面逐步推展开来,东亚各国深刻认识到地区协

---

① Indermit Gill and Homi Kharas, *An East Asian Renaissance: Ideas for Economic Growth*, Washington: The World Bank, 2007, p.6.

② Masahiro Kawai, "Regional Economic Integration and Cooperation in East Asia", paper prepared for presentation to the Experts' Seminar on the "Impact and Coherence of OECD Country Policies on Asian Developing Economies," June 10-11, 2004.

③ 陈虹:《共享增长:东亚区域经济合作的现实与思考》,《国际经济评论》2003年第9—10期,第51—55页。

议对自身战略优势的重要价值①,建设东亚共同体的目标成为东亚十三国的共识,而东亚峰会也在 2005 年顺利召开,东亚国家在货币金融领域的合作取得了深入进展,2003 年开始发行亚洲债券基金,2009 年决定建立总额为 1200 亿美元的东亚外汇储备库,以借贷方式向出现流动性困难的成员国提供资金帮助。很多人视之为东亚版国际货币基金组织的雏形。②

阿米塔夫·阿查亚(Amitav Acharya)曾乐观地指出,由于经济相互依赖、规范和制度建设,东亚国家之间尽管存在巨大的实力差异,但安全困境却并未因此加重,东亚合作将顺利推展。③ 然而,这个判断在进入 2010 年之后却遭受了严重挑战。2008 年全球金融危机的爆发使得大国合作进入短暂的蜜月期,但"同舟共济"很快为"同舟共挤"所取代,尤其是美国全球战略东移打乱了东亚合作的步伐,美国不仅力图在安全上继续主导东亚情势,组织针对中国的软性包围圈,还力图争夺地区贸易合作的主导权,着力推行跨太平洋战略伙伴协定(TPP),东盟国家不甘落后,联合东亚峰会其他成员国启动"区域全面经济伙伴关系协定"(RCEP)谈判,双方对东亚一体化主导权的竞争趋于激烈。

地区经济一体化是东亚稳定和繁荣的基础,其溢出效应反过来加强了政治、安全、社会、文化等领域的地区合作,一些制度框架开始建立起来。与地区内国家加强合作、提供更多的地区性公共物品和优惠条件成为大国竞争的新趋向,合作与竞争并存,竞争深化了合作。东亚领导人明确认识到本国的未来前景与地区的未来变革密切相关,共同应对挑战和潜在威胁、共同发展和繁荣成为东亚合作的积极推动力,共同利益的汇聚和制度化逐步成为东亚合作的主导要素,以此为基础,多层次的地区合作制度架构逐步确立。

---

① Indermit Gill and Homi Kharas, *An East Asian Renaissance: Ideas for Economic Growth*, Washington: The World Bank, 2007, p.36.
② 樊勇明:《从国际公共产品到区域性公共产品——国际关系理论研究的新增长点》,《世界经济与政治》2010 年第 1 期,第 143—152 页。
③ Amitav Acharya, "Will Asia's Past Be Its Future", *International Security*, Vol.28, No.3, Winter 2003/2004, pp.149-164.

东亚国家之间密切的经济关系是地区合作制度化发展的基础。然而，在1997年"10+3"机制建立之前，各界人士普遍认为有亚太合作而无东亚合作，这尤其以美国主导的亚太经合组织(APEC)和东盟主导的东盟地区论坛(ARF)为标志。1997年亚洲金融危机催生了东亚制度化合作，使得在长达十年的时间里，东亚地区合作进入四个轮子一起转动的局面："第一个轮子是'10+3'，即整个东亚范围内的对话与合作；第二个轮子是'10'，即东盟自身的发展与合作；第三个轮子是'10+1'，即中日韩分别与东盟的对话与合作；第四个轮子是'3'，即中日韩之间的对华与合作，东亚合作的机制在这几个轮子的转动下逐步得到发展和加强。"①

"10+3"机制是东亚一体化的核心，是东亚领导人在共同应对威胁的过程中形成的开放性地区合作框架。② 1997年12月15日，在东盟成立30周年会议之际，第一次"10+3"领导人非正式会晤在吉隆坡举行，新的东亚合作进程由是发轫，并迅速发展为东亚一体化的主渠道。"10+3"机制的建立，使得东亚各国得以独立地就地区合作的模式、原则、重点领域和未来前景进行充分讨论，以寻求最紧迫或最有可能首先启动的领域，充分照顾各参与方的利益，并在合作过程中逐步完善合作机制，是东亚独立建构地区秩序的重要标志。1999年11月，第三次"10+3"领导人非正式会晤在马尼拉举行，发表了《东亚合作联合声明》，强调促进东亚在涉及共同利益和共同关心的重大领域，乃至对未来挑战加强合作，成为东亚国家探索地区自立、谋求共同发展的新起点。2000年通过的《清迈倡议》标志着东亚各国开始落实上述决心。2001年东亚展望小组(East Asia Vision Group)在其研究报告中首次提出以建立"东亚共同体"为目标的地区一体化设想。③ 该报告为"东亚共同体"建设描绘了一幅相对清晰的图景，即从"10+3"对话机制开始，

---

① 张蕴岭：《东亚地区合作的进程及前瞻》，《求是》2002年第24期，第55—57页。

② 威廉·凯勒、托马斯·罗斯基编：《中国的崛起与亚洲的势力均衡》，上海人民出版社2010年版，第94页。

③ "Towards an East Asian Community: Region of Peace, Prosperity and Progress", East Asia Vision Group Report, 2001, http://www.mofa.go.jp/region/asia-paci/report2001.pdf, Feb.6, 2014.

逐步沿着建设东亚自由贸易区,构建地区金融合作机制,发展社会、政治的合作框架,到最后建立东亚共同体的路径发展。建设东亚共同体的重要制度保障是东亚峰会(East Asia Summit),即东亚13国领导人平等参与的会议。报告认为,为建设与实现东亚共同体,"10+3"会议机制要逐步向东亚峰会转变。在2004年万象召开的"10+3"首脑会议上,东盟提出将"东亚共同体"确定为东亚合作的远景目标,并提议于2005年召开东亚峰会。2004年7月1日,中国政府代表在"10+3"外长会议上明确指出,中国支持就"东亚共同体"等涉及东亚合作发展方向的问题进行探讨,支持东盟在此进程中发挥主导作用;支持适时召开东亚峰会,推动东亚合作迈出新步伐;坚持开放的地区主义,加强与其他地区合作机制的联系与协调。与此同时,东亚各国虽未就东亚共同体建设达成实质性共识,但普遍热情拥抱"东亚共同体"这一概念,地区集体认同不断发酵。① 按照该报告的设计,东亚共同体建设以中小国家为主导,以问题领域为驱动,并以社会互动实践为具体模式,其中东盟是东亚合作和一体化进程的核心,中日韩分别加入这一进程,主动发挥作用并愿意接受经东盟协商一致做出的决定。②

2005年12月,在东盟的主导下,首届东亚峰会在吉隆坡召开,来自东盟10国、中国、日本、韩国、印度、澳大利亚和新西兰共16国的领导人与会并共同签署了《吉隆坡宣言》,从而翻开本地区一体化建设新的一页。这一"10+6"机制是日本积极推动、澳大利亚等国积极靠近、其他国家予以接受的结果。随着美国和俄罗斯于2011年加入东亚峰会,由此形成的"10+8"机制使得东亚峰会失去了"东亚地区"的意义,而成为一个在东亚地区召开的讨论各种地区与全球问题与挑战的高层论坛。从"10+3"到"10+6""10+8",东盟一直保持着地区合作的主导地位,但其他国家的主动作用愈加明显,乃至东亚合作的轮廓都不再清晰。

---

① 季玲:《"东亚共同体"与东亚集体身份兴起的情感动力》,《外交评论》2011年第4期,第69—82页。
② 秦亚青:《东亚共同体建设和美国的作用》,《外交评论》2005年第6期,第27—28页。

"10+1"机制是东盟确保地区合作领导权的产物。东盟在主导"10+3"机制的过程中,分别与中日韩等国启动了一系列"10+1"机制,使之成为支撑东亚合作的又一支柱。迄今,各"10+1"机制均取得不同程度的进展,而中国—东盟自由贸易区建设为东亚自由贸易区的建设奠定了良好而坚实的基础,成为"10+1"机制的典范。2002年11月,在中国加入世贸组织的前夕,第五次东盟与中国领导人会议确定10年内建立中国—东盟自由贸易区的目标。2012年1月,总人口19亿、GDP近6万亿美元、贸易总额4.5亿美元的中国—东盟自由贸易区正式建成,超过90%的产品实行零关税,中国对东盟的平均关税从9.8%降到0.1%,东盟6个老成员国对中国的关税从12.8%降到0.6%,双方经济相互依赖关系进一步加深,也为东盟主导的"区域全面经济伙伴关系协定"(RCEP)谈判奠定了坚实的基础。

自1999年起,中日韩三国领导人开始在"10+3"峰会期间举行会谈,以力争改变东亚地区合作北冷南热的局面。① 2002年,中国总理朱镕基提出了中日韩自由贸易区的构想。2003年10月,三国领导人签署《中日韩推进三方合作联合宣言》,主动通过三方合作推动东亚地区合作,东亚合作中"小马拉大车"的局面开始发生变化。2003—2009年,三国研究机构共同开展了关于建立中日韩自由贸易区的联合研究,结果显示中日韩FTA的建立将给三国带来宏观经济收益,取得三方共赢的效果。2010年5月中日韩FTA官产学联合研究启动,到2011年12月为止共举行了7次会谈,官产学联合研究结束。2012年5月,中日韩三国签署了《中日韩投资协定》,这是三国自2007年启动谈判以来,历时5年、经过13次正式谈判达成的结果。这一《协定》包括了投资定义、适用范围、国民待遇、一般例外和争议解决等国际投资协定通常包含的所有重要内容。该《协定》的签署是中日韩三国第一个关于促进和保护三国之间投资的法律文件,它不仅为投资人提供更加稳定的投资环境带来了保障,也为激发投资者的投资热情创造了条件,更为重要的是为推进中日韩三国FTA建设迈出了关键的一步。2012年柬

---

① 蔡增家:《日本与东协关系的转变》,《问题与研究》(台湾)2005年第44卷第2期,第103—124页。

埔寨金边召开的东亚领导人系列会议期间,中日韩三国经贸部长举行会晤,宣布启动中日韩自贸区谈判。迄今,中日韩三方已经举行11轮谈判。

上述制度建构是东亚一体化的主要推动机制,进入21世纪第二个十年,TPP等超出东亚范畴的新合作机制出现,使得东亚一体化制度建构的竞争性更趋强烈,地区自由贸易区建设的"意大利面条效应"(spaghetti effect)更盛,冲击着既有的东亚共同体建设思路。

与地区经济制度建设形成对照的,是踌躇不前的东亚多边安全合作。东亚安全格局有着两大特征:一是美国战后双边安全协议具有强大的适应能力,二是新近尝试的多边安全机制软弱无力。中国在东亚扮演着越来越重要的角色,但是亚洲传统上抵制任何受到某个大国主导的多边安全格局。日本曾经设想建立大东亚共荣圈、美国在20世纪50年代发起东南亚条约组织、苏联于70年代提出亚洲集体安全体系等都以失败而告终。东亚安全合作面临种种困境,军事同盟被视为冷战思维的表现,合作安全被视为理想主义的产物,多边合作被视为缺乏效力,而双边合作有破坏均势之嫌。概言之,东亚缺乏普遍接受的安全机制。从现有制度安排——包括东盟地区论坛、朝鲜半岛六方会谈等——来看,东亚的多边安全合作尚处于磋商阶段,而传统的双边安全合作仍为主要形式。

参与、创设与主导:中国东亚战略框架

中国对地区合作的参与是一个逐步演变的过程。冷战结束后,中国与周边国家特别是东南亚国家关系陆续正常化、经济全球化迅猛发展,构成了这一转变的历史背景。中国周边安全面临的挑战和隐患,中国与世界,尤其是与周边关系的日趋紧密,东亚金融危机的爆发,则提供了启动地区合作的契机和动力。中国将加强地区合作与交流作为实现亚洲共赢的有效途径,积极探索新的合作新方式。中国在地区合作中的积极进取,既促进了地区内国家对中国发展经验和成果的分享,也提高了中国的议程创设能力及其在东亚的战略地位。在相互接触的进程中,中国成为东亚负责任的利益攸关方,中国的东亚经济贸易主导地

位也初步确立起来。

在参与东亚一体化的进程中,中国进行了基于共同利益的地区战略调整,与东亚国家达成了以共同利益为导向的建设性合作。中国积极参与了一系列基于合作原则和共识的东亚制度建设,支持东盟提出的东亚峰会模式和东盟在东亚共同体建设中的领导地位,并持续表明了支持开放地区主义的立场。

东亚国家对中国的地区战略走向高度关注,它们愿意拉中国参与地区合作,但又普遍担心中国主导地区合作事务[1],而美国等在东亚拥有重要利益的国家对中国的动向也颇为敏感。有鉴于此,中国东亚战略尤其是对东亚秩序建构的部署,引起了地区内外国家的高度关注。2012年至今,中国相继提出了一系列创新性的东亚战略倡议,秉持"亲、诚、惠、容"的合作理念,深化互利共赢格局,推进地区安全合作。中国升级其地区战略,提出21世纪"海上丝绸之路"的构想,积极促进地区合作的制度化。中国致力于与东盟携手建设中国—东盟命运共同体,与打造中国—东盟自由贸易区的升级版,建设孟中印缅经济走廊,倡议筹建亚洲基础设施投资银行等,通过引导地区安排的方向,发展开放性全地区合作,缓解东亚疑虑,凝聚共同利益,深化地区认同,力争在新一轮东亚乃至亚太秩序的构建中发挥强有力的塑造和引导作用。

1. 中国东亚战略的核心目标

中国东亚战略的核心目标是,充分认识中国崛起的地区效应,有效降低中国崛起的负面冲击力,促进地区稳定与共同发展,完善东亚共同体的"中国论述",推动地区制度建设的顶层设计,致力于以汇聚共同利益为基础开展开放透明的东亚共同体建设[2],通过制度性化合作发展东亚利益共同体,创立责任共担、大国多担的责任共同体,大力促成东亚命运共同体,培育并巩固建立在共同利益基础之上的平等、合作、互利、互助、开放的东亚秩序。

中国东亚战略的深化体现在,从推动多元并行的东亚一体化合作

---

[1] 张蕴岭:《东亚合作之路该如何走?》,《外交评论》2009年第2期,第1—8页。
[2] 毛里和子:《東アジア共同体と中国》,载「国際問題」第551号 2006年5月号より,第4—14页。

发展到致力于东亚共同体的制度化建设,实现更高层面的战略设计和战略运作。中国促成东亚命运共同体的核心路径是,以共同利益为基础,推动创建东亚利益共同体和责任共同体。1997年至今,经过地区内各国十余年的努力,东亚已经在次地区、地区和超地区层面建立起颇具效用的制度框架,这些都是共同利益汇聚和制度化(或处于制度化进程中)的结果。随着东亚进入制度建设和寻求认同的时代,共同利益成为地区各国思考问题的基础和出发点。随着中国进一步融入东亚地区合作,中国地区影响力的增强,寻求和扩大地区共同利益成为中国的战略趋向,中国主导推动创建东亚利益共同体的基本条件正在走向成熟。我们认为,中国应该在宏观层面上构想基于共同利益的东亚战略框架,并与东亚各国联合推进,推动创建东亚利益共同体。

作为东亚关键的利益攸关方,中国迎来为地区和平发展做出更大贡献的时代,承担地区大国责任是中国必然的战略选择。中国承担地区责任,以大有作为为目标,以力所能及为条件,以循序渐进为原则。与此同时,地区事务纷繁复杂,各国利益诉求不一,唯有逐步建立责任共担、大国承担重要责任的责任共同体,地区合作才能有更为牢固的制度化基础,地区命运共同体的意识才能逐步强化。有鉴于此,中国要深化对地区公共物品的认识,与各国一道确立地区和平发展的目标,客观评估地区国家的根本利益诉求,既能够做到雪中送炭,又能够实现共享繁荣,从而深化东亚命运共同体意识,实现东亚秩序的重塑。

2. 中国东亚战略的原则

中国东亚战略应秉持的基本原则包括以下几条。

第一,奉行开放地区主义。在东亚这样一个经济、文化、政治和民族多样性的地区,开放地区主义是建立共同体的必经之路。开放地区主义要求摒弃冷战思维,实现政策的非歧视性和透明性,对地区外国家参与地区秩序建设秉持开放的态度,尊重地区国家与地区外国家在互惠开放基础上的各种合作,愿意倾听和响应各方呼声,共同致力于地区秩序的开放性重塑。对中国而言,这意味着中国应立足东亚又要具有超越东亚的胸怀和眼界,对各种并存的地区主义采取温和的态度,鼓励多样性和多样化,对美国、俄罗斯、印度、澳大利亚、新西兰等国在东亚发挥更积极作用的态度和做法持开放态度。

第二,坚持共同利益路径。坚持从各方具有共同利益的领域先行,逐渐扩大到更多的领域。另一方面,以共同利益为基础,才能防止或制止大国将其个别利益置于多数国家之上。[1] 中国朝贡秩序的历史表明,中国强而不霸、大而不蛮、富而不骄,是践行共同利益路径的典范。1994 年至今中国参与东亚地区合作的 20 年间,一直坚持共同利益的路径,与东亚国家达成了以共同利益为导向的战略合作。东亚秩序的重塑应以共同利益为基础,而中国既有的经验弥足珍贵。

第三,积极承担大国责任。东亚各国经济社会水平不一,战略诉求各异,凸显出对地区公共物品的渴求。中国应抓住历史机遇,积极提供公共物品、让渡非战略利益并开展对外援助(开放援助与战略援助并行),以此深化对共同利益和命运共同体的认知,为地区秩序的塑造提供可预期的收益。东亚秩序的公共物品,包括市场、金融合作、安全合作和自由贸易区建设等几个方面。[2] 在多边合作的框架下提供公共物品,是缓解地区国家对华疑虑的最有效途径。中国奉行"得道多助"的原则,在积极为东亚各国发展提供广阔市场的同时,积极与地区国家开展金融合作(亚洲基础设施开发银行就是典型的事例),共同促进东亚自由贸易区建设,并致力于逐步开展和深化安全合作,在地区秩序建设上的导航作用日趋显现。

第四,适时推进地区制度建设。从全球各地区的发展来看,促进地区合作的深化,尤以制度建设为基本特征,通过地区制度建设实现国家战略目标是一种可行的范式。中国将地区制度建设视为塑造地区秩序的主要手段。[3] 近年来,中国立足临近地区,开始参与乃至着手主导构建地区全面合作的制度框架,加强地缘政治经济的塑造能力。中国在地区合作中的积极进取,既促进了地区内国家对中国发展经验和成果

---

[1] 黄仁伟:《新安全观与东亚地区合作机制》,《世界经济研究》2002 年增刊,第 24—29 页。

[2] 范勇明:《区域性国际公共产品——解释区域合作的另一个理论视点》,《世界经济与政治》2008 年第 1 期,第 7—12 页。

[3] Morton Abramowitz and Stephen Bosworth, "Adjusting to the New Asia", *Foreign Affairs*, Vol.82, No.4, July/August 2003.

的分享,也提高了自身的议程设置能力。中国地区制度建设战略通过参与、创设、主导等三种基本方式来实现。20世纪90年代中期以来,中国一改昔日对地区合作的消极姿态,参与了所有中国有条件、有资格参加的所有东亚多边合作机制,并开始在这些多边机制中发挥积极作用。① 主动创设地区多边机制并发挥主导性作用是近几年来中国着力而为的战略体现,中国在持续推动构建"10+1""10+3"两个合作框架的同时,也积极推进 RCEP 进程和中日韩三边 FTA 建设,致力于扩大中国在地区合作中的运作空间②,为积极塑造地区秩序奠定坚实的基础。

第五,坚持循序渐进的原则。鉴于东亚地区政治、经济、文化背景差异甚大,各国也难以接受对主权的让渡,因此地区秩序的重塑必然是一个循序渐进的过程,应该遵循先易后难、由功能性合作起步的思路。即从贸易、投资、金融等合作开始分阶段重塑经济秩序的框架,然后推及政治安全领域,而在政治安全领域又从共同利益比较集中的非传统安全合作起步,如创立有关能源、环境、海上安全等的合作机制,同时大力推进作为长远合作基础的文化交流,以促进相互理解和地区认同。这一情势实际上给了中国一个通过渐进方式逐步实现地区战略目标的机遇。有鉴于此,中国应深入把握东亚的历史基础和基本特点,既不应裹足不前,也不应急于求成,更不应试图"扛大旗",而应循序渐进,因势利导,同时推进多种进程,采用先易后难、循序渐进、多轨并行、开放包容的路径,在逐步推进过程中实现自身的战略目标。③

第六,抱持战略耐心。中国应明确识到,东亚多个地区机制、多层

---

① 马来西亚学者郭清水指出:"东盟地区论坛(ARF)、东盟—中国合作(10+1)和东盟加中日韩(10+3)等机制具有一些有别于其他国际组织的特质。没有中国的参与,这些机制不是无法存在,就是其存在缺少了实质意义。这个特点给予了中国在这些机制中发挥作用的巨大空间。"参见郭清水:《中国参与东盟主导的地区机制的利益分析》,《世界经济与政治》2004年第9期,第53—59页。

② 姜跃春:《亚太区域合作的新变化与中日韩合作》,《东北亚论坛》2013年第2期,第59—64页。

③ 门洪华:《东亚秩序建构:一项研究议程》,《当代亚太》2008年第5期,第70—86页;金熙德:《东亚合作的进展、问题与展望》,《世界经济与政治》2009年第1期,第49—55页;石源华:《试论中国的"乐亚共同体"构想》,《国际观察》2011年第1期,第19—27页。

参与、多样发展符合中国的利益①,这就需要中国进行长远的战略谋划。但是,东亚国家对中国仍存在矛盾心理:一方面对中国的经济需求强烈,希望从中国的发展中受益,另一方面与中国存在领土领海争端、历史问题和意识形态的矛盾,这些矛盾加剧了它们对中国崛起的担忧。在对中国崛起心存疑虑的情况下,一些国家试图强化与美国的政治、军事关系,为美国加强在地区内的政治影响和军事存在提供了借口。②这些问题意味着,中国与诸国达成条约式的制度安排不易,且要为将来预留战略空间计,更需要战略耐心和时间。

3. 中国东亚战略的部署

中国东亚战略的部署突出体现在政治、经济、安全、人文等诸方面。在政治领域,中国应致力于推进地区合作的政治协商机制,奉行合作推进、多作贡献的积极作为方式,加强各国的政治认同,缓解并推动解决各国之间发生或可能发生的矛盾冲突。坚持既有的领导人定期会晤机制(如"10+1""10+3"、东亚峰会等),并深化地区相关政治议题的协调;加强事务级官员和部长级官员的定期交流机制,发展各国之间的部门合作,为领导人定期会晤机制、重大问题的协调提供渠道和支撑。与此同时,中国应大力加强与东亚国家在全球和其他地区事务上的交流合作,以此加深彼此的政治信任,培育地区认同和地区意识。

在经济领域,中国要积极促进与东亚国家的投资合作、金融合作、能源合作等,大力推动双边和多边自由贸易区建设。经济是地区合作最为重要的发动机,经济一体化是政治、安全、文化等领域合作的基础条件。中国应充分利用其经济影响力,主动推进宏观政策对话和重大经济事务的协调磋商,促进东亚宏观经济沟通协调机制建设,为解决地区经济发展和贸易增长不平衡问题做出积极努力,逐步完善地区经济合作框架。在此基础上,中国应加大对东亚国家的投资,抓住地区国家发展金融合作的愿望,通过亚洲基础设施投资银行的建设和发展,促进

---

① 张蕴岭:《东亚合作之路该如何走?》,《外交评论》2009 年第 2 期,第 1—8 页。
② 刘丰:《安全预期、经济收益与东亚安全秩序》,《当代亚太》2011 年第 3 期,第 6—25 页。

经济相互依赖的加深,通过提供公共物品为地区金融稳定做出贡献①;与东亚国家联合推动21世纪"海上丝绸之路"建设,通过项目合作深化地区经济合作;采取灵活务实的态度,积极推动各类FTA谈判,这包括大力支持东盟主导的"RCEP"谈判,为中国—东盟自由贸易区升级版的打造插上翅膀,争取2014年完成中韩自由贸易协定谈判,进而加速中日韩FTA的谈判,为参与TPP谈判做好必要的准备。

在安全领域,中国应强调以共同利益为引导,通过利益交汇破解安全难题,化解各国的战略忧虑,稳定各国的安全预期,从而有序推进东亚安全合作。东亚国家有不同的安全追求,美国追求单边霸权,中国乃至日本都在或明或暗地追求多极化,其他国家则期望建立多边安全协调机制,导致存在名目繁多的安全安排,从而构成了霸权、均势、合作安全等看起来相互冲突的安全选择都不同程度地存在着,东亚安全秩序被视为各种相关安全模式的叠合。② 随着中国崛起正向性作用的发挥,东亚安全秩序呈现出与冷战结束之前截然不同的特征。双边同盟、多边对话和特殊外交的混合,既没有出现军事竞争对抗,也没有发展成为多边合作体系,而是处于均势与共同体秩序之间。③ 在一定意义上,东亚安全正在经历着美国同盟秩序构想和东亚合作安全构想的博弈。展望未来,传统的零和博弈难以在东亚再现,在多边合作安全框架之中,平衡中国日益增长的地区影响,平衡美国在东亚的作用将合力催生新的安全制度安排④,战略约束——特别是自我战略约束——成为中美等大国必须认真思考的议题。中国应寻求共同利益、合作安全与总体安全观的结合,着力推动东亚的合作安全。

在人文交流等低政治领域,中国应加强与各国的民间交流和往来,

---

① 俞正樑:《东亚秩序重组的特点与挑战》,《国际展望》2012年第1期,第1—14页。
② David Shambaugh, ed., *Power Shift: China and Asia's New Dynamics*, London: University of California Press, 2005, pp.12-16, p.348.
③ G. John Ikenberry and Jitsuo Tsuchiyama, "Between Balance of Power and Community: The Future of Multilateral Security Co-operation in the Asia-Pacific", *International Relations of the Asia-Pacific*, Vol.2, No.1, 2002, pp.69-94.
④ 芮效俭:《中国和平崛起和东亚合作:中国和美国的视角》,《外交评论》2005年第6期,第26—27页。

进一步扩大与东亚国家的国际合作范畴,建立双边合作与多边合作的平台。鉴于东亚地区文化、宗教、价值观的多样性,中国应积极促进不同文化的相互交流借鉴,开展丰富多彩的人文交流,特别是要加强各国青少年的相互交流,并积极发挥各国工商界、民间团体、学术机构、新闻媒体等的重要作用,进一步夯实东亚秩序重塑的民间基础。

第五章
构建大战略框架,拓展国家战略利益

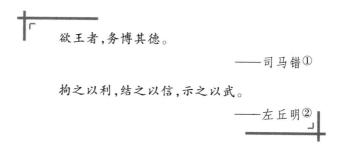

> 欲王者,务博其德。
>
> ——司马错①
>
> 拘之以利,结之以信,示之以武。
>
> ——左丘明②

从理论角度构建中国大战略的基本框架,是本书的主旨。笔者的基本研究思路是,以中国崛起为契机,以国家战略资源的评估为开端,着重进行战略能力的评估、战略观念的优化、战略目标的确立、战略内容的谋划、战略手段的实施,并以此为主线构建一个完整的中国大战略框架。笔者关于中国大战略的研究框架建立在国家实力、国际制度与战略观念等三个基本变量的基础之上。国家实力、战略观念、国际制度三个核心变量分别代表着国家的物质实力、精神实力和对外开放进程,是全球化背景之下进行大战略选择的基础要素;同时,这三个核心变量也分别代表了笔者对软硬实力的评估及二者相辅相成关系的剖析。通过第二至第四章的剖析,我们对中国的国家实力、战略观念和国际制度

---

① 《战国策·秦策》。
② 《国语·齐语》。

的参与有了较为清晰的认识和把握。本章承上启下,确立中国大战略的基本框架,并就其战略实施提出具体的政策建议,以此与前几章内容构成前后呼应的整体。

首先,从世界定位、战略选择、主导理念、基本内容及其实施等方面剖析以积极参与为底色、以融入—变革—塑造为支柱的中国大战略框架。

其次,强调国家战略利益的维护与拓展是决定中国大战略成败的核心因素之一,从不同侧面剖析中国国家战略利益的拓展,强调国家战略利益是一个整体,各战略利益侧面相辅相成,互相影响,在不同的时段、不同的国内国际背景下有不同的作用,需要统筹考虑国内、国际因素和影响,从全局着眼,从长远利益出发,灵活处置。

最后,剖析中国崛起与国际秩序之间的关系,强调以稳健步伐参与构筑国际新秩序的战略安排。秩序建设是任何一个大国外交必须回答的问题,更是崛起大国必须严肃对待的重大议题。中国的现代化进步、崛起与国际秩序的发展似乎相约而行,这既给中国的未来发展提出了重大挑战,也为之提供了广阔的全球空间。鉴于中国和世界秩序均处于转型时期,参与国际秩序的建构与完善堪为实现中国战略崛起的重要途径。随着国家实力的增强,中国对国际秩序变革的影响力也在提高;中国参与国际秩序的建设,必须从地区秩序着手,同时强调以完善全球性国际制度的基本规则为着眼点,逐步加强在国际秩序建设的议程创设能力,成为积极的、建设性的、可预期的国际秩序塑造者。

国际关系、世界秩序正处于转型时期。中国大战略的基本框架已搭建起来,但鉴于中国自身尚处于转型进程之中,其战略谋划仍将根据国内外情势有所调整。因此,以上所设计的战略框架是一种理想模式,尚待实践检验。在可预见的将来,中国将集中精力对付国内的种种挑战,需要一个总体和平的国际环境,因此中国大战略的谋划有了明确的外向性,但更将体现内视的审慎。换言之,中国对自己的相对弱势认识更为清醒[1],其战略谋划更加强调国内繁荣与进步的意义。鉴于此,中

---

[1] Avery Goldstein, "Great Expectations: Interpreting China's Arrival", *International Security*, Winter 1997/1998, Vol.22 Issue 3, pp.36-73.

国的大战略框架本身亦处于进程之中,有待于随着国家战略利益的拓展而进一步优化。

第一节　国家定位与中国大战略的框架

　　国家大战略之谋划,应从基本国情和国家战略资源出发,结合其所面临的国际局势,明确本国的基本世界定位及其基本战略选择;在此基础上,确立大战略的基本趋向,并以此为核心确定大战略的基本内容及其实施原则,构建大战略的基本框架。

　　在全球化时代,确定本国的国家定位,以国家定位为基础促进国家整合,并在国际社会中以一个完整而确定的身份参与世界事务,成为一个国家维护尊严、完成历史使命的核心议题。

　　中国国家定位在很大程度上是中国与世界关系的写照。中国是农耕时代最发达的国家之一,以儒家价值观为核心的中华文明是世界上唯一用同一种文字记载历史且持续时间达五千年之久的文明,中国因此长期居于文化中心地位。进入19世纪中期,中国成为国际权力转移的受害者,并一度沦为濒临失败的国家(failing state),列强以坚船利炮为代表的先进技术、以基督教文明为代表的西方思想通过强制性手段进入中国,导致中国成为半殖民地。进入20世纪,绵延数千年的封建帝制土崩瓦解,为中国国家转型开辟了道路。中国经历了资产阶级立宪制、资产阶级民主制的不成功试验,最终选择了社会主义制度。对中国而言,20世纪是中国一个真正的大时代:20世纪前半叶,中国尚处于不稳定的国际体系的底层,所求者首先是恢复19世纪失去的独立与主权;20世纪下半叶,中国迎来历史性的崛起,国富民强、中华民族的伟大复兴成为现实的期望;尤其是20世纪的最后20年,中国抓住新一波全球化浪潮,主动开启了融入国际体系的进程,重塑国家定位,逐步成为国际体系一个负责任的、建设性的、可预期的塑造者,在国际社会中建设性作为的意愿逐步展现,中国开始成为国际权力转移的受益者。进入21世纪,尤其是2008年全球金融危机和欧美债务危机爆发以来,中国崛起步伐加速,带来了积极的全球效应,也引发了全球的热议和极大关注。

中国的国家定位建立在对五千年文明史、百年屈辱史和中国崛起的认知基础上的,体现出鲜明的大国地位追求。1982年以来,中国的国家定位处于变迁之中,从传统大国到现代大国、从封闭大国到开放大国、从一般大国到重要大国,渐进定型,与此相关,中国的国家战略体系建构也在有序进行,一个面向未来的大战略框架渐次确立。

制度定位:新型社会主义大国

中国是现有大国中唯一的社会主义国家,这种制度定位彰显出中国的特性。与此同时,中国又不是传统意义上的社会主义大国,而是通过对中国传统的继承、世界潮流的把握、社会主义国家发展史的反思、国家发展目标的诉求等,逐步丰富了中国特色社会主义的基本内涵,"中国特色社会主义道路是实现途径,中国特色社会主义理论体系是行动指南,中国特色社会主义制度是根本保障"[1],从而确立起鲜明的新型社会主义大国的特征。

第一,和平的社会主义大国。和平共处五项原则、独立自主的和平外交政策代表了中国定位的和平性。中共十一届三中全会以来,邓小平毅然改变了过时的战略判断和陈旧的战略观念,把中国的战略思维从战争与革命的框架之中解放出来,纳入和平与发展的新轨道之上,中国战略文化从以强调斗争为核心的战略观念转变为以趋于合作为核心的战略观念,中国完成了从革命性国家向现状性国家、从国际体系的反对者到改革者乃至维护者的转变。[2] 邓小平同志指出,我们"主张和平的社会主义",对反社会主义的势力,除进行有理有利有节的必要斗争外,"唯一的办法就是用不断加强友好、发展合作来回答他们"[3]。中国

---

[1] 胡锦涛:《坚定不移沿着中国特色社会主义道路前进 为全面建成小康社会而奋斗——在中国共产党第十八次全国代表大会上的报告(2012年11月8日)》,北京:人民出版社2012年版,第13页。

[2] 江忆恩:《美国学者关于中国与国际组织关系研究概述》,《世界经济与政治》2001年第8期,第48—53页;门洪华:《中国战略文化的重构:一项研究议程》,《教学与研究》2006年第1期,第57—63页。

[3] 《邓小平文选》第三卷,北京:人民出版社1993年版,第328、349页。

以苏联的教训为鉴,致力于自身的和平发展,恪守和平外交的理念,以自身发展促进世界的和平、合作、和谐,和平发展道路的确立就是这一思想的集中表达。

第二,发展中的社会主义大国。中国决策者清醒认识到中国"将长期处于社会主义初级阶段","我国是世界最大发展中国家的国际地位没有变,在任何情况下都要牢牢把握社会主义初级阶段这个最大国情"[1],强调集中精力于国家建设的必要性,认为社会主义国家对世界最重要、最美好的贡献,莫过于把本国建设好,在政治、经济、文化、社会、生态等领域全面展现制度优势。集中力量建设好自己的国家,同所有国家包括资本主义国家和平共处,共同致力于世界和平与发展,具有基础性战略意义。

第三,全面开放的社会主义大国。中国从突破观念障碍和体制约束起步,从一个近于封闭的国家转变为全球市场的积极参与者,确立了全方位、多层次、宽领域的开放格局。随着中国迅速成长为世界开放性大国,中国与国际社会的复合相互依赖程度也在加深,对国际体系的塑造能力不断增强。在一定意义上,中国的和平发展是从国内经济改革起步的,中国推行的改革精神和相关措施的影响力外溢到国际层面,而中国的开放主义已经从对外开放为主走向对内对外全面开放。可以说,中国正在巩固对外开放在中国和平发展道路上的基础战略地位,开拓全面开放的时代。

第四,致力于市场经济的社会主义大国。从计划经济到商品经济再到市场经济,是中国经济体制改革的基本路径,对市场经济的认识和把握成为真正全面融入国际社会的关键步骤,而融入国际体系才是中国发展之道。1992年邓小平南方谈话着重指出,"计划多一点还是市场多一点,不是社会主义与资本主义的本质区别"[2]。与此为基础,中国形成了社会主义市场经济理论,开始了波澜壮阔的社会主义市场经济建设,从而实现了社会主义理论的升华,推动社会主义进入新的发展

---

[1] 胡锦涛:《坚定不移沿着中国特色社会主义道路前进 为全面建成小康社会而奋斗——在中国共产党第十八次全国代表大会上的报告(2012年11月8日)》,第16页。

[2] 《邓小平文选》第三卷,第373页。

阶段。

第五,致力于共同富裕的社会主义大国。中国改革开放,以"先富论"开局。邓小平认识到,中国落后且长期受到"左"倾思想的影响,开放不可能全面铺开,经济振兴必须寻找到突破口,由此形成了由"先富论"到"共同富裕论"的主旨思想。邓小平强调:"在本世纪末达到小康水平的时候,就要突出地提出和解决这个问题。"[1]进入新世纪,中央领导人清晰判断中国正处在发展的战略机遇期与各类矛盾凸显期并存的基本特点,明确提出"不断促进社会和谐"的战略思路,强调深入贯彻落实科学发展观,构建社会主义和谐社会,全面建设小康社会,中国扬弃了"先富论",迈向共同富裕之路。

"中国特色社会主义"与全球化的时代特征和中国现实语境是密不可分的。中国坚持社会主义的基本原则,但不同于马克思、恩格斯当年所设想的社会主义和苏联的社会主义模式;中国借鉴资本主义文明成果和市场经济模式,但未被资本主义同化;中国特色社会主义是一种新型社会主义大国的追求,调整与完善并行,是融合社会主义和资本主义优势共享的制度模式,和平、发展、合作、共赢的追求代表了中国对未来发展的把握和自信。

中国新型社会主义大国的定位面临国内国际的挑战:国内挑战体现在对社会主义本质的认识和共同富裕的制度化安排上;国际挑战则主要体现在西方国家刻意突出制度定位差异,倡导意识形态上的"中国威胁论"。中国在强化推进国内五位一体发展格局的同时,强调以"和而不同"理念为基点发展与西方国家的互动关系,追求和谐而不千篇一律、不同又不冲突、和谐以共生共长、不同以相辅相成的境界。

经济社会定位:发展中大国

一般而言,发展中国家指的是那些经济社会发展和人民生活水平相对较低、尚处于从传统农业社会向现代工业社会转变过程中的国

---

[1] 《邓小平文选》第三卷,第374页。

家。① 随着研究的深入,分析发展水平的指标不再限于传统的人均GDP和GDP,而增加了国际竞争力、人类发展指数(HDI)、发展平衡性等新指标。其中,人均GDP和GDP指标偏重经济因素与整体经济规模,国际竞争力指数注重考察一个国家的效率、耐力和发展态势而非固定的发展水平;发展的平衡性注重可持续发展;人类发展指数由预期寿命、成人识字率和人均GDP三个指标构成,侧重社会发展的综合因素。

早在20世纪80年代初,中国与西方国家围绕中国到底应该以发展中国家身份还是发达国家身份加入关贸总协定产生过尖锐矛盾,艰难谈判长达十数年之久。2001年中国加入世贸组织,从《中国加入工作组报告书》中可以看出,中国并没有获得完全的发展中国家地位,中国的受惠范围受到了限制。② 进入21世纪,随着中国成为经济实力最强的新兴国家,发达国家明确要求中国放弃发展中国家的身份,不再作为最大的"搭便车者"。堪为例证的是,2008年全球金融危机爆发以来,认为1949年社会主义救中国、1989年中国救社会主义、2009年中国救资本主义的说法不胫而走,国际社会普遍对中国有溢美之词与强烈要求,强调中国已经成为世界大国、准超级大国,提出两国论(G2),要求中国放弃发展中国家的定位的呼声不绝于耳。

世界贸易组织的常规界定是,人均GDP低于3000美元的国家才可称为发展中国家。中国人均GDP在2008年超过3000美元,此后直线攀升,国际货币基金组织按照汇率法计算,2014年中国人均GDP超过1万美元。中国人均GDP数额增长之快与排位之靠后同样醒目(参见表5-1)。我们必须看到世界人均GDP平均线的总体提升(如2014年世界人均GDP平均线为10803.5美元,中国尚达不到世界平均水平),还要意识到中国发展失衡的严重性,例如,按照联合国1天1美元的贫困线标准,中国尚有1.5亿人口需要脱贫。

---

① 刘世锦等:《如何正确认识在中国发展中国家身份上的争议》,《中国发展观察》2011年第7期,第6—10页。
② 徐崇利:《新兴国家崛起与构建国际经济新秩序——以中国的路径选择为视角》,《中国社会科学》2012年第10期,第186—204页。

表 5-1 中国 GDP 总量、人均 GDP 及其世界排名

年份	GDP 总量 (10 亿美元,现价)	GDP 总量 世界排名	人均 GDP (美元,现价)	人均 GDP 世界排名
2008	4558.43	3	3441.2	118
2009	5059.42	2	3800.5	110
2010	6039.66	2	4514.9	102
2011	7492.43	2	5574.2	98
2012	8461.62	2	6264.6	95
2013	9490.60	2	6991.9	86
2014	10354.83	2	7590.0	78

资料来源:GDP 数据见 http://data.worldbank.org.cn/indicator/NY.GDP.MKTP.CD,2016 年 3 月 7 日上网;人均 GDP 数据见 http://data.worldbank.org.cn/indicator/NY.GDP.PCAP.CD,2016 年 3 月 7 日上网。

有鉴于此,在经济社会属性上,中国清醒地将自己定位为发展中大国。中共十八大报告重申"我国是世界上最大的发展中国家的国际地位没有变"。无疑,中国始终追求并在走向发达之路,但其进程并非一马平川,而是呈现出复杂的进程性特征。一个发展中国家的工业化和现代化过程,就是消除贫困、摆脱落后进而提高发展水平、实现发达化的过程。中国现代化、工业化是一个不断加速的进程,也是欠发达化与发达化并存的过程,它包括两个相互平行的进程:一是迅速地减少欠发达现象,进而迅速地脱离欠发达特征;二是迅速地扩大发达现象,明显地增强发达特征。这是一个不断量变、实现质的提高的动态过程,代表着中国从发展中国家成为中等发达国家进而进入发达国家行列的奋斗历程。

中国的 GDP 规模自 2010 年以来位居世界第二位,中国的国际竞争力排名 2008 年为世界第 30 位,2009 年为第 29 位,2010—2011 年为第 27 位,2011—2012 年为第 26 位,2012—2013 年、2013—2014 年为世界第 29 位,是金砖国家唯一进入前 30 位的。这两项指标意味着中国经济地位处于世界前列,确实难以定位为一般意义上的发展中国家。另外的指标则标明中国处于世界发展后列。比如,从人类发展指数的

角度看,中国不仅处于世界后列,而且有下降之虞。2008年,中国人类发展指数位居世界第81位,2009年位居世界第92位,2010年位居世界第89位,2011年、2012年则下降为世界第101位,属于中下等人类发展水平。

从经济社会发展平衡性的角度看,发达国家内部发展较为平衡,城乡之间、区域之间差距较小;而中国仍处在发展失衡突出的阶段,城乡之间、区域之间、社会阶层之间的差距较大,有些方面的差距甚至还在扩大,具有发展中国家的典型特征。中国农村和许多地区还存在着大量的欠发达特征,而城市和沿海地区越来越呈现发达国家的某些特征,在愈来愈大的范围内与发达国家形成竞争关系。

表5-2 中国四大地区主要指标占全国比重(2014年)

(%)

指标	东部(10个)	中部(6个)	西部(12个)	东北(3个)
土地面积	9.5	10.7	71.5	8.2
人口	38.1	26.5	27.4	8.0
城镇就业人口	49.6	21.1	21.4	7.9
GDP	55.0	21.8	14.2	9.0
地方财政收入	53.8	17.8	20.9	7.5
地方财政支出	39.8	21.4	30.0	8.8
出口额(按经营单位所在地分)	80.5	6.8	9.3	3.5
出口额(按境内目的地和货源地分)	83.6	6.4	6.9	3.2
进口额(按经营单位所在地分)	84.5	4.5	6.0	5.0
进口额(按境内目的地和货源地分)	82.4	4.6	7.5	5.5

资料来源:中国国家统计局编:《中国统计年鉴2015》,北京:中国统计出版社2015年版。

概言之,中国经济、社会、政治、文化发展的诸多方面都体现着初级阶段的显著特点。上述分析表明,初级阶段的特征也并不是一成不变的,当前的中国不再是典型意义上的发展中国家,当然也不是发达国家或中等发达国家,欠发达与发达特征并存,欠发达的范围在缩小,发达的范围在扩大。中国是一个发展中国家但也正在变成一个中心国家,所以用一般的发展中国家的眼光看待中国的问题会有很多不足,并可能影响中国重大经济金融政策的制定和实施。进入21世纪,各类现代化的因素越来越多,人民生活和社会发展的现代气息越来越浓,我们正试图以稳妥的步伐快速走过初级阶段的"中间点"。当前,中国集中出现了经济、政治、社会、文化等全面转型。中国转型的明确指向就是现代国家体制的建立和现代化进程的完成,国情特征决定了实现以上目标困难重重,完善发展理念、优化发展模式、调整发展战略变得愈加紧迫,尤其是,中国必须实现从不可持续到可持续发展、从不公平发展到公平发展、从不平衡发展到均衡发展的路径转变。

文化定位:传统资源丰富的文化大国

文化是国家和民族的血脉、灵魂和品格,文化定位是民族凝聚力和国家向心力的动力之源,是国家定位最深厚的基础。一般而言,国家现代化是经济现代化、制度现代化和文化现代化的结合,而后者是中国面临的"攻坚战"。杜维明指出,"中国真正要崛起必须是文化的崛起"①。

全球化既带来了世界文化交融,更带来了文化裂变和矛盾冲突,传统文化或文化传统由此常常被视为确认国家定位的核心标志。对中国而言,文化更具有重要意义,正如英国哲学家罗素(Bertrand Russell)指出的,中国与其说是一个政治实体,还不如说是一个文化实体。中国一直以来并不是国家的名称,它不仅标志着地理上的世界中心,还意味着文明和教化的先进,是中华民族共同的价值定位。30多年的改革开放,中国文化现代化滞后于经济现代化,文化体制尚处于改革的初级阶段,而文化安全是我们面临的最深层的安全威胁。

中国文化的历史演进及其国际影响力的演变表明,中国在文化软实力上具有先天优势,这不仅体现在古代中国以儒家文明为核心的文化先进性及其对周边地区的巨大辐射力上,而且体现在东亚一波波崛

---

① 杜维明:《中国的崛起需要文化的支撑》,《中国特色社会主义研究》2011年第6期,第35—39页。

起浪潮(日本、东亚四小龙、东盟四国、中国等)中儒家文化的促进作用上。最近百余年来,西方文明对东方文明发起并构成了巨大的挑战,但以中国改革开放取得重大成就和国际实力向亚太地区转移为标志,中华文明传统正在积极弘扬之中,而西方文明则进入反思和调整阶段,东西方文明的交融将掀开崭新的一页,而中国正在成为东西方文化的交汇中心。如王蒙指出的,中华传统文化回应了严峻的挑战,走出了落后于世界潮流的阴影,日益呈现出勃勃生机,它更是一个能够与世界主流文化、现代文化、先进文化相交流、相对话、互补互通、与时俱进的活的文化。①

另一方面,中国文化的问题是天然存在的。中国与近代工业化失之交臂,中国传统文化的物质支撑也逐渐遭受销蚀,尤其是19世纪中期以后遭受的一系列惨败,促使中国文化走向反思和重构历程。泱泱上邦为什么坠落得如此体无完肤?中国仁人志士从模仿西方的坚船利炮开始,逐渐发展到对中国传统文化的反思,自此,这种反思就没有停止过,关于中、西、体、用四个字的排列组合一直是人们所讨论的最热门话题。进入20世纪,以"辛亥革命"和"五四运动"为标志,中国开始了现代化进程,如何对待传统文化就成为分野,"新文化运动"对传统文化进行了淋漓尽致的批判,提出了全盘西化的基本主张。这种批判观点在"文化大革命"的"批林批孔"中得到淋漓尽致的发挥。全盘西化主张在中国发展进程中时隐时现,导致了中国一再的政治风波;另一条主线就是以梁漱溟为代表的传统文化派,强调"世界文化的未来就是中国文化的复兴"②,这种观点一直持续不断,在纯粹的、非政治性的学术研讨中长盛不衰。但是,源于国家总体实力衰落的历史,中国在文化上不乏盲目模仿,甚至不顾一切拥抱外来文明,而自我否认向来是我们的一个传统。1978年改革开放以来,中国开始大规模向西方物质文明开放,而在精神文明上也进行了积极的引进。在西方看来,中国改革开放就是西化的进程;而在中国看来,这一进程是中华文明与西方文明交汇融合的过程,和而不同依旧是世界的未来面貌。

---

① 王蒙:《中华传统文化与软实力》,《人民日报(海外版)》2011年11月2日,第6版。
② 梁漱溟:《梁漱溟全集》第1卷,济南:山东人民出版社1989年版,第543—546页。

中国通过改革开放抓住了新一波全球化浪潮,革故鼎新成为中国突出的文化特征。中国实现了物质崛起,这种崛起与亚洲经济的迅速发展相唱和,导致世人重新审视以儒家文化为主体的中国传统文化的巨大能量。"沉舟侧畔千帆过,病树前头万木春。"①在重塑国际政治经济秩序、化解不断升级的国际冲突、摆脱物质万能的文化束缚、应对日渐突出的人类精神信仰危机等当代世界性问题的解决路径上,中国传统文化开始显现出积极的整合价值。中国决策者明确意识到了文化在国家定位上的核心价值,强调发挥文化引领风尚、教育人民、服务社会、推动发展的作用。

另一方面,中国在文化上仍然是一个"大而不强"的国家,传统文化现代化的问题依旧存在,如何继承和发展丰富的传统文化资源是我们面临的重大战略性议题。中国文化的内在风险主要体现在,社会价值观消失殆尽,传统社会伦理(social ethics)的丧失殆尽带来了严峻的社会问题,传统文化的精髓弘扬不够,优良传统有待于进一步挖掘,中国面临着传统文化现代化的紧迫任务。我们在热切吸纳外来文明的同时,往往忽视弘扬民族文化特色,甚至继续保持着批判民族文化的传统。然而,一个民族失去了文化特性,民族独立性也就失去了依托。古今中外没有一个国家的现代化是依靠全部引进换来的。在融入世界的同时,保存和发展中国自身的文化力量与增强经济军事实力同等重要。中国目前已经基本否定了全盘西化的可能性,而主要体现为两种主要观点的较量:一种是儒学复兴论,强调中国传统文化尤其是儒学的根本价值,是所谓"中体西用"的进一步延续;另一种观点强调中国传统文化与西方文化的相互辉映、相互借鉴和相互吸收,即所谓中西互为体。然而,古今中外没有一个大国是以外国文化为本位的。对中国传统文化进行科学分析、批判继承、发扬光大是必要的,但中国文化扎根于中国大地,其现代化不可能离开其传统而生存。我们需要强调中体西用,扬弃其中贬抑西方文化的成分,以更加开放的心态对待西方文化,吸收有益的成分,也要防止西方文化的泥沙俱下,去芜存精。中国文化的外

---

① 《刘禹锡·酬乐天扬州初逢席上见赠》。

在风险则主要体现在,西方文化有着渗透和改造"他者"的冲动,通过文化渗透推广价值观念是西方国家的主导性目标之一。中国处于向现代工业社会转变的过程中,在自觉或不自觉地接受西方文化及其价值观念,尤其是西方文化的负面因素——如极端利己主义和拜金主义的观念、混乱的价值观取向、非道德倾向——正在侵蚀中国民族文化的优良传统,对中国传统道德的吸引力和民族文化的凝聚力形成强大的冲击,文化安全面临严重威胁。

近年来,中国决策者深刻地认识到文化建设的滞后性、紧迫性和战略意义,在促进文化发展上着力甚多。十八大报告强调开创全民族文化创造力持续迸发、人民基本文化权益得到更好保障、中华文化国际影响力不断增强的新局面。中国开始确立文化立国战略,恪守文化传统,弘扬传统文化,推动文化产业改革,推进文化强国建设,倡导文化对话,中国文化现代化和文化建设迎来了大发展的时代。

政治定位:负责任大国

承担国际责任是全球化时代对各国的根本要求,全球性问题的激增及其解决要求国家无论大小强弱都要承担责任,承担而不限于对内提供国内公共物品、对外遵守国际规范、维护国际准则、履行国际义务的责任。作为世界第二大经济强国、综合国力居于前列的大国、东方大国,中国对维护全人类共同利益负有重要责任。"负责任大国"是顺应潮流、主动承担责任的国家诉求与建构。承担更重要的国际责任是中国实现自身国家利益的需要,是中国在国际社会中发挥更大作用的切入点,是中国国家利益走向全球化的重要路径。负责任大国的强调,表明了中国对国际社会的新定位。

孙中山指出:"中国如果强盛起来,我们不但是要恢复民族的地位,还要对于世界负一个大责任。"[①]中国负责任大国的建构与改革开放进程相关,与中国融入国际社会的深度相应,与中国参与国际制度的进程相辅,与国家实力提升和国际影响力的扩大相成。进入20世纪

---

① 《孙中山选集》,北京:人民出版社1981年版,第691页。

80年代,中国改变"战争与革命"的世界主题判断,开启与国际接轨的进程,其角色定位从国际体系的反对者、游离者向积极参与者、建设者转变。① 中国发挥积极参与建设公正合理的国际新秩序的合作角色,持续融入国际体系,并致力于与世界各主要国家建立务实的伙伴关系。

对外开放与深化参与国际制度的步伐相辅相成,中国经历了一个随着国内发展及需要而逐渐适应、逐步深化的过程。自20世纪80年代初开始,中国积极参与国际经济组织的活动并产生了积极的溢出效应,它不仅引进了新的观念,影响了中国的外交决策模式,还促进了中国对其他国际制度的参与。1992年邓小平南方谈话昭示着中国全面参与国际制度时代的到来。自此,中国参与国际制度体现出全面性、战略性、长远性的基本特征,已经基本认可了当今国际体系中几乎所有重要的国际制度。

冷战结束以来,中国经济发展继续驶入快车道,政治民主化的进程有所加快,并承担越来越重要的国际角色。随着中国的发展,中国承担国际责任的欲望和能力在增加。1997年11月,江泽民在哈佛大学发表演讲,强调在事关人类生存和发展的许多重大问题上中国与美国"有着广泛的共同利益,肩负着共同责任"②。此后,中国领导人时常提及负责任大国的定位。例如,2006年3月4日,温家宝总理向世界宣布:"中国已经成为一个负责任的国家。"③ 2010年4月29日,温家宝与欧盟委员会主席巴罗佐共同会见记者时表示:"中国一定会承担更多的国际责任,这不仅是国际社会的期待,也符合中国的利益。"④ 中共十八大报告强调:"以更加积极的姿态参与国际事务,发挥负责任大国作用,共同应对全球性挑战。"

---

① 江忆恩:《美国学者关于中国与国际组织关系研究概述》,《世界经济与政治》2001年第8期,第52页;秦亚青:《国家身份、战略文化和安全利益——关于中国与国际社会关系的三个假设》,第10—15页。
② 《江泽民文选》第二卷,北京:人民出版社2006年版,第64页。
③ 《温家宝总理在十届全国人大四次会议记者招待会上答记者问》,《光明日报》2006年3月15日,第1版。
④ 《温家宝:中国一定会承担更多国际责任》,参见 http://news.xinhuanet.com/2010-04/29/c_1264446.html。

负责任大国的定位意味着,中国的国家定位发生了巨大的变化,以主权为中心的、独立自主大国的传统定位与负责任大国的新定位相连,而国家行为越来越受到国际制度的调节,中国自视为国际制度的积极而负责任的参与者,进一步塑造负责任大国的形象,积极提供全球性和地区性公共物品。

其间,国际社会尤其是西方国家要求中国承担更大责任的呼声成为一种国际压力。"中国责任论"成为美国等西方国家要求中国角色转变的战略话语。华裔学者黄靖认为,西方国家要求中国承担的国际责任主要体现在三个层面:一是经济和物质上的责任,要求中国在国际事务上更多地出钱出力;二是开放金融市场方面的责任,要求中国政府必须放弃对金融市场的控制,让外国企业进入中国金融市场;三是道义上的责任,要求中国逐步按照西方的价值理念和博弈规则来出牌。① 另一方面,中国是一个正在崛起的大国,又是唯一的社会主义大国,这两点又决定中国在承担国际责任时需要格外谨慎。正在崛起的大国在承担国际责任时,很容易被其他大国作负面的解读,"责任论"与"威胁论"往往相伴而生。社会主义大国的身份更容易遭到西方大国的敌视。与此同时,国内对中国"负责任大国"的定位也有着不少的误读,提出了认知上的阴谋论、能力上的不足论、国内问题中心论等。

当代中国的前途和命运日益紧密地同世界前途和命运联系在一起,中国的发展离不开世界,世界的发展也需要中国,中国对国际社会自有担当。主动承担适度的国际责任,对于中国这样一个成长中大国而言具有积极意义。这不仅是因为中国有条件、有责任对人类作更多更大的贡献,不仅因为全球治理时代要求所有大国共克时艰、应对各种全球性危机,更是因为负责任态度有助于提升国际形象。中国坚持追求"负责任大国"的国家定位,其理念建构具体体现在新安全观、互利共赢、国际关系民主化、和谐世界、和平发展道路的提出上;在实践上,中国加强国际社会的建设性参与,在国际事务的处理上强调分享、共荣、双赢,避免零和,积极提供全球和地区性公共物品,向发展中国家提

---

① 黄靖:《西方热炒中国模式疑为捧杀中国》,《广州日报》2010年1月24日,第10版。

供力所能及的援助，增加对国际组织的物质投入，从受援国转变为积极的对外援助国，积极参与国际安全维护。与大国责任意识相联系的是中国积极参与意识的进一步展现。可以说，在中国，国家理性已经生根，而开放主义和参与意识不可阻遏。

面向未来，中国将冷静判断自己的国际地位，积极承担国际责任，理性扩大国际责任，推进与各国的共同利益，在国际事务中把握好能力与责任的平衡，并积极要求增加相对应的国际权利。在与其他国家共同促进国际合作的同时，中国还要继续强调以确认国内建设为核心的战略布局，促进国家的平衡性发展。

战略定位：具有重大世界影响的亚太大国

亨利·基辛格（Henry S. Kissinger）认为，每一个世纪都会出现拥有实力、意志、智慧和道德原动力，希图按照自己的价值观重塑整个国际体系的国家，这几乎是一个自然定律。① 很多中外精英都倾向于认为，21世纪的中国当如此，美国战略界提出的中美"两国论"（G2）堪为表征。

中国历史上从来就是一个大国，即使在衰败的清季，中国也未曾丧失大国地位。就像拿破仑所言，中国是一头睡狮，"一旦中国醒来，她将使整个世界为之震撼"②。1978年改革开放以来，中国的国家实力及其国际影响力一直处于上升态势，中国崛起成为国际社会公认的现实，中国的世界定位成为国际社会判断中国战略走向的重要因素。多数战略分析家认为中国成为世界大国只是时间问题。1997年亚洲金融危机爆发以来，中国积极承担国际责任，中国的大国作用受到国际社会更多关注。2006年以来，世界热炒中美"两国论"，中国开始被视为世界大国，尤其是2010年中国GDP规模超过日本位居世界第二，使得这一话题持续发酵。关于中国世界定位的争论，主要集中于中国属于何等大国上，目前主要有东亚大国、具有世界影响力的亚太大国、世界

---

① Henry Kissinger, *Diplomacy*, New York: Simon & Schuster, 1994, p.17.
② R. P. Khanua, "Impact of China's Ambition to Be a Regional Power", *Asian Defense Journal*, Vol.6, No.9, August 1999, p.9.

大国等几种判断。

关于大国的基本标准,中国古人曾有探讨和判定。例如,战国纵横家张仪指出:"秦地半天下,兵敌四国,被山带河,四塞以为固。虎贲之士百余万,车千乘,骑万匹,粟如山积。法令既明,士卒安难乐死。主严以明,将知以武。虽无出兵甲,席卷常山之险,折天下之脊,天下后服者先亡。"①以上剖析指出了当时对大国标准的理解:幅员辽阔(地半天下)、具有抗衡其他国家联合起来的实力(兵敌四国)、地势稳固(四塞以为固)、军事力量强大、经济实力雄厚、国内政治清明、制度先进(法令既明,主严以明,将知以武)、具有巨大的威慑力(天下后服者先亡)等。关于世界大国的衡量标准,学术界多有涉及。德国历史学家兰克(Leopold von Ranke)指出,一个世界大国"必须能够抗击所有其他大国而不败亡,即使在后者联合起来的情况下"②。时殷弘认为,大国在某区域内或世界范围内有较广泛的国外政治、经济和战略利益,拥有足够的综合国力,平时能够有效地维护这些利益,战时则能够或通常能够抵御至少其他两个区域性或世界性大国的联合力量,一般来说被别国认为有权利处理本区域或世界范围内所有重大国际问题和足以影响其他多国安全的国内问题,通常与本区域内和世界上其他大国有起码的共同利益、共同国际价值观念、共同规范和共同国际运作机制,从而被视为大国共同体的一员。大国具有参与处理本区域内所有重大国际问题的公认权利,拥有实力广泛参与区域或世界范围内的国际事务并在这些事务上同其他大国有足够的协调与协作。③ 国家税务总局局长王军曾指出,世界强国应具备以下特征:(1)国家实力强,与同一历史阶段的其他国家相比,经济更为发达、军事力量更为强大、文化更为昌明、疆域更为广阔;(2)对外辐射广,其经济、政治、军事、文化等方面对外扩张和辐射,能够深刻改变时代面貌,强有力地影响乃至左右世界文明的进程;(3)历史影响远,其影响并不局限于某时某地,而是跨越时空、源

---

① 《战国策·楚策一》。
② Leopold von Ranke, *The Theory and Practice of History*, Indianapolis: Bobbs-Merrill, 1973, p.86.
③ 时殷弘:《关于中国的大国地位及其形象的思考》,《国际经济评论》1999年第9—10期,第43—44页。

远流长。① 迈克尔·奥克森伯格(Michael Oksenberg)等指出,世界大国的基本条件是经济发展处于世界前列,军事实力处于领先地位,文化宣传影响全球,具有世界性的政治影响力。② 布热津斯基指出,世界大国"意味着真正在全球军事能力方面占有绝对优势,具有重大的国际金融和经济影响力、明显的技术领先地位和有吸引力的社会生活方式——所有这些必须结合在一起,才有可能形成世界范围的政治影响力"③。

对照这些参照条件,我们认为,有史以来,中国就是东亚地区乃至亚洲的大国,天下思想、朝贡体系代表着中国曾有的历史辉煌。当然,中国从未成为世界大国,因为19世纪之前并不存在世界大国,只有地区大国,真正的世界大国是在19世纪后的群雄逐鹿中造就的,而欧洲大国的崛起与中国的衰落恰成鲜明的对照。中华人民共和国的成立制止了中国国际地位下降的百余年趋势,迅速确立了政治大国、军事大国的地位。1978年改革开放以来,中国的经济地位迅速攀升,国家总体实力不断增强。随着中国国家实力的上升,中国更加关注海洋利益,国际影响力延伸至整个亚太地区,全球影响力迅速上升。当前,亚太地区的所有重大事务,没有中国的积极参与则难以获得满意的结果。中国具备成为世界大国的诸多条件:从资源角度看,中国国土面积居世界第三位,人口居世界第一位,中国是名副其实的资源大国;从政治影响力看,中国是联合国安理会常任理事国,在国际货币基金组织、20国集团等影响力巨大,是名副其实的政治大国;从经济、贸易、对外投资等角度看,中国是名副其实的世界强国;从军事力量上看,中国堪称大国,国防开支和军事现代化更是举世瞩目。但是,中国人均资源短缺、经济发展不平衡、文化价值观影响力有限,是典型的军事防御型国家,尚缺乏足够的海外利益和被国际社会所公认的世界性特权。因此,中国的战略

---

① 王军:《江山代有强国出——世界强国兴盛之路探析及其对中国发展的启示》,《经济研究参考》2003年第49期,第2—16页。

② Yoichi Funabashi, Michael Oksenberg and Heinrich Weiss, *An Emerging China in a World of Interdependence*, New York: The Trilateral Commission, 1994, p.2.

③ 布热津斯基:《如何与中国共处》,《战略与管理》2000年第3期,第12—13页。

定位是具有世界性影响的亚太大国,这一定位以地区性为基点,兼具世界性的特征。

中国地处传统地缘政治意义上的亚洲的中心位置,是东方国家的代表。随着同周边国家经济相互依存度的日益加深,中国已成为亚太地区的地缘经济中心,在本地区经济发展中的领袖作用超过美国和日本。近年来,中国根据自己的国家实力和战略安排,将地区亚洲腹地的东亚视为承担大国责任的首要地区,并随着其利益边疆的延伸,将战略触角扩展至全球。和平稳定的地区环境是中国现代化建设的首要前提条件,中国将东亚及周边视为合作的重心,继续追求并适当扩大全球责任。

这一定位受到国际国内的挑战。其国内挑战主要体现在民族主义冲动和缺乏成熟大国心态。成熟大国心态的基本标志是:清晰界定国家利益边界;冷静对待批评,对所涉问题能够展开坦率的讨论;关注其他国家对核心利益的关切,从长远角度看待国家利益。坦率地讲,这样的成熟大国心态在中国尚未形成,这将在总体上影响中国的国家定位。其国际挑战主要体现在对既有大国对亚太利益的争夺及对中国世界大国走向的担忧与遏制,尤其是美国重返东亚和日本等国家加强与美国战略协同的趋向。此外,中国周边从西北部中亚经由南亚、东南亚、南中国海到朝鲜半岛,呈现出一个 U 字形的环状动荡带,这是当前中国面临的主要安全难题。中国将周边地区视为区域合作的重心,其战略作为主要体现在稳定周边的努力上,即重新确认东亚在中国战略中的核心地位,致力于将东亚打造成中国的战略依托地带,将中国界定为亚洲大国和海洋国家,从海陆两条战线扩展中国的海外利益。

战略设计:建构中国国家战略体系

伴随着崛起,中国全面融入国际体系,其战略力量正以和平方式向国际体系投放和辐射。2008 年全球性金融危机爆发以来,中国日益被推向世界舞台的中心,世界各大国对中国崛起的不适应再度兴起,担心、疑虑乃至恐惧正在以各种方式表现出来。巴里·布赞(Barry Buzan)指出,无论是从现实主义、自由主义还是英国学派的视角,都有为中国崛起担忧的理由。① 目前,中国正处于从地区性大国迈向全球性大国,进而从全球性大国迈向全球性强国的征程之中,国家战略利益在迅速向全球拓展,国际社会对其关注乃至渗透愈加深入,加上国内全面转型亦在加速,国内和国际因素的互动增强,国际环境更趋复杂、国家利益不断拓展和维护国家利益的能力相对薄弱构成了中国战略谋划的结构性矛盾,中国国家战略的复杂性凸显,在此意义上,构建国家战略体系变得至为关键。

在经济全球化和地区一体化并行不悖的世界情势下,科学完备的国家战略体系以国家战略与国际战略相互协调为基点,至少应包括国家战略、全球战略和地区战略等相辅相成的三个层面。国家战略是国家战略体系的基础。国家战略以基本国情为基础,以完善国内战略布局为核心目标。国家战略以富民强国为基本追求,其基本含义是基于民本思想,为国民谋福利;确保国家战略资源和综合国力的增强,完善现代国家制度建设,以政治清明、社会和谐、法制完备、文化繁荣、生态平衡为目标指向。

全球战略反映国家战略体系的宏观视野。全球化作为一种不可逆转的世界发展趋势,在给世界带来巨大发展机遇的同时,也给各国经济和社会安全带来挑战。但是,任何国家要发展,必须抓住经济全球化所提供的机遇,我们没有任何可能不接受这柄"双刃剑"。各国均需根据国情和国家利益需要,制定适宜的全球战略,抓住全球提供的发展机遇,参与和分享全球化的红利,同时防范其风险。与此同时,全球化正在催生全球治理,以通过有约束力的国际机制解决全球性的生态、人权、移民、毒品、走私、传染病等问题。全球治理是国际社会的一种实际需要,是抗衡霸权主义和强权的现实选择,倡导一种民主的、公正的、透明的和平等的全球治理,是国际社会的道义力量所在。② 一个国家的全球战略以参与、分享为基本诉求,同时积极承担国际责任和义务。

地区战略是国家战略体系的地缘依托。从历史的角度看,没有一

---

① Barry Buzan, "China in International Society: Is 'Peaceful Rise' Possible?", *The Chinese Journal of International Politics*, 2009, pp.1-32.

② 俞可平:《论全球化与国家主权》,《马克思主义与现实》2004年第1期,第4—21页。

个真正的世界大国不是先从自己所在的地区事务中逐渐占主导地位而发展起来的。传统而言,大国地区战略以国家实力为基础,以获取地区主导地位为目标,而在经济全球化和地区一体化并行不悖的趋势之下,大国的地区战略路径转而追求地区共同利益,将开放地区主义作为战略工具,将地区制度建设作为地区合作的主脉络,将地区秩序建设作为地区合作的愿景。

建构科学完备的国家战略体系,其基本原则就是"天时、地利、人和"。目前中国最大的"天时"就是经济全球化,中国正在融入国际体系,成为国际制度的积极参与者、建设性完善者,成为世界重大发展问题的倡议者、合作者;中国最大的"地利"就是东亚一体化,中国成为地区一体化的主要推动者;中国最大的"人和"就是和谐社会建设,以实现人与自然的和谐、国内社会和谐、对外和平发展、和谐世界的建设。孟子曰:"天时不如地利,地利不如人和。"其基本含义与国家战略体系的基本构架不谋而合,即国家战略是基础、地区战略是依托、全球战略是支撑。

战略走向:中国大战略的主导理念

以中国国家战略体系的建构和完善为依托,中国开始实施积极参与、稳健有为的大战略,这一大战略以积极参与为底色,以融入国际社会、变革自身和影响进而塑造世界为支柱。这具体包括:第一,在经济战略上,积极参与经济全球化,争取成为东亚经济的主导性力量,成为世界经济的主要发动机,以中国的经济持续发展推动世界经济,大力拓展经济战略利益,确保经济发展作为中国全面崛起的核心。中国的经济战略目标不仅局限于为经济建设创造国际环境,拓展经济利益,还需要加强塑造能力,锤炼议程创设和实施能力,以经济战略的成就促进国际战略的整体成熟。第二,在安全战略上,以总体安全观为战略基础,稳步推进国家安全,积极参与国际安全的维护,以维护并拓展中国的安全利益。第三,在文化战略上,在坚持文明多样性基础上,弘扬传统文化,加强对外文化交流,吸收人类文明的先进成果,促进普世性文化的认同,增强中国文化的国际影响力,并将文化作为中国崛起的坚实基础。

中国大战略的主导理念,以防御性现实主义(defensive realism)为核心。对任何国家而言,现实主义均是构建大战略的基本思考点。防御性现实主义强调安全合作和自我约束,关注国际制度的重要作用,同时也强调国家自卫的基本原则。鉴于此,以防御性现实主义为主导的大战略,强调了国家间合作的重要意义,同时强调了自我约束的基本趋向,为中国全面融入国际社会并发挥积极的建设性作用提供了理性指导。

中国大战略的主导理念,以经济主义(economism)为首务。所谓经济主义,既包含以经济建设为中心的国内战略安排,亦表明以经济为主要对外手段拓展国家战略利益的国际战略设计。中国应积极参与经济全球化,大力拓展经济战略利益,而经济手段可能是通过与国际社会交往获得双赢局面最重要的手段。

中国大战略的主导理念,以区域优先(regional primacy)为重点。作为兼具区域性和世界性特征的大国,中国应以东亚作为其崛起基准地带。中国有必要以东亚发展为核心,大力促进东亚一体化,创立有助于地区经济和进一步经济开放的地区性国际制度,为其他国家搭中国发展之便车提供机会。① 中国促动的东亚合作机制代表了中国大战略的新思路,即在自己利益攸关的地区培育和建立共同利益基础之上的平等、合作、互利、互助的地区秩序,在建设性的互动过程中消除长期积累起来的隔阂和积怨,探索并逐步确立国家间关系和国际关系的新准则。②

中国大战略的主导理念,以制度主义(institutionalism)为主要手段。将国际制度视为实现国家战略目标的手段,通过国际制度的参与、创设乃至主导实现融入国际社会和拓展国家战略利益,是中国既定的战略选择。在中国崛起的过程中,世界逐步建立起接纳新崛起大国的

---

① David Kang,"Getting Asia Wrong: The Need for New Analytical Frameworks", *International Security*, Vol.27, No.4, Spring 2003, pp.57-85.

② Men Honghua,"East Asian Order Formation and Sino-Japanese Relations", *Indiana Journal of Global Legal Studies*, Vol.17, No.1, Winter 2010, pp.47-82.

国际制度框架,这是中国得以全面融入国际社会的基础条件之一。国际关系的多元化并非没有秩序或杂乱无章,与向纵深发展的多元化进程相伴随的是制度一体化进程①,在这个进程中,中国经历了从身处边缘、被动、消极参与到积极参与、主动建构,中国与国际制度的互动构成了一幅纵横交织、由淡至浓的画卷,而中国积极参与者、主动建构者的角色日渐突出,这既是中国积极融入国际社会的表现形式,也是中国崛起被国际社会接受的重要标志。

中国大战略的主导理念,以政策协调(policy coordination)为主要途径。冷战结束以来,国际社会进入转型时期,各大国均抓住有利机遇为实现自身战略目标而竞争,其突出特点是大国之间的合作与政策协调不断加强。② 中国大战略的谋划,应强调大国政策协调的重要意义,避免非核心战略利益上的冲突,以合作的、建设性的姿态追求战略目标的实现。

中国大战略的主导理念,以国际形象建构(image buildup)为主要目标。塑造负责任、建设性、合作、可预期的国际形象对中国大战略目标的实现至关重要。加强国家间合作与协调,维护国际道义,维护国际法的基本原则,是树立大国道义形象的重要途径,也是中国国家利益扩展到全球的前提条件。

中国大战略需要关注的几个重点

第一,加强国内战略与国际战略的相互协调。国内战略与国际战略相辅相成,而国际战略以国内战略的目标实现为依归。确保二者的相互协调,需要对外争取国际规则的制定权和诠释权,对内则关注利益冲突的协调,维护社会稳定,致力于塑造中国可持续发展的政策环境。具体地说,要强调将办好国内事情作为第一要务,中国的发展本质上是依靠本国力量,依靠自身改革来寻求和开发发展的动力,正确选择政治战略和发展战略,建立实力雄厚的经济,与以增强实力为核心的战略一

---

① 喻希来:《世界文明中的中国文化》,《战略与管理》2001年第1期,第61—76页。
② 罗伯特·吉尔平:《国际关系政治经济学》,北京:经济科学出版社1989年版,第405—411页。

脉相承；强调国内政治昌明、社会进步对实现国际战略目标的重要性，进一步促进国内发展的良好态势是实现国家战略目标的重要保证；避免将国内政治与国际战略割裂开来的传统做法，以国际社会的积极动力特别是国际资源、国际市场、国际资本、国际技术等促进中国的全面协调发展。

第二，以发展实力为战略核心。中国崛起的基础是实力崛起。乔治·莫德尔斯基(George Modelski)指出，世界大国首先是世界经济主导国，即经济规模大、富裕程度高，而且在技术革新条件下主导性产业部门兴盛，积极参与世界经济，是世界经济的增长中心。① 中国是最具有潜力的世界市场，但要成为世界经济的增长中心尚需时日。由于经济全球化自身的内在逻辑缺陷，中国正生活在一个人类从未经历过的发展与不稳定并存的时代。在这样的时代，人类发展逻辑的优先点应该是自我实力的增强。国家实力的增强，不仅源于国内市场的发展和培育，还源于全球化条件下战略资源的获得。中国不可能完全依赖国内资源支撑巨大经济规模并实现持续高速增长，满足10多亿人口日益增长的物质文化需求。这就决定中国必须立足国内、面向世界，在更大范围内获取更多的国际资源、国际资本、国际市场和国际技术，实现全球范围内的资源优化配置。② 同样重要的是，国家实力的增强，不仅以硬实力的稳步上升为标示，也必须以软实力的增强为基础，中国需将提高软实力特别是民族文化的国际影响力作为增强国力的核心之一。中国多年来专注硬实力增长，部分忽视软实力提升，二者之间的不匹配已经在相当大程度上损伤了中国潜力的发挥。从国际层面上看，中国在吸引他国追随、改变对方立场，以及在国际事务中提出议题、设置议程、引导舆论等方面总体上处于弱势，尚未掌握国际话语权。软实力建设事关中国如何统筹国内国际两个大局，在国际、国内两个舞台上塑造、展示自己魅力，它不仅要求中国把自己的优秀文化、发展模式和外交理念传播到世界上，争取他国理解和接受，而且更强调中国如何在社会主

---

① George Modelski, "The Long Cycle of Global Politics and the Nation-state", *Comparative Studies in Society and History*, 1998, pp.214—235.
② 胡鞍钢主编：《全球和挑战中国》，北京大学出版社2002年版，第92—93页。

流价值观的塑造、政府治理能力的提高、公民社会的培育等领域进行富有吸引力的建设与创新,而后者更是基础性的关键议题。

第三,建立和完善国家安全委员会。当前大国竞争加速,国际风云迭起,深深融入国际社会的中国逐渐位移至被关注的核心,国家安全迎来方方面面的考验。对中国而言,唯有重视国家安全,才能实现和平发展,这就需要有机制地应对世界风云变幻和国际斗争,确保在大国博弈中持续成长。古人云:"运筹帷幄之中,决胜千里之外。"能否密切结合国内国际两个大局,实现国家安全一盘棋,在重大国家安全与外交问题上着眼现实与长远,在关键时刻、核心问题上集思广益,最终做出正确的战略决策,事关国家核心利益乃至生死存亡。放眼世界,大国分外重视国家安全,并纷纷建立全方位制定、协调和实施国家安全与外交决策的国家安全委员会,作为支撑国家安全与对外决策的中枢机构,并视之为国家制度建设走向成熟的标志。中国需要成章建制,整合外交、军事、经济、情报和宣传力量,建立国家安全委员会,聚焦于研究事关国家安全的领土、领海、外交、军事、资源、经济、民生等重大战略议题,制定相关重大战略决策,监督国家安全战略的实施,并对国内外突发事件作出高效、有力的反应。

第四,锤炼大国心态。中国能否调整和放弃"百年屈辱"的心态,以成熟的大国心态应对国际风云变幻,事关中国的未来。近年来,中国更加积极地应对外来压力,战略思路趋于明确,战略框架逐步搭建起来。《中国的和平发展》白皮书指出,在一个因联系密切变得"越来越小"的世界上,在利益格局变动剧烈的时期,国家之间的利益交汇、摩擦乃至冲突更加寻常,中国与外部世界的互动相应加强,中国致力于阐明自己的核心利益范围和发展取向。① 党的十八大报告指出,中国将继续高举和平、发展、合作、共赢的旗帜,坚定不移维护世界和平、促进共同发展,将始终不渝走和平发展道路、奉行独立自主的和平外交政策以及互利共赢的开放战略,坚持在和平共处五项原则基础上全面发展同各国的友好合作。可以说,中国成熟的大国心态正在确立。我们认

---

① 国务院新闻办公室:《中国的和平发展》白皮书(2011年9月6日),参见 http://politics.people.com.cn/GB/1026/15598619.html。

为,成熟大国心态的基本标志是:清晰界定国家利益边界,维护核心利益坚定不移;冷静对待批评,对所涉问题能够展开坦率的讨论;关注其他国家对核心利益的关切,从长远角度看待国家利益。坦率地讲,这样的成熟大国心态在中国尚未形成。

第五,根据战略目标发展国家间关系。首先,强调大国关系的关键性,中国崛起首先冲击的必将是现有世界大国的权力和利益分配,而这些大国也会见微知著,对此更为敏感。因此,中国必须与世界主要大国特别是处于霸权地位的美国建立战略关系,促使大国之间实现协调、合作关系的常规化、制度化,积极参与既有的大国战略协调机制,确立中国与这些大国的战略利益之间的建设性关联。在大国关系中间,中国应加强纵横捭阖的外交能力,不仅要加强中美战略合作关系、中俄全面战略协作伙伴关系,推动中日和解的实现,也要进一步加强与欧盟(以及法国、德国等欧洲大国)的战略合作关系,同时要在大国之间确立战略平衡态势,以更好地服务于国际战略利益。① 其次,加强与周边国家的合作协调关系为中国地缘战略之首要目标,中国应确立在周边经济合作中的主导定位,以经济合作带动东亚一体化,进一步强调与周边合作之战略利益的长期性、长远性,将周边塑造为中国的经济战略带和战略纵深区域。再次,调整与发展中国家的关系,中国属于发展中国家的一员,与发展中国家的政治合作关系曾经也将继续是中国成为世界大国的重要保证。中国应采取积极措施加强南南合作,促进南北对话。同时,应进一步通过经济合作深化与发展中国家的关系,与发展中国家一道分享中国经济繁荣和改革开放的成果、经验,将共荣、共赢作为与发展中国家关系发展的重要目标。发展中国家仍然有其战略重要性,但是其重要性的内涵发生了变化,如果说历史上中国与发展中国家的关系更多地集中在获得政治支持方面,那么今天则具有更为广泛的意义,且经济合作的价值更加突出。当今世界格局的主要矛盾和特征是发达国家和发展中国家的互动,中国处于二者之间的结合部,堪称发达

---

① 门洪华:《中国大国关系的历史演进(1949—2009)》,《江苏社会科学》2009年第6期,第11—17页。

国家和发展中世界的桥梁。① 以此为条件,中国的国际角色和国际行为将有更积极的担当,这在另一种意义上也表明了中国国家认同的进程性。最后,对世界上最为贫穷、濒于失败或处于失败境地的国家(failing or failed states)等提供更多的经济、外交或其他形式的援助,以此负担大国责任,并逐步实现国家战略利益拓展的目标,将利益触角延至全球。② 总体而言,随着中国全面参与国际事务,中国应进一步强调扩大同各方利益的汇合点,加强所在地区议程和全球议程的倡议能力,以此为基础同各国发展不同领域、不同层次的利益共同体,推动共同利益的实现,从而提升中国的国际影响力。

第六,加强对战略态势的跟踪评估。构建国家大战略目标的评估和调节体系,评估战略态势的指标包括战略能力、战略意愿、战略目标等几个主要部分,其中战略能力是由国家实力、国家战略观念和国际制度的参与等因素整合而成的,而战略意愿既反映了一个国家的战略谋划水平,也代表着该国所持有的战略态势。战略态势反映了一个国家大战略的基本表现及其引致的战略效应,是衡量战略谋划精当与否的基本条件,国家应根据战略态势变化调整其战略布局及战略实施。构筑良好的战略态势,要强调在既有国家战略资源的基础之上,加强国家的基本战略能力;要加强国家的战略意愿,体现更加积极、稳健和建设性的战略姿态;鉴于国家战略目标是多元的,应集中于核心目标的实现,同时强调忧患意识、居安思危的必要性。

第二节　中国国家利益的维护和拓展

熙熙攘攘,利来利往,利益堪称一切人类行为的基本动因。马克思指出:"人们奋斗所争取的一切,都同他们的利益有关。"③对现代民族

---

① 李稻葵:《富国、穷国和中国——全球治理与中国的责任》,《国际经济评论》2011年第4期,第10—16页。

② 门洪华:《应对国家失败的补救措施——兼论中美安全合作的战略性》,《美国研究》2004年第1期,第7—32页。

③ 《马克思恩格斯全集》第1卷,北京:人民出版社1979年版,第22页。

国家而言,国家利益的重要性不言而喻。全球化发展使得国家利益自然对外延伸,也为国家利益的维护带来了更多的挑战。对于处于不同发展阶段的国家而言,国家利益的认识和诉求存在巨大的差别,其维护和拓展国家利益的方式和途径也有着根本的不同。国家利益兼具客观存在和主观认识两个层面,即国家利益本身是客观的,但对国家利益的认识尤其是决策者对外部环境趋向的反应,形式上则表现为主观意识存在。国家利益在不同的时期有不同的表现形式,而在不同的历史时期也有不同的侧重点。① 可以说,对国家利益的界定反映了一个国家的决策者对基本国情和世界潮流的深刻把握,以及对本国前景的战略构想与设计。

中国正在从一个地区性大国向全球性大国发展,进而迈向世界大国的征程,中国的国家实力和国际地位发生巨大变革,其国家利益不仅面临着如何维护的问题,更重要的是如何以国际社会接受、符合国际规范的方式予以大力拓展。当前,中国国家利益内涵在不断拓展,国内各界对如何定义中国国家利益存在着巨大的分歧,随着中国社会多元化加速发展,以往相对清晰的国家利益界定变得模糊,在中国国家利益的认识上远未形成共识,其国际行为也由此引致了更多困惑。

综上所述,在中国国家利益进一步向全球拓展之时,如何界定核心利益、重要利益、次要利益以及海外利益,如何维护和拓展中国国家利益,成为中国决策者关注的核心议题,也是全球关注的重大议题。

维护和拓展中国国家利益面临的机遇与挑战

中国国家利益的拓展面临着重要机遇。全球化深入发展是国家利益变化的重要外在条件。全球化使国家利益从封闭的体系转变为开放的体系,框定国家利益的因素大为增加,从而导致国家利益在内容、结构和维护的手段上都发生了重大变化。进入 21 世纪,国际格局发生重大变化,世界转型进入深化期,全球利益格局重组,给新兴大国中国的国家利益拓展带来了新的重要机遇,而新的国际环境和条件推动着中

---

① 门洪华:《中国国家战略利益的拓展》,《战略与管理》2003 年第 2 期,第 83—89 页。

国对国家利益观的重塑。

中国国家利益(尤其是海外利益)迅速拓展,中国维护国家利益的手段也不断增强。在经济方面,中国在世界经济中的整体地位上升明显,对世界经济活力具有显著影响力。当前,中国超过美国成为全球第一大货物贸易国、全球最大出境旅游消费国、亚洲最大的零售经济体、第三大对外直接投资国,中国对全球经济的持久影响力成为诸多国家制定政策时必须考虑的因素。在军事方面,中国的军费支出大幅度上升、国防现代化进程加速,对地区的威慑能力显著提高。在政治方面,中国经济持续增长的政治基础和政策框架日益受到重视,"中国模式"所蕴含的新政治经济模式对新自由主义模式形成挑战,成为发展中国家竞相学习的对象。近年来,中国融入世界的速度、广度与深度都远远超出了想象。与之相关,中国国家利益的拓展势成必然。另一方面,中国在和平发展战略的指导下,与主要大国、周边国家、发展中国家的关系均取得重大进展,与世界的相互依赖加深,世界对中国的借重和倚重在增加,许多国家自然而然地将其未来前景与中国紧密联系在一起。中国在世界上的影响力不断提高,中国是全球近130个国家的最大贸易伙伴,中国的发展为世界提供了难得机遇,世界大多数国家期待着从中国的发展中受益,与中国共享发展与繁荣。当前,全球经济治理的变革为中国参与国际规则的制定提供了难得机遇,全球经济低迷,发达经济体饱受金融危机冲击,为中国海外利益的拓展(包括低成本并购、获取先进技术、国际渠道和国际空间)等提供了机会,世界各国对基础设施建设的需要,带来全球基建热潮,有利于中国海外工程承包和机械设备等高附加值制造业产品的出口。概言之,中国迎来与世界共同发展的新契机。国际需要是中国国家利益顺利拓展、深入拓展的重要外在条件。

与此同时,中国国家利益的维护面临着严峻挑战。首先,中国可持续发展面临的形势颇为严峻,破冰前行实在不易。多年积蓄的经济、社会矛盾深刻,"中国发展面临一系列突出矛盾和挑战,前进道路上还有不少困难和问题。比如,发展中不平衡、不协调、不可持续问题依旧突出,科技创新能力不强,产业机构不合理,发展方式依然粗放,城乡区域发展差距和居民收入分配差距依然较大,社会矛盾明显增多,……解决这些问题,关键在于深化改革"①。中共十八大以来,中国终于启动了经济结构再平衡进程,新常态的中国经济如何实现可持续发展,是当前中国发展面临的核心难题。其次,中国陷入常规的大国崛起困境,其经济发展并没有像预期的那样改善、提高中国周边安全环境,反而呈现出逆向趋势,中国硬实力的提升并没有带来国际影响力的巨大提升,国际社会的发言权与我们所期望的差距甚大。再次,中国面临的国际战略环境更加复杂。"中国威胁论"和"中国责任论"相互交织,中国承担国际责任的意愿、能力与国际社会的期望存在着落差,国际社会对中国崛起的疑虑增加。发达国家加紧制定新的国际规则,围堵中国的意图明显。中国周边环境趋于复杂化,部分周边国家出于对中国崛起的疑虑与恐惧,加紧与美国的联合。中国国家利益的拓展冲击着既有的全球利益布局,中国崛起的敏感性趋增,推高了中国海外利益维护的难度。最后,有鉴于中国崛起进程的内在不平衡性,国内躁动和政策困惑并存,政策效果比较模糊,在国家利益维护上远未形成共识。

  探究中国国家利益的维护与拓展,还需要深刻认识中国国情的特殊性,中国既是一个发展中大国,又是一个位居世界经济总量第二位、综合国力位居前列的全球性大国,其自身定位遭受质疑和挑战;中国是所有大国中唯一的社会主义国家,与西方的意识形态差异天然存在且常常被过分强调;中国国家利益正在全世界范围内拓展,同时又是一个尚未统一、与周边国家存在诸多领土领海争议的国家,实现国家统一、捍卫领土主权成为中国国家利益的特殊关切。

  总体而言,中国国家利益的维护与拓展,挑战大于机遇,挑战是眼前的,机遇是长远的。苏轼曰:"来而不可失者,时也;蹈而不可失者,机也。"②在这样的情势下,中国唯有抓住有利机遇,迎接艰难挑战,着力顶层设计,奉行底线思维,才可推进中国全面崛起时代的到来。

---

① 习近平:《习近平谈治国理政》,北京:外文出版社2014年版,第71—72页。
② 苏轼:《代侯公说项羽辞》。

对中国国家利益进行排序的原则

国家利益是主权国家生存与发展的必要条件,维护国家利益是主权国家活动必然秉持的核心原则。国家利益有根本利益和一般利益、长远利益与短期利益、战略利益和战术利益、国内利益与国外利益之分。国家根本利益,亦即摩根索所谓的国家利益的"内核",主要包括国家安全、领土完整、社会制度和经济繁荣等领域。根本利益与次要利益的区分具有重要意义,为了实现根本利益可以牺牲其他利益。因此,只有对国家利益做出明确的界定,并对不同的利益做出优先排序,才能对各种威胁的危害程度做出准确的判断,并有效地分配可动用的资源,最大限度地保卫自己的国家利益。

国家素有将国家利益进行排序的传统。国家利益轻重缓急的排序既有共性,也有个性。从共性来看,世界各国都倾向于把自身的"生存"和"安全"利益看作至高无上。从个性来看,不同国家和同一国家在不同历史时期对国家利益的优先安排是不同的,这主要与各国对威胁的判断有关。① 国家利益反映了权力、权利和利益的统一,主要包括国家领土、领空、领海安全以及政治和经济安全,基本要求是国家主权独立、领土完整、生存和发展不受侵犯的权益。这些权利和利益相互影响,相互制约,不可分割,是国家一切活动的基础和根本目标。与此同时,在解释和界定国家利益时,亦应充分考虑和把握国家利益的层次,合理区分国家利益的优先顺序。② 唯有此,国家才能形成整体性的国家利益体系,并据此制定长期而一以贯之的国家大战略。

鉴于中国自身国情的特殊性,中国国家利益的排序应遵循如下原则。

第一,国内与国际结合。中国国家利益的认知与界定,应密切结合国内国际两个大局,坚持国内利益为核心、国际利益为发展的原则,促

---

① 潘忠岐:《国家利益的主体性与中美安全关系》,《现代国际关系》2003 年第 11 期,第 11—16 页。
② 戴超武:《国家利益概念的变化及其对国家安全和外交决策的影响》,《世界经济与政治》2000 年第 12 期,第 11—16 页。

成开放性的国家利益体系建设。

第二,顶层与底线相配。中国国家利益的排序,应坚持把握核心与焦点,强调顶层设计,又要坚持底线思维,确保在核心利益的维护上,兹事体大,不容让步。

第三,发展与安全并重。对任何国家而言,生存与发展均为核心利益,安全是发展的保障,发展是为了更好地维护安全,其理想目标是实现最大限度的发展,同时要有充分的安全保障。正如邓小平指出的,建设现代化的社会主义强国"是一个长期的任务。……现在要横下心来,除了爆发大规模战争外,就要始终如一地、贯彻始终地搞这件事,一切围绕这件事,不受任何干扰"①。

第四,当前与长远兼顾。国家利益本质上是一个逐步实现的过程。我们要把握国家利益维护与拓展的基本规律,以长远国家利益为目标,实现长远利益与当前利益的兼顾,着眼于国家长远战略目标的实现。

第五,独有与共享兼容。国家利益首先强调其独有性,甚至在激烈竞争中存在着排他性。另一方面,国家在交往中既会发生利益冲突,也会产生共同利益。马克思指出,共同利益"不是仅仅作为一种'普遍的东西'存在于观念之中,而首先是作为彼此分工的个人之间的相互依存关系存在于现实之中"②。共同利益,不仅指的是共同收益(shared benefits),还包含着所面临的共同威胁和共同挑战。自近代国际体系诞生以来,国家间互动所衍生的共同利益在推动人类社会进步过程中发挥了重要作用,其价值正呈现出不断上升的趋势。国家应将共同利益纳入考虑之中,树立开放性的国家利益观,顺应世界大势,以更有效地维护国家的根本利益。

第六,维护与拓展并行。作为从地区性大国向全球性大国,进而向世界强国迈进的国家,中国国家利益的重心不仅仅在于维护,更重要的在于拓展,尤其是中国海外利益日益引起决策者的高度关注。

---

① 《邓小平文选》第二卷,北京:人民出版社 1994 年版,第 249 页。
② 《马克思恩格斯全集》第三卷,北京:人民出版社 1979 年版,第 37 页。

关于中国核心利益的重新界定

核心利益是关乎一个国家的存亡,以至于不能进行交易或退让的重大国家利益,这包括保护国家物质、政治、文化统一性免遭侵袭,防止危及国家生存能力和生活方式等,而生存与安全是国家利益的"内核",核心利益的内涵由此具有一定的稳定性,而其外延则依照国内外环境的变化而有所调整。①

关于中国核心利益的争论甚多,其中最为引人注目的是,外电报道称中国有关方面和人士称"南中国海是中国的核心利益",一时间在国际上引起轩然大波。以此为开端,中国开始着力于国家核心利益研究。中国核心利益的完整表述最早见于时任国务委员戴秉国2010年发表的《坚持走和平发展道路》一文,其主要内容是:"一是中国的国体、政体和政治稳定,即共产党的领导、社会主义制度、中国特色社会主义道路;二是中国的主权安全、领土完整、国家统一;三是中国经济社会可持续发展的基本保障。这些利益是不容侵犯和破坏的。"②2011年9月,中国国务院新闻办公室发布《中国的和平发展白皮书》,这是首次明确提出"国家核心利益"这一概念的官方文件。该文件将中国的核心利益划定为六个方面:国家主权,国家安全,领土完整,国家统一,中国宪法确立的国家政治制度和社会大局稳定,经济社会可持续发展的基本保障。上述排序的基本特点是安全重于发展。

进入中共十八大以来,中国对核心利益有了更深刻、更全面的认识。尤其是,随着国家安全委员会的建立与运行,中国核心利益的界定更具紧迫性和现实性。鉴于中国仍未实现国家统一,与周边国家存在着很多领土纠纷,核心利益并没有得到充分的保障,实现国家统一、捍卫领土主权是中国国家利益特殊关切。与此同时,鉴于中国经济发展存在的不稳定因素趋多,中国决策者愈加倚重通过发展确保安全的战

---

① 高伟凯:《国家利益:概念的界定及其解读》,《世界经济与政治论坛》2009年第1期,第80—85页。

② 戴秉国:《坚持走和平发展道路》,《当代世界》2010年第12期,第4—8页;《中国坚定不移走和平发展道路》,《国际问题研究》2011年第6期,第1—4页。

略思路,即通过平衡性发展、可持续发展解决内在矛盾,通过对外发展实现国家利益的拓展,因此维护国际经济体系的基本稳定符合中国的战略利益。概言之,以发展为核心要素界定中国核心利益将成为一段时间内中国战略调整的主脉。

有鉴于此,我们认为,**中国核心利益的排序是:国家安全,国家主权,领土完整,国家统一,中国宪法确立的国家政治制度,经济社会可持续发展的基本保障,国际经济体系的基本稳定。**可以说,中国的核心利益包含了安全利益、政治利益、经济利益、社会利益、国际利益等诸多层面。这一排序的特点是,以国家安全统领核心利益,具有最高价值,着眼于顶层设计;国家主权、领土完整、国家统一代表着中国核心利益的特殊性,着眼于底线思维;中国宪法确立的国家政治制度、经济社会可持续发展的基本保障、国际经济体系的基本稳定聚焦于发展,这包括国内的经济发展、政治发展、社会发展以及国际上的互利共赢等,注重于以发展求总体安全。

关于中国其他利益分类的初步界定

重要利益是一国在处理国际关系时必须要引起重视的利益,是可能牵一发而动全身的利益,是不能轻易放弃的利益。按照国家利益的排序原则,维系中国可持续发展、提升国家影响力的国家利益是中国重要利益的主要表现。涉及国家发展和有争议地区的领土领海争端,应被视为中国的重要利益。这具体包括:(1)国家发展权益,国家发展所关涉的不仅是国内发展利益,更重要的是海外利益。海外利益是国家利益突破国土界限而形成的,是境外的国家利益,可区分为海外政治利益、海外经济利益、海外安全利益和海外文化利益等,其中经济利益是中国海外利益的核心,而中国对外贸易、对外投资、国际金融合作、资源能源进口、国际制度能力等方面是海外经济利益的重点内容。[1] (2)有争议地区的领土领海争端,如南沙群岛等。(3)关乎国家影响力扩大的议题,如全球性和地区性国际组织的完善。具体地说,**中国的重要利**

---

[1] 门洪华、钟飞腾:《中国海外利益研究的历程、现状与前瞻》,《外交评论》2009年第5期,第56—71页。

益包括：维护公民海外安全和权益；发展海洋利益（包括有争议海洋地区的共同开发）；稳步推进中国海外投资；推进中国对外贸易；防范金融风险，加强国际金融合作；促进周边地区的和平发展（包括地区核不扩散机制的完善）；维护国际通道安全。

国家次要利益（或称一般利益）是国家需要尽力维护但又可以选择性割舍的利益，是成本与收益相对不稳定的国家利益。国家次要利益有一定的影响力，但可以寻求共享和互换，这包括在一定条件下可以让渡的非战略利益。**中国次要利益包括：巩固和发展本国科技自主创新；在实力限度内维护世界和平发展；保护海外侨民；促进中国文化的创新与传播；促进中国的国际认同和理解；维护中国在国家管辖范围以外海域的正当海洋利益；等等。**此外，毋庸讳言，国家利益还包括无关紧要的利益，这些利益处于边缘地带，其成本与收益很难确定，对一个国家的核心目标而言影响不大。随着中国国家利益的拓展，中国应加大对这些利益的关注程度，这尤其包括非周边的热点地区利益等。

改革开放以来，世界各国作为一个整体的共同利益日益突显，随着中国全面参与国际事务，相关议程在迅速扩展，与其他国家寻求共同利益的巩固和扩大是可能的，也是必要的。1997年9月党的十五大政治报告中首次出现"共同利益"一词，提出与发达国家"寻求共同利益汇合点"；党的十六大政治报告提出"扩大与发达国家的共同利益"；温家宝总理在2005年的《政府工作报告》中提出了"维护与发展中国家的共同利益"的主张。党的十七大报告用了29个"共同"阐述中国与世界的关系，初步形成了特有的共同利益战略框架。中共十八大报告用了38个"共同"进一步完善这一共同利益战略框架。这些政策立场表明，中国在对外开放过程中实现迅速发展的同时，也明确了对世界各国共同利益的关注和维护。

进入21世纪以来，中国对共同利益的关注和维护逐渐上升到战略高度。鉴于中国已经成为世界和东亚地区的利益攸关方，以强化和扩大共同利益作为国际战略指导原则有其可行性，符合中国的长远战略利益。中国需要以共同利益为思考基点，构建中国国际战略理论体系和国际战略框架。在此形势下，党的十七大和"十二五规划"都在不同程度上提出了"互利共赢的对外战略"和维护共同利益的战略理念。"在全球变局下全方位构建'利益汇合点'和'利益共同体',这已经成为中国政府的重大方针","21世纪第二个十年,中国将更加依靠和平崛起的发展道路,而成为世界发展更加重要的一部分,中国与世界也将形成更加系统和更可持续发展的共同利益"①。

维护和拓展国家利益的战略设计

邓小平强调"以自己的国家利益为最高准则来谈问题和处理问题"②。国家利益的维护与拓展,端视其战略设计。俞正樑指出,在当代,国家利益最终能否得以实现,取决于十大因素:(1)正义与否;(2)是否适宜;(3)国内支持与否;(4)时机成熟与否;(5)国家综合实力及其运用;(6)对外战略与策略的运用;(7)国家行为是否符合国际法与国际道德规范;(8)国际环境与国际格局;(9)是否尊重别国的合法利益与别国的反应;(10)是否符合世界的普遍利益。③ 我们认为,在国际利益的维护与拓展上,中国应依据"两个一百年"的战略目标,努力完善其战略体系框架,完全从中国国家战略利益出发,变被动应对为主动谋划。

我们应完善中国国家战略体系,以国家利益的有效维护与顺利拓展为指向,强调国家利益与全球利益的平衡,贯彻利益共同体、命运共同体的外交理念。当然,我们要清醒地认识到,即使在共同利益存在的情况下,合作常常也会失败,而提高自身解决问题的能力至为关键。④

中国国家利益的维护与拓展,应首先以国内战略的完善为基础。实现中国国家利益最重要的途径,是靠我们自己"去弊除疾""强体健身"。中国最主要的威胁不是外敌入侵,而是如何解决自身的隐患和缺失,防止其诱发政治失序、经济停滞、社会动乱、民族冲突、地方分裂

---

① 郑必坚:《全方位构筑利益汇合点》,《人民日报·海外版》2011年6月4日,第1版。
② 《邓小平文选》第三卷,第330页。
③ 俞正樑:《变动中的国家利益与国家利益观》,《复旦学报(社会科学版)》1994年第1期,第37—42页。
④ 罗伯特·基欧汉:《霸权之后:世界政治经济中的合作与纷争》,上海人民出版社2006年,第4页。

主义等危机。① 完善国内战略,要求我们大力推进经济体制改革,积极保障和改善民生,确保社会健康稳定;与此同时,加强制度建设的力度,在大力推进国家治理体系建设的同时,致力于铁腕反腐,为国家长治久安奠定基础;坚持社会主义核心价值观,同时强调传统文化复兴的重要性。中华优秀传统文化是中华民族的基因,根植在中国人内心,潜移默化地影响着中国人的思想方式和行为方式。提倡和弘扬社会主义核心价值观,必须从中汲取丰富营养,不忘本来才能开辟未来,善于继承才能更好创新。②

其次,中国国家利益的维护与拓展,应以在所在地区(东亚乃至亚洲)塑造温和而坚定的大国形象为核心。地区稳定和发展是只能实现并拓展国家利益的前提,这就首先要加强中国在东亚的政策力度,确保地区秩序的和平与稳定,承担与中国实力相当、与中国战略目标相符的地区责任,实现地区维权。与此同时,要通过增加安全承诺和提供更多地区公共物品实现与地区国家利益的进一步契合。中国领土领海争端均来源于东亚和亚洲,因此在加强军事影响力、威慑力的同时,还要尽量减少岛礁争端和领土争端的负面影响,强调开放的地区秩序建构,共同开发海洋。目前中国推动的"一带一路"战略和亚投行,都以中国所在地区为核心展开,代表着中国地区战略的升级和优化。

最后,中国国家利益的维护与拓展,应强调全球作为,提升中国在一系列重要国际制度中的发言权和话语权,增加中国在新制度创设过程中的话语权和权重;加强大国协调。同时,积极应对国际需求,秉持顺势而为的原则,要加大全球公共物品提供的力度,扩大中国影响力。

不同领域维护和拓展中国国家利益的可行举措

国家利益在不同的时期有不同的表现形式,在不同的历史时期也有不同的侧重点。对国家利益的判断不同,必然导致战略资源配置和对外政策方面的极大差异。国家利益是一个逐步实现的过程,应随着

---

① 王逸舟:《国家利益再思考》,《中国社会科学》2002 年第 2 期,第 160—170 页。
② 门洪华:《开启中国全面深化改革开放的新时代——兼论未来十年中国的大战略走向》,《学习与探索》2015 年第 8 期,第 41—45 页。

外部环境的改变而做相应调整。① 决定国家利益有国内、国际两种因素之分,有既定变量(如地理位置、自然资源、自然禀赋等)和流动变量(如国民素质、经济绩效、国际影响力等)之别。其中,国内因素起决定性作用,但随着经济全球化的深化和中国的进一步对外开放,国际因素对中国国家利益的影响大为提高。

中国的国际环境和中国同其他国家的实力对比关系是影响中国国家利益的客观因素,它在一定意义上规定了中国国家利益的外在限制范围。改革开放以来,中国的国际战略思想发生了重大变化,特别是从意识形态的理想主义转向了经济优先的理性主义,从意识形态的国际主义观念开始转向国家利益至上。但毋庸置疑,中国同其他大国在自然资源、经济资源和地缘战略等方面存在着剧烈的竞争,在政治制度和文化价值观等方面与西方国家之间存在着巨大的差异。这种限制性因素意味着,中国的国家利益是攻防并举的。随着中国国际地位的提高,对中国的国家利益进行分析,探讨国家利益的维护与拓展之道益发具有必要性。

经济利益、政治利益和安全利益构成国家利益的基本核心。其中,国家经济利益是所有国家利益的物质基础,政治利益是经济利益的集中体现,而安全利益则是政治经济利益在国家关系中的延伸。三者构成相互联系、相互影响、相互制约的矛盾统一体。随着国际化的发展,国内政治的国际化和国际政治的国内化相互作用,国家利益的内涵和外延在演变、在拓展②,社会利益和国际利益在国家利益中的地位和作用越来越突出。

其一,经济利益的维护与拓展。维护和拓展国家利益,首先要发展自己、增强经济实力,着眼于以经济和科技发展水平为中心的综合国力竞争。改革开放以来,中国经济增长保持着持续的较高速度,宏观经济相对稳定,已经成为世界经济增长、贸易增长、投资增长的发动机与稳

---

① 王逸舟:《国家利益再思考》,《瞭望新闻周刊》2001 年第 7 期,第 8—11 页。
② Shirk Susan, "Internationalization and China's Economic Reforms", in Robert O. Keohane and Helen Milner, eds., *Internationalization and Domestic Politics*, New York: Cambridge University Press, 1996, pp.186-206.

定器。在看到中国经济发展的良好前景的同时,我们更应该关注中国经济利益面临的挑战与威胁。中国经济起点低、基础差,面临着下行的巨大压力。其次,中国的实际金融状况不容乐观,如何稳住金融局势,确保经济持续发展是我们面临的重大挑战。中国对海外油气能源的依赖程度进一步加深,鉴于中东、中亚、非洲、南中国海等重要产油地局势不稳,中国的油气供应严重受制。国家实力竞争的主战场是经济贸易,竞争的核心是科技。我国应大力实施"走出去"战略,提高我国出口产品的技术含量,把军事安全战略与对外经贸战略紧密结合起来,确保我国战略性物资进口安全和我国在国外的经济利益。与此同时,进一步加强周边地区的经贸交流和资源开发合作,形成自己的经济战略带,为中国经济的顺利发展创造良好的战略环境。总之,中国的经济战略利益不仅需要维护,更关键的是进一步拓展到全球,为中国战略目标的实现奠定坚实的物质基础。"一带一路"战略设计是中国经济合作战略的升级版,其推进考验着中国的战略智慧,也必将深刻改变中国的国际经济环境。

其二,安全利益的维护与拓展。安全利益的首要问题是防止外敌入侵,预防、制止和击退对本国领土的军事进攻。在相当长时间内,中国卷入大规模战争的可能性不大。随着中国军事力量的进一步增强,其他国家(包括美国、日本等)不会对中国发动大规模军事入侵。但长远观之,中国的安全态势并不趋于良性,反而变数增多。全球战略力量对比失衡,美国加大亚洲再平衡战略的力度,从东西两翼、从海陆两栖对中国安全构成挤压之势,并通过加强南亚和东南亚的存在构成对我三面战略威慑的态势。美国将中国视为亚太地区首要战略对手的思想不会变更,对华遏制、防范将是未来常态。中国的周边安全环境处于1949年以来变数最大的时期,周边领土争夺、宗教冲突、毒品走私、恐怖主义频发,且核武器拥有国甚多,变数有所增多。此外,台湾问题上的变数仍然很大,"藏独""疆独"同境外敌对势力勾结,对中国边境地区的领土安全构成威胁。中国国家安全战略的核心目标是,面向世界大国的前景,稳步推进国家安全,积极参与国际安全的维护,维护并拓展中国的安全利益。未来10年,是中国成长为世界大国的关键时期,也是中国国家安全最受考验的时期,中国国家安全的核心指向是:捍卫国家领土领海权益;反独促统,维护国土完整;维护和塑造有利于中国和平发展的国际环境,避免与美国陷入对抗、遏制和冷战的循环圈,尽力避免周边结成旨在对付中国的同盟,避免中国周边的热点问题失控;维护和扩展国家战略利益的范围和空间,推动多边安全合作,参与营造国际安全体系;大力推进新军事变革,建立可靠的战略威慑力量,加速常规武装力量的现代化,同时进一步加强对外军事合作与交流,既强调中国军队的和平使命,也要适当展示中国的军威。①

其三,政治利益的维护与巩固。中国能否实现自己的战略发展目标,取决于能否保持国内政治稳定,能否保持稳定又取决于能否维持经济繁荣、及时应对各种危机事件、承受西方价值观和意识形态的渗透与冲击。坚持政治和外交上的独立自主,坚持走建设中国特色的社会主义道路,是中国的根本国家利益之所在。当前,社会制度和意识形态在国际问题中的作用有所下降,但西方国家对中国坚持共产党领导和社会主义制度仍然耿耿于怀,始终对中国采取"西化""分化"战略。国内外、境内外敌对分子、民族分裂势力、宗教极端势力相互勾结,破坏我国安定团结的政治局面,越来越成为威胁我国政治利益的新因素。维护中国的政治利益,我们必须认识到,捍卫与社会主义国家性质相一致的意识形态利益,在国家利益中占据重要地位。中国主张处理国家间关系不以意识形态画线,但必须警惕西方在意识形态领域的渗透和腐蚀。中国与西方在政治制度、文化价值观等方面的竞争具有长期性,我们必须防微杜渐,针对西方的文化霸权主义做出针对性反应,弘扬民族优秀文化,吸收其他文化的精髓,维护中国现代政治文化的主导地位。

其四,社会利益的维护与拓展。社会稳定是确保中国全面发展的重要基础。保证社会稳定,避免和制止可能出现的社会动乱,是国家利益至关重要的组成部分。随着全球化、全球治理的发展,社会利益在中国国家利益中的地位越来越突出。改革开放以来,经济增长使隐性社会问题显性化,利益主体多元化,利益来源多样化,利益表达公开化,利

---

① 肖晞:《中国国家安全面临的挑战和战略选择》,载门洪华、曾锐生主编:《未来十年中国的战略走向》,北京:中国经济出版社2015年版,第194—195页。

益关系复杂化,利益差距扩大化,利益冲突尖锐化。当前,我国的改革开放正处于关键时期,社会矛盾凸显。随着中国社会多元化的发展,社会利益博弈带来了许多消极影响,这尤其表现在:城乡差距、贫富差距、地区差距拉大,腐败案件频发,社会不公正彰显,社会矛盾尖锐化等。这些问题导致对社会发展不满意的人数呈上升趋势,而不满的迅速积累甚至有可能演化为社会动荡的导火索,或者当出现突发性事件时,这些不满情绪会起到火上浇油的作用。由于我国处于全面转型的关键时期,影响改革改革发展的许多深层次问题浮出水面,维护社会稳定的压力增加了。"安而不忘危,存而不忘亡,治而不忘乱。"①鉴于社会利益在国家利益中的上升地位,我们应该对此充分重视。以人为本的全面发展理念,经济、社会、文化、政治、生态五位一体的战略设计,全面建成小康社会与和谐社会的目标设定,为社会利益的加强与拓展提供了指导原则和发展方向。社会分配不公是社会不稳定的终极根源。对中国而言,经济发展是硬道理,社会公正也是硬道理。② 中国应该着重于提高人民生活的总体质量,加强环境保护和生态发展意识,使得中国经济和社会发展趋向良性互动,促使中国进入经济、社会、生态、文化全面而均衡发展的新阶段。

其五,国际利益的维护与拓展。改革开放之前,中国常常回避直言国家利益,总是强调中国的国家利益与国际利益一致,似乎国际利益是一个道义标准,其主要原因在于将国家利益与国际利益割裂、对立起来。随着中国进一步的改革开放,国家利益成为制定国际战略的根本出发点,国际利益被纳入国家利益的概念之中,且开始在国家利益基础之上强调国际利益的重要性。随着中国进一步的改革开放,中国国家利益中的对抗性成分在减少,国家利益的交叉程度在加深,人类共同利益等国际利益逐渐成为国家利益的重要部分,国际利益在国家利益结构中的地位上升已成必然趋势。中国应着眼于提高全球意识和国际影响,进一步开发成为世界强国的潜力,主动参与国际重大事务,特别是

---

① 《周易·系辞下》。
② 胡鞍钢等主编:《第二次转型:国家制度建设(增订版)》,北京:清华大学出版社 2009 年版,第 29 页。

国际制度的制定、修改、完善或协调。在全球化时代,只有主动、积极地参与,发出自己的声音,才能确保自己的国际利益。中国的经济利益具有全球性,战略利益向全球扩展是大势所趋。中国应继续提高在国际事务中承担负责任大国的声誉,树立公共利益参与者与维护者的形象,促使中国的国家利益拓展更为顺畅,为中国长远战略利益的契约化和稳定化开辟国际通道。

中国国家利益是一个整体,经济利益、安全利益、政治利益、社会利益、国际利益相辅相成,互相影响,在不同的时段、不同的国内国际背景下有不同的作用。对达成中国的战略目标而言,以上几个方面缺一不可,它们之间不仅仅是相加关系,也存在着某种乘积关系。当然,不同战略利益之间存在着一定的矛盾冲突,在协调它们之间的关系时,需要统筹国内国际两个大局,从全局着眼,从长远利益出发,灵活处置。国家利益的维护,重在根本战略利益和长远战略利益,不应着眼于一时、一事,而应体现出大国眼光、大国气魄、大国风度。

第三节　以稳健步伐塑造国际秩序

促成稳定的国际秩序被视为大国取得真正成功的重要标志。① 秩序建设是任何一个崛起大国必须回答的战略和外交议题。随着中国的崛起,中国如何看待和参与重塑国际秩序已经成为世界瞩目的重要问题,也成为世界各国观察中国崛起效应的重要标尺。

国家兴衰、全球化和地区一体化是当前推动世界变革的三大动力。国家兴衰亘古有之,是形成和塑造世界面貌的根本动力,而全球化和地区一体化相辅相成,推动了大国兴衰的步伐,改变了国家兴衰的形式。全球化的发展导致新的国家兴衰,推动着地区合作进程。全球化改变着世界体系的运作规则,使得既有国际秩序的"民主赤字"愈加凸显,既给各国发展带来了新的机遇,同时也必然产生破坏性力量。国家既有参与全球化的渴望,又有着鞭长莫及的恐惧,各国深刻认识到,在全

---

① 巴瑞·布赞:《中国崛起过程中的中日关系与中美关系》,《世界经济与政治》2006年第7期,第15—18页。

球化和地区一体化并行不悖的时代,各国的繁荣只有在其所属地区的整体共同繁荣之中才能得到保障。基于此,地区合作向着一体化的方向转化,地区一体化愈发受到国家的重视,在各国的秩序目标上,国际秩序与地区秩序建设均体现出重要价值。有鉴于国家主体性的彰显、地区一体化的加强和全球治理的深入,国家改革、地区合作、全球治理促动多元并存,新的秩序建设逻辑正在生成。

中国崛起被视为影响和国际秩序的重要力量,其未来战略走向引起国际社会的高度关注,引动着世界主要国家的战略调整。2005年《中国和平发展白皮书》提出新的国际秩序构想,"推动国际秩序朝着更加公正合理的方向发展",从而淡化了持续30余年建立国际新秩序的倡议,标志着中国全面融入国际社会之后新的政策导向,并以和谐世界作为标志性诉求。然而,2010年以来,国际社会对中国的战略走向更为敏感,随着中国新的大战略框架的确立,金砖国家开发银行、亚洲基础设施投资银行等新国际制度的构想与落实,"一带一路"倡议的提出和实施,中国是否正在试图改变既有的国际秩序,成为既有国际秩序的塑造者乃至挑战者,成为国际社会观察和看待中国崛起的重要标尺。

本章从国家实力、国际目标、战略设计等三个主要变量出发,探究中国与国际秩序的关系。国际秩序是大国之间权力分配、利益分配和观念分配的结果,国际秩序兼具稳定性与变革性的特征;大国崛起必然触及国际秩序建构,中国崛起与国际秩序的变革几近同步而行,中国必然就如何重塑国际秩序提出自己的见解,改革开放为中国全面参与国际社会提供了持久的动力,随着国家实力的增强,中国对国际秩序变革的影响力在提高;中国现在是积极的、建设性的、可预期的、重要的国际秩序塑造者,中国参与国际秩序重塑的主要路径是,强调以完善全球性国际制度的基本规则为着眼点,尝试积极参与国际金融秩序的重构,以此为基础积累国际秩序重塑的经验,并将重点放在地区秩序的重构上,逐步加强在国际秩序建设的议程创设能力。

大国崛起与国际秩序互动的分析框架

国际社会中的秩序(order)指的是国家间正式或非正式的安排,这些安排为国家提供了一种可预测的、稳定的国际环境,使它们通过基于规则的互动来追求和平解决争端等集体目标。① 赫德利·布尔(Hedley Bull)指出,秩序指的是导致某种特定结果的格局,一种旨在实现特定目标或价值的社会生活安排②;国际秩序(international order)指的是国际行为的格局或布局,它追求的是国家社会基本、主要或普遍的目标,包括维持国际体系和国家社会本身的生存、维护国家的独立或外部主权、维护和平等。国际秩序多指国家间秩序,而世界秩序(world order)所关注的不仅是国际秩序,而且包括国家内部的国内秩序以及涵盖了国家体系(system of states)的世界政治体系的秩序。③ 国际秩序与世界秩序的差别在于,前者是由国家构成的秩序,后者强调其他行为体在世界秩序中的地位和作用。斯坦利·霍夫曼(Stanley Hoffman)认为,世界秩序是国家间建立和睦关系的一种理想化模式,是国家间友好共处的重要条件和规范行为的规章准则,是合理解决争端冲突、开展国际合作以求共同发展的有效手段和有序状态。④ 世界秩序是延续人类社会生活主要目的的安排,因此将是一个持续的发展过程,没有终点。全球秩序(global order)则是更为宽泛的概念,它不仅包含着国际秩序、世界秩序所关涉的范围,亦将生态环境保护等低度政治(low politics)层面纳入其范畴,进一步将国际治理概念贯穿其中,强调秩序的整体性、全球性、复合相互依赖等特征。鉴于当前以及在可预见的将来,国际社会仍将处于民族国家时代,我们的分析都是以国际秩序为出发点的。然而,在经济全球化的强烈冲击之下,全球治理的趋势正在显现,将世界秩序乃至全球秩序作为分析的依归也是符合历史发展潮流的。实际上,关于秩序的既有分析多是将国际秩序与世界秩序一并研究,并未着意探究二者的不同。由于各国都生活在民族国家体制之中,大战之后

---

① Muthiah Alagappa, ed., *Asian Security Order: Instrumental and Normative Features*, New York: Stanford University Press, 2003, p.39.
② Hedley Bull, *The Anarchical Society: A Study of Order in World Politics*, New York: Columbia University Press, 1980, p.1.
③ Ibid., pp.16-20.
④ Stanley Hoffman, *Primacy or World Order: American Foreign Policy since the Cold War*, New York: McGraw-Hill Book Company, 1978, pp.180-190.

建立的秩序一般也是国际(国家间)秩序,而不是世界秩序。

根据既有的理解,国际秩序包含如下几个方面的内容:第一,国际秩序是某一时段各主要行为体基于实力造就的格局,是"全球体系中的政治经济结构与管理机制"①。换言之,国际秩序是建立在各行为体尤其是主要国家力量对比基础之上的。国际秩序是权力分配的结果。第二,国际秩序是某一时期国际社会各行为体围绕一定的目标,在利益基础之上相互作用、相互斗争而确立的国际行为规则和保障机制。也就是说,国际秩序是国家间尤其是大国之间利益分配的结果。第三,一定时期的国际秩序是否稳定,往往取决于主要大国在核心观念上能否达成和保持一致、默契或必要的妥协。换言之,国际体系内的观念分配将是决定国际秩序能否建立、可否保持稳定的关键性变量。第四,国际秩序指的是国际社会中的主权国家、国家集团和国际组织等行为体按照某种原则、规范、目标和手段来处理彼此间的关系,以及所建立或维系的某种国际政治经济运行机制和整体态势。也就是说,国际制度是建构和维持国际秩序的决定性变量。综上所述,笔者认为,**国际秩序是国际社会中主要行为体尤其是大国权力分配、利益分配、观念分配的结果,而其主要表现形式就是全球性国际制度的创立与运行。**

基于以上认识,我们可以说,国际秩序是一种国际公共物品(international public goods),它由各主要行为体尤其是大国提供,又体现并导致了大国之间的合作与冲突。国际秩序之争,实质上是权力之争、利益之争,又主要表现为观念之争、国际制度之争。鉴于大国实力的此消彼长是一种历史规律,在实力基础上的利益分配、观念分配以及反映三种分配结构与进程(process)的国际制度也将处于变动不居的状态之中,国际秩序是一个动态的概念,变革性是其本质特征之一。另一方面,权力结构、利益结构、观念结构、国际制度又存在某种程度的稳定性,乃至滞后性。新旧秩序的转换将是一个长期的过程。国际政治经济秩序的进程与速度取决于实力对比的变化,而后者并不会迅速冲击到既有的结构和国际制度,国际秩序处于这些结构与制度的顶端,故而滞后性也

---

① 朱云汉:《中国人与21世纪世界秩序》,《世界经济与政治》2001年第10期,第54—59页。

被视为国际秩序的基本特征之一。

国际秩序是国际社会各主要行为体尤其是大国权力分配、利益分配、观念分配的结果。因此，大国对国际秩序的影响必然是巨大的。布尔指出，大国之所以能够影响国际秩序，只是因为构成国际体系的国家所拥有的权力是不平等的，国家权力的不平等使得国际关系格局简单化，大国也可能采取有助于维持或损害国际秩序的政策。布尔通过分析发现，大国所维持的国际秩序在整个国际社会得到了广泛的支持，然而，大国总是面临着如何让其他国家认可自己在国际体系发挥特殊作用这个问题。世界是不同权力角逐的场所，任何大国都不能在此建立完全符合自己利益的秩序。鉴于此，大国必须避免将自己的特殊地位正式化和明确化，努力避免采取引人注目的破坏秩序的行为，必须满足或部分满足公正变革的要求，必须与二流强国协调维持地区均势。①

大国是秩序建构和重塑的主角，其一般规律是，大国软硬实力的增强导致其利益诉求延展，新的国际目标逐步形成，并在国际秩序变动过程中进行主导或被动的战略设计，成为国际秩序变革的实际推动者，并在全球和地区两个层面展开其战略作为。20世纪迄今，国际秩序变动频繁，秩序斗争从未停歇，大国竞争也再次展开。在国际秩序建构中，国家实力是基础条件，而观念变革往往发挥着先导性的作用。随着全球化和地区一体化的深入发展，全球治理、地区共同体等理念被提出和逐步接受，而既有的霸权主导观念并未完全退出历史舞台，传统思维与创新思维正在进行着激烈的较量，秩序重构在全球和地区两个层面展开。

国际秩序的历史演变

纵观国际秩序的发展进程，其基础是不相关联的多个地区秩序并存，这些秩序均以一国主导为基本特征。随着全球化的冲击（尤以航海革命为重要表现）和大国兴衰，欧洲地区首先形成了均势性秩序，欧洲各列强因工业革命而领风气之先，在全球拓殖，使得地区秩序向全球

---

① Hedley Bull, *The Anarchical Society: A Study of Order in World Politics*, New York: Columbia University Press, 1980, pp.199-222.

经济秩序进而全球政治秩序扩张,经两次世界大战而最终形成了全球意义上的国家间秩序。当然,在一定意义上,全球秩序并未完全遮盖地区秩序的努力(或企图),美国在拉美的霸权秩序试验和苏联在二战期间及战后在东欧建立的霸权秩序均可证明之。二战之后,尤其是20世纪60年代以来,国际秩序变动的突出特征是,随着欧洲自强和亚非拉民族解放运动的深入开展,地区秩序复兴成为潮流,地区共同体秩序作为一种新形式登上了历史舞台,并引领着全球秩序变革时代的来临。20世纪90年代迄今,全球秩序的重塑和地区秩序建构的勃兴成为国际秩序建构的突出特征。

纵观古代历史,没有一个国家拥有统驭世界的力量、影响力或遍及世界的利益,也没有一种国际体系曾经达到全球规模,几个地区秩序并存,其中以中国为核心的东亚秩序集中反映了中国的传统政治思想和政治智慧。真正全球性体系的出现有赖于地理大发现。15、16世纪始,欧洲诸国强力向外拓展,开创了稳定的全球航海体系以及随之而来的全球规模的贸易体系,到19世纪中叶,当中国也被殖民体系所触及之际,一个全球性国际体系产生了。工业革命、运输革命、通讯革命等相继而来,体系内部联系的紧密最终造就了一个全球性的国际经济秩序。政治上,1648年《威斯特伐利亚条约》的签署承认了国家主权平等的原则,为日后所建立的国际政治秩序奠定了最原始的政治基础。而值得注意的是,造就这一国际秩序的基础条件就是欧洲均势秩序形成并趋于稳定。

19世纪末20世纪初,以国际分工的完成、世界市场和世界货币体系的出现、殖民体系的建立为主要标志,一个世界性的国际政治经济体系形成了。在这个体系中,欧洲列强转型为现代民族国家,各自拥有了保护自己不受侵略威胁和对外进行殖民扩张的实力与强烈意愿。大英帝国崛起为世界霸主,同时美国崛起为世界第一经济强国,日本也通过明治维新成功崛起为亚洲强国。19世纪后半叶最为突出的现象就是,列强内外夹击打碎了传统的东亚地区秩序;美国放弃孤立主义,不仅寻求美洲秩序的主导权(以"门罗主义"为开端),而且开始插手东亚秩序重构(以占领菲律宾和提出"门户开放"政策为标志)①;欧洲均势秩序因欧陆国家兴衰而急剧变动,德国通过统一实现崛起,成为威斯特伐利亚体系的挑战性力量。这些强国通过战争互动的结果就是第一个全球性国际秩序的出现。它以国际联盟的建立为依托,以凡尔赛—华盛顿体系的确立为标志。可以说,这一全球性国家间秩序的确立是20世纪第一次新秩序的诉求。一方面,它是理想主义思想的实践成果,代表了寻求世界和平的持久努力;另一方面,它是欧洲国际秩序向全球扩张的延续,是资本主义国家建立的国家间秩序向全球的延续,始终带着浓厚的霸权主义和强权政治色彩。

鉴于凡尔赛—华盛顿秩序的分赃性质及其内在的不平等性,该秩序的不稳定是必然的。随着20世纪20、30年代德国的重新崛起和德、日、意法西斯主义思想的泛滥,冲击该秩序的力量和意愿已经磨刀霍霍,一场新的世界大战不可避免。其间突出的现象是,美国具有了世界霸主的实力,却拒绝承担世界霸主的责任,而是伺机攫取世界性利益;社会主义苏联崛起成为列强纵横捭阖、准备战争的最佳借口。因而,第二次世界大战既是世界人民与法西斯主义的决战,也代表了资本主义试图利用法西斯主义消灭社会主义的努力。战争的结果是,法西斯主义被消灭了,而社会主义苏联却更为壮大,这似乎成了如何建立战后国际秩序的一个难题。

二战结束前后各大国建立国际秩序的努力代表了20世纪第二次新秩序的诉求。各大国遵循实力原则和利益原则,以划分势力范围的形式,建立了具有强烈地缘政治色彩的雅尔塔秩序。这一国际秩序较以往有了巨大的进步,凝聚着世界人民与法西斯极端统治浴血奋战的成果,并增添了社会主义的色彩。② 其进步性体现在,政治上所创立的联合国确认了国家主权平等、民族自决等机制性原则,经济上所创立的国际货币基金组织、世界银行、关贸总协定等代表了促进全球经济发展的愿望和努力。该国际秩序是威斯特伐利亚秩序向全球延伸,主权平

---

① 门洪华:《霸权之翼:美国国际制度战略研究》,北京大学出版社2005年版,第四章。
② 蔡拓:《关于建立国际新秩序的几点思索》,《南开学报》1994年第3期,第14—19页。

等原则成为世界通行的原则,将主权平等原则写入《联合国宪章》是国际秩序上的重要里程碑。但是,该秩序没有摆脱霸权主义和强权政治的阴影,其主要表现就是苏美争霸两极格局的出现,导致世界陷入冷战泥潭达数十年之久。其中,美国巩固美洲地区秩序、苏联确立东欧次地区霸权秩序是两者争霸的重要基础条件,而社会主义苏联在本质上滑向了帝国主义的泥潭。除此之外,主导东亚安全秩序确保了美国在两强争霸中的地缘优势。

从某种意义上讲,二战之后建立的雅尔塔秩序带有历史包袱是必然的,其不平等性早在一个世纪之前已经造就,这一秩序因而被称为国际政治经济旧秩序。国际经济旧秩序指的是以发达国家剥削和掠夺发展中国家和欠发达国家为特征的不平等的国际经济秩序,包括以不合理的国际分工为基础的国际生产秩序,以不平等交换为特征的国际贸易秩序,以垄断为基础的国际金融秩序等。国际政治旧秩序指的是以霸权主义和强权政治为特征的国际政治秩序。

在看到国际政治经济旧秩序缺陷的同时,我们也要意识到其发生的内在变革。从根本上看,这种变革来源于经济和技术的发展。全球不同地区不同社会的发展有快有慢,不仅取决于技术、生产和贸易的变化方式,而且取决于对增加生产与财富的新方式的接受能力。当世界上某些地区进步的时候,其他地区就相对或(有时)绝对地落后了。[1] 信息革命是世界变革的决定性力量,迅速改变了国际竞争力的对比状况,进一步拉大了国家之间的巨大差距,同时改变了战争乃至国家安全的形态,对未来国际秩序有着不可忽视的重要影响。另一方面,持续的经济增长和世界市场经济已经缓和了国际关系。在当今时代,国家最经常的是通过经济效率、合作和国际分工获得更多的收益,而不是通过战争、帝国主义和排他性的经济形式。[2] 但是,经济相互依赖和相互获益前景并未消除国家之间的竞争和不信任,贸易并不总是一种维护和平的力量。此外,一些国家的富裕和大多数人的贫困造成了世界的巨

---

[1] 保罗·肯尼迪:《大国的兴衰》,北京:中国经济出版社1989年版,第538页。
[2] 罗伯特·吉尔平:《世界政治中的战争与变革》,北京:中国人民大学出版社1994年版,第216页。

大鸿沟,成为造成不和的新力量。① 当然,这个过程也是全球性问题进一步突出的时代,国际秩序的观念、国际机制亦因此进入变革时代。

首先,构成国际秩序基础的实力格局发生了巨大的变化。二战之后大国兴衰出现了戏剧性变化,强盛一时的苏联帝国轰然崩塌;以中国为代表的发展中大国群体性崛起,冲击着既有的全球权力格局和利益格局;西欧国家痛定思痛之后联合自强成为地区主义加速发展的先锋,通过欧盟的建立和东扩再次成为推动国际变革的核心力量;日本先盛后衰,日本在冷战的夹缝中崛起为世界第二大经济强国,甚至在20世纪80年代一度有购买美国的迹象,但自90年代初至今陷入"失去年代"(lost decades),其政治右倾化搅动着东亚格局;20世纪60、70年代以来,第三世界崛起为重要的政治力量②,并提出了改革世界政治经济秩序的要求。实力格局变化最为突出的影响就是地区秩序的重构。西欧共同体秩序的建构领地区合作风气之先,推动了其他地区秩序的重构。其次,随着实力格局的变化,各国提出了相应的利益要求,利益格局也出现了巨大变革,这不仅体现在南北之间的利益冲突,也体现在北方国家内部。再次,随着全球化的深入和复合相互依赖的加深,国际合作成为主导性国际行为,而全球治理等新观念逐步深入人心,构成国际秩序的主导观念也在悄然变更。经济全球化在构建全球秩序中发挥着双刃剑的功用。相互依赖导致国际竞争冲突更加激烈,而相互依赖本身也成为制裁对方的工具。但它可能会使得各国在处理冲突时采取明智的理性态度,用对话代替对抗。③ 最后,国际机制出现悄然变革。近代以来,特别是第一次世界大战结束以来,国际社会一直在寻求合作,也一直有着建立超国家的世界秩序的冲动,这种冲动导致一系列国际法和国际政治规则的出现,并建立了一系列制度化的组织和机构。随着权力分散化和国际治理思想影响的扩大,随着更多的国家参与国际机制制定与完善,国际机制的公正属性也在进一步体现。世界转型的

---

① 罗伯特·吉尔平:《世界政治中的战争与变革》,第217—218页。
② 王绳祖主编:《国际关系史》第九卷,北京:世界知识出版社1996年版,第41—75页。
③ 鲁品越:《产业结构变迁与世界秩序重建——历史唯物主义视野中的世界秩序》,《中国社会科学》2002年第3期,第4—13页。

加速冲击着既有的国际秩序架构,催生了基于共同利益的国际秩序重塑,国际秩序转型日益体现为以多极化为基础,以共同利益的汇聚及其制度化、共同责任的分担(大国承担重要责任、其他国家分担责任)为趋向。

由于以上几个方面的变化,国际秩序之争趋于激烈。冷战结束之前,建立国际新秩序的呼声主要来自第三世界,其目标是改变在旧的国际经济秩序中所处的不利地位,为民族经济的发展创造有利的国际环境。冷战结束之初,发达国家实力进一步强大,力主建立新秩序。[①] 美国把建立世界新秩序提升到国家战略的高度,急于利用时机构筑一个确保美国领导地位的世界秩序;欧盟国家表明恢复欧洲传统地位的强烈愿望;日本提出以日美欧三极为主导建立国际新秩序的主张。实质上,发达国家所主张的世界新秩序是旧秩序的延续和进一步巩固,即利用优势地位最大限度地维护自身利益,通过维持现存国际规则或制定有利于自己的国际规则,将所有国家纳入其主导的国际政治经济体系。进入21世纪,各国关于秩序建构的重心回落到地区层面,尤其是2008年下半年爆发的全球金融危机使得诸多国家进一步认识到地区合作的价值,它们在推动全球经济治理(尤以二十国集团的活动为表征)的同时,着力于地区地位的巩固,通过推动地区合作探究全球秩序重构的新路径,并为推动全球变革积蓄力量。

中国融入世界的战略选择(1985—2005年)

自中华人民共和国成立至今,中国就是国际秩序的积极变革者。中国曾经被排斥在国际秩序的决策之外,在国际秩序中的作用经历了一个从旁观到参与、从消极到积极的过程,其间中国对国际秩序的认识得以逐步深化。

1978年党的十一届三中全会标志着中国历史的重大转折,1982年党的十二大进一步明确了社会主义现代化建设的宏伟蓝图,1985年和平与发展主题的提出为中国融入国际社会、全面参与国际秩序提供

---

① 李强:《全球化、主权国家与世界政治秩序》,《战略与管理》2001年第2期,第13—24页。

了战略思路。以此为基础,中国走上改变自己、影响世界的和平发展之路。在逐步全面参与全球事务的过程中,中国还深刻认识到自身实力制约和国际定位的重要性,逐步把东亚合作视为中国参与国际事务的重心所在,其国际秩序建设思路也逐步形成全球与地区并行的态势。

进入20世纪80年代,中国进行了具有基础性意义的国际战略调整。这次战略调整的基础以观念转变为前提:从"以阶级斗争为纲"转变为"以经济建设为中心";对时代主题的认识从战争与革命转为和平与发展。时代主题的判断首先始于国内共识的培育,并逐步向国际社会公布。1977年,邓小平就讲到"可以争取延缓战争的爆发",1982年讲到"战争的因素在增长,制约战争的因素也在增长"。1985年3月4日,邓小平在会见日本代表团时指出,"现在世界上真正大的问题,带全球性的战略问题,一个是和平问题,一个是经济问题或者说发展问题[1]"。1988年12月21日,邓小平在会见印度总理拉吉夫·甘地时指出:"当前世界上主要有两个问题,一个是和平问题,一个是发展问题。……应当把发展问题提到全人类的高度来认识,要从这个高度去观察问题和解决问题。只有这样,才会明了发展问题既是发展中国家自己的责任,也是发达国家的责任。"[2]和平与发展时代主题的提出,是重新认识中国与世界互动关系的转折点。以此为基础,中国共产党的执政理念实现了从"斗争哲学"到"建设哲学"的转变,实现了从"以阶级斗争为纲"到"以经济建设为中心"的政治战略调整、从教条主义到"实践是检验真理的唯一标准"的思想战略调整、从计划经济到社会主义市场经济的经济战略调整。和平与发展时代主题的确立,决定了国家大战略的基本趋向,为国内、国际战略的总体协调奠定了基础。

这次战略调整以1982年9月党的十二大召开为标志,并逐步丰富完善起来。邓小平在中共十二大开幕词中指出:"独立自主、自力更生,无论过去、现在和将来,都是我们的立足点。"[3]胡耀邦在政治报告

---

[1] 《邓小平文选》第三卷,第105页。
[2] 同上书,第281—282页。
[3] 《邓小平文选》第三卷,第3页。

中提出,中国决不依附于任何大国或者国家集团,决不屈服于任何大国的压力。这两个讲话标志着中国开始放弃"一条线"的战略布局,明确了中国国际战略的新内涵。随后,中国进一步强调秉持独立自主的和平外交政策,调整以苏划线的僵硬做法,强调发展与世界各国的全方位外交关系。与此同时,邓小平发展了"三个世界"理论,提出了东西南北问题。"和平问题是东西问题,发展问题是南北问题。概括起来,就是东西南北四个字。南北问题是核心问题。"①基于此,邓小平积极倡导南北对话和南南合作。同时,邓小平提出"一国两制"解决台湾统一问题和"搁置争议、共同开发"解决南海争端的思路。随着国际形势的发展和中国实力的增强,建立国际政治经济新秩序成为邓小平关注的战略重点,1988年,邓小平明确提出国际新秩序建设"应当用和平共处五项原则作为指导国际关系的准则"②,这是对国际社会未来前景的理论概括。

随着国家总体战略的调整,对外开放成为中国国际战略的重要组成部分,中国加速了融入国际制度的步伐。由于历史因素和现实景况的制约,这一时期中国的战略尤以参与国际经济制度为核心,体现出经济利益导向和目标导向的特征。中国开始强调与国际潮流接轨,着力塑造积极参与者和严格执行者的角色。在这个过程中,中国关于国际社会的观念发生了变化,遵循国际社会的规则,参与主要的全球性国际制度,不再把革命当作变革国际社会的途径,而把广泛参与国际社会作为现代化的前提和重要途径。

20世纪80年代末90年代初,国际形势发生深刻变化,苏联解体、东欧剧变,冷战结束。在这一重大的历史关头,中国逆水行舟,反而加快了对外开放的步伐。中国利用发达国家资本密集型制造业和高新技术产业劳动密集型制造业部门转移的机遇,进一步发展以出口为导向的外向型经济。1992年党的十四大确立了建立社会主义市场经济的战略部署,中国成为"一超多强"中不可忽视的一极,其发展潜力逐步展现出来。尤其是,原定于2000年实现的翻两番战略目标提前5年实

---

① 《邓小平文选》第三卷,第105页。
② 同上书,第283页。

现,人民生活水平实现了从贫困到小康的跨越,中国经济发展的潜力开始全面激发出来。1990—2000年中国GDP增长率达到10.4%,为全球诸大国之最。中国发展态势与世界格局变动更促使美国一些战略家将中国列为头号潜在战略对手。

1989年下半年,邓小平针对国内外情势的巨大变化,提出了"冷静观察、稳住阵脚、沉着应对、韬光养晦、善于守拙、决不当头、有所作为"等一系列战略方针,坚持不扛旗、不当头,从而避免了因大国对抗而导致的大局失控;坚持有所作为,强调在涉及中国主权、安全等重大利益问题上不能没有自己的声音,冷静估量形势发展和利用机遇,在韬光养晦的基础上有所作为。这些战略方针以韬光养晦、有所作为为核心,以不扛旗、不当头、不与西方搞对抗为基本策略,从而顶住了西方制裁的压力,迅速打破了国际反华势力的遏制图谋。与此同时,中国领导人在国际战略上进行一系列新的创新性部署。

早在20世纪80年代,邓小平就科学地分析国际局势发生的重大而深刻的变化,及时提出必须建立公正合理的国际政治经济新秩序。1990年12月24日,邓小平在同中央几位负责同志的谈话中指出:"在国际问题上无所作为不可能,还是要有所作为。作什么?我看要积极推动建立国际政治经济新秩序。"①江泽民等主要领导人在随后的重要讲话和政治报告中无不提及国际政治经济新秩序建设的问题。2002年,江泽民在党的十六大报告中阐明了中国在21世纪建立国际政治经济新秩序的主张:各国政治上应相互尊重、共同协商,而不应把自己的意志强加于人;经济上应相互促进,共同发展,而不应造成贫富悬殊;文化上应相互借鉴,共同繁荣,而不应排斥其他民族的文化;安全上应相互信任,共同维护,树立互信、互利、平等和协作的新安全观,通过对话和合作解决争端,而不应诉诸武力或以武力相威胁。② 2003年5月28日,胡锦涛在莫斯科国际关系学院发表演讲,阐述了对推动建立公正合理的国际政治经济新秩序的五项主张。胡锦涛指出,各国人民共同生

---

① 《邓小平文选》第三卷,第363页。
② 《中国共产党第十六次全国代表大会文件汇编》,北京:人民出版社2002年版,第46页。

活在一个"地球村"里,应该携手合作、共同努力,推动建立公正合理的国际政治经济新秩序。为此应该从五个方面进行努力:促进国际关系民主化;维护和尊重世界的多样性;树立互信、互利、平等和协作的新安全观;促进全球经济均衡发展;尊重和发挥联合国及其安理会的重要作用。

  与此相关,中国领导人将传统安全与非传统安全通盘考虑,在安全观念上进行了积极的创新。1997年3月,中国在东盟地区论坛会议上,正式提出了"新安全观"。1999年3月26日江泽民在联合国裁军谈判会议上第一次全面阐述了新安全观,强调新安全观的核心是互信、互利、平等、协作。新安全观表明一个强大、繁荣的中国如何界定未来的国际环境之安全性。① 中国通过上海合作组织建设将新安全观付诸实践,并将之延伸到中国—东盟自由贸易区的构建之中。新安全观体现的防御性现实主义思想,代表着中国在安全问题与国际认同的深化、合作型战略文化的内化,成为构建中国21世纪国际战略的基石。②

  随着中国国家实力的上升,东亚所有重大事务没有中国的积极参与则难以获得满意的结果。这样的战略态势为中国发挥积极作用奠定了现实基础。20世纪90年代中期开始,中国改变对地区合作的消极、被动姿态,在经济、安全、军事等方面与邻近国家展开了积极合作。在经济上,中国提议建立中国—东盟自由贸易区,强调"10+3机制"可以发展成为东亚地区合作的主渠道,以逐步构建地区经济、贸易、投资、安全的合作框架;在安全上,中国主导倡议创建上海合作组织,为中国参与亚洲地区合作提供了一种积极的范式,中国还加强了与东盟等国家在非传统安全领域的合作;军事上,中国积极拓宽与主要大国的合作,在反恐、防止武器扩散、联合军事演习等方面体现出前所未有的积极姿态。中国促动的东亚合作机制代表了其外交新思路,即在自己利益攸关的地区培育和建立共同利益基础之上的平等、合作、互利、互助的地

---

① Denny Roy,"China's Reaction to American Predominance", *Survival*, Vol.45, No.3, Autumn 2003, pp.57-78.
② 门洪华:《中国战略文化的重构:一项研究议程》,《教学与研究》2006年第1期,第57—63页。

区秩序,在建设性互动过程中消除长期积累起来的隔阂和积怨,探索并逐步确立国家间关系和国际关系的新准则。

自1997年起,中国将"负责任大国"作为其国际地位的标示,进一步关注自身国际形象的树立。中国正在从具有全球影响力的地区性大国走向世界大国,并在全球和平、安全、发展中发挥越来越重要的作用,这就要求中国应该进一步塑造国际社会中负责任、建设性、可预期的大国形象,提供更多的全球性和地区性公共物品。在1997—1999年的亚洲金融危机中,中国的负责任大国形象已经树立起来,赢得了亚洲诸国乃至世界的尊敬。

以此为开端,中国国际战略由内向性转为外向性,中国积极融入国际社会,拓展战略利益,成为国际社会的全面参与者。对冷战后的中国而言,打破外交孤立只是问题的第一步,而如何成为被国际社会接受、让国际社会放心的大国才是战略重点,惟有如此,中国才可能确保实现国家发展基本目标的国际环境。随着中国融入国际社会步伐的加快,中国的战略空间在扩展,但中国遭受外部冲击的脆弱性在增加。而且,随着中国国家实力的发展,"中国威胁论"在特定时段形成对中国的国际压力。欧美经济一体化加快对中国所在的东亚经济合作其产生了巨大的国际竞争压力,也成为中国促动东亚一体化的外在动力。中国对自己所处的国际环境有了更为准确的判断,对自己的国家实力有了更加客观的认识,所设定的国家目标和国际目标更具有可操作性。

"负责任大国"的战略宣示意味着,中国的自我认同发生了巨大的变化。可以说,中国以主权为中心的、独立自主大国的传统认同与负责任大国的新认同相关联,后者与融入国际制度有着更直接的关联,即中国的国家行为越来越受到国际制度的调节。中国明确意识到加入国际制度是打破包围、赢得负责任声誉的重要条件。在国际社会里或重大全球问题上,中国越来越融入国际制度,变得更加合作。此外,中国不仅扩大对国际制度的参与,在国际制度中的行为也越来越积极,开始体现积极参与者的特征,其议程创设能力也有所提高。通过国际制度的参与、创设乃至主导实现融入国际社会和拓展国家战略利益,已是中国既定的战略选择。与此同时,中国积极参与既有国际制度的完善和新领域国际制度的创设,国际制度越来越打上中国的印记,中国塑造国际制度的能力也得以提高。①

随着中国国际地位的上升,中国对待国际秩序的观点更加辩证。中国认识到,既有国际秩序以西方为主导,确有许多不公正不合理的地方,但中国在现有的国际秩序中的地位已呈逐步上升之势。此外,中国进一步客观评估现有国际秩序的利弊,认识到在现有联合国为主导的全球性制度体系中,中国在政治方面占据较明显的有利地位,经济方面也越来越利大于弊,现有国际秩序对中国而言是一柄双刃剑:随着中国全面参与国际社会,它促进了中国实力的增长和利益的维护;由于现有国际秩序是固有权力、利益格局的产物,它也对中国的实力增长和利益拓展构成了限制。在此情况下,中国应以负责任的大国身份参与国际政治经济秩序的建设与变革,以渐进的方式、和平的方式、民主的方式改革现有国际政治经济秩序中的不公正、不合理的方面。同时,中国进一步认识到国际秩序建设的艰巨性,从务实的角度积极推动东亚秩序建设,并思考国际秩序建设的新思路。

塑造世界的战略路径(2005—2015 年)

进入 21 世纪,中国崛起的步伐加快,中国 GDP 规模连续超过此前看起来似乎难以企及的目标,2009 年超过日本成为世界第二大经济强国;中国的对外贸易增长迅速,2014 年成为世界第一大对外贸易国;随着走出去战略的深入实施,尤其是金砖国家开发银行、亚洲基础设施投资银行、"一带一路"战略的提出和实施,中国对外投资进入加速时期。与此同时,中国高度重视文化软实力建设,进一步夯实中国和平崛起的基础。全面深化融入国际社会,全面深化改革实现自身变革,面对世界金融失序的窘境,开始积极参与重塑世界的进程之中,融入—变革—塑造的战略框架逐步形成,推动国际秩序变革成为中国大战略的必有之义。

---

① 门洪华:《压力、认知与国际形象——关于中国参与国际制度战略的历史解释》,《世界经济与政治》2005 年第 4 期,第 17—22 页。

表 5-3　GDP 占世界的比重(1985—2015 年)

(单位:%)

年份	中国	美国	日本	印度	东盟	俄罗斯
1985	2.57	35.66	11.36	1.95	1.90	—
1986	2.12	32.04	14.32	1.76	1.81	—
1987	2.01	29.63	15.12	1.73	1.74	—
1988	2.23	28.48	16.35	1.62	1.50	—
1989	2.37	29.20	15.57	1.55	1.42	—
1990	1.79	26.52	13.76	1.45	1.37	—
1991	1.79	26.13	14.97	1.16	1.46	—
1992	2.02	26.41	15.56	1.18	1.59	0.35
1993	2.52	27.04	17.35	1.12	1.73	0.72
1994	2.14	26.79	17.78	1.22	1.86	1.01
1995	2.50	25.28	17.59	1.21	1.95	1.03
1996	2.87	26.04	15.13	1.29	2.12	1.26
1997	3.18	27.80	13.96	1.37	2.01	1.31
1998	3.40	29.55	12.73	1.39	1.37	0.88
1999	3.45	30.24	13.88	1.46	1.57	0.61
2000	3.63	31.26	14.38	1.45	1.66	0.79
2001	4.03	32.48	12.72	1.51	1.62	0.94
2002	4.28	32.30	11.71	1.54	1.75	1.02
2003	4.32	30.14	11.27	1.62	1.77	1.13
2004	4.52	28.54	10.83	1.68	1.77	1.37
2005	4.91	28.12	9.82	1.79	1.84	1.64
2006	5.54	27.46	8.63	1.88	2.04	1.96
2007	6.17	25.47	7.66	2.18	2.15	2.29
2008	7.30	23.62	7.78	1.96	2.32	2.67
2009	8.64	24.41	8.52	2.31	2.44	2.07
2010	9.22	23.19	8.52	2.65	2.76	2.36
2011	10.24	21.73	8.27	2.63	2.90	2.67

续表

年份	中国	美国	日本	印度	东盟	俄罗斯
2012	11.54	22.24	8.17	2.56	3.03	2.78
2013	12.68	22.45	6.56	2.51	3.14	2.81
2014	13.40	22.45	5.96	2.65	3.10	2.41
2015	15.49	24.44	5.60	2.97	3.22	1.68

资料来源：IMF，http://www.imf.org/external/pubs/ft/weo/2014/02/weodata/download.aspx.

注：GDP按照市场汇率进行计算，2015年为估测值。

表5-4　GDP增长率的比较（1985—2015年）

（单位:%）

年份	中国	美国	日本	印度	东盟	俄罗斯	世界
1985	13.50	4.24	6.33	5.25	1.12	—	3.90
1986	8.80	3.51	2.83	4.78	4.77	—	3.36
1987	11.60	3.46	4.11	3.97	5.60	—	3.80
1988	11.30	4.20	7.15	9.63	7.82	—	4.60
1989	4.10	3.68	5.37	5.95	8.43	—	3.93
1990	3.80	1.92	5.57	5.53	7.63	—	3.38
1991	9.20	−0.07	3.32	1.06	6.40	—	2.43
1992	14.20	3.56	0.82	5.48	6.44	—	2.35
1993	14.00	2.75	0.17	4.75	7.56	−8.70	2.16
1994	13.10	4.04	0.86	6.66	7.77	−12.70	3.34
1995	10.93	2.72	1.94	7.57	8.32	−4.10	3.37
1996	10.00	3.80	2.61	7.55	7.53	−3.61	3.90
1997	9.30	4.49	1.60	4.05	4.03	1.38	4.13
1998	7.80	4.45	−2.00	6.18	−8.89	−5.35	2.52
1999	7.60	4.69	−0.20	8.85	2.86	6.35	3.63
2000	8.40	4.09	2.26	3.84	5.51	10.05	4.80
2001	8.30	0.98	0.36	4.82	3.08	5.09	2.48

续表

年份	中国	美国	日本	印度	东盟	俄罗斯	世界
2002	9.10	1.79	0.29	3.80	4.89	4.74	2.94
2003	10.01	2.81	1.69	7.86	5.64	7.25	4.04
2004	10.10	3.79	2.36	7.92	5.97	7.15	5.38
2005	11.30	3.35	1.30	9.29	5.42	6.39	4.86
2006	12.68	2.67	1.69	9.26	5.52	8.15	5.54
2007	14.20	1.78	2.19	9.80	6.17	8.54	5.68
2008	9.64	−0.29	−1.04	3.89	5.54	5.25	3.06
2009	9.21	−2.78	−5.53	8.48	2.18	−7.80	−0.01
2010	10.41	2.53	4.65	10.26	6.95	4.50	5.38
2011	9.30	1.60	−0.45	6.64	4.62	4.30	4.17
2012	7.76	2.32	1.75	5.08	6.09	3.40	3.40
2013	7.75	2.22	1.61	6.90	5.16	1.30	3.41
2014	7.36	2.39	−0.06	7.17	4.62	0.62	3.39
2015	6.76	3.14	1.04	7.46	4.65	−3.83	3.45

资料来源：IMF，http://www.imf.org/external/pubs/ft/weo/2014/02/weodata/download.aspx。

注：GDP按照购买力平价进行计算，2015年为估测值。

表5-5 对外贸易占世界的比重(1985—2015年)

(单位：%)

年份	中国	美国	日本	印度	东盟	俄罗斯
1985	1.22	12.52	8.54	0.56	3.67	—
1986	1.17	12.22	9.05	0.53	3.17	—
1987	1.30	11.58	8.44	0.51	3.30	—
1988	1.33	12.53	8.61	0.50	3.65	—
1989	1.29	13.10	8.37	0.55	3.99	—
1990	1.35	12.56	7.60	0.54	4.11	—
1991	1.50	13.18	8.05	0.52	4.56	—

续表

年份	中国	美国	日本	印度	东盟	俄罗斯
1992	1.66	13.01	8.05	0.53	4.80	—
1993	1.83	13.56	8.56	0.57	5.51	—
1994	2.24	13.21	8.34	0.59	5.89	1.43
1995	2.32	12.53	7.79	0.60	6.28	1.47
1996	2.56	12.71	6.99	0.61	6.40	1.54
1997	2.98	13.42	6.87	0.64	6.40	1.45
1998	3.02	13.63	6.35	0.67	5.79	1.27
1999	3.10	13.59	6.50	0.72	6.10	1.19
2000	3.52	13.52	6.66	0.75	6.44	1.45
2001	3.90	13.14	5.83	0.81	6.10	1.48
2002	4.56	12.26	5.74	0.88	6.16	1.51
2003	5.19	10.96	5.62	0.91	5.93	1.63
2004	5.79	10.25	5.60	1.02	5.93	1.79
2005	6.47	9.97	5.25	1.20	6.00	2.08
2006	7.14	9.83	4.93	1.30	6.10	2.25
2007	7.74	9.55	4.65	1.39	6.01	2.27
2008	7.97	9.29	4.52	1.54	6.00	2.63
2009	8.35	9.93	4.22	1.64	6.26	2.18
2010	9.18	9.73	4.58	1.83	6.66	2.36
2011	9.25	9.43	4.15	1.99	6.64	2.58
2012	9.93	9.76	4.04	1.96	6.76	2.62
2013	10.41	9.76	3.58	1.99	6.68	2.56
2014	11.05	10.92	4.08	2.00	6.70	2.20
2015						

资料来源：UNCTAD，http://unctadstat.unctad.org/wds/TableViewer/tableView.aspx.

注：原始数据按照现价国际美元计算；中国的数据仅包括中国大陆。

表 5-6 对外投资占世界的比重（1985—2014 年）

（单位:%）

年份	中国	美国	日本	印度	东盟	俄罗斯
1985	1.01	21.50	10.34	0.00	0.87	—
1986	0.46	20.24	14.84	0.00	0.44	—
1987	0.45	21.23	14.15	0.00	0.45	—
1988	0.47	10.19	19.41	0.01	0.21	—
1989	0.33	16.02	19.7	0.00	0.53	—
1990	0.34	12.82	21.01	0.00	0.96	—
1991	0.46	16.37	15.84	0.00	0.46	—
1992	1.96	20.90	8.48	0.01	1.21	—
1993	1.81	31.82	5.73	0.00	1.77	—
1994	0.70	25.53	6.32	0.03	3.84	0.10
1995	0.55	25.44	6.25	0.03	3.36	0.17
1996	0.54	21.39	5.93	0.06	3.76	0.23
1997	0.54	20.12	5.46	0.02	3.33	0.67
1998	0.38	19.00	3.50	0.01	0.7	0.18
1999	0.16	19.18	2.08	0.01	0.93	0.20
2000	0.07	11.49	2.54	0.04	0.72	0.26
2001	0.91	16.46	5.05	0.18	2.73	0.33
2002	0.48	25.55	6.11	0.32	0.40	0.67
2003	0.49	22.28	4.96	0.32	0.97	1.68
2004	0.60	32.06	3.37	0.24	1.86	1.50
2005	1.36	17.00	5.06	0.33	2.12	1.98
2006	1.48	15.73	3.53	1.00	2.07	2.10
2007	1.17	17.36	3.24	0.76	2.71	1.98
2008	2.80	15.42	6.40	1.06	1.70	2.78
2009	4.83	24.58	6.38	1.37	3.68	3.70
2010	4.69	18.93	3.83	1.09	3.92	3.59
2011	4.36	22.59	6.29	0.73	3.30	3.91

续表

年份	中国	美国	日本	印度	东盟	俄罗斯
2012	6.52	27.25	9.10	0.63	4.00	3.63
2013	7.16	23.98	9.62	0.12	3.99	6.73
2014	8.60	24.90	8.40	0.70	5.90	4.20

资料来源：UNCTAD，http://unctadstat.unctad.org/wds/TableViewer/tableView.aspx.

注：原始数据按照现价国际美元计算；中国的数据仅包括中国大陆。

表5-7 军费开支占世界的比重(1992—2014年)

(单位：%)

年份	中国	美国	日本	印度	东盟	俄罗斯
1992	2.11	40.82	4.38	1.40	1.37	5.20
1993	2.03	40.08	4.72	1.64	1.44	4.70
1994	1.99	38.66	4.99	1.69	1.60	4.56
1995	2.15	38.37	5.30	1.83	1.75	3.15
1996	2.41	36.97	5.42	1.90	1.83	3.04
1997	2.48	36.42	5.36	2.08	1.82	3.28
1998	2.84	35.97	5.49	2.19	1.72	1.98
1999	3.20	35.20	5.51	2.49	1.68	2.14
2000	3.31	35.23	5.39	2.47	1.40	2.78
2001	3.97	34.72	5.27	2.50	1.60	2.95
2002	4.36	36.78	5.00	2.35	1.69	3.08
2003	4.46	39.48	4.78	2.27	1.88	3.04
2004	4.68	40.73	4.50	2.49	1.76	3.01
2005	5.05	40.94	4.33	2.55	1.72	3.28
2006	5.73	40.24	4.16	2.48	1.72	3.51
2007	6.37	39.75	3.98	2.41	1.88	3.68
2008	6.67	40.61	3.70	2.60	1.82	3.85
2009	7.55	41.12	3.50	2.87	1.77	3.78

续表

年份	中国	美国	日本	印度	东盟	俄罗斯
2010	7.87	41.59	3.41	2.84	1.74	3.80
2011	8.47	40.90	3.48	2.85	1.79	4.04
2012	9.19	38.65	3.43	2.85	1.93	4.66
2013	10.07	36.36	3.49	2.88	2.05	4.99
2014	11.16	33.75	3.45	2.92	2.06	5.36

资料来源：SIPRI，http://www.sipri.org/research/armaments/milex/milex_database.

注：以2011年固定美元计算；中国、俄罗斯的数据为估测值；东盟数据为笔者将十个成员国相加得出。

进入21世纪,中国和平发展的战略框架逐步搭建和丰富起来。经过数十年的探索和总结,中国在2005年12月发表《中国的和平发展道路》白皮书,明确提出了和平发展道路的主张,强调"走和平发展道路,就是要把中国国内发展与对外开放统一起来,把中国的发展与世界的发展联系起来,把中国人民的根本利益与世界人民的共同利益结合起来"①。和平发展道路的精髓是争取和平的国际环境来发展自己,又以自己的发展促进世界的和平。以此为基础,中国提出了全新的国际秩序主张。中国进一步认识到国际秩序建设的艰巨性,从务实的角度积极推动东亚地区秩序建设,并思考国际秩序建设的新思路。2005年12月公布的《中国的和平发展道路》白皮书第一次提出"推动国际秩序朝着更加公正合理的方向发展"的思想。这是一种新提法,表明中国愿意以负责任的大国身份参与国际政治经济秩序的变革,以渐进、和平、民主的方式改革国际秩序。党的十八大报告提出"推动国际秩序和国际体系朝着公正合理的方向发展"。这一新主张表明,中国愿意以负责任的大国身份参与国际政治经济秩序的变革,以渐进、和平、民主的方式改革国际秩序。与此相关,中国领导人提出和谐社会的新纲领,并将这一传统理想引申到国际问题的处理上,明确提出了和谐世界、和谐

---

① 中华人民共和国国务院新闻办公室：《中国的和平发展道路》，参见 http://www.gov.cn/zwgk/2005-12/22/content_134060.htm。

亚洲、和谐地区的理念,强调和谐社会与和谐世界互为条件。和谐世界的提法代表了中国国际秩序的理想意识,和谐也是一种承诺,既是对中国国内的承诺,也是对整个世界的承诺。这种承诺演化为责任,成为中国政府"负责任大国"的自我战略约束。它意味着,中国领导人明确意识到了中国发展给国际社会带来的影响,将和谐世界作为结合对内和谐、对外合作的战略中间点。

如果说"和谐世界"思想是一种理念表达的话,而现实配合的战略路径就是共同利益和互利共赢的追求。"共同利益"一词第一次出现在1997年9月党的十五大政治报告中,提出与发达国家"寻求共同利益汇合点";党的十六大政治报告提出"扩大与发达国家的共同利益";胡锦涛、温家宝等中央领导人提出了"维护与发展中国家的共同利益"的主张。党的十七大报告明确提出共同利益的战略追求:"共同分享发展机遇,共同应对各种挑战,推进人类和平与发展的崇高事业。"①党的十八大报告进一步指出:"倡导人类命运共同体意识,在追求本国利益时兼顾他国合理关切,在谋求本国发展中促进各国共同发展,建立更加平等均衡的新型全球发展伙伴关系,同舟共济,权责共担,增进人类共同利益。"②中国领导人明确意识到,随着中国全面参与国际事务,相关议程在迅速扩展,与其他国家寻求共同利益的巩固和扩大是可能的,也是必要的。鉴于中国已经成为世界和东亚地区的利益攸关方,以强化和扩大共同利益作为国际战略指导原则有其可行性,符合中国的长远战略利益。③ 2005年10月党的十六届五中全会提出实施互利共赢的开放战略,强调只有坚持互利共赢,才能保障对外开放基本国策持续贯彻下去,才能保障我国海外利益持续发展下去,才能既实现我国发展的战略目标,又展现我国和平发展的良好国际形象。互利共赢是在中

---

① 胡锦涛:《高举中国特色社会主义伟大旗帜 为夺取全面建设小康社会新胜利而奋斗——在中国共产党第十七次全国代表大会上的报告》,http://news.xinhuanet.com/newscenter/2007-10/24/content_6938568.htm。

② 胡锦涛:《坚定不移沿着中国特色社会主义道路前进为全面建成小康社会而奋斗——在中国共产党第十八次全国代表大会上的报告》,参见 http://phycjy.pinghu.gov.cn/readnews.asp?id=3121,2013年2月1日。

③ 门洪华:《开放与国家战略体系》,北京:人民出版社2008年版,第199—202页。

国国际竞争力迅速提高的情况下就对外开放提出的一项方针,体现了中国在实现自身发展之际高度关注其他国家的利益。互利共赢被确定为新的历史时期开放战略的基本点,反映了中国负责任大国的追求。十八大报告强调,中国将始终不渝奉行互利共赢的开放战略,通过深化合作促进世界经济强劲、可持续、平衡增长。中国致力于缩小南北差距,支持发展中国家增强自主发展能力。中国将加强同主要经济体宏观经济政策协调,通过协商妥善解决经贸摩擦。中国坚持权利和义务相平衡,积极参与全球经济治理,推动贸易和投资自由化便利化,反对各种形式的保护主义。①

中共十八大以来,以习近平为总书记的新一届中共中央领导集体大力推进中国国家治理体系和治理能力现代化建设,引领中国全面融入国际社会并力争发挥更大的国际影响力,开启了中国改革开放和现代化建设的新征程,标志着中国进入全面深化改革开放的新时代。进入到 21 世纪的第二个十年,中国国家实力规模有了更大提升,其经济实力和综合国力位居世界第二位,工业增加值和对外贸易额位居世界之首。中共十八大报告提出了 2020 年全面建成小康社会的宏伟目标,习近平提出了"中国梦"和"两个一百年"的战略构想。以上述重大战略思想为指导,中国决策者积极推动体制改革的深化,致力于国家治理体系建设和治理能力的提升。与此同时,中国决策者积极参与国际事务,在全球经济治理和世界秩序建设上体现出建设性参与者和一定意义上走向主导者的姿态,中国的大国作用凸显。中国决策者提出一系列外交新理念,丰富了中国的外交思想体系。中国决策者深刻认识到中国崛起给世界带来的震撼,秉承"达则兼善天下"的胸怀,坚持互利共赢的战略思路,强调与各国在利益汇合点的基础上开展合作,积极在力所能及范围内承担更多的国际责任,与各国建立和发展利益共同体、责任共同体、命运共同体。中国倡导"命运共同体"的理念,提出构建新型大国关系、共建"丝绸之路经济带"和"海上丝绸之路"等一系列新倡议,大力弘扬新型"义利观",主张对发展中国家义利并举、义重于

---

① 门洪华:《东亚秩序建构:一项研究议程》,《当代亚太》2008 年第 5 期,第 70—86 页。

利,把本国发展战略与周边国家、发展中国家相对接,深化各国之间的互信合作。

中国大力拓展国家战略利益,致力于开启以"共同利益""互利共赢""中国责任"为核心的新外交时代。面对国际风云变幻,中国外交变得更加主动,中国领导人向世界传递中国寻求合作与共赢的强烈意愿,表达更加积极地参与国际秩序和全球治理的立场,提出一系列重要倡议,达成诸多重要共识,直接影响地区利益格局,进而触动世界格局演变,有效增强了中国在国际事务尤其是地区事务上的发言权。中国提出并积极落实与美国的"新型大国关系",通过双边和多边场合促进中美关系的健康发展。中国深刻认识到中国崛起的全球震动,申明走和平发展道路的强烈意愿,提出欢迎其他国家搭乘中国发展列车的倡议,致力于发展与世界各国发展友好合作关系,分享发展红利。中国深刻认识到发展同周边国家的关系的重要意义,提出中国周边外交的基本方针是,坚持与邻为善、以邻为伴,坚持睦邻、安邻、富邻,突出体现亲、诚、惠、容的理念。[①] 中国决策者为进一步拓展周边外交制定了宏伟蓝图,提出打造中国—东盟自贸区升级版、建立亚洲基础设施投资银行、建设"丝绸之路经济带"和21世纪"海上丝绸之路"等重大倡议,呼吁各国打造互利共赢的"利益共同体"和共同发展繁荣的"命运共同体",大力提升与周边国家的战略合作关系。作为地区大国正在向全球大国迈进,东亚作为中国大战略的地区重心显得尤为重要。中国致力于其东亚战略的升级,积极促进东亚合作的制度化,这包括:与东盟携手建设中国—东盟命运共同体,设立中国—东盟海上合作基金,发展海洋合作关系,与东盟国家共同建设21世纪"海上丝绸之路",提出打造中国—东盟自由贸易区的升级版,主导设立亚洲基础设施投资银行,支持东亚国家开展基础设施互联互通建设,提出建设孟中印缅经济走廊等构想,通过引导地区安排的方向,促进东亚国家对中国崛起的适应,发展开放性全地区合作,缓解东亚疑虑,凝聚共同利益,深化地区认同,力争在新一轮东亚乃至亚太秩序的构建中发挥强有力的塑造和引

[①] 习近平:《习近平谈治国理政》,第297页。

导作用。①

综上所述,中国崛起冲击并改变着国际实力格局、利益格局;中国倡导的和平共处五项原则、新安全观和综合安全观、国际关系民主化、文明多样性、和谐世界、世界梦等成为影响国际秩序变革的重要观念性因素;随着中国全面融入国际社会,中国不仅成为全球性国际制度的全面参与者,而且积极参与地区制度的创立,成为国际秩序重塑的重要力量。鉴于中国正处于崛起过程之中,中国以建设性、合作、可预期的姿态推动国际秩序朝着公正合理的方向发展,在国际政治秩序方面,中国提倡尊重世界文明的多样性,积极推动国际关系民主化,提倡多边主义,提倡综合安全观,主张通过对话解决国际争端;在国际经济秩序方面,中国应提倡共同繁荣、共同发展,缩小南北差距,促进全球经济、社会的均衡和可持续发展。在具体部署上,强调在全球层面上倡导综合安全观,强化合作安全规范与制度保障;在地区秩序层面上,积极促进地区塑造能力,构建地区新秩序,为国际新秩序的建立创建地区基础、提供可借鉴的范式。

中国抓住了既有国际金融秩序坍塌、亟须重建的机遇,回应着国际社会期望中国发挥更大作用、承担更大责任的诉求,在地区和全球两个层面推动国际秩序的重塑。在全球层面上,中国主张坚持维护联合国权威、推动联合国发挥积极作用,通过在全球构建战略伙伴关系网络延伸其国际影响力,通过"一带一路"战略的实施、通过金融国家合作机制的搭建、通过强化"走出去"战略,提升中国在国际社会方方面面的作用,努力寻求把经济影响力转化为政治影响力。在地区层面上,中国提出亲、诚、惠、荣的地区秩序观,发展开放性全地区合作,缓解东亚疑虑,凝聚共同利益,深化地区认同,力争在新一轮东亚乃至亚洲秩序的构建中发挥强有力的塑造和引导作用。

以稳健步伐参与国际秩序的重塑

国际关系正在进入新的转换时期。世界正在发生深刻和充满希望

---

① 门洪华:《论东亚秩序建构的前景》,《教学与研究》2015年第2期,第56—62页。

的变化:国际形势总体趋于缓和,要和平、谋稳定、促合作、求发展成为不可阻挡的历史潮流,各国人民要求平等相待、友好相处的呼声日益高涨,新型大国关系正在探索之中,世界多极化的趋势在发展。这种发展符合世界多样性的客观规律。

中国崛起几近与国际秩序转型同步,并逐渐成为重塑国际秩序建设的重要力量。另一方面,国际秩序转型为中国全面崛起提供了国际条件。推动国际秩序朝着公正合理的方向发展是世界各国的重要课题,也将是中国顺利崛起的重要国际条件。从中国历史的角度看,这也是中国第一次有机会在构建全球秩序中发挥积极而全面的作用,我们应该认识到,这是世界赋予中国的重要历史使命。

国际秩序重塑是系统工程,需要综合考虑,从双边到多边、地区到全球等逐步推进,具体地说:

第一,强调实力提高与利益拓展是中国积极参与国际秩序重塑的基础。一个国家在新旧秩序转换和新秩序中的角色取决于其自身的综合国力。国际秩序首先是实力分配的产物。中国只有崛起为更加强盛的大国,才能成为重塑国际秩序的积极力量。国家实力的增强,不仅源于国内市场的发展和培育,还源于全球化条件下战略资源的获得。同样重要的是,国家实力的增强,不仅以硬实力的稳步上升为标示,也必须以软实力的增强为基础,我们必须将提高软实力特别是民族文化的国际影响力作为增强国力的核心之一。其次,国际秩序是利益分配的产物,只有进一步拓展中国的国家战略利益,才能有效地完善国际秩序,促进国际秩序向我们所期望的方向变革。

第二,强调观念因素对国际秩序建设的重要作用。孔子曰:"德不孤,必有邻。"中国传统文化源远流长、博大精深,许多重要的思想观念如"协和万邦""万物并育而不相害,道并行而不相悖"等无不闪耀着哲理的光芒,值得我们继承和弘扬。国际秩序是观念分配的结果,中国应进一步在国际秩序的主流观念方面做出贡献。

第三,强调国际制度对国际秩序建设的作用。转型时期,主要国际矛盾往往围绕对国际秩序发展有重要影响的国际规范展开,通过国际制度、国际组织建立国际秩序应视为一种可行的途径。中国应以完善全球性国际制度的基本规则为着眼点,积极主动地倡议或主导国际制度的修改、完善和新国际制度的制定,提高议程创设能力,成为全球规则的参与者和主要制定者,以制度建设促进国际秩序的建设,并有效维护和促进中国国家战略利益。

第四,要强调联合国的权威。联合国体系是全球性规范体系的基础,它在政治上强调主权平等,经济上追求基于市场经济和自由贸易的共同繁荣目标,安全上倡导大国集体主导的国际和谐与共同安全理念,组织上确立了在全球事务的核心地位。《联合国宪章》的构想以其权威的支配性规范,是鼓励诸国精英接受世界共同体的法律标准的关键性因素。另一方面,联合国体系的局限性和不合理因素不断显露,如在大国主导的同时怎样促进其他国家的参与、实现国际关系的民主化,如何实现社会和经济的进步、更加有效地应对全球性问题、协调联合国与地区组织的关系等。我们强调充分发挥联合国的作用,同时通过改革使之成为未来国际秩序的调节和保障运行机制。

第五,强调以东亚秩序建设为基点。中国应充分认识中国崛起的地区效应,有效降低中国崛起的负面冲击力,促进地区稳定与共同发展,完善东亚共同体的"中国论述",推动地区制度建设的顶层设计,致力于以汇聚共同利益为基础开展开放透明的东亚共同体建设,通过制度性化合作发展东亚利益共同体,创立责任共担、大国多担的责任共同体,大力促成东亚命运共同体,培育并巩固建立在共同利益基础之上的平等、合作、互利、互助、开放的东亚秩序。作为东亚关键的利益攸关方,中国迎来为地区和平发展做出更大贡献的时代,承担地区大国责任是中国必然的战略选择。中国承担地区责任,以大有作为为目标,以力所能及为条件,以循序渐进为原则。与此同时,地区事务纷繁复杂,各国利益诉求不一,惟有逐步建立责任共担、大国承担重要责任的责任共同体,地区合作才能有更为牢固的制度化基础,地区命运共同体的意识才能逐步强化。有鉴于此,中国要深化对地区公共物品的认识,与各国一道确立地区和平发展的目标,客观评估地区国家的根本利益诉求,既能够做到雪中送炭,又能够实现共享繁荣,从而深化东亚命运共同体意识,实现东亚秩序的重塑。

第六,承担大国责任,树立积极的、负责任的、建设性的、可预期的国际秩序塑造者形象。在国际社会大转折的时代,基本道义原则的价值不是在泯灭,而是在提高。加强国家间合作与协调,维护国际道义,维护国际法的基本原则,是树立道义大国形象的重要途径,也是中国国家利益扩展到全球的前提条件。中国正在从具有全球影响力的地区性大国走向世界大国,并在全球和平、安全、发展中发挥越来越重要的作用,这就要求中国应该进一步塑造国际社会中负责任大国的形象,提供更多的全球性和地区性公共物品,成为国际秩序负责任的建设者和塑造者。

结　语
中国应有的大战略意识

> 创新正当其时,圆梦适得其势。
> ——习近平[①]
>
> 不诱于誉、不毁于非,则21世纪注定因中国而精彩。
> ——作者手记

本书以中国崛起为缘起,选取国家实力、战略观念与国际制度作为关键变量,构建了以积极参与为底色、以融入—变革—塑造为核心支柱的中国大战略框架,并就构成该框架各部分的政策含义进行剖析。总体而言,笔者的本义只是构建中国大战略框架的理想模式。笔者强调,对身处崛起过程的中国而言,这是一个呼唤大战略的时代,为中国崛起的未来而进行大战略谋划,是战略研究者的天然职责。本章承接上文,对以上研究内容进行总结和引申,进一步强调树立大战略意识的重要性。

评估中国大战略的框架

国家实力、战略观念、国际制度等核心因素是构建大战略理论框架

---

① 《习近平论治国理政》,北京:外文出版社2014年版,第58页。

的支柱,而评估一个国家大战略的态势与效应,则需要引进政治意愿(political resolve)的概念,并强调其价值。具体地说,国家经济资源、人力资源、自然资源、军事资源、知识资源、政府资源、资本资源、国际资源等是构成国家总体实力的基本要素,它们经过战略观念的优化、国际制度的参与等整合构成国家的对外与安全能力(foreign & defense capabilities);在国家战略态势上,政治意愿至为关键,笔者视之为国家战略目标得以实现的精神武器,其中政治领导(political leadership)和制度化(institutionalization)决定政治意愿,而实力关系(power dynamics)和自身脆弱性(self-vulnerability)是影响政治意愿的重要变量;国家运用对外与安全能力通过政治意愿实现战略目标(strategic aims),而国家的战略目标包括和平维护(如战略威慑)、危机应对(crisis management)和军备准备(combat readiness)等方面。艾尔弗雷德·马汉(Alfred Thayer Mahan)指出:"一根链条的强度实际上是由其最薄弱环节决定的。"①对中国大战略态势及其效应的评估,应重点关注其薄弱环节,而

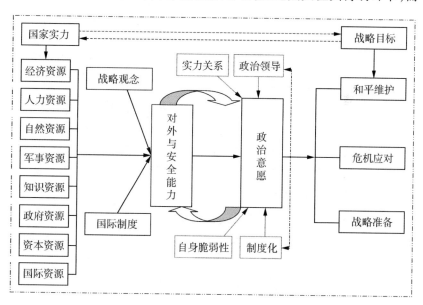

图 6-1 评估中国大战略的框架

---

① 艾尔弗雷德·马汉:《海权论》,中国言实出版社 1997 年版,第 240 页。

不是中国的强项。构筑中国大战略的良好态势与积极效应,首先要强调在既有国家战略资源的基础之上,加强国家对外与安全能力的提高;其次,要加强国家的政治意愿,包括加强政治领导能力和制度化水平,加强实力关系(包括与主要大国及周边国家的战略合作与政策协调),减少战略脆弱性,体现更加积极、稳健和建设性的战略姿态。国家战略目标是多元的,但应强调集中于核心目标的实现,同时强调忧患意识、居安思危的必要性。

中国应有的大战略意识

构成一个国家大战略基础的,不仅有国家总体实力、战略决策者的战略观念、国内外环境的制约,还包括由决策者倡导、向国家精英乃至全民普及的大战略意识。尤其对于身处崛起进程、以自身政治经济改革促进国家战略目标实现的中国而言,培育和加强大战略意识尤为关键。

中国的大战略意识应以大国意识为核心。有史以来,中国就是东亚大国,中国科技曾千余年领世界风气之先,中国经济实力在19世纪初期仍雄踞诸大国之首,中国拥有自成体系的悠久文明;随着中国国家实力的上升,中国已经成为亚太地区的大国之一,亚太地区的所有重大事务,没有中国的积极参与则难以获得满意的结果;中国具备了成为世界大国的某些基本条件,但尚乏足够的海外利益和被国际社会所公认的世界性特权。因此,中国的大国地位以地区性为基点,兼具世界性的特征。秉持这样的大国意识,将成长为世界大国作为远景战略目标,应被视为中国大战略的基本认识基础。

中国大战略意识应以全球意识为视野,胸怀天下,放眼世界。中国正处于从地区大国迈向全球大国,进而从全球大国迈向世界大国的征程之中,国家战略利益在迅速向全球拓展。① 当前,世界面对着一个快速崛起和更加自信、开放的中国,中国面对着一个形势更加复杂、变化更加深刻、机遇与挑战并存的世界。中国应以此为契机,坚持国家利益

---

① 门洪华:《两个大局视角下的中国国家认同变迁(1982—2012年)》,《中国社会科学》2013年第9期,第54—66页。

和人类利益的密切结合,奉行互利共赢的战略思路,积极与各国建立和发展利益共同体、责任共同体、命运共同体,致力于构建以合作共赢为核心的新型国际关系,以推动国际秩序变革、积极参与全球经济治理、构建全球伙伴关系网络为战略视野,以共商、共建、共享为全球治理核心理念,以制度化合作为基本路径。

中国大战略意识应以地缘意识为核心。作为一个地区性大国,地缘政治经济应为中国战略思考的重心。从大国关系的角度看,中国与世界主要大国都在亚太有着利益竞争与合作关系;从周边关系的角度看,东亚地区机遇与挑战并存。鉴于全球化与地区一体化的并行发展趋势,加强地缘意识对中国大战略目标的实现至为关键。

中国大战略意识应以经济意识为基础。经济无疑是国本,是国家实现崛起最为关键的条件。在相当长的一段时期,我们曾经忽视经济发展的基础作用,给国家发展带来巨大损失。往者不可谏,来者犹可追。1978年至今,我们抓住了新一轮的全球化浪潮,坚持以经济建设为中心,革故鼎新,开拓进取,实现了经济大国的梦想,为中国全面崛起奠定了坚实的基础。展望未来,中国应继续坚持经济意识在中国大战略中的基础地位,同时将经济主义视为中国融入国际社会的主要战略手段与途径。

中国大战略意识应以合作意识为主要导向。全球化背景之下,零和博弈正在退潮,而双赢成为世界各国所追求的国际战略目标,加强合作、通过协调解决争端已经成为国际关系的主流。随着中国合作意识的加强,世界各国与中国合作的意识亦在加强。作为尚未实现完全融入国际社会目标的国家,加强与国际社会的全面合作、通过国际合作和政策协调实现战略目标应成为中国的主要战略途径。

中国大战略应以参与意识为主要途径。中国古代在东亚相对孤立的地缘政治环境中发展,长期实行闭关锁国政策;近现代亦曾孤立于国际社会,历史教训为我们积极参与国际社会提供了动力。笔者认为,参与国际制度是中国融入国际社会进程的核心,中国参与国际制度是一个社会化的学习过程,是重新认识自己和确定自身战略的过程,也是逐渐认识和熟悉国际制度、利用国际制度维护和拓展本国利益的过程。

中国应积极推动和参与不同层次的多边国际制度,利用不同层次的国际制度就一些重大的国际问题提出具有可操作性的政策选择,向国际社会表明中国建设性地参与世界事务和国际体系的决心、愿望和能力;中国吸取大国兴衰的历史经验,强调从东亚合作机制的构建以及亚洲基础设施投资银行、亚太自由贸易区的建设着手,将加强地区事务的参与和共同主导视为实现民族复兴的重要战略思路。

中国大战略应以责任意识为依归。近年来,中国在国际事务中体现出更加积极主动的战略姿态,承担起作为世界主要大国的责任;在地区事务中积极推动东亚一体化,对周边国家采取利益让渡的举措。中国体现了有所作为的进取精神,承担那些获得其他国家支持和接受的责任,一个积极又不失稳健的负责任大国形象正在树立。需要说明的是,中国尚不是世界大国,负责任也首先以对本国人民负责、对国家战略利益负责为依归,同时肩负国际社会要求大国承担的国际责任也是必需的。总之,中国应培育责任意识,强调树立负责任大国之国际形象的必要性。当然,培育责任意识,应坚持立德为先,强调首先从国内做起,向国内人民负责;同时坚持不诱于誉、不毁于非的战略品质,避免急于立言、立功的冲动。

让世界为中国喝彩

我们强调,不诱于誉、不毁于非,则 21 世纪注定因中国崛起而精彩。

世界曾经为中国喝彩。中国创造的灿烂文明历经数千年而不衰,并在全球化时代益发体现其普适价值。过去几千年中国所拥有的文明古国之辉煌地位,不仅是中国的久远回忆,更是世界各国为中国喝彩的根源。实际上,对中国昔日的向往,不仅来自中国,而是世界诸国共有的回应。恰如有的学者所指出的,从历史上看,一直是中国的软弱导致亚洲发生骚乱,在中国强大与稳定之际,一切都秩序井然。[①]

世界正在为中国喝彩。中华人民共和国的建立结束了百年屈辱和

---

① David Kang,"Getting Asia Wrong: The Need for New Analytical Frameworks", *International Security*, Vol.27, No.4, Spring 2003, pp.57-85.

主权分裂的历史,开辟了中国历史上的新华章。中国在1950年开始正式发动工业化和现代化,抑制了GDP占世界总量比重继续下降的趋势,1978年以后中国GDP占世界总量比重迅速上升。中国已经从一个封闭的中等国家发展为全球最具有活力的强国。伴随着中国经济发展、政治昌明、社会稳定的发展趋势的是,中国积极而全面地融入国际社会,负责任、建设性、可预期的大国形象逐步树立起来,随着中国合作意识的加强,世界各国与中国的合作走向深入,中国成为国际社会的积极和富有建设性的塑造者。与此同时,中国传统儒家文化焕发出新的青春,获得了更为广泛的国际影响。中国崛起引起了国际社会的广泛关注,越来越多的国家将中国崛起视为机遇和贡献。

世界将继续为中国喝彩。党的十八大以来,以习近平为核心的中央领导集体在各领域进行深刻战略调整,构建起关乎中国未来中长期的大战略布局,为未来发展奠定了坚实的基础。在制度建设上,中国大力推进国家治理体系建设,致力于铁腕反腐,为国家长治久安奠定基础;在经济社会战略上,提出经济新常态的判断,大力推进经济体制改革,积极保障和改善民生,确保社会健康稳定;在文化建设上,坚持社会主义核心价值观,同时强调传统文化复兴的重要性;在安全战略上,提出"总体国家安全观",致力于国家安全机制的完善;在外交战略上,拓展中国国家战略利益,致力于开启以"共同利益""互利共赢""中国责任"为核心的新外交时代。中国决策者深刻认识到中国崛起给世界带来的震撼,秉承"达则兼济天下"的胸怀,坚持互利共赢的战略思路,强调与各国在利益汇合点的基础上开展合作,积极在力所能及范围内承担更多国际责任,与各国建立和发展利益共同体、责任共同体、命运共同体。中国倡导"命运共同体"的理念,提出构建新型大国关系、共建"一带一路"等系列倡议,大力弘扬新型义利观,主张对发展中国家义利并举、义重于利,把本国发展战略与周边国家、发展中国家相对接,深化各国之间的互信合作。在这样的战略思想指引下,中国大战略进一步展现出新气象。我们相信,世界将为这样的发展态势及其未来前景而喝彩。

在展望中国未来美好前景的同时,我们应清醒意识到中华民族伟大复兴所面临的国内外难题乃至困境,居安思危、未雨绸缪。中国面临的重重困难和问题是中国发展、中国崛起过程中的问题,我们必须依靠自己的力量加以解决。如《尉缭子》指出的,"苍苍之天,莫知其极。……往世不可及,来世不可待,求己者也"①。为实现中国大战略的宏伟目标,我们应秉持这样的战略态度:不诱于誉、不毁于非,当前要知雄守雌,未来应持盈保泰。

我们知道,历史在考验我们。我们相信,有了过去的挫折和由曲折走向辉煌的经历,中国开始培养起健康而成熟的战略心态,能够经受住任何考验。《金融时报》首席经济评论家马丁·沃尔夫(Martin Wolf)曾指出:"有人生来就是伟大的,有人需要通过努力才能变得伟大,而有人伟大则是外界赋予的。就中国的国土面积、经济成就和对世界经济的开放程度而言,它属于上面全部三种类型。"②中国的竞争力不仅来源于其历史传统和创新精神,还源于其强大的适应能力,只要能够保持着清醒的认识,中国的未来就将是精彩的。正如习近平总书记指出的,"现在,我们比历史上任何时期都更接近中华民族伟大复兴的目标,比历史上任何时期都更有信心、有能力实现这个目标"③。

让我们以罗曼·罗兰的优美诗句作为本书的结语:

> 我们镇静而从容地迈进,
> 我们不想追上时间,
> 因为时间就在我们这一边。

---

① 《尉缭子·治本第十一》。
② *Financial Times*, November 19, 2003, A5.
③ 《习近平论治国理政》,第35—36页。

参考文献

1. 本参考文献主要包括本书引用的文献,某些未曾引用但对笔者观点产生重要影响的相关著作也列入其中。
2. 中文参考文献以拼音顺序排列,同一作者以出版时间先后排列。
3. 英文参考文献以姓氏字母顺序排列,同一作者以出版时间先后排列。

中文部分

1. 阿拉斯泰尔·伊恩·约翰斯顿、罗伯特·罗斯主编:《与中国接触:应对一个崛起的大国》,北京:新华出版社 2001 年版。
2. 阿米塔夫·阿齐亚:《地区主义和即将出现的世界秩序:主权、自治权、地区特性》,《世界经济与政治》2000 年第 2 期,第 58—62 页。
3. 阿什利·泰利斯等:《国家实力评估:资源、绩效、军事能力》,北京:新华出版社 2002 年版。
4. 艾尔弗雷德·马汉:《海权论》,北京:中国言实出版社 1997 年版。
5. 安格斯·麦迪森:《世界经济千年史》,北京大学出版社 2003 年版。
6. 奥特弗利德·赫费:《政治的正义性——法和国家的批判哲学之基础》,上海译文出版社 1998 年版。
7. 巴利·博赞:《世界秩序:旧与新》,《史学集刊》2000 年第 1 期,第 1—12 页。
8. 保罗·肯尼迪:《大国的兴衰》,北京:中国经济出版社 1989 年版。
9. 彼德·布劳:《社会生活中的交换与权力》,北京:华夏出版社 1988 年版。
10. 薄贵利:《国家战略论》,北京:中国经济出版社 1994 年版。
11. 布卢斯·麦斯基塔:《国内政治与国际关系》,《世界经济与政治》2001 年第 8 期,第 64—67 页。
12. 布热津斯基:《如何与中国共处》,《战略与管理》2000 年第 3 期,第 12—13 页。
13. 蔡拓:《全球主义和国家主义》,《中国社会科学》2000 年第 3 期,第 16—27 页。
14. 蔡拓:《全球问题与安全观的变革》,《世界经济与政治》2000 年第 9 期,第 30—

35 页。

15. 蔡拓:《中国大战略刍议》,《国际观察》2006 年第 2 期,第 1—7 页。
16. 蔡贤伟编著:《中国大战略》,海口:海南出版社 1996 年版。
17. 陈乐民主编:《西方外交思想史》,北京:中国社会科学出版社 1995 年版。
18. 陈向明:《社会科学中的定性研究方法》,《中国社会科学》1996 年第 6 期,第 93—102 页。
19. 大卫·鲍德温:《新现实主义和新自由主义》,杭州:浙江人民出版社 2001 年版。
20. 戴秉国:《坚持走和平发展道路》,《当代世界》2010 年第 12 期,第 4—8 页。
21. 戴秉国:《中国坚定不移走和平发展道路》,《国际问题研究》2011 年第 6 期,第 1—4 页。
22. 戴维·兰德斯:《国富国穷》,北京:新华出版社 2000 年版。
23. 道格拉斯·诺思:《经济史中的结构与变迁》,上海三联书店、上海人民出版社 1994 年版。
24. 迪尔凯姆:《社会学方法的准则》,北京:商务印书馆 1995 年版。
25. 《邓小平文选》第三卷,北京:人民出版社 1993 年版。
26. 杜维明:《中国的崛起需要文化的支撑》,《中国特色社会主义研究》2011 年第 6 期,第 35—39 页。
27. 费正清主编:《剑桥中国史》,北京:中国社会科学出版社 1992 年版。
28. 冯江源:《综合国力的协调发展及其决策、预警和调控》,《科学学研究》1997 年第 3 期,第 30—37 页。
29. 冯江源:《全球变化与综合国力研究中若干理论和方法的重构》,《国外社会科学》1998 年第 2 期,第 61—65 页。
30. 冯友兰:《中国哲学简史》,北京大学出版社 1985 年版。
31. 冯之浚等:《战略研究与中国发展》,北京:中共中央党校出版社 2002 年版。
32. 葛剑雄:《统一与分裂》,北京:生活·读书·新知三联书店 1994 年版。
33. 宫玉振:《中国战略文化解析》,北京:军事科学出版社 2002 年版。
34. 关志雄:《中国作为经济大国的崛起及其对亚洲的影响》,《国际经济评论》2001 年第 3—4 期,第 14—16 页。
35. 国防大学编:《中国军事百科全书·战略卷》,北京:军事科学出版社 1993 年版。
36. 哈贝马斯:《交往与社会进化》,重庆出版社 1989 年版。
37. 海平等:《各国国家实力排行榜》,北京:中国经济出版社 1998 年版。

38. 韩念龙主编:《当代中国外交》,北京:中国社会科学出版社 1987 年版。
39. 汉斯·摩根索:《国际纵横策论——争强权,求和平》,上海译文出版社 1995 年版。
40. 亨利·基辛格:《选择的必要》,北京:商务印书馆 1973 年版。
41. 亨利·基辛格:《大外交》,海口:海南出版社 1998 年版。
42. 亨利·基辛格:《论中国》,北京:中信出版社 2012 年版。
43. 洪兵:《中国战略原理解析》,北京:军事科学出版社 2002 年版。
44. 胡鞍钢主编:《中国战略构想》,杭州:浙江人民出版社 2002 年版。
45. 胡鞍钢主编:《中国大战略》,杭州:浙江人民出版社 2003 年版。
46. 胡鞍钢、门洪华主编:《解读美国大战略》,杭州:浙江人民出版社 2003 年版。
47. 胡鞍钢、王绍光、周建明主编:《第二次转型:国家制度建设》,北京:清华大学出版社 2003 年版。
48. 胡鞍钢:《超级中国》,杭州:浙江人民出版社 2015 年版。
49. 胡鞍钢主编:《中国道路十讲》,北京:党建读物出版社 2015 年版。
50. 胡鞍钢等:《"十三五"大战略》,杭州:浙江人民出版社 2015 年版。
51. 黄仁伟:《全球经济治理机制变革与金砖国家崛起的新机遇》,《国际关系研究》2013 年第 1 期,第 54—70 页。
52. 黄朔风:《综合国力新论——兼论新中国的综合国力》,北京:中国社会科学出版社 1999 年版。
53. 霍布斯:《利维坦》,北京:商务印书馆 1986 年版。
54. 吉尔伯特·罗兹曼主编:《中国的现代化》,南京:江苏人民出版社 2003 年版。
55. 江西元:《试析和谐世界与中国战略文化重塑》,《教学与研究》2009 年第 2 期,第 59—66 页。
56. 江西元:《从天下主义到和谐世界:中国外交哲学选择及其实践意义》,《外交评论》2007 年第 4 期,第 46—53 页。
57. 江忆恩:《美国学者关于中国与国际组织关系研究概述》,《世界经济与政治》2001 年第 8 期,第 48—53 页。
58. 江忆恩:《简论国际制度对国家行为的影响》,《世界经济与政治》2002 年第 12 期,第 21—27 页。
59. 江忆恩:《文化现实主义:中国历史上的战略文化与大战略》,北京:人民出版社 2015 年版。
60. 杰弗里·帕克:《地缘政治学:过去、现在与未来》,北京:新华出版社 2003 年版。

61. 金钿主编:《国家安全论》,北京:中国友谊出版社 2002 年版。
62. 金骏远:《中国大战略与国际安全》,北京:社会科学文献出版社 2008 年版。
63. 金骏远:《中国安全挑战及大战略的演变》,《国际安全研究》2015 年第 1 期,第 14—31 页。
64. 军事科学院:《战略学》,北京:军事科学院出版社 1987 年版。
65. 卡尔·波普尔:《猜想与反驳》,上海译文出版社 1986 年版。
66. 克莱因:《80 年代世界权力趋势及美国对外政策》,台北:台湾黎明文化事业股份有限公司 1982 年版。
67. 克劳塞维茨:《战争论》,北京:商务印书馆 1997 年版。
68. 克里斯托弗·莱恩:《和平的幻想:1940 年以来的美国大战略》,上海:上海人民出版社 2009 年版。
69. 肯尼斯·阿罗:《信息经济学》,北京经济学院出版社 1989 年版。
70. 肯尼思·沃尔兹:《国际政治理论》,上海人民出版社 2003 年版。
71. 拉卡托斯:《科学研究纲领方法论》,北京:商务印书馆 1992 年版。
72. 李晨阳:《对冷战后中国与东盟关系的反思》,《外交评论》2012 年第 4 期,第 10—20 页。
73. 李稻葵:《富国、穷国和中国——全球治理与中国的责任》,《国际经济评论》2011 年第 4 期,第 10—16 页。
74. 李方主编:《中国综合国力论》,合肥:安徽科学技术出版社 2002 年版。
75. 李际均:《论战略》,北京:解放军出版社 2002 年版。
76. 李京文、郭金龙、王宏伟:《国际竞争力综合影响因素分析》,《中国软科学》2001 年第 11 期,第 5—9 页。
77. 李景治等:《国际战略学》,北京:中国人民大学出版社 2003 年版。
78. 李少军:《论战略观念的起源》,《世界经济与政治》2002 年第 7 期,第 4—10 页。
79. 李少军:《中国的战略文化》,《当代亚太》2009 年第 1 期,第 26—27 页。
80. 李小华:《"权力转移"与国际体系的稳定》,《世界经济与政治》1999 年第 5 期,第 41—44 页。
81. 理查德·塞缪尔斯:《日本大战略与东亚的未来》,上海人民出版社 2010 年版。
82. 梁启超:《饮冰室合集》,北京:中华书局 1989 年版。
83. 梁漱溟:《梁漱溟全集》,济南:山东人民出版社 1989 年版。
84. 刘胜湘:《国家安全观的终结?——新安全观质疑》,《欧洲研究》2004 年第 1 期,第 1—16 页。

85. 刘世锦等:《如何正确认识在中国发展中国家身份上的争议》,《中国发展观察》2011年第7期,第6—10页。
86. 刘威等:《G20治理对全球经济失衡演变的影响研究》,《武汉大学学报(哲学社会科学版)》2013年第6期,第97—103页。
87. 刘一建:《中国未来的海军建设与海军战略》,《战略与管理》1999年第5期,第96—100页。
88. 刘颖、韦磊:《美国智库学者眼中的亚投行》,《国际论坛》2015年第4期,第59—64页。
89. 刘元庆:《解析中共国家安全战略》,台北:扬智文化出版公司2003年版。
90. 刘宗义:《"二十国集团"转型与中国的作用》,《现代国际关系》2015年第7期,第10—17、49页。
91. 鲁品越:《产业结构变迁与世界秩序重建——历史唯物主义视野中的世界秩序》,《中国社会科学》2002年第3期,第4—13页。
92. 罗伯特·阿特:《美国大战略》,北京大学出版社2005年版。
93. 罗伯特·吉尔平:《国际关系政治经济学》,北京:经济科学出版社1989年版。
94. 罗伯特·吉尔平:《经济区域主义的挑战》,《现代外国哲学社会科学文摘》1992年第4期,第5—8页。
95. 罗伯特·吉尔平:《世界政治中的战争与变革》,北京:中国人民大学出版社1994年版。
96. 罗伯特·吉尔平:《国际治理的现实主义视角》,《马克思主义与现实》2003年第5期,第84—91页。
97. 罗伯特·基欧汉:《国际制度:相互依赖有效吗?》,《国际论坛》2000年第2期,第77—80页。
98. 罗伯特·基欧汉、约瑟夫·奈:《多边合作的俱乐部模式与世界贸易组织:关于民主合法性问题的探讨》,《世界经济与政治》2001年第12期,第58—63页。
99. 罗伯特·基欧汉、约瑟夫·奈:《权力与相互依赖》,北京大学出版社2002年版。
100. 罗伯特·基欧汉、门洪华编:《局部全球化世界中的权力、自由主义与治理》,北京大学出版社2004年版。
101. 罗伯特·杰维斯:《国际政治中的知觉与错误知觉》,北京:世界知识出版社2003年版。
102. 罗伯特·帕斯特编:《世纪之旅:七大国百年外交风云》,上海人民出版社2001年版。

103. 马尔科姆·卢瑟福:《经济学中的制度:老制度主义和新制度主义》,北京:中国社会科学出版社1999年版。

104. 《马克思恩格斯军事文集》,北京:军事科学出版社1988年版。

105. 《马克思恩格斯选集》,北京:人民出版社2009年版。

106. 马克斯·韦伯:《经济与社会》,北京:商务印书馆1997年版。

107. 玛莎·费丽莫:《国际社会中的国家利益》,杭州:浙江人民出版社2001年版。

108. 曼瑟尔·奥尔森:《集体行动的逻辑》,上海三联书店、上海人民出版社1994年版。

109. 梅然:《战国时代的均势政治》,《国际政治研究》2002年第3期,第118—124页。

110. 美国陆军学院:《军事战略》,北京:军事科学出版社1986年版。

111. 门洪华:《国际机制理论的批判与前瞻》,《世界经济与政治》1999年第11期,第17—22页。

112. 门洪华:《国际机制理论主要流派评析》,《中国社会科学季刊》2000年夏季号,第155—164页。

113. 门洪华:《国际机制与美国霸权》,《美国研究》2001年第1期,第74—88页。

114. 门洪华:《国际机制与中国的战略选择》,《中国社会科学》2001年第2期,第178—187页。

115. 门洪华:《和平的纬度:联合国集体安全机制研究》,上海人民出版社2002年版。

116. 门洪华:《建构新自由制度主义的研究纲领——关于〈权力与相互依赖〉的一种解读》,《美国研究》2002年第4期,第111—122页。

117. 门洪华:《中国国家战略利益的拓展》,《战略与管理》2003年第2期,第83—89页。

118. 门洪华:《冷战后美国大战略的争鸣及其启示意义》,《太平洋学报》2003年第2期,第18—26页。

119. 门洪华:《国际关系理论范式的相互启示与融合之道》,《世界经济与政治》2003年第5期,第42—43页。

120. 门洪华:《中国和平崛起的国际战略框架》,《世界经济与政治》2004年第6期,第14—19页。

121. 门洪华:《中国崛起与国际秩序》,《太平洋学报》2004年第2期,第4—13页。

122. 门洪华:《中国国际战略理念的变革》,《理论前沿》2004年第12期,第11—13页。

123. 门洪华:《新安全观·利害共同体·战略通道——关于中国安全利益的一种解读》,《教学与研究》2004年第8期,第54—58页。

124. 门洪华:《中国观念变革的战略路径》,《世界经济与政治》2007年第7期,第13—20页。

125. 门洪华:《中国软实力评估报告》(上下),载《国际观察》2007年第2期第15—26页、2007年第3期第37—46页。

126. 门洪华:《开放与国家战略体系》,北京:人民出版社2008年版。

127. 门洪华:《中国国际战略导论》,北京:清华大学出版社2009年。

128. 门洪华、钟飞腾:《中国海外利益研究的历程、现状与前瞻》,《外交评论》2009年第5期,第56—71页。

129. 门洪华:《中国大国关系的历史演进(1949—2009)》,《江苏社会科学》2009年第6期,第11—17页。

130. 门洪华:《关于中国大战略的理性思考》,《战略与管理》2012年第2期,第10—18页。

131. 门洪华、肖晞:《国际战略惯性与苏联的命运》,《中国社会科学》2011年第6期,第184—192页。

132. 门洪华:《关键时刻:美国精英眼中的中国、美国与世界》,《中国社会科学》2012年第7期,第182—202页。

133. 门洪华主编:《中国战略报告第一辑:中国软实力的战略思路》,北京:人民出版社2013年版。

134. 门洪华:《两个大局视角下的中国国家认同变迁(1982—2012年)》,《中国社会科学》2013年第9期,第54—66页。

135. 门洪华:《中国国际战略理论:渊源、嬗变与突破》,《世界经济与政治》2013年第12期,第60—80页。

136. 门洪华:《中国对美国的主流战略认知》,《国际观察》2014年第1期,第69—82页。

137. 门洪华:《地区秩序建构的逻辑》,《世界经济与政治》2014年第7期,第4—23页。

138. 门洪华、肖晞主编:《中国国际战略的新视野》,长沙:湖南教育出版社2014年版。

139. 门洪华:《东亚秩序论:地区变动、力量博弈与中国战略》上海人民出版社2015年版。

140. 门洪华、曾锐生主编:《未来十年中国的战略走向》,北京:中国经济出版社

2015 年版。

141. 门洪华、刘笑阳:《中国伙伴关系战略评估与展望》,《世界经济与政治》2015 年第 2 期,第 65—95 页。

142. 门洪华:《开启中国全面深化改革开放的新时代——兼论未来十年中国的大战略走向》,《学习与探索》2015 年第 8 期,第 60—65 页。

143. 门洪华:《中国国家利益的维护和拓展》,《国际观察》2015 年第 6 期,第 13—26 页。

144. 门洪华:《日本变局与中日关系的走向》,《世界经济与政治》2016 年第 1 期,第 72—90 页。

145. 门洪华:《中国崛起与国际秩序变革》,《国际政治科学》2016 年第 1 期,第 63—93 页。

146. 门洪华:《中国与世界关系的逻辑建构:理论、战略与对策》,北京大学出版社 2016 年版。

147. 纽先钟:《21 世纪的战略前瞻》,台北:麦田出版 1999 年版。

148. 纽先钟:《中国战略思想新论》,台北:麦田出版 2003 年版。

149. 纽先钟:《战略研究》,南宁:广西师范大学出版社 2003 年版。

150. 纽先钟:《孙子三论》,南宁:广西师范大学出版社 2003 年版。

151. 纽先钟:《西方战略思想史》,南宁:广西师范大学出版社 2003 年版。

152. 纽先钟:《第二次世界大战的回顾与省思》,南宁:广西师范大学出版社 2003 年版。

153. 庞中英:《在变化的世界上追求中国的地位》,《世界经济与政治》2000 年第 1 期,第 33—38 页。

154. 庞中英:《中国的亚洲战略:灵活的多边主义》,《世界经济与政治》2001 年第 10 期,第 30—35 页。

155. 裴坚章、王泰平主编:《中华人民共和国外交史》第三卷,北京:世界知识出版社 1999 年版。

156. 钱穆:《现代中国学术论衡》,北京:生活·读书·新知三联书店 2001 年版。

157. 秦亚青:《国际制度与国际合作——反思自由制度主义》,《外交学院学报》1998 年第 1 期,第 40—47 页。

158. 秦亚青:《国际关系中的进程因素》,《中国书评》(香港)1998 年总第 13 期,第 5—18 页。

159. 秦亚青:《霸权体系与国际冲突——美国在国际武装冲突中的支持行为(1945—1988)》,上海人民出版社 1999 年版。

160. 秦亚青:《国际政治的社会建构——温特及其建构主义国际政治理论》,《美欧季刊》(台湾)2001年第15卷第2期,第231—264页。
161. 秦亚青:《国家身份、战略文化和安全利益——关于中国与国际社会关系的三个基本假设》,《世界经济与政治》2003年第1期,第10—15页。
162. 秦亚青:《世界政治的文化理论——文化结构、文化单位与文化力》,《世界经济与政治》2003年第4期,第4—9页。
163. 邱东:《多指标综合评估方法的系统分析》,北京:中国统计出版社1991年版。
164. 任庭光、段晓红:《从系统观点对新军事变革本质问题的辨析与思考》,《系统科学学报》2012年第2期,第44—47页。
165. 若米尼:《战争艺术概论》,北京:解放军出版社1986年版。
166. 塞缪尔·亨廷顿:《文明的冲突与世界秩序的重建》,北京:新华出版社1999年版。
167. 时殷弘:《国际政治的世纪性规律及其对中国的启示》,《战略与管理》1995年第2期,第1—3页。
168. 时殷弘:《关于中国的大国地位及其形象的思考》,《国际经济评论》1999年第9—10期,第43—44页。
169. 时殷弘:《风物长宜放眼量——论中国应有的外交哲学和世纪性大战略》,《哈尔滨工业大学学报(社会科学版)》2001年第2期,第13—20页。
170. 时殷弘、魏长春:《保罗·肯尼迪的战略思想》,《美国研究》2001年第2期,第36—53页。
171. 时殷弘:《中国近期主要对外战略问题——兼谈长期性基本战略机遇》,《战略与管理》2003年第6期,第21—25页。
172. 时殷弘:《国家大战略理论与中国的大战略实践》,《现代国际关系》2004年第3期,第36—42页。
173. 时殷弘:《战略史考察与大战略理论》,《史学月刊》2005年第6期,第5—10页。
174. 时殷弘:《国家大战略理论论纲》,《国际观察》2007年第5期,第15—21页。
175. 时殷弘:《战略观念与大战略基本问题》,《国际政治研究》2007年第4期,第18—21页。
176. 时殷弘、于海峰:《论大战略的目的及其基本原则》,《中国人民大学学报》2008年第5期,第110—116页。
177. 时殷弘:《武装的中国:千年战略传统及其外交意蕴》,《世界经济与政治》2011年第6期,第4—33页。

178. 时殷弘:《传统中国经验与当今中国实践:战略调整、战略透支和伟大复兴问题》,《外交评论》2015 年第 6 期,第 57—68 页。
179. 施祖辉:《国外综合国力论研究》,《外国经济与管理》2000 年第 1 期,第 13—19 页。
180. 斯德哥尔摩国际和平研究所:《SIPRI 年鉴 2014:军备、裁军和国际安全》,北京:世界知识出版社 2005 年版。
181. 斯蒂芬·克莱斯勒:《结构冲突:第三世界对抗全球自由主义》,杭州:浙江人民出版社 2001 年版。
182. 思拉恩·埃格特森:《新制度经济学》,北京:商务印书馆 1996 年版。
183. 宋德星、殷实:《地缘属性、文化特质与日本的大战略缔造——一项侧重于地理与文化维度的分析》,《世界经济与政治》2007 年第 8 期,第 56—64 页。
184. 宋德星:《后冷战时代大战略缔造特有的困难——兼论中国大战略缔造问题》,《外交评论》2008 年第 6 期,第 19—26 页。
185. 宋德星:《战略现实主义——中国大战略的一种选择》,《世界经济与政治》2012 年第 9 期,第 4—17 页。
186. 宋瑞玉等:《国家实力度量理论》,武汉:湖北教育出版社 1994 年版。
187. 宋四辈:《古代中国所建立的国际秩序的两重性及其现实意义》,《郑州大学学报(哲学社会科学版)》1998 年第 6 期,第 40—43 页。
188. 宋伟:《IMF 近期决策结构改革及其对中国的影响(2006—2012)》,《国际经贸导刊》2013 年第 6 期,第 94—106 页。
189. 汤姆·伯恩斯:《结构主义的视野:经济与社会的变迁》,北京:社会科学文献出版社 2000 年版。
190. 唐世平:《理想安全环境与新世纪中国大战略》,《战略与管理》2000 年第 6 期,第 42—49 页。
191. 唐世平:《再论中国大战略》,《战略与管理》2001 年第 4 期,第 29—37 页。
192. 唐世平:《塑造中国的理想安全环境》,北京:中国社会科学出版社 2003 年版。
193. 唐世平、王凯:《历史中的战略行为:一个战略思维教程》,北京大学出版社 2015 年版。
194. 托马斯·库恩:《科学革命的结构》,上海译文出版社 1980 年版。
195. 王达、项卫星:《亚投行的全球金融治理意义、挑战与中国的应对》,《国际观察》2015 年第 5 期,第 71—81 页。
196. 王赓武:《中国迎来第四次崛起,有助改变世界格局》,《环球时报》2004 年 2 月 27 日第 12 版。

197. 王会宗、张凤兵:《"全面放开二胎"政策可行性的实证分析》,《经济问题》2016年第3期,第30—25页。
198. 王金祥:《论精神力在综合国力中的重要作用》,《辽宁大学学报》1999年第6期(总第160期),第29—32页。
199. 王军:《江山代有强国出——世界强国兴盛之路探析及其对中国发展的启示》,《经济研究参考》2003年第49期,第2—16页。
200. 王玲:《基于购买力平价(PPP)的中外经济比较》,《世界经济》2000年第7期,第12—18页。
201. 王玲:《综合国力的测度》,《世界经济与政治》2006年第6期,第45—51页。
202. 王绳祖主编:《国际关系史》,北京:世界知识出版社1995年版。
203. 王颂芬主编:《世界主要国家综合国力比较》,长沙:湖南出版社1996年版。
204. 王文荣主编:《战略学》,北京:国防大学出版社1999年版。
205. 王逸舟:《当代国际政治析论》,上海人民出版社1995年版。
206. 王逸舟主编:《全球化时代的国际安全》,上海人民出版社1999年版。
207. 王逸舟:《面向21世纪的中国外交:三种需求的寻求及其平衡》,《战略与管理》1999年第6期,第18—27页。
208. 王逸舟:《市民社会与中国外交》,《中国社会科学》2000年第3期,第28—38页。
209. 王逸舟:《新世纪的中国与多边外交》,《太平洋学报》2001年第4期,第3—12页。
210. 王与君:《中国经济国际竞争力》,南昌:江西人民出版社2000年版。
211. 文森特·奥斯特罗姆、戴维·菲尼、哈特穆特·皮希特:《制度分析与发展的反思——问题与抉择》,北京:商务印书馆1992年版。
212. 吴春秋:《论大战略和世界战争史》,北京:解放军出版社2002年版。
213. 吴征宇:《霸权的逻辑:地理政治与战后美国大战略》,北京:中国人民大学出版社2010年版。
214. 郗润昌:《略论发展和增强综合国力与提高国际竞争力的关系》,《太平洋学报》1997年第2期,第20—27页。
215. 夏庆、陈春:《国家战略调整:国防建设为主还是经济建设为主——基于MS-AR模型的实证分析》,《北京理工大学学报(社会科学版)》2013年第3期,第89—94页。
216. 夏庆等:《公正解读中国国防费开支:从补偿性增长到协调性增长》,《华东经济管理》2015年第3期,第85—90页。

217. 肖晞、牛勇:《中国传统文化中的"和"对中国外交的影响》,《武汉大学学报(哲学社会科学版)》2010年第2期,第187—194页。
218. 肖晞:《中国和平发展道路:文化基础、战略取向与实践意义》,《国际观察》2015年第4期,第1—21页。
219. 熊光楷:《国际战略与新军事变革》,北京:清华大学出版社2003年版。
220. 许纪霖:《三种危机与三种思潮——20世纪中国的思想史》,《战略与管理》2000年第1期,第66—71页。
221. 许嘉:《美国战略思维研究》,北京:军事科学出版社2003年版。
222. 许其亮:《坚定不移推进国防和军队改革》,《人民日报》2013年11月21日第6版。
223. 许志嘉:《中共外交决策模式研究》,台北:水牛出版社2000年版。
224. 徐崇利:《新兴国家崛起与构建国际经济新秩序——以中国的路径选择为视角》,《中国社会科学》2012年第10期,第186—204页。
225. 徐弃郁:《脆弱的崛起:大战略与德意志帝国的命运》,北京:新华出版社2014年版。
226. 徐兆仁:《大战略是清王朝历史命运的制动力》,《中国人民大学学报》2002年第3期,第117—123页。
227. 薛理泰:《盛世危言:远观中国大战略》,北京:东方出版社2014年版。
228. 雅可夫·伯杰:《中美学者眼中的中国大战略》,《国外理论动态》2007年第2期,第21—25页。
229. 亚历山大·温特:《国际政治的社会理论》,上海人民出版社2000年版。
230. 阎学通:《中国国家利益分析》,天津人民出版社1995年版。
231. 阎学通:《道义现实主义的国际关系理论》,《国际问题研究》2014年第5期,第102—127页。
232. 杨洁勉:《中国外交哲学的探索、建设和实践》,《国际观察》2015年第6期,第1—12页。
233. 叶自成:《中国实行大国外交战略势在必行——关于中国外交战略的几点思考》,《世界经济与政治》2000年第1期,第5—10页。
234. 叶自成、李颖:《构建大国外交之魂:正常心、自信心、乐观心》,《国际经济评论》2001年第5—6期,第22—23页。
235. 叶自成、庞珣:《中国春秋战国时期的外交思想流派及其与西方的比较》,《世界经济与政治》2001年第12期,第24—29页。
236. 叶自成:《春秋战国时期的中国外交思想》,香港社会科学出版公司2003

年版。

237. 叶自成:《中国大战略:中国成为世界大国的主要问题及战略选择》,中国社会科学出版社 2003 年版。
238. 叶自成:《中国外交的起源——试论春秋时期周王室和诸侯国的性质》,《国际政治研究》2005 年第 1 期,第 9—22 页。
239. 叶自成、王日华:《春秋战国时期外交思想流派》,《国际政治科学》2006 年第 2 期,第 113—132 页。
240. 叶自成:《中国传统文化中的义利观与中国外交》,《国际政治研究》2007 年第 3 期,第 24—29 页;。
241. 伊莉莎白·埃克诺米、米歇尔·奥克森伯格主编:《中国参与世界》,北京:新华出版社 2001 年版。
242. 伊藤宪一:《国家与战略》,北京:军事科学出版社 1988 年版。
243. 尤尔根·哈贝马斯:《合法化危机》,上海人民出版社 2000 年版。
244. 于汝波:《大思维:解读中国古典战略》,北京:军事科学出版社 2001 年版。
245. 余英时:《中国思想传统的现代诠释》,南京:江苏人民出版社 2003 年版。
246. 俞可平:《全球化与全球治理》,北京:社会科学文献出版社 2003 年版。
247. 俞正樑:《关于中国大战略的思考》,《毛泽东邓小平理论研究》2012 年第 5 期,第 95—101 页。
248. 袁鹏:《中国外交须谨防大战略失误》,《现代国际关系》2010 年第 11 期,第 12—14 页。
249. 袁鹏:《关于大时代与大战略的思考——兼论新时期中国外交需要处理的十对关系》,《当代世界与社会主义》2012 年第 4 期,第 11—15 页。
250. 约翰·基恩:《公共生活与晚期资本主义》,北京:社会科学文献出版社 1999 年版。
251. 约翰·罗尔斯:《正义论》,北京:中国社会科学出版社 1998 年版。
252. 约翰·米尔斯海默:《大国政治的悲剧》,上海人民出版社 2003 年版。
253. 约瑟夫·奈:《理解国际冲突:理论与历史》,上海人民出版社 2002 年版。
254. 曾培炎:《国民经济和社会发展的历史性变化》,《人民日报》2002 年 9 月 17 日第 6 版。
255. 翟振武等:《立即全面放开二胎政策的人口学后果分析》,《人口研究》2014 年第 2 期,第 3—17 页。
256. 张春、时殷弘:《大战略——理论与实例分析》,《世界经济与政治》1999 年第 7 期,第 71—75 页。

257. 张露、王迎晖:《论当代中国大战略选择的和平性——一种基于战略文化的考量》,《太平洋学报》2005 年第 6 期,第 22—30 页。

258. 张幼文、黄仁伟主编:《制度竞争与中国国际分工地位》,上海远东出版社 2003 年版。

259. 张蕴岭:《为什么要推动东亚区域合作》,《国际经济评论》2003 年第 5 期,第 48—50 页。

260. 章百家:《改变自己 影响世界——20 世纪中国外交基本线索刍议》,《中国社会科学》2002 年第 1 期,第 4—19 页。

261. 赵可金:《中国地位与世界角色——探索新外交哲学》,《国际政治研究》2012 年第 4 期,第 50—64 页。

262. 赵全胜:《解读中国外交政策:微观·宏观相结合的研究方法》,台北:月旦出版社股份有限公司 1999 年版。

263. 赵雪波:《综合国力构成要素辨析》,《世界经济与政治》2001 年第 5 期,第 75—80 页。

264. 郑必坚:《思考的历程——论中国和平发展道路的由来、根据、内涵和前景》,北京:中共中央党校出版社 2006 年版。

265. 郑必坚:《关于中国战略和"利益汇合点"、"利益共同体"问题的几点思考——21 世纪第二个 10 年中国发展及对外关系的前景展望》,《毛泽东邓小平理论研究》2012 年第 1 期,第 1—4 页。

266. 郑必坚:《中国新觉醒》,上海人民出版社 2015 年版。

267. 中国科学院国情分析研究小组:《机遇与挑战——中国走向 21 世纪的经济发展目标和基本发展战略研究》,北京:科学出版社 1995 年版。

268. 中国教育与人力资源问题报告课题组:《从人口大国迈向人力资源强国》,北京:高等教育出版社 2003 年版。

269. 中华人民共和国国务院新闻办公室:《中国武装力量的多样化运用》,2013 年 4 月。

270. 中华人民共和国国务院新闻办公室:《2015 中国国防白皮书:中国的军事战略》,2015 年 5 月。

271. 《中央军委关于深化国防和军队改革的意见》,《人民日报》2016 年 1 月 2 日,第 2 版。

272. 钟飞腾:《发展型安全:中国的一项大战略》,《外交评论》2013 年第 6 期,第 16—34 页。

273. 周建明、王海良:《国家大战略:国家安全战略与国家利益》,《世界经济与政治》2000 年第 4 期,第 21—26 页。
274. 周丕启:《国家大战略:概念与原则》,《现代国际关系》2003 年第 7 期,第 56—61 页。
275. 周宇:《全球经济治理与中国的参与战略》,《世界经济研究》2011 年第 11 期,第 26—33 页。
276. 朱云汉:《中国人与 21 世纪世界秩序》,《世界经济与政治》2001 年第 10 期,第 54—59 页。
277. 朱中博、周云亨:《中国战略文化的和平性——〈文化现实主义〉再反思》,《当代亚太》2011 年第 1 期,第 35—51 页。
278. 资中筠主编:《国际政治理论探索在中国》,上海人民出版社 1998 年版。
279. 资中筠主编:《冷眼向洋——百年风云启示录》,北京:三联书店 2000 年版。
280. 兹比格纽·布热津斯基:《大棋局:美国的首要地位及其地缘战略》,上海人民出版社 1998 年版。

英文部分

281. Abbott, Kenneth et al., "The Concept of Legalization", *International Organization*, Vol.54, No.3, Summer 2000, pp.401-419.
282. Abbott, Kenneth and Duncan Snidal, "Hard and Soft Law in InternationalGovernance", *International Organization*, Vol.54, No.3, Summer 2000, pp.421-456.
283. Adler, Emanuel and Michael Barnett, *Security Communities*, London: Cambridge University Press, 1998.
284. Aporias, Jacques Derrida, *Dying-Awaiting (One Another at) the "Limits of Truth"*, Stanford: Stanford University Press, 1993.
285. Armstrong, David, *Revolution and World Order: The Revolutionary State in International Society*, Oxford: Oxford University Press, 1993.
286. Aron, Raymond, ed., *Problems of Modern Strategy*, London: Praeger, 1970.
287. Art, Robert J., *A Grand Strategy for America*, Ithaca: Cornell University Press, 2003.
288. Ashley, Tellis et al., *Measuring National Power in the Postindustrial Age*, Santa Monica: RAND, 2000.
289. Baldwin, David A., ed., *Neorealism and Neoliberalism: The Contemporary Debate*, New York: Columbia University Press, 1993.
290. Barazini, Manro and Roberto Scazzieri, eds., *The Economic Theory of Structure and Change*, New York: Cambridge University Press, 1990.

291. Barnett, Michael,"Bringing in the New World Order: Liberalism, Legitimacy and the United Nations", *World Politics*, Vol.49, July 1997, pp.526-551.
292. Barnett, Michael N. and Martha Finnermore,"The Politics, Power and Pathologies of International Organizations", *International Organization*, Vol.53, No.4, Autumn 1999, pp.699-732.
293. Barro, R. J. and Lee Jong-Wua,"International Data on Educational Attainment Updates and Implication", NBER Working Paper, 2000.
294. Baylis, John et al., *Contemporary Strategy: Theories and Concepts*, London: Groom Helm, 1987.
295. Beetham, David, *The Legatimation of Power*, London: MacMillan Education Ltd, 1991.
296. Bellows, M., ed., *Asia in the 21st Century: Evolving Strategic Priorities*, National Defense University Press, 1995.
297. Bernstein, Richard and Ross Munro, *The Coming Conflict with China*, New York: Alfred Knopf, Inc., 1997.
298. Betts, Richard,"Systems for Peace or Causes of War: Collective Security, Arms Control, and the New Europe", *International Security*, Vol.17, No.1, Summer 1992, pp.5-31.
299. Booth, Ken and Russel Trood, eds., *Strategic Culture in the Asia-Pacific Region*, Houndsmills: MacMillan Press, 1999.
300. Boudon, Raymond and Francois Bourricaud, *A Critical Dictionary of Sociology*, Chicago: University of Chicago Press, 1989.
301. Brookes, Peter T. R.,"Strategic Realism: The Future of U.S.-Sino Security Relations", *Strategic Review*, Summer 1999, pp.53-56.
302. Brooks, Stephen and William Wohlforth,"The New Rome: American's Primacy in Perspective", *Foreign Affairs*, Vol.81, No.4, July/August, 2002, pp.20-24.
303. Broomfield, Emma V.,"Perceptions of Danger: The China Threat Theory", *Journal of Contemporary China*, Vol.12, No.35, 2003, pp.265-284.
304. Brown, Chris, *Understanding International Relations*, Houndmills: MacMillan Press Ltd., 1997.
305. Brown, Michael, ed., *The Perils of Anarchy Contemporary Realism and International Security*, Cambridge: The MIT Press, 1995.
306. Bull, Hedley, *The Anarchical Society: A Study of Order in World Politics*, New York: Columbia University Press, 1980.
307. Buzan, Barry, *An Introduction to Strategic Studies: Military Technology and International Relations*, London: Macmillan, 1987.

308. Buzan, Barry et al.,*Security: A New Framework For Analysis*, Boulder: Lynne Rienner, 1998.
309. Byman, Daniel L. and Kenneth M. Pollack,"Let us Now Praise Great Man: Bring the Statesman Back in", *International Security*, Vol.25, No.4, Spring 2001, pp. 107-146.
310. Cerny, Philip,"Globalization and the Changing Logic of Collective Action", *International Organization*, Vol.49, No.2, Autumn 1995, pp.595-625.
311. Chang, Gordon G., *The Coming Collapse of China*, London: Random House, 2001.
312. Checkel, Jeffery, "The Constructivist Turn in International Relations Theory", *World Politics*, Vol.50, No.2, 1998, pp.324-348.
313. Christensen, Thomas J., *Useful Adversaries: Grand Strategy, Domestic Mobilization, and Sino-American Conflict, 1947-1958*, Princeton: Princeton University Press, 1996.
314. Christensen, Thomas, "Posing Problems Without Catching Up: China's Rise and Challenges for U.S.Security Policy", *International Security*, Vol.25, No.4, Spring 2001, pp.5-40.
315. Christman, Thomas F., "Chinese Realpolitik", *Foreign Affairs*, Vol.75, No.5, September/October, 1996, pp.37-52.
316. Cline, Ray, *World Power Assessment*, Ithaca: Westview Press, 1975.
317. Collins, John,*Grand Strategy: The Indirect Approach*, Annapolis: Naval Institute Press, 1973.
318. Copeland, Dale C., *The Origins of Major War*, Ithaca: Cornell University Press, 2000.
319. Cossa, Ralph A., ed., *Asia Pacific Confidence and Security Building Measures*, Washington: The Center for Strategic and International Studies, 1995.
320. Crawford, Robert, *Regime Theory in the Post-Cold War World: Rethinking Neoliberal Approaches to International Relations*, Dartmouth Publishing Company, 1996.
321. Dahl, Robert A., *Who Governs? Democracy and Power in an American City*, New Haven: Yale University Press, 1961.
322. Dahl, Robert and Charles Lindblom,*Politics, Markets, and Walfare*, New Brunswich: Transaction Publishers, 1992.
323. Dicicco, Jonathan and Jack Levy,"Power Shifts and Problem Shifts: The Evolution of the Power Transition Research Program", *Journal of Conflict Resolution*, Vol. 43, No.6, December 1999, pp.675-704.
324. Diehl, Paul F., ed., *The Politics of Global Governance: International Organizations*

in an Interdependent World, Boulder: Lynne Rienner Publishers, 1997.
325. Dittmer, Lowell and Samuel Kim, eds., *China's Quest for National Identity*, Ithaca: Cornell University Press, 1993.
326. Downs, Erica Strecker, *China's Quest for Energy Security*, Santa Monica: RAND, 2000.
327. Edelstein, David, "Managing Uncertainty: Beliefs about Intentions and the Rise of great Powers", *Security Studies*, Vol.12, No.1, Autumn 2002, pp.1-40.
328. Eland, Ivan, "Is Chinese Military Modernization a Threat to the United States?" *Policy Analysis*, No.465, January 23, 2003.
329. Evera, Stephen Van, *Guide to Methodology for Students of Political Science*, Cambridge: MIT Press, 1996.
330. Fawcett, Louie and Andrew Hurrell, eds., *Regionalism in World Politics: Regional Organization and International Order*, London: Oxford University Press, 1995.
331. Feigenbaum, Evan A., "China's Challenge to Pax Americana", *The Washington Quarterly*, Vol.24, No.3, Summer 2001, pp.31-43.
332. Ferguson, Niall, "Power", *Foreign Policy*, Jan./Feb. 2003, pp.19-24.
333. Foy, Colm and Angus Maddison, "China, a World Economic Leader?" *The OECD Observer*, No.215, January 1999.
334. Frank, Thomas M., *The Power of Legitimacy Among Nations*, New York: Oxford University Press, 1990.
335. Fucks, Wilhelm, *Formeln Zur Macht: Progosen Uber Volker, Wirtschaft Potentiale*, Verlags-Anstalt, 1965.
336. Fuller, J.F.C., *The Reformation of War*, London: Hutchinson & Co., 1932.
337. Funabashi, Yoichi, Michael Oksenberg, Heinrich Weiss, *An Emerging China in a World of Interdependence*, New York: The Trilateral Commission, 1994.
338. Gaddis, John Lewis, *Strategies of Containment: A Critical Appraisal of Postwar American National Security*, New York: Oxford University Press, 1982.
339. Gaddis, John Lewis, *We Now Know: Rethinking Cold War History*, Cambridge: Oxford University Press, 1997.
340. Galen, Carpenter Ted and Dorn James, eds., *China's Future: Constructive Partner or Emerging Threat?* Washington: CATO Institute, 2000.
341. Gallagher, Michael C., "China's Illusory Threat to the South China Sea", *International Security*, Vol.19, No.1, Summer 1994, pp.169-194.
342. Gary, King, Robert O. Keohane and Sidney Verba, *Designing Social Inquiry: Scientific Inference In Qualitative Research*, Princeton: Princeton University Press, 1994.

343. Gertz, Bill, *The China Threat*, Washington: Regnery Publishing, 2000.
344. Gilpin, Robert, *War and Change in World Politics*, New York: Cambridge University Press, 1981.
345. Goldstein, Avery, "The Diplomatic Face of China's Grand Strategy: A Rising Power's Emerging Choice", *The China Quarterly*, 2001, pp.835-864.
346. Goldstein, Avery, "Great expectations: Interpreting China's Arrival", *International Security*, Vol.22, No.3, Winter 1997/1998, pp.36-73.
347. Goldstone, Jack A., "The Coming Chinese Collapse", *Foreign Policy*, No.99, Summer 1995, pp.35-52.
348. Gray, Colin S., "Strategic Culture as Context", *Review of International Studies*, Vol.25, No.1, 1999, pp.49-69.
349. Grieco, Joseph and G. John Ikenberry, *State Power and World Markets*, New York: Norton, 2003.
350. Haas, Ernst, "Why Collaborate? Issue-Linkage and International Regimes", *World Politics*, Vol.32, 1980, pp.357-405.
351. Haas, Peter M., "Do Regimes Matter? Epistemic Communities and Mediterranean Pollution Control", *International Organization*, Vol.43, No.3, Summer 1990, pp.377-403.
352. Haftendorn, Helga, Robert Keohane and Wallander Celeste, *Imperfect Unions: Security Institutions over Time and Space*, Oxford University Press, 1999.
353. Harding, Harry, ed., *China's Foreign Relations in the 1980s*, New Haven: Yale University, 1984.
354. Harris, Stuart and Gary Klimtworth, eds., *China as a Great Power: Myths, Realities and Challenges in the Asia-Pacific Region*, New York: St. Martin's Press, 1995.
355. Hart, B. H. Liddell, *Strategy: The Indirect Approach*, London: Faber and Faber, 1967.
356. Hasenclever, Andreas, Peter Mayer, and Volker Rittberger, *Theories of International Regimes*, London: Cambridge University Press, 1997.
357. Haas, Richard, "What to Do With American Primacy", *Foreign Affairs*, Vol.78, No.5, Sept./Oct.1999, pp.37-48.
358. Hayek, F., *The Constitution of Liberty*, Chicago: University of Chicago Press, 1960.
359. Held, David et al., *Global Transformation: Politics, Economics and Culture*, London: Polity Press, 1999.
360. Hermann, Charles et al.eds., *New Directions in the Study of Foreign Policy*, Bos-

ton: Allen & Unwin, 1987.
361. Herman, Margaret, "One Field, Many Perspective: Building the Foundations for Dialogue", *International Studies Quarterly*, Vol.42, No.4, 1998, pp.605-624.
362. Hoffman, Stanley, *Primacy or World Order: American Foreign Policy since the Cold War*, New York: McGraw-Hill Book Company, 1978.
363. Holm, Hans-Henrik and Georg Sensen, eds., *Whose World Order? Uneven Globalization and the End of the Cold War*, Boulder: Westview Press, 1999.
364. Holsti, Karl J., *International Politics: A Framework for Analysis*, Eaglewood Cliffs: Prentice-Hall, 1983.
365. Holsti, Kalevi, "National Role Conceptions in the Study of Foreign Policy", *International Studies Quarterly*, Vol.14, 1970, pp.233-309.
366. Huntington, Samuel, "The Lonely Superpower", *Foreign Affairs*, Vol.78 No.2, March/April 1999, pp.35-49.
367. Ikenberry, John G., "Institutions, Strategic Restraint, and the Persistence of American Postwar Order", *International Security*, Vol.23, No.3, Winter 1998/1999, pp.43-78.
368. Ikenberry, John G., *After Victory*, Princeton: Princeton University Press, 2001.
369. Ikenberry, John G., "American Grand Strategy in the Age of Terror", *Survival*, Vol.43, No.4, 2001, pp.19-34.
370. Ikenberry, John G., ed., *America Unrivaled: The Future of the Balance of Power*, Ithaca: Cornell University Press, 2002.
371. Ikenberry, John, "America's Imperial Ambition", *Foreign Affairs*, Vol.81, No.5, Sept./Oct.2002, pp.44-60.
372. Ikenberry, John G. and Michael Mastanduno, eds., *International Relations Theory and the Asia Pacific*, New York: Columbia University Press, 2003.
373. International Monetary Fund, *World Economic Outlook: Recessions and Recoveries*, Washington: IMF, April 2002.
374. Jacobsen, Carl G., ed., *Strategic Power: USA/USSR*, London: St.Martin's Press, 1990.
375. Jaffe, A. M. and Stephen Lewis, "Beijing's Oil Diplomacy", *Survival*, Vol.44, No.1, Spring 2002, pp.110-120.
376. Jervis, Robert, *Perception and Misperception in International Politics*, Princeton: Princeton University Press, 1976.
377. Jervis, Robert, "Security Regimes", *International Organization*, Vol.36, No.2, Spring 1982, pp.357-378.
378. Jervis, Robert, "Realism, Neoliberalism, and Cooperation: Understanding the De-

bate", *International Security*, Vol.24, No.1, Summer 1999, pp.42-63.
379. Johnston, Alastair Iain, *Cultural Realism: Strategic Culture and Grand Strategy in Chinese History*, Princeton: Princeton University Press, 1995.
380. Johnston, Alastair Iain, "China's New 'Old Thinking': The Concept of Limited Deterrence", *International Security*, Vol.20, No.3, Winter 1995/1996, pp.5-42.
381. Johnston, Alastair Iain and Robert S. Ross, *Engaging China: the Management of an Emerging Power*, London: Routledge, 1999.
382. Johnston, Alastair Iain, "Treating International Institutions as Social Environments", *International Studies*, No.45, 2001, pp.487-515.
383. Johnston, Alastair Iain, "Is China a Status Quo Power?" *International Security*, Vol.27, No.4, Spring 2003, pp.5-56.
384. Jones, Rodney W. et al., *Tracking Nuclear Proliferation*, Washington: Carnegie Endowment for International Peace, 1998.
385. Kane, Thomas M., *Chinese Grand Strategy and Maritime Power*, London: Frank Cass Publishers, 2002.
386. Kang, David, "Getting Asia Wrong: The Need for New Analytical Frameworks", *International Security*, Vol.27, No.4, Spring 2003, pp.57-85.
387. Katzenstein, Peter, ed., *The Culture of National Security: Norms and Identity in World Politics*, New York: Columbia University Press, 1996.
388. Katzenstein, Peter et al., eds., *Exploration and Contestation in the Study of World*, Cambridge: The MIT Press, 1999.
389. Kennedy, Paul, "The First World War and the International Power System", *International Security*, Vol.9, No.1, 1984, pp.7-40.
390. Kennedy, Paul, *The Rise and Fall of Great Powers: Economic Change and Military Conflict*, New York: Random House, 1987.
391. Kennedy, Paul, ed., *Grand Strategy in War and Peace*, New Haven: Yale University Press, 1992.
392. Keohane, Robert, "The Demand for International Regimes", *International Organization*, Vol.36, No.2, Spring 1982, pp.325-355.
393. Keohane, Robert, *After Hegemony: Cooperation and Discord in the World Political Economy*, Princeton: Princeton University Press, 1984.
394. Keohane, Robert, ed., *Neorealism and Its Critics*, New York: Columbia University Press, 1986.
395. Keohane, Robert, "International Institutions: Two Approaches", *International Studies Quarterly*, Vol.32: 1988, pp.379-396.
396. Keohane, Robert, *International Institutions and State Power. Essays in International*

Relations Theory, Boulder: Westview Press, 1989.
397. Keohane, Robert, "Multilateralism: An Agenda for Research", *International Journal*, Autumn, 1990, pp.730-764.
398. Keohane, Robert and Martin Lisa L., "The Promise of Institutionalist Theory", *International Security*, Vol.20, No.1, Summer 1995, pp.39-51.
399. Keohane, Robert and Helen Milner, eds., *Internationalization and Domestic Politics*, New York: Cambridge University Press, 1996.
400. Keohane, Robert, "International Institutions: Can Interdependence Work?" *Foreign Policy*, Spring 1998, pp.82-96.
401. Keohane, Robert and Nye Joseph, Jr., "Power and Interdependence in the Information Age", *Foreign Affairs*, Vol.77, No.5, Sept./Oct., 1998, pp.81-94.
402. Keohane, Robert, "Ideas Part-Way Down", *Review of International Studies*, Vol.26, No.1, January 2000, pp.123-138.
403. Keohane, Robert and Nye Joseph, Jr., "Globalization: What's New? What's Not (And So What?)", *Foreign Policy*, Spring 2000, pp.104-119.
404. Keohane, Robert and Joseph Nye, Jr., *Power and Interdependence* (3rd Edition), New York: Addison-Wesley, Longman, 2001.
405. Keohane, Robert, "Governance in a Partially Globalized World", *American Political Science Review*, March 2001, pp.1-13.
406. Khalizad, Zalamay et al., *The United States and a Rising China: Strategic and Military Implications*, RAND, 1999.
407. Kier, Elizabeth, "Culture and Military Doctrine: France Between the Wars", *International Security*, Vol.19, No.4, 1995, pp.65-93.
408. Kim, Samuel S., ed., *China and the World* (4th Edition), Boulder: Westview Press, 1998.
409. Kindleberger, Charles, *The International Economic Order: Essays on Financial Crisis and International Public Goods*, Cambridge: MIT Press, 1988.
410. Kissinger, Henry, *Diplomacy*, New York: Simon & Schuster, 1994.
411. Knorr, Klaus, *The War Potential of Nations*, Princeton: Princeton University Press, 1956.
412. Klein, Bradley, "Hegemony and Strategic Culture: American Power Projection and Alliance Defense Politics", *Review of International Studies*, Vol.14, 1988, pp.133-148.
413. Knoff, Jeffrey, "The Importance of International Learning", *Review of International Studies*, Vol.29, 2003, pp.185-207.
414. Kofman, Eleonore and Youngs Gillian, eds., *Globalization: Theory and Practice*,

London: Pinter, 1996.
415. Krasner, Stephen, *Structural Conflict: The Third World Against Global Liberalism*, Berkeley: University of California Press, 1985.
416. Kristof, Nicholas, "The Rise of China", *Foreign Affairs*, Vol.72, No.6, November/December 1993, pp.59-74.
417. Kupchan, Charles A. and Clifford A. Kupchan, "The Promise of Collective Security", *International Security*, Vol.20, No.1, Summer 1995, pp.59-61.
418. Kurth, Andrey and Patrick M. Cronin, "The Realistic Engagement of China", *Washington Quarterly*, Vol.19, No.1, Winter 1996, pp.141-169.
419. Lampton, David, "Think Again: China", *Foreign Policy*, Spring 1998, pp.13-27.
420. Lardy, Nicholas, *China in the World Economy*, Washington: Institute of International Economics, 1994.
421. Layne, Christopher, "From Preponderance to Offshore Balancing: American's Future Strategy", *International Security*, Vol.22, No.1, 1997, pp.86-122.
422. Legro, Jeffrey, *Cooperation under Fired Anglo-German Restraint during World War*, Ithaca: Cornell University Press, 1995.
423. Legro, Jeffrey and Andrew Moravcsik, "Is Anybody a Realist?", *International Security*, Vol.24, No.2, Fall 1999, pp.5-49.
424. Lilley, James R. and David Shambaugh, eds., *China's Military Faces the Future*, Armonk, N. Y.: M. E. Sharpe, 1999.
425. Lord, Carles, "American Strategic Culture", *Comparative Strategy*, Vol.5, No.3, 1985, pp.263-293.
426. Maddison, Angus, *Monitoring the World Economy 1820-1992*, Paris: OECD, 1995.
427. Maddison, Angus, *China's Economic Performance in the Long Run*, Paris: OECD, 1998.
428. Maddison, Angus, *The World Economy: A Millennial Perspective*, Paris: OECD, 2001.
429. Mancall, Mark, *China at the Center: 300 Years of Foreign Policy*, London: The Free Press, 1984.
430. Mandelbaum, Michael, "The Inadequacy of American Power", *Foreign Affairs*, Vol.81, No.5, Sept./Oct. 2002, pp.61-73.
431. Martinvon, Creveld, *The Transformation of War*, New York: Free Press, 1991.
432. Mastanduno, Michael, "Preserving the Unipolar Moment", *International Security*, Vol.21, No.4, 1996, pp.49-88.
433. M'Bow, Amadou-Mahtar, "The Practice of Consensus in International Organiza-

tions", *International Social Science Journal*, Vol.30, 1978, pp.121-129.

434. Mearsheimer, John, "The False Promise of International Institutions", *International Security*, Vol.19, No.3, Winter 1994/1995, pp.5-49.

435. Medeiros, Evan S. and M. Taylor Fravel, "China's New Diplomacy", *Foreign Affairs*, Vol.82, No.6, November/December 2003, pp.22-35.

436. Modelski, George, "The Long Cycle of Global Politics and the Nation-State", *Comparative Studies in Society and History*, No.20, 1978, pp.214-238.

437. Merritt, Richard L. and David A. Zinnes, "Validity of Power Indices", *International Interactions*, Vol.14, No.2, 1988, pp.141-151.

438. Miller, Benjamin, "Explaining Great Power Cooperation in Conflict Management", *World Politics*, Vol.45, October 1992, pp.10-46.

439. Montaperto, Ron, "China as a Military Power", *Strategic Forum* (Institute for Strategic Studies, National Defense University), Number 56, December 1995.

440. Morgenthau, Hans, *Politics among Nations: The Struggle for Power and Peace*, New York: Alfred A. Knopf, 1961.

441. Murray, Williamson, Alvin Bernstein, MacGregor Knox, eds., *The Making of Strategy: Rulers, States, and War*, New York: Cambridge University Press, 1994.

442. Norris, Robert S. et al., *Nuclear Weapons Databook*, Vol.5, Boulder.: Westview Press, 1994.

443. Nye, Joseph, Jr., ed. *International Regionalism*, Boston: Little Brown and Co., 1968.

444. Nye, Joseph, "Nuclear Learning and US-Soviet Security Regimes", *International Organization*, Vol.41, No.2, 1987, pp.371-402.

445. Nye, Joseph, *Bound to Lead: the Changing Nature of American Power*, New York: Basic Books, 1990.

446. Nye, Joseph S., "China's Re-Emergence and the Future of the Asia-Pacific", *Survival*, Vol.39, No.4, Winter 1997/1998, pp.65-79.

447. Nye, Joseph, "Redefining the National Interest", *Foreign Affairs*, Vol.78, No.1, June/July 1999, pp.22-35.

448. Nye, Joseph and John Donahaue, eds., *Governance in a Globalizing World*, New York: Brookings Institution Press, 2000.

449. Nye, Joseph, *The Paradox of American Power: Why the World's Only Superpower Can't Go It Alone*, New York: Oxford University Press, 2002.

450. Nye, Joseph S., Jr., *Soft Power: The Means to Success in World Politics*, New York: Public Affairs, 2004.

451. Organski, A. F. K., *World Politics*, New York: Alfred A. Knopf, 1958.

452. Organski, A. F. K. and Jacek Kugler, *The World Leader*, Chicago: The University of Chicago Press, 1980.
453. Oye, Kenneth et al. eds., *Eagle in a New World: American Grand Strategy in the post-Cold War Era*, New York: Harper-Collins, 1992.
454. Paret, Peter and Gordon A. Craig, eds., *Makers of Modern Strategy from Machiavelli to the Nuclear Age*, Princeton: Princeton University Press, 1986.
455. Pilisbury, Michael, *China: Debates the Future Security Environment*, New York: National Defense University Press, 2000.
456. Poore, Stuart, "What is the Context? A Reply to Gray-Johnston Debate on Strategic Culture", *Review of International Studies*, Vol.29, No.2, 2003, pp.279-284.
457. Porter, Michael, *The Competitive Advantage of Nations*, New York: The Free Press, 1990.
458. Porter, Michael et al., *The Global Competitiveness Report*, New York: Oxford University Press, 2000.
459. Porter, Roger B., et al., eds., *Efficiency, Equity and Legitimacy: The Multilateral Trading System at the Millennium*, Washington: Brookings, 2001.
460. Rachman, Gideon, "Containing China", *The Washington Quarterly*, Vol.19, No.1, Winter 1996, pp.129-139.
461. Roberts, Adam, "The United Nations and International Security", *Survival*, Vol. 35, No.2, Summer 1993, pp.3-30.
462. Roberts, Brad, et al., "China: The Forgotten Nuclear Power", *Foreign Affairs*, Vol.79, No.4, July/August 2000, pp.53-63.
463. Robinson, Thomas W. and David Shambaugh, eds., *China Foreign Policy: Theory and Practice*, Oxford: Clarendon Press, 1994.
464. Rosecrance, Richard and Arthur A. Stein, eds., *The Domestic Bases of Grand Strategy: The Indirect Approach*, Ithaca: Cornell University Press, 1993.
465. Rosen, Barry and Andrew Ross, "Competing Visions for U.S.Grand Strategy", *International Security*, Vol.21, No.3, Winter 1996/1997, pp.5-53.
466. Ross, Robert S., "Beijing as a Conservative Power", *Foreign Affairs*, Vol.76, No. 2, March/April 1997, pp.33-44.
467. Ross, Robert S. and Andrew J. Nathan, *The Great Wall and the Empty Fortress China's Search for Security*, New York: W. W. Norton, 1997.
468. Roy, Denny, "Hegemon on the Horizon? China's Threat to East AsianSecurity," *International Security*, Vol.19, No.1, Summer 1994, pp.149-168.
469. Roy, Denny, "The China Threat Issue", *Asian Survey*, Vol.36, No.8, 1996, pp. 761-762.

470. Roy, Denny,"China's Reaction to American Predominance", *Survival*, Vol.45, No.3, Autumn 2003, pp.57-78.
471. Ruggie, John Gerard, *Multilateralism Matters*, New York: Columbia University Press, 1993.
472. Ruggie, John Gerard, *Constructing the World Polity: Essays on International Institutionalization*, London: Rout ledge Press, 1998.
473. Rutherford, Malcolm, *Institutions in Economics: The Old and The New Institutionalism*, Cambridge University Press, 1994.
474. Ryosei, Kokubun and Wang Jisi, eds., *The Rise of China and a Changing East Asian Order*, Tokyo: Japan Center for International Exchange, 2004.
475. Sait, E. M., *Political Institutions: A Preface*, New York: D. Appleton Century, 1938.
476. Scobell, Andrew, *China and Strategic Culture*, Washington: The Strategic Studies Institute, May 2002.
477. Segal, Gerald,"Does China Matter?" *Foreign Affairs*, Vol.78, No.5, September/October 1999, pp.24-36.
478. Shaw, Martin,"Strategy and Slaughter", *Review of International Studies*, Vol.29, 2003, pp.269-277.
479. Shih Chih-yu, *China's Just World: The Morality of Chinese Foreign Policy*, Boulder: Lynne Rienner, 1993.
480. Shih Chih-yu,"National Role Conception as Foreign Policy Motivation: The Psychocultural Bases of Chinese Diplomacy", *Political Psychology*, 1988, Vol.9, No.4, pp.599-631.
481. Shinn, James, ed., *Weaving the Net: Conditional Engagement with China*, New York: Council of Foreign Relations Press, 1996.
482. Siverson, Randolph M. and Michael D. Ward,"The Long Peace: A Reconsideration", *International Organization*, Vol.56, No.3, Summer 2002, pp.679-691.
483. Snyder, Jack, *Myths of Empire: Domestic Politics and International Ambition*, Ithaca: Cornell University Press, 1993.
484. Stoll, Richard J. and Michael D. Ward, eds., *Power in World Politics*, Boulder: Lynne Rienner, 1989.
485. Strachan, Hew, *European Armies and the Conduct of War*, London: George Allen & Win, 1983.
486. Strange, Susan, *State and Market: An Introduction to the International Political Economy*, London: Pinter Publishers Limited, 1988.
487. Strange, Susan, *The Retreat of the State: The Diffusion of Power in the World Econ-

omy, Cambridge: Cambridge University Press, 1996.
488. Sutter, Robert G., "China's Changing Conditions", *Congressional Research Service Report*, 1994, pp.93-114.
489. Swaine, Michael D. and Ashley J. Tellis, *Interpreting China's Grand Strategy: Past, Present, and Future*, Ithaca: RAND, 2000.
490. The International Center for the Study of East Asian Development (Kitakyushu), "Recent Trends and Prospects for Major Asian Economies", *East Asian Economic Perspectives (Special Issue)*, Vol.12, February 2001.
491. Timperlake, Edward and William Triplett, *Red Dragon Rising*, Washington: Regnery Publishing, 1999.
492. Timperlake, Edward, et al., *Year of the Rat: How Bill Clinton Compromised U.S. Security for Chinese Cash*, New York: Regnery Publishing, 2000.
493. Thueydidies, *The Peloponnesian War*, New York: Random House, 1951.
494. Vogel, Ezra, *Living with China: U.S.-China Relations in the 21st Century*, London: Norton & Company Ltd., 1997.
495. Waldheim, Kurt, *Building Future Order*, New York: Free Press, 1980.
496. Wallerstein, I., *The Modern World System: Mercantilism and the Consolidation of the European World Economy, 1600-1750*, New York: Academic Press, 1980.
497. Wallerstein, I., "The Eagle Has Crash Landed", *Foreign Policy*, July/August, 2002, pp.60-68.
498. Waltz, Kenneth, *Theory of International Politics*, Reading, MA: Addison-Wesley, 1979.
499. Walt, Stephen, *The Origins of Alliances*, Ithaca: Cornell University Press, 1987.
500. Walt, Stephen M., "International Relations: One World, Many Theories", *Foreign Policy*, Spring 1998, pp.29-46.
501. Weiss, Julian, "A New Asian Agenda", *The Washington Quarterly*, Vol.23, No. 1, Winter 2000, pp.21-24.
502. Weitsman, Patricia, *Dangerous Alliance: Proponents of Peace, Weapons of War*, Stanford University Press, 2004.
503. Wendt, Alexander, "Constructing International Politics", *International security*, 1995, Vol.20, pp.71-81.
504. Whiting, Allen, *China Eyes Japan*, Los Angeles: University of California Press, 1989.
505. Wilborn, Thomas, *Security Cooperation with China: Analysis and A Proposal*, Washington: US Army War College, 1994.
506. Williamson, Oliver, "A Dynamic Theory of International Behavior", *Quarterly*

Journal of Economics, Vol.79, No.4, 1965, pp.579-607.

507. Wohlforth, William C., *The Elusive Balance: Power and Perceptions during the Cold War*, Ithaca: Cornell University Press, 1993.
508. Wolfers, Arnold, *Discord and Collaboration: Essays on International Politics*, Baltimore: John Hopkins University Press, 1962.
509. World Bank, *The East Asian Miracle: Economic Growth and Public Policy*, New York: Oxford University Press, 1993.
510. World Bank, *World Development Indicator 2001*, Oxford University Press, 2001.
511. World Bank, *World Development Report 2002: Building Institutions for Markets*, The World Bank and Oxford University Press, 2002.
512. Young, Oran, *International Cooperation: Building Regimes for Natural Resources and the Environment*, Ithaca: Cornell University Press, 1989.
513. Young, Oran, *Resources Regimes: Natural Resources and Social Institutions*, Berkeley: University Of California Press, 1982.
514. Zakaria, Freed, *From Wealth to Power: The Unusual Origins of America's World Order*, Princeton: Princeton University Press, 1998.
515. Zhang Shu Guang, *Deterrence and Strategic Culture: Chinese-America Confrontations, 1949-1958*, Ithaca: Cornell University Press, 1992.
516. Zucherman, Mortimer, "A Second American Century", *Foreign Affairs*, Vol.77, No.3, May/June, 1998, pp.19-31.
517. Zurn, Michael, "Assessing State Preferences and Explaining Institutional Choice: The Case of Intra-German Trade", *International Studies Quarterly*, Vol.41, No.2, 1997, pp.295-320.

后 记

本书是在我的博士后研究报告的基础上修改完成的。

依旧清楚记得2001年2月1日与胡鞍钢教授的第一次面谈,那时我正在撰写自己的博士论文,并常常对自己未来的学术方向感到迷茫。"我期望你能够成为一个像基辛格、布热津斯基那样的战略家,而不仅仅是某一学科领域的专家。"胡老师既是鞭策又是提醒的箴言奠定了我博士毕业三年来的人生轨迹。三年来,我无时无刻不为这一席话而感动和努力,尽管我知道,这是一个无论如何努力都难以企及的目标。

以中国大战略为博士后研究的选题,就是在这次面谈时确定的。之前,我对大战略的概念一无所知,遑论研究基础,对中国国情的理解更是浮于感性的表面。之后,我从国际关系理论探索进入中国国情研究的宏大视野,时时享受着前沿知识的熏陶,接受着崭新方法的培训,感受着国情研究的启迪。其间,我对中国传统典籍的挚爱被重新激发,时常肩枕手捧古书而眠,间或自嘲"故纸堆里觅乐趣"。先贤博大精深的战略思想赋予我深邃和审慎,这种学术回炉给予我真正的精神力量。三年清修,有困惑,有收获,更是为了洗净铅华。以《构建中国大战略的框架:国家实力、战略观念与国际制度》为题的博士后研究报告,就是这三年学术思考的成果。该研究报告的基本目标是,记录中国走向强盛的进程,勾勒中华民族迈向复兴的轨迹,规划中国实现崛起的蓝图。作为一个宏大课题的答卷,它无疑是不成熟的。正如我在研究报告中提到的,我的本意只是构建中国大战略框架的理想模式(ideal type),确立继续从事大战略研究的理论基础。才不副志、略不称心,正是我手捧这份研究报告战战兢兢的写照。有幸的是,随着中国国家实力和国际地位的提高,大战略研究正在成为中国学术研究的新热点,许多学界同仁相互扶持,为大战略研究各尽绵力。可以欣慰地说,大战略研究之道不孤。在胡鞍钢教授等人的指导和襄助下,由本人与北京大学出版社联合国内学术新锐组织的"大战略研究丛书"已经正式启动,其目标是系统介绍国外大战略研究的前沿成果,并将中国学者的一流研究成果纳入其中,使之成为中国大战略研究的学术阵地。我愿继续秉持胡老师的鞭策,以明天人之际、识事理之常、通古今之变、立一家之言为理想,将大战略研究作为安身立命的事业。

在本书付梓之际,我谨对胡鞍钢教授致以最诚挚的谢意。我不仅感谢胡老师将我领进战略研究之门,更感谢胡老师带给我的人生启迪。当然,师恩难酬,岂是一个谢字了得!在中科院—清华大学国情研究中心工作期间,每每有一种历久弥新的享受,那不仅是胡老师尖锐而深刻的观点带给心智的震撼,更是胡老师胸怀天下的高度带给理想的冲动。为国献策、为民请命,一时兴起似易,一以贯之却难。我敢说,这就是我所看到的胡鞍钢教授每一天的生活。张载曰:"为天地立心,为生民立命,为往圣继绝学,为万世开太平。"这是挥斥方遒的书生意气,胡老师带领的中科院—清华大学国情中心正在向这样的理想努力。吾生而有幸,有这样的导师指引,与这样的一个思想库有缘。

对清华大学方惠坚教授、侯世昌教授等的指点和帮助谨致谢忱。尤其是,自2002年上半年进入清华大学公共管理学院博士后流动站工作之日,侯世昌教授始终给予了指导、鼓励和帮助,先生奖掖后辈的精神代表着真正的清华风度。有幸的是,我曾先后就学于北大、清华,两校风格虽有异,师道却为一。在此,我还要感谢多年来指导和关心我的北京大学国际关系学院诸位恩师,尤其是赵宝煦教授、王杰教授。

感谢多年来扶持我成长的学界领袖,尤其是中国政治学会副会长赵宝煦教授、中国人民解放军国防大学副校长张兴业中将、中科院—清华大学国情研究中心主任胡鞍钢教授、外交学院副院长秦亚青教授、中国社科院世界经济与政治研究所副所长王逸舟教授等,但愿我完成的些许学术成果没有令他们太过失望。

在本书的撰写过程中,我还受教于与如下资深学者的讨论:中国人民大学美国研究中心主任时殷弘教授、清华大学国际问题研究所所长阎学通教授、中华人民共和国卫生部国际司司长尹力博士、国防大学战略部副主任兼战略研究所所长杨毅将军、上海外国语大学社会科学院院长张曙光教授、香港中文大学政治学系王绍光教授、上海社科院副院长黄仁伟教授、美国宾夕法尼亚州印第安纳大学历史系王希教授等。

  清华大学前党委书记方惠坚教授、侯世昌教授、王缉思教授、中华人民共和国中央外办副主任裘援平博士、胡鞍钢教授、杨毅将军等资深学者参加了本人2004年6月29日的博士后研究报告评审会,并就博士后研究报告提出了总体评价和具体修改意见。尤其令我感动的是,裘援平博士撰写了详细而深刻的评语及宝贵而切实的修改意见,提出了国家战略体系的科学建构这一研究高度,为报告修改打开了一扇窗;杨毅将军一一指出了报告的可商榷之处、精彩之处,提出了具体而切实的修改建议。评审会之后,笔者还应邀到杨毅将军的办公室,就报告整体框架尤其是与军事、国防相关的内容一一请教。本书正是在以上权威学者的意见基础上修改而成。当然,其失当之处概由本人负责。

  感谢美国卡内基国际和平基金会(Carnegie Endowment for International Peace)和金姆赛基金会(Kimsey Foundation)的资助,我于2003年上半年担任卡内基国际和平基金会金姆赛研究员,收集了与本书主题相关的大量第一手资料和信息。我谨对如下人士的帮助表示诚挚的谢意:卡内基国际和平基金会总裁杰西卡·马修斯(Jessica Mathews)博士,"美国在线"(America Online)创始人兼首席执行官、金姆赛基金会总裁詹姆斯·金姆赛(James V. Kimsey)先生,美国西点军校前校长、金姆赛基金会主席丹尼尔·克力斯曼(Daniel Christman)将军,卡内基国际和平基金会副总裁托马斯·卡罗瑟斯(Thomas Carothers)博士,杜克大学詹姆斯·杜克讲座教授罗伯特·基欧汉(Robert O. Keohane)博士,哈佛大学肯尼迪政府学院院长约瑟夫·奈(Joseph Nye)教授,密歇根大学商学院李侃如(Kenneth Lieberthal)教授,尼克松中心中国问题研究项目部主任戴维·兰普顿(David Lampton)博士,美国哈佛大学政府系江忆恩(Alastair Iain Johnston)教授,普林斯顿大学约翰·伊肯伯里(G. John Ikenberry)教授,伍德罗·威尔逊中心沈大伟(David Shambaugh)博士,卡内基国际和平基金会资深研究员裴敏欣博士、史文(Michael Swaine)博士、熊美英(Varon Hung)博士,美国国会图书馆亚洲部主任李华伟博士等。

感谢中科院—清华大学国情中心的同仁。国情中心人才济济,假以时日,必有国家栋梁之材。我谨对中心所有同仁的无私帮助表示感谢,尤其是陈寿烈老师、张玲英秘书、孟庆国博士、常志霄博士、温军博士、周立博士、杨永恒博士、熊义志博士、过勇、胡琳琳、黄海莉、盛欣、高翔、刘涛雄、周绍杰、王磊、高宇宁等。

自1995年秋离开故土,放弃舒适的工作,重返校园,再温书香,迄今已近十年,其间不乏志友携手,相互激励,风雨共担。我想,无须一一列出诸君的名姓,惟愿借以下箴言共勉:"概言之,人类的智慧就是耐心等待并满怀希望(All human wisdoms are summed up in two words: Wait and Hope)。"

本书的撰写、出版受到中科院—清华大学国情研究中心、中国博士后科学基金的资助,谨致谢忱。北京大学出版社耿协峰博士拨冗参加了本人的博士后研究报告评审会,对研究报告提出了许多宝贵的修改建议,其严谨而细致的编辑作风使本书增色生辉。尤其值得提及的是,"大战略研究丛书"得以组织实施,与协峰兄的大力推动、积极参与密切相关。见证大战略研究的辉煌,是我们共同的愿望。我谨借此机会,向这位硕、博六年的老同学表示诚挚的谢意。

博士后研究期间,家父身染重疾,溘然长逝。思兹念兹,心疼如割。有生之年,他用宽厚的胸怀呵护全家,用坚实的臂膀撑起我前进的道路。蓦然回首,亲人已逝,唯有他期望依旧的目光伴我孤独。

谨将此书献给父亲,以志永铭。

门洪华
2004年6月12日初稿
2004年8月22日定稿

重印补记

本书自 2005 年 2 月出版以来,受到诸多师友的评论、指谬和热心关注,既感荣幸,又生惶恐。

著者借本书重印之机,修订了书中存在的谬误,更新了大部分关键性的图表数据(尤其将国家实力评估的数据更新到 2003 年,某些数据更新到 2005 年),以回报诸君错爱之万一。

修订本书的过程中,著者一直在思考的问题是,面对大国兴衰的逻辑,时间在中国这一边吗?作为一个乐观的理性主义者,我对此从未怀疑过。对中国而言,大国地位不仅是追求的目标,更是铁定的事实,即使在衰败的清季、混乱的"文化大革命"年代,中国的大国地位也不是完全被人忽视的,此前拿破仑的"睡狮"之说不是痴人说梦,而是反映了战略家深邃的目光。不容否认的是,中国的工业化基础是在清季之末开始奠定的,在蒋介石时代有所发展,但相比而言,毛泽东时代也是一个高速发展的时代。我们学会了用批评的眼光看待时代变迁,却缺少对昔日的宽容,这就是中国工业化的初始条件决定了当时的战略选择。无论如何,对中国而言,1978 年至今是一个高歌猛进的时代,无须掩饰这个时代存在的困难和问题,但中国经济和社会的发展却是不容置疑的。20 多年来,多少知名学者和重要机构(包括世界银行)对中国的预测都言之凿凿,最终却铩羽而去,其原因在于不了解中国崛起的逻辑。中国被压抑了多少年的民族复兴愿望总是要爆发出来的,加以正确导引,必会浩海扬帆。在这样一个高歌猛进的时代,我们需要居安思危,避免陶醉于大国之梦而对悄然而至的危机闭目塞听,更需要主动的战略谋划。在著者看来,中国缺少的不是战略资源,而是战略资源的运用,而战略目标与战略手段之间的平衡正是战略谋划的主旨。对一个国家的大战略谋划而言,不仅看分量,更要看总量;不仅看存量,更要看增量。二者的结合是制定适宜战略的出发点。对中国而言,有了大战略的谋划,就有了理性的贯穿和战略利益的核算,就有了符合国际规则的作为,就有了使得融入世界的勇气被接受的可能性。可以说,一个走向理性国家、理想国家的机遇就在中国的面前。

当然,对如何确保时间在中国一边而言,本书只是提出了一个初步的战略框架,尚待进一步充实和完善。中国崛起之梦的实现,需要关心中国命运的仁人志士一道努力,著者愿意作为其中的一分子,与诸君共勉。

门洪华

2005 年 11 月 24 日(感恩节)

远景基金会繁体字版后记

近年来,随着中国崛起的加速,中国百余年仁人志士前赴后继致力于中华民族伟大复兴的美好前景日趋明朗,从而赋予了学者尤其是中国学者从战略角度认识中国发展历程、反思中国发展路径、勾勒中国发展蓝图的绝佳机遇。

然而,完成这一学术使命并不容易。且不论一时兴起易、一以贯之难的主观惰性,客观上说,无论是陷入急剧衰退的窘境、闯入高歌猛进的热境,还是处于平稳进步的顺境,中国问题之复杂均堪称空前。中国问题复杂性的长期存在,不仅源于中国广阔的地域、丰富的国情,源于中国波澜壮阔的历史进程,还与中国所处的国际环境变革有着直接的关联。尤其是,在全球化时代,随着中国融入国际社会进程的加速,世界影响和改变中国、中国影响和塑造世界的互动进一步增强,中国大战略继续处于调整之中,中国问题的多元性异乎想象。在这样的情势下,贯通各学科之间的人为间隔,贯通国内与国际战略之间的人为间隔,从更为光远的大战略角度分析中国就显得极为必要,其前瞻意义愈加凸显。

我从事中国大战略研究既有偶然因素,似乎也有着必然的逻辑。记得小时候课余时间最喜欢做的事情,莫过于一边听收音机一边做作业,耳旁回响的总是那些可歌可泣的英雄故事,如《岳飞传》《杨家将》《三国演义》《隋唐演义》等,其中展现的不仅是英雄的坚贞,更有国家的磨难。与此同时,我还养成了听京剧的习惯,不仅是政治家的战略智慧,更重要的是那些普通民众的酸甜苦辣、那些小人物的大舞台给了我想象的空间和上进的动力。进入山东大学学习时,中国大陆的改革开放已经铺展开来,我毫不犹豫地选择了英美语言文学专业,希望通过文化路径打开了解国外的窗口。大学毕业后,我回到家乡的政府外事部门工作,既深入基层又连接世界的工作性质,赋予我认识中国与世界关系的基础条件,也促使我日后在北京大学攻读硕士、博士学位期间进一步关注中国的国际环境,而国际关系理论成为数年间我持续研究的重点。置身中国与世界的互动之中,将中国置于研究重心是每一个中国学者的自觉取向。我的幸运在于,博士毕业之际获得在清华大学从事管理学博士后研究的机会,而合作导师胡鞍钢教授不仅引领着中国国情研究的前沿,且正在致力于国内战略和国际战略的整合研究,中国大战略自此成为我的学术研究重心,从而确立了学术志趣与知识积累、个人志向与国家命运的结合点。

  本书是我几年来思考和研究中国大战略的初步成果,意在记录中国实现崛起的进程,勾勒中国走向强盛的轨迹,规划中华民族迈向复兴的蓝图。本书简体字版 2005 年初由北京大学出版社出版,受到各界读者的积极评价和关注,并于 2005 年底重印。两岸交流远景基金会不弃拙著之鄙陋,着力推动其繁体字版的出版。作者每每感动于远景基金会出版社诸君,尤其是陈重成总编辑、朱春梅副总编辑等的热情与专业精神,在此谨致谢忱。

  作者期盼本书繁体字的出版能够推动两岸学者的中国战略研究。当然,源于学力不逮,拙著必有疏漏和欠周延之处,祈请学界同仁匡正。

门洪华
2006 年 11 月 18 日
于日本经济研究中心

第二版后记

中国崛起与世界转型并行,中国成为世界变革的重心。恩格斯指出:"每一个时代的理论思维,……都是一种历史的产物,它在不同的时代具有完全不同的形式,同时具有完全不同的内容。"进入21世纪,面对世界迅速转型,中国决策者锐意创新,提出治国理政的新理念、新思想、新战略并付诸实践,这是中国领导人立足国情、世情,预防可能的"中等收入陷阱"风险和"修昔底德陷阱"风险而进行的战略判断和积极筹划。

当前,世界面对着一个快速崛起和更加自信、开放的中国,中国面对着一个形势更加复杂、变化更加深刻、机遇与挑战并存的世界。"中国威胁论"和"中国责任论"相互交织,中国承担国际责任的意愿、能力与国际社会的期望存在着落差,国际社会对中国崛起的疑虑增加。发达国家加紧制定新的国际规则,围堵中国的意图明显。中国周边环境趋于复杂化,随着中国进一步发展壮大,其面临的疑虑、担心、困难和挑战也在增多。为直面国内外挑战、抓住国际机遇、实现可持续发展,中国正在构建以融入—变革—塑造为核心的大战略框架,如何通过和平、发展、合作、共赢的方式参与塑造全球治理的未来,成为中国超越和平崛起、丰富和平发展、规划崛起之后的战略着眼点。

党的十八大以来,习近平提出"实现中华民族伟大复兴的中国梦",展现了中国的国家理想,"中国梦"以其丰富内涵和宏伟愿景为中国勾勒出一幅理想蓝图,成为引领整个国家走向现代化更高阶段的新动员。随之,习近平提出打造"人类命运共同体",展现出积极的世界理想情怀。中国一手抓全面深化改革,一手抓全球利益拓展,成长为世界强国的大战略已是国际社会尤其是主要大国的关注重心。以习近平同志为核心的党中央坚持战略定力,加强战略主动,运筹战略布局,实现了大战略布局的新发展,推动中国在国际舞台上发挥更为积极、建设性的作用。中国体现出积极、主动的战略态势,战略引领者的新角色为国际社会所高度关注。

本书初版于2005年,彼时中国大战略研究尚未铺展开来。2005年重印和2006年繁体字版出版之前,本书均曾修订。中共十八大以来,中国大战略走向愈发引起世界关注,修订本书已是势在必行。2015年6—10月,我在东京大学法学部担任访问教授,得以集中精力修订书稿。实际上,本书许多章节的修订是在从白金台东京大学公寓到本乡总校区的电车上进行的。回望岁月倥偬,不胜感慨之至!鉴于中国与世界关系的巨大变革,这次修订几乎无处不更动,基本上达到了初衷。

本书虽不成熟,也有十年磨一剑之艰,虽释然,亦惶然,祈请各界诸君匡正。

门洪华
2017年3月4日